LANGUAGE DEVELOPMENT

언어 발달

PATRICIA J. BROOKS
& VERA KEMPE | 성미영 역

학지사

Language Development
by Patricia J. Brooks and Vera Kempe

역자 서문

역자는 영유아의 언어 발달을 주제로 석사와 박사 학위 논문을 작성하였고, 석·박사 학위 취득 이후에도 지속해서 언어 발달 관련 연구를 진행하였다. 또한 대학의 학부 과정 및 대학원 과정에 개설된 언어 발달 관련 강의에서 학생들에게 영유아의 언어 발달에 관해 가르치면서 적절한 교재의 필요성을 인식하게 되었다. 국내 대학에서 사용되는 언어 발달 관련 교재는 원서를 번역하여 사용하는 경우가 많다. 그래서 역자도 오랫동안 이들 번역서와 원서를 함께 강의교재로 활용하였다. 대학원 언어 발달 수업의 교재를 찾기 위해 원서를 검색하다가 기존 원서들의 개정판과 더불어 새롭게 눈에 들어온 원서가 바로 이 책이다. Patricia Brooks와 Vera Kempe가 집필한 이 책은 전체 12개 장으로 구성되어 있고, 각 장은 해당 장의 핵심 용어를 첫 페이지에 제시하여 독자에게 사전 정보를 제공한다. 또한 핵심 용어가 본문에 등장하면 본문 내에 상자 형식으로 용어의 의미를 제시하여 독자의 이해를 돕는다. 이러한 특징과 더불어 영유아의 언어 발달 과정뿐만 아니라 뇌 발달과의 관련성, 이중언어 발달, 언어장애 등 영유아의 언어 발달을 이해하기 위해 독자가 알고 있어야 할 추가 정보를 상세하게 다루고 있다. 무엇보다도 이 책은 영어뿐만 아니라 다양한 언어의 사례를 적극적으로 소개하고 있다는 점에서 기존 원서들과 차이가 있다. 번역을 시작하고 마무리하여 출판사에 원고를 넘기기까지 오랜 인내의 시간이 필요하였다. 독자들에게 정확한 지식을 전달하고 독자들이 내용을 쉽게 이해할 수 있도록 끊임없이 문장을 다듬는 과정을 거쳤지만, 여전히 미흡한 부분이 많이 보인다. 이 책이 언어 발달에 관심 있는 독자들에게 또 하나의 교재로 활용되기를 기대하며, 책이 나오기까지 물심양면으로 도와주신 학지사 김진환 대표님, 정은혜 과장님, 그리고 원서의 저자 Patricia Brooks와 Vera Kempe에게 감사를 전한다.

성미영

저자 서문

애초에 이 책의 집필은 우리가 이 모험에 도전하도록 격려해 주고, 책 전체의 초안을 여러 차례 읽어 주고, 책의 구성과 내용을 개선하도록 건설적인 조언을 해 준 Martyn Barrett이 없었다면 불가능했을 것이다. Michael Almodovar가 책의 내용을 명확한 그림으로 그려 주고, Naomi Aldrich가 용어사전 작성을 헌신적으로 도와준 것에 감사한다. Julia Carroll, Morten Christiansen, Ewa Dąbrowska, Virginia Gathercole, Trevor Harley, Carmel Houston-Price, Neil Kirk, David LaRooy, Danielle Matthews, Anat Ninio, Sonia Ragir, Harriet Tenenbaum, Robin Thompson, Gabriella Vigliocco, Dave Vinson뿐만 아니라 몇몇 익명의 동료를 포함해 많은 동료가 이 책을 기꺼이 읽고 조언하거나 자료를 공유해 주었다. 원고 집필 과정에서 앞부분 6개의 장은 2011년 애버테이 대학교의 고급 인지심리학 수업과 CUNY 스태튼 아일랜드 대학교의 언어 발달 수업에 참여한 학부생들로부터 초안에 대한 상세한 피드백을 받은 것이 큰 도움이 되었다. 또한 우리는 편집장 Andrew McAleer의 지속적인 격려에 감사를 표한다. 남아 있는 모든 오류와 모순은 말할 필요도 없이 전적으로 우리의 몫이다. 우리 아이들, Erica, Ike, Max, Marius에게 특별히 따뜻한 감사 인사를 보낸다. 아이들의 언어 발달에서 발견한 수많은 영감의 순간, 종종 우스꽝스러운 언어적 예들, 우리 일에 대한 흥미와 호기심, 그리고 엄마들의 학문적 추구에도 불구하고 훌륭하게 자라 준 것에 감사한다. 마지막으로, 지난 2년 동안 집안일이 혼란에 빠지지 않도록 책임져야 했던 우리들의 남편 David Lobel과 Ian Veltman에게도 감사 인사를 전한다. 그들의 지속적인 격려와 지원, 맛있는 집밥, 그리고 휴가가 없었다면, 우리는 이런 프로젝트에 필요한 자원과 끈기를 모을 수 없었을 것이다. 우리가 가족들에게 얼마나 고마워하는지를 제대로 표현하려면 우리의 언어 능력 이상의 것이 필요하다.

Patty Brooks

Vera Kempe

책 소개

BPS 심리학 교재

BPS Blackwell에서는 심리학 학사 과정을 이수하는 학생이 필요로 하는 모든 내용을 다루는 종합적이고 권위 있는 시리즈를 제공한다. 북미지역 연구 결과물 이상의 내용을 포함하여 참신하게 구성된 이 시리즈는 국제적 시각을 제공해 주는 진정한 첫 번째 시리즈이다. 이 분야의 저명한 학자들이 참여한 이 시리즈는 개론 과목부터 고학년 과목까지 폭넓은 주제를 제공하며, 모든 교재는 이 주제의 BPS 강의안을 전적으로 준수한다. 우리 시리즈만 BPS 승인 마크가 부착되어 있다! 각 책은 지침 웹 사이트가 있으며, 비판적 사고를 장려하도록 설계된 추가 자료를 교수자와 학습자에게 제공하여 모든 강의에서 필요한 요구사항을 충족한다. 이 시리즈의 다른 책은 www.bpsblackwell.co.uk에서 확인할 수 있다.

"이 책은 놀랍도록 세밀하고 철저한 학문적 고증을 바탕으로 한 뛰어난 책이다. 아동 언어 분야를 처음 접하는 학생들에게 매우 가치 있는 책이 될 것이며, 이 분야의 최신 연구 결과와 현재 상황에 대한 지식을 업데이트하기를 원하는 모든 사람에게 중요한 자료가 될 것이다. 저자들에게는 눈부신 성과가 될 것이다."

영국 서리 대학교 Martyn Barrett 교수

"Patricia Brooks와 Vera Kempe의 언어 발달은 모든 표준 주제에 대한 최신 과학 문헌을 비롯하여 언어와 두뇌 같은 전문적인 주제를 다루고 있는 이 분야의 최신 정보를 담고 있다. 이 책은 요약 사이드바, 용어사전 및 보충 상자 자료를 상세하게 제공하여 해당 분야의 초보자도 쉽게 이용할 수 있다. 동시에, 전문가들에게 해당 분야의 현재 상황을 안내하는 역할을 할 만큼 충분히 깊이 있게 다루어졌다. 이 책이 언어 학습과 발달의 사회적 조건에 초점을 맞추었다는 것이 특히 가치가 있으며, 이중 및 다중 언어 사용, 언어장애, 청각장애 언어학습, 그리고 문해 능력에 대한 포괄적 접근은 다학제적 활용에 대한 적용 가능성을 넓혔다."

미국 뉴욕 시립대학교 Katherine Nelson 교수

"Patricia Brooks와 Vera Kempe는 뛰어난 활약을 펼쳤다. 『언어 발달』은 최적의 교재이다. 이 책은 독자의 관심과 흥미를 불러일으키고, 백과사전만큼 다양한 내용을 담고 있으며, 명확한 글쓰기의 모델이다. 언어 습득의 예외적 사례에 대한 철저한 논의, 나이 많은 아동의 언어 발달에 있어 문해 능력의 역할과 같은 현상의 적용, 언어 처리가 뇌에 미치는 영향을 조사하는 최근의 신경 영상 작업에 대한 설명 등 일반 주제를 넘어서는 몇 가지 중요한 내용이 포함되어 있다. 모든 장의 시작에 핵심 용어를 제시하고, 책의 끝부분에 핵심 용어를 설명하는 용어사전을 제시한 것은 멋진 구성이다. 이 책이 교수자와 학습자에게 최고의 교재가 될 것으로 기대한다."

이스라엘 예루살렘 히브리 대학교 Anat Ninio 교수

차례

1 영아가 언어를 습득할 수 있는 요인은 무엇인가

핵심 용어

• 대리부모 • 인공 언어 • 옹알이 • 집단 양육자 • 의사소통 의도 • 동종 • 구문 • 대인관계 협응 시기
• 담화 • 듀켄 미소 • 이원적 상호작용 • 대뇌화 • 실행 기능 • 기본 주파수 • 유인원 • 상호 주관성
• 공동 주의 • 최소 노력-최대 효과 • 자연 교육학 • 비계설정 • 사회적 조성 • 정지 얼굴 효과
• 직립 보행

개요

언어는 인간이 가진 보편적 능력이다. 어린 아동은 말하기를 배우고 다른 사람의 말을 이해하는 방식을 배운다. 그들은 언어를 사용하여 생각을 공유하고, 활동을 협상하며, 다른 사람과 협력하는 방식을 배운다. 전 세계적으로 인간이 사용하는 약 7,000개의 언어에는 소리 패턴, 단어 의미 및 문법 구조 측면에서 엄청난 복잡성과 다양성이 존재함에도 불구하고, 어린 아동은 언어를 습득한다(Gordon & Grimes, 2005; Lewis, 2009). 인간이 사용하는 모든 언어는 다른 종(種)의 의사소통 체계보다 훨씬 복잡하다. 그럼에도 불구하고 언어 발달 과정은 단순해서 특별한 교육이 필요하지 않은 것처럼 보인다. 그렇다면 아동은 어떻게 언어를 습득하는가?

이 책에서는 언어 발달을 위해 무엇이 필요한지, 그리고 언어 발달의 배후에 무엇이 있는지 살펴보고자 한다. 인간은 아동기라는 긴 시간 동안 언어를 학습하도록 진화해 왔다. 아동은 성장하여 사회 활동을 조정하고 생각을 교환하는 주요 기제가 언어인 사회의 구성원이 된다. 1장에서는 언어 발달이 이루어지는 사회문화적 맥락을 살펴보고, 영아가 언어를 쉽게 학습하도록 돕는 사회인지적 능력을 파악한다.

영아는 무엇보다 언어의 소리 패턴에 대해 민감성을 보인다. 2장에서는 영아가 초기에 모국어의 소리 부호를 해독하는 능력에 대해 논의한다. 또한 영아는 아직 구어 사용 능력이 초보적 단계에 머물러 있으나, 제스처를 통해 의사소통을 할 수 있다. 3장에서는 구어 발달의 기초가 되는 공동 주의와 비언어적 의사소통에 대해 살펴본다. 이러한 능력을 토대로 영아는 다른 사람이 특정 말소리 패턴을 산출할 때 그것이 무엇을 의미하는지 파악할 수 있다. 4장에서는 다른 사람과 공유하는 활동의 맥락에서 단어의 의미가 어떻게 조정되는지 살펴본다. 일단 첫 단어를 습득한 이후에 영아는 단어를 조합하기 시작한다. 5장에서는 언어를 구사하는 사람들이 단어를 조합하고 변형하여 새로운 의미를 만드는 무수히 많은 방법을 영아가 어떻게 알게 되는지 설명한다. 언어 발달은 인간 발달의 보편적인 측면에 해당하지만, 개별 아동의 언어 학습 궤적에는 차이가 존재한다. 6장에서는 아동 언어 입력의 본질과 언어 입력의 양 및 질의 변화가 언어 발달에 어떤 영향을 미치는지 살펴본다. 언어를 사용한다는 것은 분명히 단어의 의미를 아는 것 이상으로 단어를 조합하여 문장을 만드는 방식까지도 포함한다.

아동은 사회에서 통용되는 방식으로 언어를 사용하고, 다른 사람을 놀리고, 웃고, 논쟁하고, 거짓말하고 속이며, 이야기하고, 과거를 회상하고, 미래를 계획한다. 이러한 언어 능력이 발달하기까지는 많은 시간이 필요하다. 7장에서는 화용론과 대화 기술에 대해 살펴보고, 8장에서는 언어의 다양성 현상으로 돌아가서 언어와 이중 언어의 특정 기능이 인지 발달에 어떤 영향을 미치는지 확인한다. 많은 문화권에서 아동이 글자를 읽고 쓸 수 있게 되면 모국어 능력이 더 발달한다. 9장에서는 문해 습득과 언어 발달에서 문해의 역할에 대해 살펴본다.

아동은 대부분 빠르고 쉽게 언어를 습득하지만, 언어 발달이 항상 순조롭게 진행되는 것은 아니다. 어떤 아동은 언어 학습 및 처리에 어려움을 보이기도 한다. 10장에서는 이러한 어려움의 원인이 무엇인지 살펴본다. 11장에서는 구어의 소리 패턴을 인식할 수 없는 청각장애 아동의 수어 발달에 대해 살펴본다. 청각장애 아동에 관한 연구를 통해 구어 또는 수어에 대한 노출이 지연될 때 발생하는 현상을 관찰할 수 있다. 유아기 이후에 언어 학습을 조절할 정도로 인간의 뇌는 가소성이 있는가? 이 문제는 언어 발달의 신경학적 기반을 다루는 12장에서 더 자세히 살펴본다.

이 책에서는 인간의 언어 발달 궤적을 설명하면서, 다른 문화권에서 서로 다른 언어를 습득하는 아동의 증거를 통합하여 살펴본다. 언어 발달에 관한 많은 연구가 서구 산업사회에서 주로 사용되는 언어를 구사하는 아동을 대상으로 진행되었기 때문에 이들을 제외한 다른 언어의 발달에 대해서는 지금까지 알려진 바가 거의 없다. 저자들은 문화적으로나 언어학적으로 언어 발달의 보편성에 대해 독자들이 섣부른 결론을 내리지 않기를 바란다.

1.1 언어 발달의 진화적 맥락은 무엇인가

인간이 언어를 습득하기 위해 어떻게 진화해 왔는지에 대한 관심은 지난 20년 동안 계속되어 왔다. 이 분야의 많은 연구는 인간 언어와 의사소통의 고유성이 무엇인지를 묻고 있다. 상징적 의사소통 체계의 효시는 인류 진화의 역사 중 특정 시점에 등장하였다. 이는 바로 제스처에 기반하거나, 사운드에 기반하거나, 또는 두 가지 모두에 기반한 일종의 기초적인 원형 언어(proto-language)이다. 인간이 이후에 언어 고유의 특수한 적응력을 발달시켰는지(Pinker & Bloom, 1990), 또는 인간 언어의 특징이 보편적인 사회인지적 능력에 의해 형성되어 인간이 문화 학습을 통해 매우 다양한 환경에 적응하게 되었는지에 대해서는 상당한 논쟁이 존재한다(Kirby, Christiansen, & Chater, 2009; Tomasello, 2008). 다시 말해, 유전자 구성의 변화가 인간에게 언어를 습득하고 처리할 수 있는 선천적인 능력을 제공했는가, 아니면 인간 언어가 조상의 사회인지적 능력과 생태학적 지위에 맞추어 선택적 압력을 받으며 진화했는가?(Chater & Christiansen, 2010; Christiansen & Chater, 2008; Levinson & Evans, 2010; Lupyan & Dale, 2010; Nettle, 2007) 유전자-문화 공동 진화 모델(gene-culture co-evolution)은 의사소통의 복잡성이 증가하여 언어 습득 및 처리에 필요한 사회인지적 능력을 촉진하는 방향으로 유전적 변이가 진행되었을 가능성을 시사한다(Deacon, 1997; Richerson & Boyd, 2010). 이러한 논쟁은 궁극적으로 언어 발달이 아동의 사회인지 발달과 어떻게 관련되어 있는지를 이해하는 데 도움이 된다.

이 장에서는 언어 발달이 이루어지는 조건의 진화 과정을 간략하게 정리하여 단계를 설정하였다. 이러한 조건은 ① 언어 발달의 시간적 과정, 즉 인간이 언어를 습득하는 데 걸리는 시간, ② 아동과 타인의 사회적 · 의사소통적 참여의 본질, ③ 전 생애 동안 언어 발달을 지원하는 광범위한 사회 환경에 관한 것이다. 다음으로는 사회문화적 · 언어적 관례로 정의된 공동체에 영아가 진입하도록 지원하는 사회인지적 능력에 대해 간략하게 살펴본다.

1.1.1 미성숙 기간의 연장

많은 연구자는 아동이 언어의 기본 원칙을 습득하는 속도와 용이함을 강조한다(예: O'Grady, 1997). 4세가 되면 대다수의 아동은 의미 있고 문법적으로도 어느 정도 정확한 문장을 산출한다. 수년간의 연구 결과에 따르면, 새로운 언어에 대한 유창성이 부족한 성인 언어 학습자와 비교할 때 아동은 매우 괄목할 만한 언어 성취 능력을 보인다. 그러나 다른 종들이 각자 자신의 의사소통 체계를 빠르게 습득하는 것과 비교해 볼 때 인간의 언어 발달 과정은 훨씬 더 길다는 사실을 명심해야 한다. 인간은 비교적 긴 사회인지적 미성숙 기간을 거쳐 언어를 습득하며(Konner, 2010), 인간의 언어 학습은 전 생애 동안 지속된다. 다른 유인원과 비교해 볼 때 인간의 아동기는 왜 이렇게 길어졌으며(Bruner, 1972; Gould, 1977; Locke & Bogin, 2006), 이는 언어 발달 과정에 어떠한 영향을 미쳤는가?

한 가지 견해는 직립 보행에 대한 적응이 일련의 변화를 가져와서 다른 유인원에 비해 인간의 생애를 연장하였다는 점이다. 적어도 4백만 년 전 유인원 조상은 네 발을 네 손처럼 사용하다가 두 발로 걷는 직립 보행으로 진화하였다. 이러한 자세의 변화는 주생활과 식생활 변화에 적응한 결과이다(Coppens, 1994; Wrangham, Cheney, Seyfarth, & Sarmiento, 2010). 직립 보행의 원인과 관계없이 유인원의 골반 모양이 수평적 재배열을 통해 변형되어 실제 산도가 좁아졌다는 점에는 논란의 여지가 없다(Abitbol, 1987; Rosenberg & Trevarthan, 2002). 골반의 재배열로 인해 상당한 선별적 압력이 발생하여 골격의 성숙을 지연시켰다(Ragir, 2001; Ruff, 1995). 즉, 더 부드럽고 덜 성숙한 골격을 가진 신생아여야 수축된 산도를 통과할 수 있다. 이후 인간의 진화 과정에서 식생활 개선(예: 수렵, 조리 및 식품 보존)으로 인해 영양분 섭취가 언제나 가능해지고, 여성의 체중과 자녀의 체중 및 크기가 증가함에 따라 성장 매개변수에 대한 추가적 적응이 필요해졌다. 태아의 골격이 커서 산도를 통해 출산할 수 없다면 문제가 발생한다(Rosenberg & Trevarthan, 1996). 결론적으로, 식생활 개선은 유인원 영아의 성공적인 출산을 보장하기 위해 성숙을 지연시켰

유인원(hominin): 인간과 그 조상을 말하며, 모든 호모종, 모든 오스트랄로피테신, 그리고 아르디피테쿠스와 같은 다른 종들을 포함함. 이 용어는 더 구체적이고, 이전 용어 hominid를 대체함.

직립 보행(terrestrial bipedalism): 두 발로 땅 위를 걷는 것.

다. 성장 매개변수의 적응을 통해 골격의 성숙 속도가 변화되어 중추신경계가 발달하는 시간이 길어졌다. 중추신경계의 발달시간이 길어짐에 따라 뇌 크기도 이에 비례하여 커졌고 이러한 적응이 뇌 크기를 증가시켰기 때문에(Finlay, Darlington, & Nicastro, 2001), 그 결과 현대인의 대뇌화(신체 크기에 비해 증가된 뇌 부피)에 기여하였다. 결정적으로, 느리게 성숙하는 뇌는 중추신경계의 가소성과 행동 유연성을 높여 급변하는 세상의 물리적 · 사회적 환경에 대한 학습 가능성을 증가시킨다(Chrysikou, Novick, Trueswell, & Thompson-Schill, 2011; Ragir, 1985; Thompson-Schill, Ramscar, & Chrysikou, 2009).

대뇌화(encephalisation): 신체 크기에 비례하여 증가한 두개골 부피(동물의 체질량이 예상된 양을 초과하는 뇌 질량).

출생 후 신경생물학적 발달이 유전적으로 예정된 성숙 일정표를 따르는 정도와 이러한 성숙 일정표가 언어 습득을 통제하는지에 대한 논쟁이 존재한다. 비록 영아의 뇌가 언어를 학습하고 처리하는 데 특별하게 적응된 것처럼 보이지만, 인간은 아동기와 성인기에 걸쳐 새로 등장한 언어를 처리하고 손상에 반응하여 뇌를 재조직하기 위해 중추신경계의 가소성을 상당히 많이 보유하고 있다(12장 참조). 언어의 일부 측면은 생후 첫해에 습득되지만(예: 언어의 리듬 구조 및 말소리 목록; 2장 참조), 다른 측면은 이보다 훨씬 늦은 아동기 후기에 습득된다(예: 이야기하기, 풍자, 유머, 문해; 7장과 9장 참조). 어휘, 문법 및 담화 기술과 같은 여러 측면에서는 언어 학습이 전 생애 동안 지속되는데, 청소년기뿐만 아니라 성인기까지도 지속된다.

담화(discourse): 특정 사회적 맥락에 적용 가능한 언어 사용의 대화적 측면.

인간의 아동기가 길어지면서 이 기간에 아동은 수학적 추론, 요리 및 체스와 같은 다른 많은 복잡한 기술뿐만 아니라 언어도 습득하는 집중적인 학습이 진행된다. 인간의 고유한 삶의 방식을 유발한 직립 보행이나 식생활과는 관계없이(앞서 설명한 바와 같이), 장기간의 미성숙이 복잡한 기술의 습득에 필요한 적응 때문이라는 견해도 있다. 그러나 거북이, 코끼리와 같은 다른 종에서도 성숙은 느리게 진행되므로 장기간의 미성숙이 복잡한 기술 습득의 필요에 대한 적응이 아닐 수도 있다. 인간과 마찬가지로 코끼리도 집단 구성원의 자원을 모아 자손을 돌보는 집단 양육자라는 점에 주목할 필요가 있다(Hrdy, 2009). 집단 양육은 생애 초기의 미성숙을 강화하고, 인간의 경우 언어와 같은 복잡한 기술의 발달에 충분한 시간이 필요하므로 집단 양육은 이를 위한 안정적인 사회문화적 맥락을 제공한다.

집단 양육자(collective breeders): 특정 종의 동물(사람 포함)이 그들의 자녀를 돌보기 위해 집단 구성원의 자원을 공동으로 부담하는 것.

다음 절에서는 언어 발달에서 자녀 양육의 역할에 대해 살펴본다.

1.1.2 대리부모 양육

영아의 미숙함과 영양 의존성은 비용이 많이 드는 장기간의 양육을 필요로 한다. 인간 부모는 미성숙한 자녀에게 상당한 자원을 투자해야 한다. 음식 보관과 기생충 번식 억제를 돕는 가정 내 불의 사용으로 식생활이 개선되어 유인원 여성의 생산력이 높아졌고, 출산 간격도 줄었다(Bogin, 1998). 이로 인해 어머니는 아직 자신에게 의존하는 자녀를 돌보면서 동시에 어린 영아의 요구도 해결해야 하는 상황에 놓이게 되었다. 양육 비용이 어머니가 부담할 수 있는 한도를 초과하기 때문에 유인원은 집단 양육자로 진화하였고, 어머니는 자녀의 생존을 위해 자녀 양육을 돕는 대리부모를 모집한다(Hrdy, 1999). [그림 1-1] 참조. 어린 아동에게 음식을 제공하기 위해서는 공동체의 다른 구성원에게 의지해야 하는데, 특히 모유 수유가 끝난 이후에 대리부모의 도움이 필요하다.

대리부모(alloparents): 부모 이외에 자녀의 돌봄과 양육에 참여하는 개인.

인간의 경우 할머니, 손위 형제자매, 고모, 고모할머니, 그리고 아버지에 이르기까지 대리부모의 역할은 때로는 친척에 의해 수행된다. 수렵채집, 원예 및 농업 사회와 같은 다양한 문화권에서 출산 간격이 짧아지고 아동의 생존율이 증가한 것은 모계 친척, 특히 외할머니의 가용성과 관련이 있다(Voland, Chasiotis, & Schiefenhoevel, 2004). 이와 유사하게, 손위 자매의 이용 가능성 또한 아동의 생존율과 관련이 있다(Sear, Steel, McGregor, & Mace, 2002). 또한 많은 문화권에서 대리부모에 의한 양육은 젊은 여성이나 동료의 어머니와 같이 친척이 아닌 대리부모, 최근에는 유모, 아이돌보미, 입주 가사도

그림 1-1 부모는 부양가족인 자녀를 돌보기 위해 대리부모(조부모, 친구, 교사, 전문 양육자, 손위 형제자매 및 기타 친척)의 도움을 받는다.
출처: © Muellek Josef. Shutterstock의 라이선스 사용 허락.

우미 또는 가정부와 같이 고용된 양육 서비스 인력에 의해 제공된다. 친척이 아닌 도우미가 자신의 자녀 출산과 직접적인 관련이 없는데도 다른 사람의 자녀를 돌보도록 만드는 요인은 무엇인가? 친척이 아닌 젊은 여성은 양육 서비스 제공을 통해 자신의 자녀 양육 기술을 연습하는 기회를 가진다(Konner, 2010). 게다가 대다수의 자녀 양육은 친족이 서로의 자녀를 돌보거나 양육 서비스 제공에 대한 직접적인 보상을 받는 상호 호혜성에 기초한다. 어머니는 자녀 출산 여부를 결정하는 데 있어 가용한 대리부모 지원과 같은 요인을 신중하게 고려한다(Hrdy, 1999). 아마도 영아는 자신의 생존을 위해 어머니와 다른 잠재적 양육자의 보살핌을 요청하는 노력을 해야 한다. 어린 영아는 보살핌을 요청하기 위해 자신이 활용할 수 있는 모든 의사소통 수단을 사용해야 한다. 출생 이후 어머니와 다른 양육자의 보살핌을 받는 영아는 그렇지 않은 영아보다 생존 가능성이 더 높다.

1.1.3 영아와 양육자의 상호 호혜적 상호작용

영아는 보살핌을 요청하기 위해 사회적 상호작용에 참여하고, 다른 사람이 헌신적인 태도를 보이는지를 확인하기 위해 다른 사람의 행동을 모니터링한다. 양육자와 상호작용할 때 영아는 투덜거리기, 울기, 웃기, 목 울리기 및 옹알이와 같은 다양한 유형의 발성을 산출한다. 발달의 초기 단계에서 이러한 발성은 의도적인 의사소통이 되지 않는다. 신생아는 분명히 자신의 울음소리를 자발적으로 통제할 수 없다. 그럼에도 불구하고 영아의 가장 빠른 발성조차도 신체 상태(건강, 고통) 및 요구 사항(음식, 편안함, 수면)에 관한 정보를 제공한다. 아동보다 성숙한 성인은 영아의 요구 사항에 반응하는 경향이 있다. 이러한 경향은 어머니뿐만 아니라 다른 성인이나 청소년에게서도 분명하게 드러나는데, 이들은 모두 잠재적인 대리양육자이다. 실제로 이는 고비용의 양육 부담을 경감시키기 위해 영아의 미숙함과 함께 진화해 왔다.

> 옹알이(babbling): 전언어기 영아의 필수적인 발성. 표준 및 다채로운 옹알이 단계 포함.

초기 영아기의 발성은 주로 다른 사람과의 관계를 시작하고 유지하는 수단으로 기능한다. 나이 어린 영아와 양육자 사이의 이원적인 음성 상호작용([그림 1-2] 참조)은 대부분 정서적 특징이 강하며(Locke, 2001), 이후에 양육자가 언어를 사용하여 세상의 사물에 영아의 주의를 집중시킬 때 지시적 기능을 담당한다. 이원적 상

그림 1-2 얼굴을 마주 보는 이원적 상호작용에서 양육자와 영아는 얼굴 표정, 시선, 발성을 사용하고, 관심과 감정을 전달하며, 흥분을 조절한다.

출처: © Lucian Coman. Shutterstock의 라이센스 사용 허락.

호작용을 통해 긍정적인 정서를 공유함으로써 양육자에 대한 애착 형성에 결정적인 역할을 하는 지속적인 유대감과 일체감을 촉진한다(Bowlby, 1982). 영아와 양육자의 대면적 상호작용은 발성, 눈 맞춤 및 얼굴 표정을 통해 즐거움과 같은 내적 상태에 대한 상호 인식을 형성한다. 이러한 상호작용의 리듬 구조는 대화 차례 주고받기와 유사하며, 많은 문화권에서 양육자는 영아가 태어난 순간부터 영아를 대화 상대방으로 간주한다. 영아는 초기부터 지속적으로 눈 맞춤을 조절하여 얼굴을 맞대고 상호작용하는 양육자와 자신의 행동을 협응할 수 있다. 영아는 의사소통 신호를 보내기 위해 눈 맞춤을 시작하고, 사회적 자극이 너무 강해지면 눈 맞춤을 철회한다(Lavelli & Fogel, 2005). 초기 연구에서 Haith, Bergman과 Moore(1977)는 3~11주 영아가 어머니 얼굴을 응시하는 시간이 점점 증가하였다고 보고하였다. 3~5주 영아는 전체 응시시간 중 22%만 어머니 얼굴을 응시하였고, 7주 영아는 이 시간이 87.5%로 증가하였다. 무엇보다도 아동-대상 발화(child-directed speech)는 7주 이상 영아가 얼굴을 응시하는 시간을 증가시켰다. 영아는 어머니의 발성에 대한 반응으로 눈 맞춤을 시작하고 유지하며, 어머니는 영아의 눈 맞춤에 반응하여 발성시간을 정하기 때문에 적어도 생후 6주부터 대인관계 협응 시기

이원적 상호작용(dyadic interaction): 2명의 개인 간 의사소통적 상호작용. 주로 영아와 양육자가 얼굴을 바라보고 하는 의사소통적 상호작용을 설명하는 데 사용.

대인관계 협응 시기(coordinated interpersonal timing): 한 사람의 행동이 다른 사람의 행동에 따라 반응하는 일시적인 패턴화.

가 명백하게 나타난다(Crown, Feldstein, Jasnow, Beebe, & Jaffe, 2002). 4개월이 되면 영아는 어머니뿐만 아니라 낯선 사람의 발성에 대해서도 협응하기 때문에 이 시기에 영아-양육자 행동의 협응이 더 확실하게 나타난다(Jaffe, Beebe, Feldstein, Crown, & Jasnow, 2001).

영아는 양육자와 친밀한 관계를 시작하고 유지하기 위해 발성을 산출하는데, 양육자는 영아를 안심시키고, 달래고, 주의를 끌거나, 웃게 만든다. 영아는 혼자 있는지 아니면 다른 사람과 함께 있는지에 따라 질적으로 다른 발성을 산출하는데, 이는 영아가 의도적인 의사소통을 하기 위해 전언어적 발성을 변화시킬 수 있음을 시사한다(Papaeliou & Trevarthan, 2006). 성인은 영아 발성의 질적 차이에 매우 민감하다(Bloom & Lo, 1990). 부정적 발성(예: 울음)과 달리 직관적 호소가 포함된 영아의 발성(예: 목 울리기 및 옹알이)은 성인으로 하여금 영아 발성의 특정한 질적 특성을 선택적으로 강화하도록 만든다. 예를 들어, 2~4개월 영아가 목 울리기 소리를 내면 성인은 직감적으로 이러한 소리를 재미있고 친근하게 느끼고, 호의적으로 반응한다(Locke, 2006; Snow, 1977; Watson, 1972). 반대로, 과도한 울음은 양육자의 스트레스, 좌절감 및 공격성을 유발한다. 양육자가 영아의 의사소통 시도에 우연히, 그리고 긍정적으로 반응하는 과정을 **사회적 조성**이라고 하며, 이는 영아가 산출하는 옹알이의 양과 질을 증가시킨다(Goldstein, King, & West, 2003; Goldstein & Schwade, 2008). 목 울리기와 옹알이는 성인의 관심, 긍정적 정서, 사회적 자극 및 보살핌을 유발하는 데 효과적이기 때문에 영아는 다른 사람과 긍정적인 관계를 형성하고 유지하기 위한 수단으로 발성을 사용하는 방법을 쉽게 배운다(Goldstein, Schwade, & Bornstein, 2009). 최근의 신경 영상 연구는 개인 간 밀접한 사회적 상호작용이 신경 반응의 결합으로 이어지고, 협응된 공동 행동의 실행을 더욱 강화한다는 결과를 제시하였다(Hasson, Ghazanfar, Galantucci, Garrod, & Keysers, 2012). 따라서 양육자를 참여시킬 준비가 된 영아와 영아의 요구에 반응할 준비가 된 양육자 사이의 상호작용은 언어 발달 및 다른 사회인지적 기술의 발달을 주도한다.

사회적 조성(social shaping): 양육자가 영아의 의사소통 시도에 우연히, 그리고 긍정적으로 반응함으로써 영아의 말소리 및 몸짓의 양과 질을 증가시키는 과정.

1.1.4 복잡한 사회 환경

성장 매개변수와 대뇌화의 변화를 보여 주는 화석 기록과 더불어 유인원 사회의 구조 변화에 대한 증거도 있다. 도살장에서 수집한 석재 도구에 근거해 볼 때 유인원은 약 150만 년 전부터 대규모 협동 사냥에 참여하였고(Haidle, 2010; 약 340만 년 전에 사용한 석재 도구의 날짜는 McPherron et al., 2010 참조), 약 40만 년 전에 조리를 위해 불을 사용하였다(James, 1989; Rolland, 2004; 2백만 년 전의 불 사용 날짜는 Wrangham, Jones, Laden, Pilbeam, & Conklin-Brittain, 1999 참조). 고고학 기록에 따르면, 사냥, 낚시 및 도축을 위한 도구뿐만 아니라 다른 도구의 제조 및 성형을 위해서도 여러 가지 도구(예: 망치, 도끼 및 주걱)가 사용되었다. 도구를 사용하게 되면서 분업, 지식의 전문화, 소근육 통제 및 활동의 위계적 계획이 가능하게 되었다. 사실상 언어 습득에 필수적인 사회인지 능력이 존재한다(Ragir, 2000).

협동 사냥과 조리 기술의 발달로 공동체 규모가 확대되었고, 전문적인 무역이 출현하게 되었다. 특히 가정에서 조리를 위해 불을 사용하게 되면서 일부 가족 구성원이 불을 피우기 위해 가정에 머물고 다른 구성원은 수렵채집 활동을 하는 등 노동력 분화가 이루어졌다. 게다가 불을 사용하는 거주지에 정착하게 되면서 공동체의 여러 구성원이 어린 부양가족과 함께 생활하게 되었다. 공동체 규모가 확대됨에 따라 많은 사람이 분화된 활동에 종사하게 되면서 효율적인 의사소통의 필요성이 제기되었다. 또한 공동체 규모가 확대되고 영양 상태가 개선되면서 공동체 내 영유아의 비율이 증가하였고(McBrearty & Brooks, 2000), 이로 인해 또래와 놀거나 상호작용할 기회가 제공되었다. 이러한 맥락에서 언어는 공동 활동의 조직과 지식의 문화적 계승에 중요한 매개체가 되었다.

도구 사용과 조리 기술이 더욱 정교해짐에 따라 제품을 생산하고 사용하는 방식을 이해하기가 더 어려워져서 이에 대한 설명이 필요하게 되었다. 인간은 Csibra와 Gergely(2009, 2011)가 명명한 **자연 교육학**을 진화시켜 이 상황에 적응했을 수도 있다([그림 1-3] 참조). 이러한 표면적 신호는 비언어적일 수 있지만(예: 지시적 의도를 나타내기 위한 가리키기 또는 시선 응시), 언어는 지식을 효율적으로 전달하고, 언어 학습은 이러한 표면적 신호의 이용에 도움을 제공하였다. 아동이 관찰, 모방 및 우연한 듣기를 통해 언어를 학습한다는 일

> 자연 교육학(natural pedagogy): 문화적 지식이 의사소통적 상호작용 내에서 전달되고 있음을 나타내기 위한 표면적 신호의 사용.

그림 1-3 인간은 젊은 세대에게 문화적 관례를 가르치는 데 상당한 시간과 노력을 투자한다. 이러한 자연 교육학은 교사와 학생이 함께 무엇을 하고 있는지, 그 이유는 무엇인지를 서로 이해하도록 요구한다. 이 그림에서 할머니는 손자에게 고기만두 만드는 방법을 가르친다.
출처: © shalunishka. Shutterstock의 라이센스 사용 허락.

반적인 기대와는 달리, 성인이 언어를 직접 가르치는 정도에 대해서는 논란의 여지가 있다. 서구 산업사회와 달리 산업화가 이루어지지 않은 많은 사회에서는 아동에게 언어를 직접 가르치는 경우가 많지 않다(Lancy, 2009; Rogoff, 1990). 다른 종족에는 자연 교육학이 거의 존재하지 않는 것으로 보이는데, 이는 일반화가 가능한 문화 지식을 전달하는 데 언어가 중요한 역할을 담당하고 있음을 시사한다.

언어는 공동 활동과 정보 교환을 수반하고 촉진할 뿐만 아니라 사회적 동맹을 강화하고 마음 상태를 공유하는 데에도 사용된다(Carpendale & Lewis, 2004). 실제로, 인간의 공동체 규모가 너무 커져서 사회적 단장(mutual grooming)에 직접 참여하기 위해 언어가 필요했던 것으로 볼 수 있다(Dunbar, 1993, 1996). 쾌적함과 위생적 측면에서 필수품인 사회적 단장은 '당신이 내 등을 긁어 주면 나도 당신 등을 긁어 줄게요(당신이 내 부탁을 들어주면 나도 당신 부탁을 들어줄게요).'와 같이 상호성을 암시하므로 사회적 동맹을 강화하는 역할을 한다. 공동체 규모가 커짐에 따라 언어는 개인이 소문을 통해 내적 상태와 중요한 사회 정보를 공유하도록 허용함으로써 사회적 단장의 기능을 이어받았다.

인간의 의사소통은 기본적으로 협력이 필요하다. 최근 인간의 진화 과정에서 언어의 출현은 다른 사람과 협력하려는 인간의 타고난 성향을 반영한다는 연구 결과가 제시되었다(Tomasello, 2008). 모든 의사소통 행위를 함께 이해하려면 관점의 협응이 필요하다. 집단 구성원이 서로 의미를 공유하려면 상호 주관성을 달성하기 위한 기제가 필요하다. 양육자와 영아가 이원적 대면 상호작용을 통해 긍정적인 관계를 공유하는 상호 주관성은 영아기 초기에 나타난다(Stern, 1985; Trevarthen, 2001). 인간의 언어를 형식과 의미 사이의 임의적 관계 시스템으로 간주한다면(Bates, Benigni, Bretherton, Camaioni, Volterra,

상호 주관성(intersubjectivity): 2명 이상의 사람이 함께 무언가를 경험하고 그 상황에 대한 이해를 공유한다는 상호 인식.

et al., 1979), 형식과 의미의 각 쌍은 상호 이해를 달성하기 위해 공동체 구성원 간 협상을 통해 만들어져야 한다(언어의 출현을 지원하는 사회적 요소에 대한 자세한 논의는 11장 참조). 모든 인간 언어는 언어 사용 및 공동체 실천의 맥락에서 화자 공동체의 합의를 반영한다. 모든 인간 언어는 대화에 협력하는 화자 공동체를 전제로 한 복잡한 사회적 협약 체계를 구성한다(Clark, 1996; Tomasello, 2008; Wittgenstein, 1953). 2명의 개인이 언어를 사용하여 서로 의사소통하기 위해서는 언어 사용의 관례적 방식을 채택해야 하며, 의사소통의 성공에 대해 서로 인정해야 한다. 사회적으로 합의된 언어 구문을 사용하지 못하면 의사소통이 단절되고, 공유된 이해를 재협상해야 한다. 아동이 이러한 시스템에 참여하기 위해서는 다른 사람의 의사소통 의도가 명확하게 드러난 공동 활동에 참여하여 그 의도를 이해할 수 있어야 한다. 이 견해에 따르면, 공동체 구성원이 공동 목표를 달성하고자 자신의 관점을 조정하기 위해 언어적 표현을 사용하는 수많은 방법을 아동이 이해하게 되면서 언어가 발달한다.

구문(constructions): 통사 구조라고도 불리며, 문장에서 단어의 구조적 구성.

의사소통 의도(communicative intentions): 특정 상황에서 의사소통 행위를 유발하는 화자의 목표.

1.2 언어 습득이 준비된 신생아의 능력은 무엇인가

진화심리학의 주요 관심사는 인간이 협력을 지향하는 방향으로 진화해 온 이유이다. 이에 대한 하나의 설명은 유인원의 협력 증가가 집단 간 경쟁 때문이라는 것이다. 즉, 협력이 요구되는 문화는 공동체가 변화된 환경에 더 성공적으로 적응하도록 만들었고, 이로 인해 주위의 다른 공동체를 능가하게 되었다(Richerson & Boyd, 2004). 또 다른 견해는 자녀 양육에 대한 대리부모 지원의 필요성이 어머니와 다른 공동체 구성원 사이에 상당한 수준의 신뢰, 협력 및 상호 이해를 요구한다는 점이다(Hrdy, 2009). 영아의 생존을 위해 어머니는 자녀를 돌볼 믿을 만한 다른 사람(확대된 친족)을 구해야 하고, 영아는 믿을 만한 다른 사람으로부터 보살핌과 식사를 제공받아야 한다. 진화 시나리오와 관계없이, 현대의 영아는 다른 사람의 행동과 협응하는 사회적 · 인지적 기술을 갖추고 있다. 이 절에서는 언어 발달의 기초를 제공하는 영아의 초기 능력을 살펴본다.

1.2.1 타인에게 주목하기

영아는 정보 처리 능력이 매우 제한되어 있어 환경으로부터 정보를 선택적으로 추출하는 것이 유리하다. Reid와 Striano(2007, 2009)에 따르면, 영아의 사회적 능력은 환경에 적절한 것이 무엇인지를 알아내기 위해 다른 사람과의 상호작용을 허용한다. 신생아는 태어날 때부터 자신을 둘러싼 사회에 자신의 관심과 주의를 기울이는 경향을 보인다. 영아가 사회적 상호작용에 성공하기 위해서는 이에 필수적인 다양한 구성 요소를 갖추고 있어야 한다. 즉, 영아는 잠재적인 사회적 상대방을 감지하고 인식해야 하고, 상대방이 자신 및 환경에 대해 보이는 관심의 초점을 식별해야 하며, 마지막으로 상대방의 목표와 의도를 파악해야 한다. 이러한 구성 요소가 대부분 인간 발달의 초기 단계에 존재한다는 증거에 대해서는 다음에서, 그리고 3장에서 살펴본다.

잠재적인 사회적 상대방을 식별하기 위한 한 가지 중요한 단서는 생물학적 움직임을 감지하는 것이다. 즉, 동물과 인간은 생체역학적 완전성을 유지하기 위해 자기주도적 방식으로 움직이는데, 이는 무생물의 움직임 패턴과는 다르다. 이처럼 움직임을 감지하는 능력은 3개월 된 영아에게 명백히 나타나는데, 이들은 생체역학적 완전성을 유지하는 포인트 불빛의 움직임 표시와 그렇지 않은 표시를 구별할 수 있다(Bertenthal, Profitt, & Kramer, 1987). 물론, 살아 있는 실체를 식별하는 것만으로 사회적 상호작용을 정의하기에는 충분하지 않다. 영아는 또한 잠재적 의사소통 상대방이 누구이며, 잠재적인 사회적 신호를 구성하는 요소가 무엇인지를 인식해야 한다. 실제로 영아는 동종을 식별하는 능력이 뛰어나다. 태어날 때부터 영아는 사람의 얼굴과 목소리를 선호하는 뚜렷한 경향을 보인다(Farroni, Johnson, Menon, Zulian, Faraguna, & Csibra, 2005; Vouloumanos & Werker, 2007). 영아는 다른 사람을 인간으로 식별할 수 있을 뿐만 아니라 친숙한 상대방을 선호하는 능력도 있다. 출생 직후에 이미 영아는 낯선 여성의 얼굴보다 어머니의 얼굴을 선호한다(Bushnell, Sai, & Mullin, 1989).

동종(conspecifics): 자신과 동일한 종의 구성원.

또한 영아는 인간의 언어에 대해 특정한 선호를 가진다. 예를 들어, Vouloumanous와 Werker(2004)는 다양한 물리적 특징(기본 주파수, 지속시간 및 시기)과 일치하는 말소리 및 소리를 생성하여 신생

기본 주파수(fundamental frequency): 특정 주파수대의 가장 낮은 주파수로 약어는 F. 다른 화자의 음높이로 인식되는 것.

아에게 들려주었는데, 신생아는 다른 소리보다 말소리를 선호하였다. 일부 신경 회로는 이미 출생 초기부터 말소리 처리에 특화되어 있다. Pena와 동료들(2003)은 신생아에게 말소리를 순서대로, 그리고 거꾸로 들려주었는데, 그 결과 순서대로 들려준 말소리의 경우에만 언어 처리에 관련된 좌반구의 특정 영역이 더 활성화되었다. Krentz와 Corina(2008)는 영아의 주의를 집중시키는 것은 사인의 언어적 측면이라는 추가적인 증거를 확보하였다. 말소리 사인을 미국 수어(ASL)의 시각적 제스처라는 다른 양식으로 조사한 결과, 미국 수어에 노출된 적이 없는 6개월 영아는 팬터마임과 유사한 비언어적 제스처보다 미국 수어의 일부인 사인을 더 선호하였다. 따라서 신생아는 사회적 상호작용을 구축하는 데 결정적인 친숙한 개인을 식별하고, 언어 습득에 중요한 환경 자극에 주의를 기울이는 경향이 있다.

그러나 영아가 잠재적인 의사소통 상대방을 식별하는 것만으로는 충분하지 않다. 상대방의 주의가 어디에 집중되는지를 모니터링할 수 있어야 한다. 개인이 주의를 집중하는 초점에 관련된 단서는 시선, 얼굴, 그리고 전신의 방향이다. 이러한 단서 중 일부는 출생 시부터 처리할 수 있다. 신생아는 시선이 자신을 향하는 얼굴과 자신을 향하지 않는 얼굴을 구별할 수 있다(Farroni, Csibra, Simeon, & Johnson, 2002). 생후 4개월 영아는 누군가의 시선이 자신을 향하고 있는지 아닌지를 감지하는 데 250ms밖에 걸리지 않는다. 이 시기의 영아는 성인이 제공하는 피드백이 사회적으로 적절한지 아닌지를 평가한다(Striano, Henning, & Stahl, 2005). 즉, 대면 상호작용에서 성인이 자신의 행동에 반응적인 행동을 보일 것으로 기대한다(영아-양육자 상호작용의 대인관계 협응 시기에 대한 설명은 1.1.3절 참조). 출생 시부터 영아는 사회적 상호작용의 중단에 매우 민감하다. 0~4일 된 신생아는 성인의 얼굴이 갑자기 굳어지면 눈 맞춤을 중단하고 고통스러운 표정을 보이는데(Nagy, 2008), 이러한 현상은 **정지 얼굴 효과**라고 불린다(Tronick, Als, Adamson, Wise, & Brazelton, 1978; 〈방법론 상자 1-1〉 참조). 영아기 초기부터 눈 맞춤은 영아를 진정시키는 데 중요한 역할을 한다(Zeifman, Delaney, & Blass, 1996). 성인 상대방의 표정이 굳어지고 시선을 회피하면 6주 된 영아는 웃음과 시선을 줄이고 상대방의 시선을 다시 사로잡으려고 노력한다(Bertin & Striano, 2006). 흥미롭게도, 영아는 낯선 사람이 무표정한 얼굴로 쳐다보는 것보다는 어머니가 무표정한 얼

> 정지 얼굴 효과(still-face effect): 영아는 이원적 상호작용에서 성인의 얼굴 표정이 갑자기 굳어질 때 고통을 나타냄. 대면 상호작용에서 사람들이 반응적으로 참여하고 관련된 피드백을 제공할 것이라는 어린 영아의 사회적 기대를 보여 주는 증거.

굴로 쳐다볼 때 정지 얼굴 패러다임에 더 부정적으로 반응한다. 이는 생애 초기부터 대면 상호작용에서의 어머니 행동에 대해 영아가 갖는 사회적 기대가 매우 크다는 사실을 보여 준다(Melinder, Forbes, Tronick, Fikke, & Gredebäck, 2010). 시간이 지남에 따라 영아는 환경의 사회적 측면뿐 아니라 비사회적 측면에 대해서도 주의를 기울이는 능력을 발달시킨다. 후자는 어머니를 향한 영아의 더 길고 안정된 시선 처리 패턴으로 나타난다(Messinger, Ekas, Ruvolo, & Fogel, 2012). 어린 영아가 상호성, 정서 공유 및 모방을 통해 양육자와 라포를 형성하고 사회적 상호작용을 유지하는 능

방법론 상자 1-1 정지 얼굴 패러다임

사회적 상호작용에서 영아의 초기 능력을 어떻게 증명할 수 있을까? 영아는 대화 상황에서 양육자에게 어떤 행동을 기대하는가? 1978년 Tronick와 동료들(Tronick, Als, Adamson, Wise, & Brazelton, 1978)은 평소와 다르게 예상치 못한 행동을 보이는 양육자에 대해 영아가 보이는 반응을 관찰하였다: 정지된 얼굴 표정, 즉 양육자의 갑작스럽고 부자연스럽게 굳은 얼굴, 최대 3분 동안 감정이 드러나지 않은 표정. 이러한 행동에 직면하게 되면 영아는 일반적으로 미소를 줄이고, 양육자의 시선을 피하며, 심지어 울음을 터트리는 등 고통을 나타내는 복합적인 행동을 보인다. 또한 미소와 목 울리기를 통해 의사소통 상대방을 다시 대화에 참여시키려고 노력한다. 이러한 고통과 사회적 반응은 출생 시부터 약 9개월까지 지속적으로 관찰되는데(Nagy, 2008), 이 시기에 영아는 자기조절에 있어 더욱 정교해지고 환경의 다른 대상으로 주의를 돌릴 수 있게 된다.

정지 얼굴 패러다임에서 관찰된 영아의 행동은 영아의 놀라운 초기 사회적 정교성에 대한 증거이며, 이는 사회적 상호작용의 철회에서 경험한 고통과 영아가 사회적 교류를 시작하고 의사소통 상대방을 다시 대화에 참여시키는 데 사용하는 다양한 행동에 의해 입증된다.

실험실 상황에서 정지 얼굴 효과를 연구하기 위해 먼저 어머니나 다른 양육자가 영아와 정상적인 상호 의사소통 교환에 참여하는 장면을 카메라로 촬영한다. 그런 다음 굳은 얼굴 표정을 보이며 의사소통적 상호작용을 갑자기 철회하도록 양육자에게 요청한다. 흥미롭게도, 정지 얼굴 효과 자체는 상당히 강력하고 극적인 것으로 나타나지만(Adamson & Frick, 2003), 정지 얼굴(전면, 프로파일 등)의 지속시간과 제시 방법의 차이부터 영아 행동의 코딩 방식에서의 차이까지 연구마다 실험 절차가 매우 다양하다. 그럼에도 불구하고, 정지 얼굴 패러다임은 영아의 사회적 행동 발달 궤적을 조사하기 위해 널리 사용된다. 예를 들어, 다운증후군이나 자폐스펙트럼장애와 같은 발달장애가 있는 영아의 사회적 능력뿐만 아니라 초기 사회적 능력의 성차 및 문화적 차이를 연구하는 데에도 사용된다.

력은 이후 타인의 의도를 이해하는 능력 발달에 토대를 제공한다(Rochat, 2007). 3장 참조.

영아가 단어의 의미를 이해하기 위해서는 다른 사람이 무엇을 말하고 있는지 식별해야 한다. 즉, 현재 상황과 관련된 의사소통 의도를 파악할 수 있어야 한다. 이는 근본적으로 다른 사람이 보이는 주의의 초점을 파악하고, 사물, 행동, 색상의 명칭을 학습하는 경우처럼 화자가 특별한 언어적 표현을 산출할 때 그 표현이 지시하는 환경의 측면을 이해하는 능력과 관련된다. 4장의 주제인 언어 형식이 지시하는 바를 식별하는 능력의 발달은 공동 주의 에피소드에 참여하는 영아의 능력에 의존하며, 이로 인해 영아는 다른 사람의 주의에 자신의 주의를 협응시킨다(Carpenter, Nagell, & Tomasello, 1998; Eilan, Hoerl, McCormack, & Roessler, 2005; Moore & Dunham, 1995). [그림 1-4] 참조. 영아가 다른 사람과 공동 주의를 기울이는 능력의 발달과 공동 주의에 대한 비계설정에서 양육자의 역할은 3장에서 자세히 살펴본다. 3장에서는 영아와 양육자의 공동 주의를 촉진하는 데 있어 가리키기와 같은 의사소통 제스처와 시선 단서의 역할을 설명한다. 함께 참여하고 다른 사람의 의사소통 의도를 유추할 수 있는 인간의 능력은 언어의 소리 패턴과 의미를 연결하는 무수히 많은 방식을 개인이 이해하도록 돕는다. 영아의 타고난 편향은 영아가 사회적 환경의 다른 측면에 초점을 두도록 하여 제한된 주의 범위를 극복하도록 돕는다.

공동 주의(joint attention): 세상의 일부 측면에 대한 다른 사람의 주의에 영아의 주의를 협응시키는 행동.

비계설정(scaffolding): 아동의 발달 상태를 고려하여 아동의 공동 활동을 지원하는 양육자의 행동.

그림 1-4 영아는 양육자의 시선 응시와 가리키기 제스처의 방향을 좇아 다른 사람이 관심을 보이는 대상을 식별한다. 공동 주의 동안 영아와 양육자는 서로 관심을 보이는 대상에 주의를 공유하고 있음을 안다. 이 사진에서 할아버지는 손자의 관심을 유도하고 있다.
출처: © StockLite. Shutterstock의 라이센스 사용 허락.

1.2.2 타인을 참여시키기

출생 시 영아는 정서 표현 능력을 가지고 있다. 생후 1개월 영아는 미소를 짓고 웃는다. 울음과 마찬가지로 미소 짓는 얼굴 표정과 웃는 목소리는 간지럼 태우기와 같은 내부 또는 외부 자극에 대한 반사적 반응으로 시작된다(Oller, 2000). 그러나 듀켄 미소(Duchenne smiles): 진정한 즐거움을 표현하는 미소. 뺨을 올려 눈 주위에 까마귀발이 생김과 동시에 입꼬리를 들어 올려 나타나는 미소.

영아는 점차 주의를 유도하고 양육자와 라포를 유지하기 위해 미소를 짓는다. 성인은 듀켄 미소라고 불리는 진정한 즐거움을 나타내는 미소를 입꼬리와 뺨이 올라가는 것으로 식별한다. 이와 달리 사회적 비듀켄 미소(non-Duchenne smiles)는 뺨이 올라가지 않으며(Ekman & Friesen, 1978), 듀켄 미소와는 질적으로 다르다. 그러나 영아의 경우 듀켄 미소와 비듀켄 미소는 종종 함께 나타나는데, 동일한 에피소드 내에서 비듀켄 미소로부터 듀켄 미소가 파생되는 경향이 있다(Messinger, Fogel, & Dickson, 1999). 이는 생애 초기부터 사회적 신호 보내기와 내적 정서 상태의 표현이 밀접하게 연결되어 있음을 시사한다. 즉, 영아와 양육자 사이의 초기 사회적 상호작용은 본질적으로 정서적 특징을 가지며, 영아의 정서 표현이 이러한 상호작용에 중요한 촉진자 역할을 한다는 견해와 일치한다.

영아는 사회적 상대방과 관계를 맺는 동안 다른 사람의 의사소통 행동을 흉내 내려고 한다. 모방은 문화적으로 중요한 행동을 학습하는 방법 중 하나이다. Meltzoff와 Moore(1977)는 12~21일 된 신생아가 얼굴 표정(혀 또는 입술 내밀기와 입 열기)뿐만 아니라 순차적인 손가락 움직임(한 손의 손가락을 한 번에 하나씩 펴기)을 모방할 수 있음을 보여 주었다. 이는 신생아가 이미 다른 사람의 행동에 대한 인식을 자신의 행동에 매핑할 수 있는 능력이 있음을 나타낸다. 중요한 것은 이러한 영아의 모방 능력이 말소리 영역으로 확장된다는 점인데, 18~20주 된 영아는 /a/, /i/, /u/와 같은 소리를 흉내 낼 수 있다(Kuhl & Meltzoff, 1982). (언어에서 의미 있는 소리는 관례적으로 / / 사이에 배치한다.)

놀랍게도, 말소리 모방은 신생아기에 나타난다. Chen, Striano와 Rakoczy(2004)는 1~7일 된 신생아가 입을 열거나 다물면서 /m/과 /a/ 같은 소리를 모방하였고, 심지어 눈을 감은 상태에서도 같은 소리를 모방하였다고 보고하였다. 이는 신생아가 청각-말소리 일치가 가능하다는 것을 의미하는데, 사실상 신생아는 자신이 듣는 것에만 기초하여 적절한 조음 제스처를 생성할 수 있다. 신생아는 즉각적인 모방만 가능하지만, 신생아기를 지난 영아는 지연 모방이 가능하여 관찰한 행동을 나중에 모방할 수 있다. 영아의 타인 관찰 및 모방 기술의 발달이 언어와 사회문화적 기술의 학습을 어떻게 돕는지에 대해서는 3장에서 살펴본다.

1.2.3 신경계 및 인지적 미성숙

인류 역사에서 아동기가 길어진 이유는 대뇌 신피질이 성숙하는 데 오랜 시간이 걸리고, 그로 인해 영유아의 정보 처리 능력이 제한되었기 때문이다. 역설적으로, 정보 처리 능력의 제한은 언어 학습에 도움이 될 수 있다. Newport(1990)는 최소 노력-최대 효과 견해를 제안하고, 아동의 언어 학습 성공을 제한된 정보 처리 능력과 관련지어 설명하였다. 이 설명에 따르면, 제한된 작업 기억 용량은 영아가 작은 입력 단위만 처리하도록 한정하므로 결과적으로 문법 기능을 나타내는 단어 어미의 미묘한 변화와 같이 언어의 세부 사항을 알아차리도록 돕는다. 그러나 학령기 아동과 성인의 경우에는 더 큰 처리 능력이 더 나은 언어 학습 능력과 관련 있다는 관찰 결과가 제시되어 최소 노력-최대 효과 설명은 조정될 필요가 있다. 예를 들어, 2세 영아를 대상으로 한 많은 연구에서 음운 단기 기억(일반적으로 비단어 반복 과제를 사용하여 측정)은 어휘 크기의 개인차를 예측하는 것으로 나타났다(Adams & Gathercole, 1996; Gathercole & Baddeley, 1989, 1990; Gathercole, Hitch, Service, & Martin, 1997; Stokes & Klee, 2009). 게다가 10장에서 살펴보겠지만, 언어장애 아동은 문장 이해의 오류 비율을 예측하는 언어성 작업 기억 용량에서 현저한 결핍을 보인다(Marton & Schwartz, 2003; Montgomery, 2000; Montgomery & Evans, 2009; 개관은 Montgomery, Magimairaj, & Finney, 2010 참조). 외국어 습득에 관한 연구에서 작업 기억 용량이 더 큰 성인 학습자는 새로운 언어의 문법 특징을 성공적으로 학습하였고, 문장 처리 및 이해 척도에서 더 나은 수행 결과를 보였다(Ellis & Sinclair, 1996; Harrington & Sawyer, 1992; Kempe & Brooks, 2008; Miyake & Friedman, 1998; Williams & Lovatt, 2005). 이러한 결과를 통해 볼 때, 최소 노력-최대 효과 설명은 영아기에 유용하던 제한된 정보 처리 용량이 연령이 증가할수록 방해 요인이 된다고 가정해야 한다.

> 최소 노력-최대 효과(Less-Is-More): 영아의 제한된 작업 기억 능력이 영아가 처리할 수 있는 단위의 크기를 제한함으로써 언어 학습에 도움을 준다는 제안.

인지 및 신경계가 성숙하는 시간이 오래 걸린다는 점이 언어 학습에 얼마나 도움이 되는지에 대한 또 다른 관점은 전전두엽 피질의 발달과 관련이 있다. 회백질 밀도의 매핑 연구에 따르면, 실행 기능 및 주의력 통제를 담당하는 피질 영역은 사춘기 무렵이 되어야 성숙한다(Gogtay et al., 2004). 결과적으로, 아동은 미성숙한 실행 기능을 이용하여 복잡한 과제를 해결해야 한다. 여러 가지 경쟁적 대안을 고려해야 하는 과제에서 어린 아동은 가장 빈

> 실행 기능(executive functioning): 다른 인지 기능을 관리하는 신피질의 전두엽에 주로 위치한 통제 시스템. 다른 기능 중 주의력 통제에 관여함.

번하거나 우세한 반응을 과도하게 선택하는 경향이 있다. 이와 달리, 성인은 정답일 확률에 따라 다른 대안을 평가하는 경향이 있으며, 그러한 확률을 반영하는 대안을 선택한다. 그렇다면 매우 빈번하게 나타나는 반응에 대한 어린 아동의 과잉 일반화 경향은 언어 학습 과정을 어떻게 도울 수 있는가? 앞서 설명한 것처럼 언어 학습은 본질적으로 사회적 관례에 대한 학습이다. Ramscar와 동료들(Ramscar & Gitcho, 2007; Thompson-Schill, Ramscar, & Chrysikou, 2009)은 학습 규칙의 경우 인지적 융통성이 실제로는 불리하게 작용할 수 있다고 주장하였다. 경쟁적 선택의 상황에서 대안을 평가하는 아동은 융통성이 부족하여 발생 빈도가 가장 많고, 맥락적으로 가장 뒷받침되는 단 하나의 대안만을 학습한다. 본질적으로, 전전두엽 피질의 미성숙은 아동이 매력적 단서에 따라 좌우되도록 이끄는 반면, 성인은 다른 단서의 확률도 고려하기 위해 극대화된 행동을 무시할 수 있다. 실제로 아동과 성인의 인공 언어 학습을 비교하면 입력 자극의 불일치와 불규칙성이 존재하더라도 성인은 충실하게 재현하는 경향을 보이는 반면, 아동은 불규칙 패턴을 과잉 규칙화할 가능성이 더 높다(Hudson Kam & Newport, 2005). 언어 학습자는 일반적으로 자신이 학습하는 언어의 일부에만 노출되고, 언어의 형식이 의미와 어떤 관련이 있는지에 대해서는 수많은 불확실성이 존재하기 때문에, 과잉 일반화는 어린 언어 학습자가 규칙과 구조를 발견하는 데 도움을 준다.

인공 언어(artificial language): 참여자의 사전 지식을 통제하고, 자연 언어와 관련된 복잡성을 감소시키기 위해 인공적으로 만든 축소형 언어의 일부를 참여자에게 가르치는 실험 방법.

요약하면, 인간이 성숙하는 데 걸리는 시간이 길어짐에 따라 협력에 의존하는 사회 공동체의 맥락에서 학습을 촉진하는 조건을 제공하였고, 언어와 같은 복잡한 사회인지적 기술의 발달이 가능하게 되었다. 언어 학습은 장기간의 미성숙과 관련된 신경계 및 행동의 가소성으로부터 도움을 받는다. 동시에 언어 학습은 인간의 협력 성향과 관련된 일련의 사회인지적 능력을 기반으로 한다. 영아가 스스로 찾아내는 사회적 환경은 아동의 입장에서는 의사소통 욕구를 촉진하고, 성인의 입장에서는 이러한 과정을 가능하게 하려는 욕구를 촉진한다. 언어 학습은 근본적으로 사회적 문제이다.

요약

- 수렵 기술의 발달과 가정 내 불의 사용으로 인해 직립 보행 및 식생활 개선이 이루어졌고, 이러한 진화론적 제약으로 인해 유인원 조상의 성숙이 지연되고, 뇌가 커지고, 출생 후 미성숙 기간이 길어지게 되었다.
- 아동기의 연장은 학습에 도움이 되는 신경계 및 행동의 가소성을 상당한 기간 동안 제공한다.
- 미성숙 기간이 길어짐에 따라 다른 공동체 구성원에 의한 대리양육이 필요하게 되었다. 이로 인해 다른 사람의 보살핌을 요청하는 데 효과적인 의사소통 행동을 발달시키도록 영아에게 압력이 가해졌다.
- 문화적 정교함이 증가함에 따라 이해하기 어려운 문화 지식을 가르치기 위해 의사소통적 상호작용을 사용하는 자연 교육학이 출현하게 되었다. 언어 발달은 이러한 정보 전달 채널을 활용할 수 있다.
- 언어는 정보와 내적 상태를 공유하기 때문에 협력을 기반으로 한다. 또한 언어는 사회적 관습 체계로서 본질적으로 협력적 노력의 결과물이다. 따라서 언어 학습이 이루어지려면 협력을 위한 사회인지적 능력이 필요하다.
- 영아는 언어 발달의 전제 조건을 구성하는 다양한 사회인지적 능력이 있다.
  - 출생 시부터 영아는 사회적 상대방과 사회적 신호에 대한 선호를 보인다.
  - 영아는 다른 사람에게 주의를 기울이고, 공동 주의의 초점을 결정하는 방법을 빠르게 학습한다.
  - 생후 첫해에 영아는 다른 사람의 의도를 파악하는 방법을 배운다.
  - 영아는 잠재적인 의사소통 상대방과 관계를 형성하기 위해 웃음이나 울음과 같은 정서적 신호를 사용한다.
  - 영아는 의사소통 상대방의 행동을 모방하고 청각 신호와 단순한 움직임을 매핑할 수 있다.
  - 전전두엽 피질의 늦은 성숙으로 인해 아동은 복잡한 과제에서 여러 대안을 고려하지 못한다. 따라서 언어와 같은 관습의 학습을 돕는 과잉 일반화가 나타난다.

더 읽을거리

주요 연구

인간의 사회인지적 능력과 언어의 진화 방식에 관한 읽을거리

Kirby, S., Cornish, H., & Smith, K. (2008). Cumulative cultural evolution in the laboratory: An experimental approach to the origins of structure in human language. *Proceedings of the National Academy of Sciences of the USA, 105*, 10681-10686.

논문

전전두엽 피질의 미성숙과 언어 학습에 관한 읽을거리

Thompson-Schill, S., Ramscar, M., & Chrysikou, E. (2009). Cognition without control: When a little frontal lobe goes a long way. *Current Directions in Psychological Science, 18*, 259-263.

저서

협응 능력과 언어 발달에 관한 읽을거리

Tomasello, M. (2008). *Origins of human communication*. Cambridge, MA: MIT Press.

2 영아는 첫 단어를 말하기 전에 무엇을 배우는가

핵심 용어

• 이음 • 옹알이 • 옹알이 변화 • 표준 옹알이 • 폐쇄 음절 • 공동 조음 • 자음 • 목 울리기 • 지소사
• 포먼트 • 기본 주파수 • 성문 • 고진폭 빨기 절차 • 약강격 • 국제 음성 알파벳(IPA) • 억양
• 저주파 통과 필터링 • 맥아더-베이츠 의사소통 발달 척도(CDI) • 자기 뇌파 검사(MEG) • 조음 방식
• 음절 강세 • 불일치 부정성 • 단음절 • 주기적 단음절 언어 • 오드볼 감지 패러다임 • 개방 음절
• 음소 • 음운 • 음성학 • 음운론 • 음소 배열 제약 • 조음 위치 • 운율 경계 • 운율 • 유사 모음
• 중복 옹알이 • 운 • 수어 • 통계 학습 • 주기적 강세 언어 • 종결 자음 • 음절 핵 • 개시 음절
• 주기적 음절 언어 • 음절 • 강약격 • 다채로운 옹알이 • 음성 개시 시간(VOT) • 유성음화 • 모음

개요

대다수의 아동은 1세경에 첫 단어를 산출한다. 이러한 이유로 생애 첫해를 언어 이전 발달 단계로 간주한다. 그러나 영아는 첫 단어를 말하기 이전에 눈에 띄는 언어 기술을 습득한다. 생애 첫해에 영아는 모국어의 소리 패턴을 인식하고, 이를 재현하는 방법을 학습한다. 또한 영아는 주변 사람들의 유창한 대화에서 개별 단어를 분절하여 인식하고, 이 단어를 주변 환경의 특징과 관련짓기 시작한다. 생애 첫해에 달성하는 말소리 이해 및 산출의 주요 이정표와 기본 학습 기제는 [그림 2-1]에 요약되어 있다.

대다수 성인에게 언어의 소리나 단어의 구성 요소에 관한 문제는 사소한 것에 불과하다. 영아가 직면한 과제를 이해하려면 이전에 들어 본 적이 없는 언어로 진행되는 대화를 듣고 있다고 상상해 보자. 발음하기 어려운 말소리가 많이 들리고, 소리는 유사하지만 의미에 차이가 있다는 사실을 알아차리지 못하기도 한다. 하나의 단어가 끝나고 다음 단어가 시작되는 위치를 파악하기 어렵다. 게다가 대화의 내용을 파악하는 것은 또 다른 도전이다. 이 장에서는 영아가 모국어의 소리 구조를 발견하는 방법과 유창한 문장에서 단어를 변별하는 방법에 중점을 두고, 이러한 문제를 영아가 어떻게 해결하는지 살펴본다. 계속해서 4장에서는 아동이 단어의 의미를 발견하는 방법에 중점을 두고 단어 학습을 살펴본다.

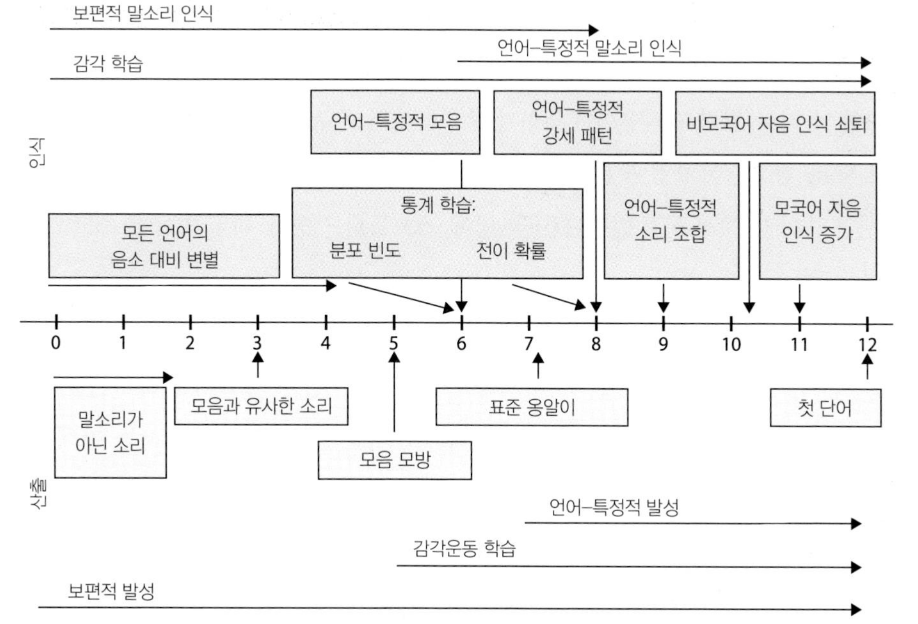

그림 2-1 생애 첫해 동안 영아의 말소리 이해 및 산출 이정표

출처: Kuhl et al. (2008). Phonetic learning as a pathway to language: New data and native language magnet theory expanded (NLM-e). *Philosophical Transactions of the Royal Society B, 363*, 979-1000. 왕립학회의 허락하에 재출판.

2.1 무엇을 학습해야 하는가

2.1.1 말소리

인간이 산출하는 다양한 말소리를 음운이라고 하고, 의미 차이가 있는 음운을 음소라고 한다. 소리가 어떻게 의미를 부호화하는지를 연구하는 학문 분야를 음운론이라고 한다. 전 세계 언어에는 약 800개의 음운이 있지만(Ladefoged, 2001), 각 언어는 그중 소수의 음운만 사용한다. 결과적으로 단어 구성에 사용되는 구체적 음소 목록은 언어마다 다르다. 예를 들어, 영어에는 음소 /l/과 음소 /r/이 모두 있으나(언어 표기법에서는 / / 사이에 음소를 넣고, [ ] 사이에 음운을 넣는다), 일본어에는 음소 /r/만 있고 음소 /l/은 없다. 일부 언어(예: 파푸아 뉴기니에서 사용되는 언

음운(phones): 인간이 산출할 수 있는 다양한 말소리.

음소(phonemes): 의미 차이가 있는 음운.

음운론(phonology): 언어의 소리 패턴과 관련된 언어학의 세부 학문 분야(말소리가 의미를 부호화하는 방법).

어인 로토카스)는 11개 음소만을 사용하는 반면, 100개 이상의 음소를 사용하는 언어(보츠와나 및 나미비아에서 사용되는 언어인 타)도 있는데, 그중 일부는 협착음처럼 특이한 소리도 있다(협착음이 무엇인지 알고 싶다면, 유튜브에서 Miriam Makeba의 The Click Song 검색). 이처럼 모든 언어는 음소 목록이 다른데, 영어는 42~47개의 음소를 사용하여 다양성을 표현한다(영국 영어, 스코틀랜드 영어, 미국 영어, 오스트레일리아 영어 등).

음소는 맥락과 단어 내 위치에 따라 다른 방식으로 발음된다. 예를 들어, 영어에서 /p/는 단어의 시작 부분에서는 [p^h]와 같이 약간의 공기 파열이 나타나는 기식음(aspiration)으로 발음되지만, 단어의 중간 또는 끝에서는 기식음이 아닌 [p]로 발음된다. 이러한 발음 변형을 이음이라고 하는데, 이음은 의미상 차이가 없다.

이음(allophones): 의미에 차이가 없는 개별 말소리의 발음 변형.

일부 음운은 어떤 언어에서는 이음이지만, 다른 언어에서는 음소이다. 예를 들어, 영어의 경우 발음되지 않은 [t]와 발음된 [t^h] 사이의 이음 차이는 의미상 차이와 관련이 없지만, 힌디어의 경우 /t/와 /t^h/는 다른 음소이다. 다시 말해, 기식음의 경우 힌디어에서는 의미상 대비를 나타내지만, 영어에서는 단순히 동일한 음소의 다른 이음을 생성할 뿐이다. 음소는 단어 내 위치에 따라 다를 뿐만 아니라(그 결과 서로 다른 이음을 생성함) 방언, 분위기, 화자의 목소리 특성에 따라서도 소리가 다르게 날 수 있다. 따라서 언어 학습에서 가장 기본적인 과제 중 하나는 음소 범주를 습득하는 것이다. 이를 위해서는 해당 소리의 특징이 특정 범주에 포함되는지 아닌지를 이해해야 한다.

모음(vowels): 성도를 개방하여 발음한 /a/, /i/, /u/와 같은 음소(성문 위의 공기 흐름은 방해받지 않음). 모음 발성은 혀 위치와 입술 모양이 다름. 음향학적으로 모음은 제1 및 제2 포먼트에서 차이가 있음.

자음(consonants): 구강의 다른 부분에서 다른 방식으로 공기 흐름을 제한하여 생성되는 /p/, /t/, /s/와 같은 음소.

성문(glottis): 성대주름을 포함하는 성도의 일부.

빨리 파악해야 할 음소의 중요한 차이점 중 하나는 모음과 자음 사이의 차이이다. 모음은 /a/, /i/, /u/와 같은 음소로, 성대주름이 포함된 성도의 일부인 성문 위의 공기 흐름은 방해받지 않는다. 발음상 모음은 혀 위치와 입술 모양에 차이가 있다. 이러한 조음 움직임은 구강 공명의 특성을 변화시켜 소리의 음향 특징에 차이를 가져온다. 예를 들어, /i/와 같은 높은 후설 모음(back vowel)을 생성할 때는 혀를 구개로 올려 입 뒤쪽에 위치시켜야 한다. /u/와 같은 모음은 추가적으로 입술을 둥글게 해야 한다.

자음, 즉 /p/, /t/, /s/와 같은 음소는 구강의 서로 다른 위치에서 서로 다른 방식으로 공기 흐름을 제한하여 생성된다. 조음 위치는 구강에서 공기 흐름이 제한되는 위치를 지정하나, 조음 방식은 공기 흐름이 조작되는 방식, 즉 공기가 완전히, 부분적으로 제한되는지 또는 전혀 제한되지 않는지를 지정한다. 유성음화는 공기 흐름이 조작되는 동안 성대주름이 진동하는지를 나타낸다. 예를 들어, 성대주름이 진동하면서 두 입술을 사용하여 공기 흐름을 간단히 제한하는 경우 /b/와 같은 양순 자음이 생성된다. 자음 /d/ 및 /z/를 생성하려면 혀가 앞쪽 치아 바로 뒤인 치조 융선에 위치하고 성대주름이 진동한다. 그러나 자음 /d/의 경우 공기 흐름이 잠시 완전히 차단되는 반면, /z/의 경우 공기 흐름이 난류를 생성할 정도로 수축된다.

조음 위치(place of articulation): 말소리를 산출하는 동안 구강 내 공기 흐름이 수축하는 위치를 지정함.

조음 방식(manner of articulation): 말소리를 산출하는 동안 혀, 입술, 턱과 같은 조음 기관의 움직임에 의해 공기 흐름이 조작되는 방법.

유성음화(voicing): 조음의 측면을 말함(말소리를 산출하는 동안 공기 흐름이 조작되는지, 아니면 성대가 진동하는지 여부).

음소는 진폭 및 주파수와 같은 물리적 특징으로 설명할 수도 있다. 일반적으로 말소리는 주파수 스펙트럼으로 구성된 복잡한 소리이다. 진폭 측면에서는 스펙트럼에서 가장 두드러진 주파수를 포먼트라고 한다. 우리가 서로 다른 화자 목소리의 음높이로 인식하는 것을 기본 주파수라고 하는데, 이는 F_0으로 약칭된 가장 낮은 포먼트이다. 또한 발음된 말소리는 제1(F1) 및 제2(F2) 포먼트에서 차이가 있다. 예를 들어, 모음 /a/의 경우 미국 남성 화자가 전형적으로 생성하는 주파수는 제1포먼트가 730Hz, 제2포먼트가 1090Hz이다. 모음 /i/의 경우 제1포먼트가 270Hz, 제2포먼트가 2290Hz이다(Peterson & Barney, 1952). 말소리의 조음 및 음향 특징을 연구하는 학문 분야를 음성학이라고 한다. 음소는 음향 특징으로 설명할 수 있는데 이러한 특징은 변하지 않으며 화자와 음소 맥락에 따라 달라진다. 인간의 조음 장치는 공동 조음에 따라 소리의 맥락을 조절하기 때문에 모든 음소의 음향 신호는 전후에 어떤 음소가 생성되는지에 따라 조금 다르다. /t/를 tip에서 산출할 때와 /t/를 top에서 산출할 때 입술 위치를 관찰하면 쉽게 알 수 있다. 입술 위치가 달라질 경우 /t/의 두 변형은 조금 다른 음향 특징을 가진다.

포먼트(formants): 목소리의 소리 스펙트럼에서 진폭과 관련하여 가장 두드러진 주파수.

음성학(phonetics): 목소리의 조음 및 음향 특징과 관련된 언어학의 하위 분야.

공동 조음(co-articulation): 선행 및 후행 말소리의 조음이 영향을 주는 말소리의 조음 방식.

음소는 단어를 구성하는 요소이기 때문에 영아는 모국어에서 음소가 어떻게 의미 있는 순서로 배열되는지를 학습해야 한다. 가능한 음소 배열이 있지만, 가능하지 않은 음소 배열도 있다. 가능한 음소 배열에 대한 제한을 음소 배열 제약이라고 한다. 예를 들어, 영어에서 자음 배열

음소 배열 제약(phonotactic constraints): 어떤 음소 배열이 허용되는지에 대한 언어-특정적 제한.

/sl/은 단어의 시작 또는 중간에 나타나지만(예: sled, misled), 자음 배열 /sr/은 단어의 중간에만 나타난다(예: misread). /lp/ 조합은 음절 끝에는 나타나지만(예: helper), 음절 시작에는 나타나지 않는다. 음소 배열 제약에 대한 암묵적 지식을 통해 영어 사용자는 slirk가 가능한 영어 단어이지만 srilk는 가능하지 않다는 사실을 이해한다.

2.1.2 리듬과 억양

음절(syllables): 단어 내 음소 배열 구성의 단위. 음절 핵 및 선택적 개시 음절 또는 종결 음절을 포함.

개시 음절(syllable onset): 음절의 시작 부분에 나타난 하나 또는 여러 자음.

음절 핵(syllable nucleus): button이나 butter의 마지막 음절에서와 같은 절정 음절로 보통 모음이지만 때로는 자음.

종결 자음(syllable coda): 음절 끝에 있는 하나 이상의 자음.

운(rime): 음절 핵 및 선택적 종결 자음(예: cat, mat, hat, bat 등의 단어)으로 구성된 음절의 일부.

개방 음절(open syllables): eye, pay, spy 등 종결 자음이 없는 음절 유형.

폐쇄 음절(closed syllables): mop 또는 pad와 같이 자음으로 끝나는 음절 유형.

음절 강세(metrical stress): 여러 음절을 조합하여 단어를 구성할 때 하나의 음절이 다른 음절보다 두드러지는 경향을 보이는 현상.

주기적 강세 언어(stress-timed languages): 음절 강세가 규칙적인 간격으로 발생하는 강세 패턴 유형.

단어 내에서 음소 배열은 음절을 조직한다. 음절의 구조는 턱의 개폐 주기를 기반으로 한다(MacNeilage & Davis, 2000). 대부분의 음절은 개시 음절이라고 불리는 하나 이상의 자음으로 시작하고, 음절 핵이라고 불리는 음절 주음이 이를 뒤따른다. 음절 끝에는 종결 자음이라고 불리는 하나 이상의 자음이 있을 수 있다. 음절 주음과 종결 자음은 cat, mat, hat, bat 같은 단어에서 변하지 않는 부분에 해당하며, 운을 이룬다. 언어마다 음절 구조는 다르다. 예를 들어, 일본어와 하와이어는 개방 음절만 허용한다. 즉, 영어 단어 me 또는 pie처럼 종결 자음이 없는 음절을 개방 음절이라고 한다. 종결 자음을 허용하는 언어에는 소위 폐쇄 음절이라고 불리는 meat 또는 pipe 같은 단어가 있다. 일부 언어에서 개시 및 종결 음절은 spy, east, blink 같이 자음 집단을 구성한다. me는 CV, meat는 CVC, blink는 CCVCC와 같이 모음(V) 및 자음(C) 템플릿으로 음절의 구조를 설명하는 것이 일반적이다.

여러 음절을 단어로 결합하면 한 음절이 다른 음절보다 두드러지는 경향이 있다. 이러한 현상을 음절 강세라고 한다. 강세가 있는 음절의 모음 특징은 긴 지속시간, 약간 높은 음조, 그리고 증가한 진폭(크기)을 포함한다. 주된 강세 패턴은 언어마다 다르다. 영어나 네덜란드어와 같은 주기적 강세 언어에서는 강세가 일정한 간격으로 발생하는 경향이 있다. 내용어(명사, 동사, 형용사)에는 강세가 주어지나, 한정사(the, an), 보조사(is, can) 및 전치사(in, of)와 같은 기능어에는 강세가 주어지지 않는 경향이 있다. 강세의 위치는 단어마다 다르므로 단어의 소리 구조 내에서 강세를 학습해야 한다. 영어의 경우, daddy 또는 candle처럼 대부분의 이음절 내용어는 강약격 강세 패턴을 보이지만, guitar 또는 surprise와 같이 약강격 강세 패턴도 허용된다. 프랑스어, 스페인어와 같은 주기적 음절 언어의 경우 음절 강세는 단어의 특정 음절에 주어지는 경향이 있으며(예: 마지막 음절 이전의 음절), 음절의 길이는 거의 같다. 주기적 단음절 언어에 해당하는 세 번째 언어 유형은 단음절이라고 불리는 음절보다 작은 단위를 기반으로 하는 억양 구조를 가진다. 예를 들어, bee 같은 단어는 장모음으로 발음되는 2개의 단음절로 구성된다. 일본어는 주기적 단음절 언어의 사례이다.

양육자가 때때로 단어를 독립적으로 산출하더라도(예: 사물에 이름을 붙이거나, No 또는 Hello라고 말할 때), 영아는 대부분 말소리의 연결된 흐름 속에서 단어를 듣는다. 전체 발화 수준에서 말소리는 운율이라고 불리는 소리 구조를 가지는데, 목소리 특징, 리듬, 발화 속도 및 억양의 변화가 여기에 포함된다. 억양 패턴은 언어마다 매우 다르다. 예를 들어, 프랑스어 화자는 발화의 마지막 즈음에 끝을 올리지만, 영어 화자는 끝을 내리는 경향이 있다. 억양은 또한 의문문과 긍정적 서술문 같은 발화 유형을 변별하는 데 사용된다. 예를 들면, "Jim likes apples."(발화의 마지막 부분에서 음높이 내리기) vs. "Jim likes apples?"(발화의 마지막 부분에서 음높이 올리기). 운율은 "Jim likes APPLES, not pears."에서처럼 대조적 강세를 포함한다. 사과(apples)의 첫음절에서 긴 모음 길이와 음량, 그리고 높은 음높이와 같은 강세는 화자의 초점을 전달하는 데 도움이 된다. 상황에 따라서는 운율의 변화가 문장의 통사 구조를 명확하게 하는 데 도움이 된다. 예를 들어, 'chocolate, cake, and ice cream'이라는 구를 'chocolate cake and ice cream'과 구별하기 위해 화자는 chocolate과 cake 사이에 일시 정지 시간을 늘릴 수 있다. 운율은 또한 건강 상태 및 분위기와 같은 화자의 정보를 전달한다. 예를 들어, 화자는 행복하거나 기분이 좋을 때 더 빠른 속도로 말하고 음높이를 과장되게 표현하지만, 슬플 때는 음높이의 변화 없이 느리

강약격(trochaic): daddy 또는 candle 같은 강약격 강세 패턴.

약강격(iambic): guitar 또는 surprise 같은 약강격 강세 패턴.

주기적 음절 언어(syllable-timed languages): 운율 강세가 단어의 특정 음절에 주어지는 경향이 있으며(예: 마지막 음절 이전의 음절), 음절의 길이는 거의 같음.

주기적 단음절 언어(mora-timed languages): 단음절이라고 불리는 음절보다 작은 단위를 기반으로 하는 운율 구조를 가지는 강세 유형.

단음절(mora): 음절의 음가 단위. 단모음이 포함된 자음-모음 음절(예: the)에는 1개의 단음절이 있고, 장모음이 포함된 자음-모음 음절(예: pie)에는 2개의 단음절이 있음.

운율(prosody): 전체 발화 수준에서 말소리의 소리 구조. 목소리 특징, 리듬, 발화 속도 및 억양의 변화를 포함함.

억양(intonation): 화자가 말하는 동안 음높이의 변화. 질문을 하거나, 사실을 진술하거나, 풍자를 전달하는 것과 같은 다른 의사소통 목적뿐만 아니라 강조를 위해서도 사용하고, 감정을 전달할 수도 있음.

게 말하는 경향이 있다. 운율은 또한 화자의 대화 상대방이 아동, 반려동물, 노인 또는 비원어민인지에 따라 다르게 표현된다. 6장에서 더 자세히 살펴보겠지만, 어린 아동을 대상으로 하는 말은 음높이를 과장되게 하고 모음을 길게 늘이는 경향이 있다.

말소리 구조는 간략하고 일반적으로 설명해야 하지만, 언어마다 고유한 음소 목록이 있고, 음소가 더 큰 단위로 조합되는 방법과 강세와 다른 운율 특징이 말소리 흐름 속에 분포되는 방법에 체계성과 규칙성이 있다는 사실을 이해해야 한다. 다음 절에서는 신생아가 언어의 소리 구조를 습득할 수 있는 능력에 대해 살펴본다.

2.2 신생아의 언어 능력은 무엇인가

언뜻 보기에 이 질문은 말이 안 되는 것처럼 보인다. 신생아가 말을 할 수 없다는 것은 누구나 알고 있는 사실이다. 신생아는 언어를 이해할 수도 없고, 언어 능력이 확실히 존재하지 않는다. 이 절에서는 언어 학습을 돕는 어떤 기능이 신생아에게 있는지를 이해하기 위해 이러한 첫인상을 면밀하게 살펴보고자 한다.

2.2.1 언어 인식

신생아는 아직 성인처럼 완전한 능력을 보이지는 못하지만, 출생 전에도 인간의 청각 체계는 상당히 잘 발달해 있다. 태아는 임신 28주부터 소리를 대략적으로 처리할 수 있다(Fernald, 2001; Saffran, Werker, & Werner, 2006). 그러나 주변 소리의 처리는 자궁의 필터링으로 인해 심각하게 제한된다. 말소리가 '음소거'되어 개별 음소를 변별하기는 어렵지만, 리듬과 억양은 인식할 수 있다. 따라서 신생아는 가까운 곳에서 어머니가 다른 사람과 말하는 소리를 태내에서 듣는다. 태내기 동안 친숙해진 청각 자극을 선호한다는 증거는 신생아가 다른 여성의 목소리보다 어머니의 목소리를 선호하고(DeCasper & Fifer, 1980), 생소한 텍스트 구절보다는 출생 전에 어머니가 읽어 준 텍스트 구절을 선호한다는 사실에 근거한다(DeCasper & Spence, 1986). 이러한 증거는 고진폭 빨기 절차(〈방법론 상자 2-1〉 참조)로 불리는 방법론을 시행한 결과이다. 더 인상적인 사실은 신생아가 수면 중에도 말소리의 리듬과 억양을 처리할 수 있다는 점이다. Sambeth와 동료들은 자기 뇌파 검사(MEG)를 사용하여 수면 중 신생아가 노래처럼 운율이 풍부한 말소리와 단조로운 운율의 말소리를 구별할 수 있음을 보여 주었다(Sambeth, Ruohio, Alku, Fellman, & Huotilainen, 2008). 또한 태내 경험을 통해 영아는 모국어를 낯선 언어와 구별할 수 있다. Mehler와 동료들은 자궁에서 들었던 말소리와 유사하도록 저주파 통과 필터링을 한 경우 신생아의 빨기 속도가 증가하였다는 증거를 통해 프랑스어를 사용하는 부모의 신생아가 프랑스어 문장과 러시아어 문장을 구별할 수 있음을 보여 주었다(Mehler, Jusczyk, Lambertz, Halsted, Bertoncini, & Amiel-Tison, 1988). 이는 신생아가 주변에서 들은 언어의 운율적 특징에 민감하다는 사실을 시사한다.

고진폭 빨기 절차(high-amplitude sucking procedure): 연구자가 신생아와 아주 어린 영아(생후 5~6개월)를 대상으로 이들의 젖꼭지 빨기 속도를 측정하여 어떻게 자극을 구별하는지 연구하는 습관화 절차.

자기 뇌파 검사(magnetoencephalography: MEG): 뇌의 전기 활동으로 생성된 자기장을 기록하는 뇌 영상 기술.

저주파 통과 필터링(low-pass filtered): 특정 차단 지점 이상의 음파 주파수를 차단하기 위해 필터를 통과시킨 자연 음성.

방법론 상자 2-1 영아의 말소리 지각 능력 평가 방법

청각 인식 연구는 대부분 조작적 조건화를 사용한다. 이 방법에서는 연구자가 관심 있는 두 가지 소리를 영아에게 제시한다. 그러고 나면 영아는 소리에 주의를 기울이는 것과 관련된 일부 행동에 대해 보상을 받는다. 이 방법에는 세 가지 주요 하위 절차가 포함되는데, 습관화 절차, 청각적 선호 절차 및 시각적으로 강화된 고개 돌리기 절차이다(Fernald, 2001).

A. 고진폭 빨기 절차

고진폭 빨기 절차는 연구자들이 신생아와 5~6개월 영아를 대상으로 두 가지 범주의 소리를 변별하는 능력을 연구하는 습관화 절차이다. 청각 자극은 음식물이 제공되지 않는 젖꼭지를 영아가 일정한 속도로 빨아들이는 동안 재생된다. 젖꼭지는 컴퓨터에 연결되어 있어 빨기 빈도가 기록된다. 시간이 지남에 따라 습관화로 인해 영아의 빠는 빈도가 줄어든다. 빨기 속도가 특정 기준 아래로 떨어지면 다른 범주의 소리로 바뀐다. 영아가 소리와 소리 사이의 변화를 감지한다면, 새로운 소리 듣기에 동기화되어 빨기 속도가 다시 증가할 것으로 예상된다. 영아가 하나의 소리 범주에서 다른 소리 범주로의 변화를 감지하지 못할 경우, 탈습관화는 발생하지 않는다. 즉, 빠는 속도에는 변화가 없다. 이 절차에서 청각 자극은 복합 강화자 역할을 한다. 즉, 자발적 빨기 행동에 대한 보상과 주의 집중을 의미한다.

B. 고개 돌리기 선호 절차

이 절차는 청각 선호 절차의 한 형태로 소리가 제시되면 시각 자극을 지속해서 바라보는 학습된 행동을 보인다. 실험 설계에 대한 설명은 [그림 2-2] 참조. 양육자가 영아의 행동에 영향을 주지 않도록 헤드폰을 통해 음악을 듣는 동안 영아는 일반적으로 양육자의 무릎에 앉아 있다. 영아는 먼저 시각 자극(예: 깜박이는 파란색 표시등)을 본다. 이 표시등이 깜박임을 멈추면 다른 시각 자극(예: 깜박이는 빨간색 표시등)을 영아의 왼쪽이나 오른쪽에 제시한다. 영아가 왼쪽이나 오른쪽의 표시등을 보자마자 한 범주의 소리가 표시등 옆에 있는 스피커를 통해 나온다. 영아가 일정 시간 동안 쳐다보지 않으면 소리가 사라지고, 깜박이는 파란색 표시등이 영아 앞에 다시 나타난다. 이 시각 자극이 영아의 관심을 끌면, 다음에 영아의 한쪽에 다른 시각 자극이 나타나고, 영아가 이 시각 자극을 보는 동안 소리가 제시된다. 영아는 여러 번의 실험을 통해 두 가지 소리 범주에 해당하는 다양한 사례를 듣는다. 하나의 소리 범주에 대한 평균 보기 및 듣기 시간이 길수록 영아가 그 소리를 선호함을 보여 준다.

친숙함이 듣기 선호에 어떤 영향을 미치는지 알아보기 위해 때때로 영아는 한 범주의 소리에 대해 사전 훈련을 받는다. 연령과 소리의 친숙함 정도에 따라 영아는 때로는 친숙한 자극을 보고, 때로는 새로운 자극을 본다. 이 절차는 생후 6개월 영아에게 가장 적합하다.

그림 2-2 고개 돌리기 선호 절차 실험 장치

출처: Michael Almodovar의 이미지.

C. 고개 돌리기 조건화 절차

이 절차에서 영아는 올바른 방향으로 고개를 돌린 후 움직이는 장난감 같은 매력적인 시각적 보상을 받음으로써 소리에 반응하여 고개를 돌리도록 조건화된다. 양육자가 헤드폰을 통해 음악을 듣는 동안 영아는 양육자의 무릎에 다시 앉는다. 영아는 처음에 /ba/와 같은 하나의 소리를 반복해서 들으면서 훈련을 받는다. 예를 들어, 소리가 /pa/로 바뀌면 움직이는 장난감 방향으로 고개를 돌린 것에 대해 보상을 받는다. 연습 단계에서는 조건화 단계에 사용된 것보다 더 미묘한 소리 범주 변화를 영아에게 제시한다. 실험의 절반에는 소리 범주의 변화가 없고, 나머지 절반에는 소리의 변화가 포함된다. 영아는 올바른 고개 돌리기에 대해서만 보상을 받는데, 이는 영아가 다른 범주에 속하는 소리를 구별할 수 있는 능력이 있음을 나타낸다.

신생아가 리듬과 억양에 기초하여 낯선 언어와 친숙한 언어를 구별할 수 있다면, 영아의 초기 발성에서도 이와 유사한 친숙성 편향이 발견되는지 알아볼 필요가 있다. 예를 들어, 독일인 부모에게서 태어난 아기는 프랑스인 부모에게서 태어난 아기와 출생 직후 다른 소리를 내는가? 이 질문에 답하기 위해서는 신생아가 전형적으로 어떤 소리를 산출하는지 살펴봐야 한다. 물론 가장 빈번하고 주된 발성은 울음이다. 신생아는 또한 트림, 기침, 재채기 및 끙끙거리기와 같은 많은 불수의적 소리를 산출한다. 이 소리는 모두 배고픔, 불편함, 질병 또는 신체적 긴장과 같은 신체 상태를 반영한다. 이 소리가 모두 음성 체계에 의해 생성된다는 점, 그리고 부모가 영아의 건강 상태를 파악하기 위해 이러한 소리에 의존한다는 점을 제외하고는 언어의 출현과 별다른 관련이 없는 것처럼 보인다. 그러나 신생아 울음의 멜로디가 이미 주변 언어의 주요한 운율 패턴을 반영한다는 잠정적인 증거가 있다. 개별 신생아의 울음소리를 연구한 Mampe, Friederici, Christophe와 Wemke(2009)는 울음소리 경쟁에서 프랑스 신생아가 독일 신생아보다 음높이와 강도의 정점에 더 늦게 도달하는 경향이 있음을 발견하였다. 이처럼 음높이와 강도의 정점에 나타난 상대적 시기 차이는 프랑스어에서는 억양이 올라가고 독일어에서는 억양이 떨어지는 두 언어의 전형적인 억양 윤곽을 반영한다. 모국어의 리듬과 억양에 대한 신생아의 친숙함이 음운 인식뿐만 아니라 초기 발성에도 영향을 줄 수 있다.

2.2.2 언어 구별

앞에서는 자궁 내에서 경험한 말소리의 리듬과 억양에 신생아가 어떻게 민감하게 반응하는지 살펴보았다. 이 절에서는 신생아의 지각 능력이 태내 경험을 넘어서는지 살펴본다. 신생아는 친숙성에 의존하여 주변 언어와 낯선 언어를 구별할 수 있다. 그렇다면, 두 가지 낯선 언어도 구별할 수 있는가? 이에 대한 대답은 예상과 다르다. 논리적으로 볼 때, 신생아는 처음에 모국어만 인식하고 나중에 다른 언어를 변별하는 것으로 예상된다. Mehler와 동료들(1988)은 프랑스 신생아를 프랑스어와 러시아어를 사용해 실험하면서 두 가지 낯선 언어인 영어와 이탈리아어에도 노출시켰다. 실험 데이터를 처음 분석했을 때는 신생아가 친숙하지 않은 두 언어를 구별하지 못했지만, 데이터를 면밀하게 분석한 다음에는 결과를 다시 검토하였다(Mehler & Christophe, 1995). 이후에 Nazzi와 동료들은 프랑스 신생아에게 저주파통과 필터링 영어와 일본어 문장을 제시했으며, 이들이 두 가지 낯선 언어를 구별할 수 있음을 확인하였다(Nazzi, Bertoncini, & Mehler, 1998). 그러나 신생아가 모국어의 리듬과 억양에 대한 경험을 쌓고 나면 친숙하지 않은 언어를 구별하는 능력을 상실하는 것처럼 보인다. 생후 2개월 된 미국 영아는 두 가지 낯선 언어인 러시아어와 프랑스어가 제시되었을 때 이 둘을 구별하지 못하였다(Mehler et al., 1988). 마찬가지로, 생후 2개월 된 영국 영아는 영어와 일본어는 구별하였으나, 프랑스어와 일본어는 구별하지 못하였다(Christophe & Morton, 1998). 영아의 음소 습득에 관한 논의에서는 이처럼 명백한 민감성 상실을 고려해야 한다.

흥미롭게도, Christophe와 Morton(1998)의 연구에서 몇몇 영국 영아는 외국어이지만 영어와 리듬이 유사한 언어인 네덜란드어를 영어와 구별하지 못하였다(예: 영어와 네덜란드어 모두 주기적 강세 언어이지만, 일본어는 주기적 단모음 언어임). 생후 2개월 된 영아는 리듬과 억양, 특히 모음과 자음 길이 사이의 관계에 근거하여 자신의 모국어를 구별한다(Ramus & Mehler, 1999). 예를 들어, 네덜란드어와 영어, 또는 영국 영어와 미국 영어를 구별하는 데 도움이 되는 개별 말소리를 기반으로 언어를 구별하는 능력은 생후 5개월에 나타난다(Nazzi, Jusczyk, & Johnson, 2000).

2.3 영아는 언어의 소리를 어떻게 발견하는가

2.3.1 음소 범주

앞서 살펴본 바와 같이, 개별 음소는 단어의 위치와 인접 음소, 화자의 발음 속도 및 말소리 특징에 따라 음향학적으로 다르다. 그럼에도 불구하고 성인은 음소의 범주를 조직하기 위해 이러한 '중요하지 않은' 차이를 쉽게 간과한다. 남성 화자와 여성 화자가 말하는 소리 [p], 단어의 시작 부분에서 기식음으로 발음된 [pʰ], 단어의 중간 부분에서 발음된 [p]는 모두 음소 /p/의 다른 사례로 인식된다. 영아는 언제, 어떻게 그러한 범주를 조직하는 능력을 습득하는가?

고전적 연구에서는 생후 1개월 및 4개월 영아에게 /ba/에서 /pa/까지의 소리를 세분화하여 연속적으로 제시하였다(Eimas, Siqueland, Jusczyk, & Vigorito, 1971). /ba/와 /pa/를 구분하는 음향 특징은 음성 개시 시간으로 불리는 공기 방출에서 성대 진동 시작까지의 경과 시간이다. 공기를 방출한 후 25ms 이전에 유성음화가 시작될 때, 영어를 모국어로 사용하는 성인은 자음을 /b/로 인식하는 경향이 있다. 반대로, 공기를 방출한 후 유성음화가 25ms 이후에 시작되면 자음을 /p/로 인식한다. Eimas와 동료들은 고진폭 빨기 절차를 사용하여 이 연속적인 소리 중 하나의 소리에 영아를 습관화시킨 다음 20ms의 VOT로 차별화시킨 다른 소리를 제시하였다. 실험집단의 경우 두 번째 소리가 동일한 범주(예: 두 가지 소리가 모두 성인 /p/에 해당하는 60ms의 VOT에 이어 80ms의 VOT 제시 또는 두 가지 소리가 모두 성인 /b/에 해당하는 -20ms의 VOT에 이어 0ms의 VOT 제시) 또는 범주 경계(예: 성인 /p/ 및 /b/에 해당하는 20ms의 VOT에 이어 40ms의 VOT 제시)를 넘도록 조작하였다. 비교집단의 경우 동일한 소리가 제시되었다. 당연히, 비교집단 영아는 습관화 절차의 결과로 빨기 속도가 계속 감소하였다. 첫 번째 소리와 같은 범주에서 시작된 두 번째 소리를 들은 영아도 동일한 결과를 보였다. 결정적으로, 두 번째 소리가 범주 경계를 넘어 발생했을 때 영아는 더 자주 빨았는데, 이는 영아가 두 번째 소리를 첫 번째 소리와 다른 소리로 인식했음을 보여 주는 결과이다. 두 조건 모두에서 두 번째 소리는 동일한 VOT에 의해 첫 번째 소리와 달랐다는

> 음성 개시 시간(voice onset time: VOT): 자음 산출에서 공기의 방출과 성도의 진동 발생 사이의 경과 시간.

점에 주목해야 한다. 후속 연구에서는 모음(예: Trehub, 1973)뿐만 아니라 자음(예: Eimas, 1975)에 대해서도 영아의 범주 인식을 입증하였다. 생후 1개월도 안 된 영아가 말소리 사이의 미묘한 차이를 인식하였고(Bertoncini, Bijeljac-Babic, Blumstein, & Mehler, 1987; Cheour-Luhtanen et al., 1995), 그 방식 역시 성인의 범주 인식과 유사하였다. 예를 들어, 자고 있는 핀란드 신생아를 대상으로 전자기 뇌 반응을 살펴본 결과, 제2포먼트에서만 다른 핀란드 모음 /i/와 /y/를 변별할 수 있었다(Cheour-Luhtanen et al., 1995). 이 연구에서는 동일한 음소(예: /y/)를 때때로 다른 음소(예: /i/)로 변화시켰다. 이는 오드볼 감지 패러다임으로 불리며, 뇌가 일련의 청각 자극에서 오드볼을 감지하면 불일치 부정성이라는 특정 전기 신호를 도출한다는 사실에 근거한다(Näätänen et al., 1997 참조). 또한 생후 2개월 된 영아는 night rate와 nitrate에서 /t/와 같은 변이음을 변별할 수 있는데(Hohne & Jusczyk, 1994), 이는 다음 절에서 살펴본다.

오드볼 감지 패러다임(oddball detection paradigm): 새로운 청각 자극에 대한 특정 전기 물리적 반응(불일치 부정성)을 측정하는 데 사용되는 사건 유발 전위(event-related potential: ERP) 패러다임.

불일치 부정성(mismatch negativity): 일련의 청각 자극에서 뇌가 오드볼을 감지함으로써 도출되는 특정 전기적 특성(사건 유발 전위).

음소의 초기 범주 인식에 관한 연구에서 몇 가지 결론이 도출되었다. 첫째, 소리의 범주 인식은 언어의 고유한 특성이다. 이러한 결론은 이후 말소리가 아닌 소리에 대한 범주 인식이 입증됨에 따라 반박되었다. Jusczyk와 동료들은 인공적으로 생성된 음파가 특정 진폭에 도달하는 데 걸리는 시간을 조금씩 변화시킨 결과, 생후 2개월 된 영아가 성인과 마찬가지로 이러한 자극을 plucked 또는 bowed 소리로 분류할 수 있음을 보여 주었다(Jusczyk, Rosner, Cutting, Foard, & Smith, 1977). 둘째, 말소리의 범주 인식은 인간의 고유한 특성이다. 이러한 결론은 친칠라처럼 음소에 대한 범주 인식을 보여 주는 동물 연구에 의해 반박되었다(Kuhl & Miller, 1975). 따라서 보다 정확한 결론은 소리 처리에 대한 신생아의 편향이 언어 처리에 특정적이지는 않다는 것이다. 오히려 인간의 언어는 청각 체계의 처리 편향을 활용하기 위해 진화한 것처럼 보인다.

생후 2개월이 되면 영아는 운율에 기초하여 두 가지 낯선 언어를 구별하는 능력을 상실한다. 이와 유사한 민감성 상실이 음소 지각에서도 관찰되었으나, 이 중 일부는 이후에 발달할 수 있다. 성인이 모국어에 없는 특정 음소를 변별하는 데 어려움을 겪는다는 사실은 잘 알려져 있다(예: Lisker & Abramson, 1971). 예를 들어, 일본어를 구사하는 성인은 시간이 지나면서 민감성을 일부 습득할 수 있지만, 영어

/l/, /r/을 구별하는 데는 어려움이 있다(Flege, Takagi, & Mann, 1996). 다른 예를 들면, 일부 성인은 힌디어의 치음과 반전음 /t/의 차이를 변별하지만(Bowers, Mattys, & Gage, 2009), 장기간의 훈련 이후에도 그 차이를 구분하지 못하는 경우가 있다(Golestani & Zatorre, 2008). 음소 보편적 인식에서 언어-특정적 인식으로의 전이는 몇 세에 나타나는가? Werker와 Tees(1984)의 연구에 따르면, 힌디어의 치음과 반전음 /t/의 차이와 같이 모국어가 아닌 언어의 대비를 영어 사용 6~8개월 영아는 구별하지만, 영어 사용 10~12개월 영아는 구별하지 못하였다. 이와 유사하게, 일본어 사용 영아는 6~12개월 사이에 영어 /l/, /r/을 구별하는 능력을 상실한다(Kuhl, Stevens, Hayashi, Deguchi, Kiritani, & Iverson, 2006). 따라서 생애 첫해 후반에 영아는 모국어에 없는 대비에 대한 민감성을 상실하는 동시에, 모국어의 특성에 대한 민감성이 증가한다. 이에 대해서는 다음에 더 자세히 살펴본다.

2.3.2 초기 발성

원어민의 말소리와 비원어민의 말소리에 대한 지각적 민감성의 변화에 관한 주제로 돌아가기 전에, 언어-일반적 능력에서 언어-특정적 능력으로의 유사한 전이가 영아의 발성에서도 나타나는지를 먼저 살펴본다. 영아의 발성 발달은 생애 첫해에 영아의 성도가 경험하는 변화로 인해 시작된다. 생애 초기 영아의 성도는 성인의 성도보다 작을 뿐만 아니라 혀의 크기도 비율상 더 커서 모양이 다르다(Kent, 1992). 생애 첫해의 해부학적 재구조화는 영아가 다른 발달 단계에서 산출하는 소리의 범위를 제한한다.

생후 약 2개월이 되면 영아는 목 울리기 소리를 내고 뒤이어 유사 모음이 나타난다. 신체적·정서적 상태를 나타내는 울음소리, 웃음소리 및 기타 영아 발성과 달리 유사 모음은 영아의 첫 자발적 발성에 해당한다(Oller, 2000). [그림 2-3] 참조. 목 울리기는 명확한 모음과 자음-모음 조합을 포함한 음절과 유사한 소리 패턴으로 강화되어, 결국 6개월경에 옹알이가 출현한다. 표준 옹알이는 dadada 또는 bababa 같은 음절의 반복으로 구성되는데, 이는 중복 옹알이라고도 불린다. 표준 옹알이는 점차 다양한 음절을 포함한 복잡한 조합으로

목 울리기(cooing): 생후 2개월 시점에 혀의 위치를 입 뒤쪽에 두고 목을 울리는 소리.

유사 모음(quasi-vowel): 영아가 2개월경에 산출하기 시작하는 소리. 짧게 지속되는 모음과 유사한 소리가 포함됨.

표준 옹알이(canonical babbling): dadada 또는 bababa 같이 반복된 음절로 구성된 언어 이전 시기의 구두 발성.

그림 2-3 어린 영아는 신체 활동을 하면서 흥미나 흥분을 나타내는 목 울리기 소리와 기타 발성을 산출한다.

출처: © Frank Boston. Shutterstock의 라이센스 사용 허락.

중복 옹알이(reduplicative babbling): dadada 또는 bababa 같이 자음-모음 음절의 반복으로 구성된 옹알이의 첫 번째 단계.

다채로운 옹알이(variegated babbling): badabu 같이 종류가 다른 음절 조합을 포함하는 옹알이의 두 번째 단계.

통합된다. 다채로운 옹알이라고 불리는 두 번째 단계는 첫 단어 산출 시기와 일치하고, 첫 단어가 산출된 이후에도 확장된다.

목 울리기는 보편적 특성인가, 아니면 주변 언어에 의해 형성되는가? 생후 4개월 된 영아는 전 세계적으로 동일한 소리를 내는가, 아니면 주변 언어에 의한 차이가 어린 시기에 이미 관찰되는가? 우리가 아는 한 이 질문에 대답할 수 있는 기존 연구는 없지만, 신생아와 영아의 발성과 주변 언어 사이의 관계에 관한 증거는 일부 있다. 앞에서 설명한 것처럼 신생아의 울음 패턴은 이미 주변 언어의 운율을 반영한다(Mampe et al., 2009). 영아의 옹알이는 생후 8개월에 언어-특정적 강세 패턴을 보이고(de Boysson-Bardies, Sagard, & Durand, 1984), 생후 8~10개월에 음소 특징을 통합한다(de Boysson-Bardies, Hallé, Sagart, & Durant, 1989; de Boysson-Bardies & Vihman, 1991; Lee, Davis, & MacNeilage, 2010). 영아의 발성은 주변 언어와 어떻게 유사해지는가? 말소리에 대한 신생아의 모방은 출생 시부터 두 가지 방식으로 말소리를 인식함을 시사한다. 신생아는 성인이 그들 앞에서 /m/을 발음할 때 입을 더 많이 오므리고,

/a/를 발음할 때 입을 더 많이 벌린다(Chen, Striano, & Rakoczy, 2004; 1장 참조). 얼마 후 4개월경에 영아는 성인이 제시한 모음과 자신의 발성을 일치시킨다(Kuhl & Meltzoff, 1982, 1996). 이러한 결과는 청각-조음 매핑에 대한 증거를 제공하며, 영아는 자신이 인식한 목표 소리와 일치하도록 조음 움직임을 조정한다. 또한 생후 12주경 영아가 기억 속에 다른 모음의 초기 템플릿을 가지고 있다는 증거가 있는데, 이는 영아에게 자신의 발성과 일치하는 청각 목표를 제공한다(Kuhl & Meltzoff, 1996). 목 울리기와 옹알이는 영아에게 조음 움직임의 음향 효과에 대한 정보를 제공한다(Kuhl & Meltzoff, 1996). 기억 속에 있는 음소에 대한 언어-특정적 정보가 증가함에 따라 영아는 주변 말소리와 유사한 소리를 산출하는데, 이는 옹알이 변화라고 불린다(Brown, 1959).

옹알이 변화(babbling drift): 기억 속에 있는 음소에 대한 언어-특정적 정보가 점진적으로 통합됨에 따라 영아의 주변 말소리에 정확한 근사치를 산출함.

그러나 옹알이에는 주변 언어가 아닌 다른 소리가 포함되어 있다. 실제로 일부 연구자는 옹알이 시기의 영아가 인간 언어의 모든 소리, 매우 희귀한 소리까지도 산출할 수 있다고 주장하였다(Jakobson, 1941). 주변 언어와 유사하다 vs. 주변 언어와 구별된다는 초기 영아 발성에 대한 견해 차이는 초기 영아의 발성을 식별하고 분류하기가 어렵기 때문에 나타난 현상이다. 역사적으로 볼 때, 영아의 소리를 설명하기 위한 첫 번째 체계적인 시도는 영어의 알파벳 전사와 음소 전사를 사용한 일기 연구에서 출발하였다(예: Leopold, 1947). 음성 전사에 사용되는 체계인 국제 음성 알파벳(IPA)은 전 세계 모든 언어의 음운을 나타내는 데 사용되는 기호 목록으로, 신중하게 개발되었기 때문에 정확한 음성 전사 방법으로 간주된다. 사실 IPA는 이전에는 알려지지 않은 언어를 설명하기 위해 개발되었으므로, 만약 IPA가 파푸아 뉴기니 또는 아마존 열대우림 지역 부족의 말소리를 전사하는 데 적절하다면, 영아의 발성을 설명하는 데에도 적합할 것이다. 문제는 성인 음소로 영아의 소리를 기술하면 영아의 소리가 성인 음소에서 벗어난 측면을 이해하기 어렵다는 것이다. IPA를 사용하여 3개월 된 영아의 소리를 전사한 다음 전사 자료를 전문적인 음성학자에게 제공하여 해당 소리를 재생하도록 요청하면, 그 결과는 영아의 원래 발성과 유사하지 않을 것이다. Oller(2000)의 표현처럼, IPA는 영아가 산출한 소리를 묘사하기보다 수탉의 울음소리인 의성어 '꼬끼오 꼬꼬(cockadoodledoo)'를 묘사하는 데 더 적절하다.

국제 음성 알파벳(International Phonetic Alphabet: IPA): 기호 목록(글자 및 발음 부호)을 사용하여 구어 소리를 나타내는 표준화된 음성 전사 체계.

예를 들어, 최근 연구에서는 모음 포먼트 주파수의 음향 분석을 사용하여 영아의 발성이 주변 언어와 비슷한지 분석하였다(de Boysson-Bardies et al., 1989; Kuhl & Meltzoff, 1996). 이러한 연구 결과를 통해 영아의 발성이 주변 언어와 어느 정도 비슷하다는 사실을 확인하였다. 그러나 영아의 발성이 성인 목표에 근접하는 과정은 매우 길고 복잡하므로, 옹알이 시기에 많은 조음 실험이 필요하다. 결과적으로, 발음 산출은 분명히 인식보다 정확도가 뒤떨어진다. 이러한 문제를 이해하기 위해 바이올린 연주를 들으면서 멜로디, 하모니 및 리듬의 미묘한 차이를 구별하는 데 시간이 얼마나 걸리는지 상상해 보자. 아마도 상당한 시간이 소요될 것이다. 제대로 배우지 않고 기억력에 의존하여 이러한 미묘한 차이를 재현할 정도로 바이올린을 연주하기 위해서는 시간이 얼마나 걸릴지 상상해 보자. 아마도 훨씬 더 오래 걸릴 것이다. 실제로 일부 말소리는 8세가 되어서야 정확하게 산출되는 반면, 이보다 정확하게 인식된다. 지각과 표상에 뒤이은 말소리 산출 격차는 Berko와 Brown(1960)이 처음 발표한 일화에서 언급된 'fis 현상'으로 불린다. 우리 중 1명이 자신의 플라스틱 물고기를 fis라고 불렀던 아이에게 말하였다. 아이의 발음을 모방하여 관찰자는 "This is your fis?"라고 물었고, 아이는 "No, my fis."라고 말하였다. 그 아이는 "This is your fish."라고 들릴 때까지 성인의 발음을 계속 거부하였다. 그 아이는 "Yes, my fis."라고 말하였다(Berko & Brown, 1960: 531). 실제로 조음과 발성을 위해 70개 이상의 근육과 10개의 신체 부위를 조절하는 법을 배우는 것은 아무 의미가 없다!

옹알이가 미성숙한 발성을 성인의 발성에 더 근접시키는 연습의 한 형태라는 견해는 조류 또는 영장류와 같은 성대 의사소통 체계를 사용하는 동물 종에서 옹알이와 유사한 미성숙한 발성이 존재한다는 사실에 의해 뒷받침된다. 인간에게 옹알이는 의사소통 체계의 양식과 무관하다. 11장에서 더 자세히 살펴보겠지만, 청각장애 부모의 수어에 노출된 정상 청각 영아는 시각/제스처 의사소통 체계의 리듬 패턴을 이해하고, 소리 없는 수어 옹알이에 참여한다(Petitto, Holowka, Sergio, & Ostry, 2001; Petitto, Holowka, Sergio, Levy, & Ostry, 2004). 따라서 영아는 자신이 노출되어 있는 모든 의사소통 체계의 리듬 구조에 민감한 것으로 보이며, 궁극적으로 올바른 형태의 의사소통 신호를 발생시키는 소리 또는 동작을 모방하고 연습하려는 성향을 보인다. 또한 옹알이는 부모의 보살핌을 유발하는 기능을 담당한다(1장 참조). 반응적인 양육자는 어린 영아가 완성된 발성을 산출하도록 지원한다(Locke, 2006).

수어(sign languages): 청각장애인 공동체에서 사용하는 손짓과 표정에 의존하는 언어 유형.

2.3.3 모국어에 맞추기

영아의 옹알이에 관한 연구 결과에서 얻은 결론은 말소리 산출의 점진적 발달이, 비록 훨씬 오랜 시간이 걸리지만, 말소리 인식의 점진적 발달을 반영한다는 점이다. 그렇다면 영아는 모국어에 없는 언어 능력을 점차 상실하면서 어떻게 모국어 능력을 향상시키는가? 이에 대한 한 가지 설명은 관련 없는 정보를 억제하는 인지적 통제 능력이 향상됨에 따라 모국어의 말소리 변별 능력이 통합 및 개선되고, 모국어에 없는 언어 능력이 점진적으로 상실된다는 것이다(Werker & Pegg, 1992). 그러나 일부 아프리카어의 특정한 협착음 대비(click contrasts)는 영아와 성인이 모두 인식할 수 있다. 다른 대비의 예로, 영어가 모국어인 경우에도 there의 치간 마찰음 [ð]와 dare의 치조 폐쇄음 [d] 간의 차이를 학습하기는 매우 어려워 상당히 늦게 습득된다. 다른 연구자는 모국어가 아닌 언어에 대한 민감성의 감소를 조음 제스처의 유사성과 연결하여 설명하였다(Best & McRoberts, 2003). 동일한 신체 기관(예: 입술)의 다른 제스처가 필요한 음성 대비는 다른 신체 기관(예: 입술과 후두)의 제스처가 필요한 대비보다 구별하기가 더 어렵다. 따라서 영아가 모국어의 조음 제스처에 친숙해지면 동일한 신체 기관의 다른 제스처가 필요한 모국어 대비 지각 능력은 쇠퇴한다. 왜냐하면 그러한 대비는 친숙한 모국어의 조음 제스처에 근거한 소리 범주로 동화되기 때문이다. 동시에 영아는 다른 조음 기관과 관련된 제스처(예: 영어 학습 영아의 아프리카어 혀 차기)에 근거한 음소 변별 능력은 유지한다. 마지막으로, Kuhl과 동료들은 음소 범주의 학습이 경험과 관련되어 있다고 주장한다. 주변 언어의 음소는 지각 공간을 '왜곡하고(warp)', 지각 자석처럼 작용한다. 예를 들어, 앞에서 설명한 음성 개시 시간(VOT)의 연속성을 고려해야 한다(Kuhl et al., 2008). 영어와 같은 언어의 경우 비록 다른 변이음 및 다른 화자 특징과 관련된 VOT가 가변적이라고 하더라도, 영아에게 노출된 파열 양순음(음소 /b/ 및 /p/)의 VOT는 0ms(/b/의 경우) 또는 50ms(/p/의 경우) 주위에 수렴한다. 시간이 지남에 따라 두 값 사이의 VOT를 가진 소리가 원형에 '수렴'하고, 음소 /b/ 및 /p/에 대한 영아의 표상이 점차 강화되어 결과적으로 모국어 변별 능력이 향상된다. 영어 대비에 대한 영아의 지각 능력이 미세하게 조정됨에 따라, 영아는 스페인어처럼 다른 범위에 해당하는 0ms 주위 VOT와 음(−)의 VOT 사이 음소에 대한 대비 지각 능력을 상실한다. 영어에 적응된 생후 10개월 영아의 경우, peso의 /p/ 및 beso의 /b/ 같은 스페인어의 두 가지 양순음 모두 지각적 자석 /b/에 의해 유인되어 모국어가 아닌 스페인어 대비에 대한 영아의 변별 능력이 감소한다.

Kuhl과 동료들은 생후 6~12개월 영아의 모국어와 비모국어 대비에 대한 민감성 측정치가 2~3세 시기의 언어 학습 결과를 예측하는지 확인하였다(Kuhl et al., 2008). 모국어와 비모국어에 대한 음소 변별 능력은 고개 돌리기 패러다임(〈방법론 상자 2-1〉 참조)이나 오드볼 감지 패러다임(Näätänen et al., 1997)을 사용하여 검증하였다. 2세와 3세 아동의 언어 발달은 초기 어휘 크기 측정을 위한 표준화된 척도인 맥아더-베이츠 의사소통 발달 척도(CDI)로 평가하였다(자세한 설명은 〈방법론 상자 4-1〉 참조). Kuhl과 동료들(2008)은 고개 돌리기 조건화 절차와 불일치 부정성 강도로 측정된 모국어 대비 민감성이 이후 2~3세 시기 언어 능력과 정적 상관관계가 있음을 발견하였다. 이와 대조적으로, 비모국어 대비에서의 동일한 측정값은 이후 언어 능력과 부적 상관관계가 있었다. 이 결과는 영아가 모국어 대비를 변별할 수 있는 정도가 모국어 패턴에 대한 신경학적 관여의 정도를 반영하는 것으로 해석된다. 반대로, 영아가 비모국어 대비를 여전히 구별할 수 있는 정도는 뇌가 모국어 패턴에 관여하지 않은 상태를 유지하는 정도를 나타낸다. 신경의 관여가 일어나기 위해서는 말소리의 감각 템플릿과 말소리를 생성하는 운동 프로그램 간 매핑이 구축되어야 한다. 영아가 발성의 청각적 효과를 발견하면서 그러한 매핑이 출현한다. 흥미롭게도, 영아는 자신의 즐거움을 위해 의사소통이 목적이 아닌 상황에서 말소리를 내는 음성 놀이에 참여한다(Locke, 1993). 이러한 음성 놀이를 통해 말소리 지각과 산출 간 연결을 통합한다.

맥아더-베이츠 의사소통 발달 척도(MacArthur-Bates Communicative Development Inventory: CDI): 영아 및 걸음마기 아동의 어휘 발달을 측정하는 부모용 체크리스트.

영아가 모국어에 적응하는 데 어떤 경험이 필요한지 확인하기 위해 다수의 연구가 시도되었다. 1장에서는 언어 학습을 위한 사회적 상호작용의 중요성에 대해 살펴보았다. 영아가 음소를 습득할 때 단순히 주변 언어의 음운 및 음소 특징을 청각적으로 받아들이는 것인지, 아니면 음소 습득을 위해 사회적 상호작용이 필요한 것인지에 대한 의문이 제기된다. 영아는 TV 또는 녹음된 말소리를 듣는 것만으로는 언어를 학습하지 못한다. 만다린 중국어 원어민이 영어가 모국어인 생후 9개월 된 영아에게 12회기 동안 25분씩 책을 읽어 주고 함께 놀았을 때, 영아는 만다린 중국어 고유의 음소 대비를 쉽게 변별하였다. 그러나 12회기 동안 비디오나 오디오를 통해 만다린 중국어에 노출된 다른 영아는 음소 대비를 학습하지 못하였다(Kuhl, Tsao, & Liu, 2003). Kuhl과 동료들(2003)은 이러한 결과를 통해 영아기 언어 학습이 사회적 상호작용에 결정적으로 의존한다고 주장하였다. 이러한 주장의 근거는 다음과 같다. 첫째, 인간의 얼굴은 말소리 재인을 돕는 두드러진 단서를 제공한다. 입술과 혀의 움직임 같은 얼굴 제스처는 말소리 산출에 맞춰 조정된다. 이러한 동시적 움직임은 영아의 주의를 집중시키고 학습을 촉진한다(Gogate & Hollich, 2010). 생후 2개월경 영아는 특정 말소리의 산출과 함께 나타나는 얼굴 제스처를 인식할 수 있다(Paterson & Werker, 2003; 3~4개월 영아는 Kuhl & Meltzoff, 1982, 1984 참조). 7.5개월이 되면 영아는 1명 이상의 화자가 동시에 말하는 상황에서 말소리를 인식하기 위해 얼굴과 목소리의 동시적 타이밍을 사용한다(Hollich, Newman, & Jusczyk, 2005). 둘째, 대면 상호작용은 영아의 주의 집중 및 각성 상태를 조절하고, 말소리 학습의 맥락을 제공한다(1장 참조). 부모는 사회적 상호작용에서 영아의 의사소통 시도에 즉각적으로 반응하여 영아 발성의 질적 수준을 높인다(Goldstein & Schwade, 2008). 셋째, 사회적 상호작용은 영아가 단어를 이해하는 맥락을 제공한다(Nelson, 1985; Tomasello, 2003; 이 주제에 대한 자세한 논의는 3장 및 4장 참조). 영아가 자신의 이름과 같은 단어를 인식하게 되면(Bordfeld, Morgan, Golinkoff, & Rathbun, 2005) 연결된 말소리를 의미 있는 단위로 분석하는 과제를 시작할 수 있다.

2.4 영아는 단어를 어떻게 발견하는가

고립되어 산출되는 말소리는 거의 없다. 음소는 단어에 포함되고, 단어는 연속적인 말소리 흐름 속에 포함된다. [그림 2-4]는 "These are speech sounds."라는 문장의 소리 파형을 나타낸 것이다. 이 문장은 네 단어로 구성되어 있지만, 소리 파형에는 일시 정지 구간이 나타나 있지 않다. 단어 경계에 대한 확실한 음향 단서가 없다면, 영아는 말소리 흐름을 개별 단위로 구분하는 방법을 어떻게 학습하는가? 단어 분절의 문제를 이해하기 위해 걸음마기 아동의 발화 "Mummy, take my socks-on off?"를 살펴보자. 이는 아동이 "Shall we put your socks on?"이라는 문장을 들은 경험 때문에 생긴 오류이다. socks가 on과 동시에 출현한 사례를 자주 경험하여 단어

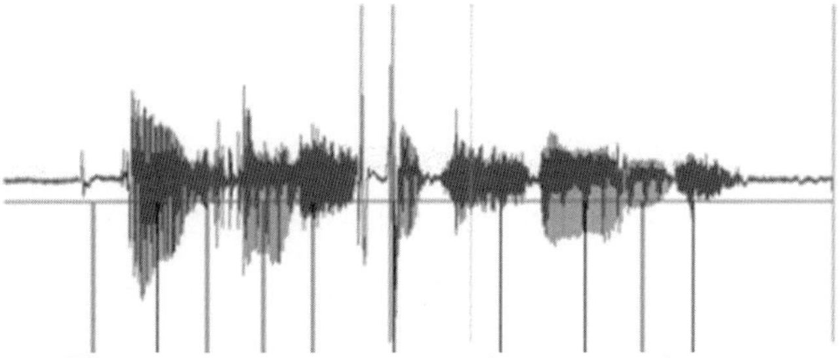

그림 2-4 "These are speech sounds."라는 문장의 소리 파형

의 정확한 분절을 방해하였다. 이처럼 오류를 보이기는 하지만, 영아는 단어 경계를 구분하는 단서가 되는 다양한 정보를 통합할 수 있다. 이 절에서는 단어 경계의 단서를 학습하는 방법과 시기에 대해 살펴본다.

2.4.1 분포 정보

신생아는 여러 언어의 리듬 구조에 민감하게 반응한다. 리듬에 대한 민감성은 모음과 자음의 지속시간에 대한 민감성을 포함하며, 지속시간은 단어 경계를 나타내는 유용한 단서이다. Christophe와 동료들은 프랑스어 단어 mathematicien, 영어 구 format ticket을 사용하여 연결 부분 /mati/가 단어 내에 있는지 또는 단어 경계에 있는지를 신생아가 구별하는지 확인하였다(Christophe, Dupoux, Bertoncini, & Mehler, 1994). 음향 측정 결과, 모음 /a/ 및 자음 /t/는 단어 내에서보다 단어 경계에서 조금 더 길게 발음되었다. Christophe와 동료들은 고진폭 빨기 패러다임을 사용하여 생후 3~4일 된 신생아가 이 차이에 민감하다는 사실을 확인하였다. 이러한 결과는 영아가 조음 시 단어 경계의 미묘한 지속시간 차이에 주목한다는 사실을 시사한다.

생애 초기에 영아의 단어 분절을 돕는 다른 요인은 영아가 자기 이름 같은 단어가 분리되어 들린다는 사실을 아는 것인데, 영아는 이미 생후 5개월경에 자기 이름을 인식한다(Mandel, Juczyk, & Pisoni, 1995). 자기 이름처럼 친숙한 단어의 경계를 알면 인접한 단어와 분절하는 데 도움이 되는데, 이러한 증거는 이미 생후 6개월에 나타난다(Bortfeld et al., 2005).

생후 8개월경 영아는 분포 정보(distributional information), 즉 음절 배열에 관한 정보를 사용하여 단어를 분절하기 시작한다. 영아의 말소리에는 자주 사용하는 단어의 특정 음절 조합이 등장한다. Saffran, Aslin과 Newport(2006)가 제시한 다음 사례를 살펴보자. 영아가 pretty baby, pretty dress, pretty doll 같은 구에서 단어 pretty를 반복해서 듣는다면, 음절 pre 다음에 음절 ty가 나올 확률은 매우 높다. 반대로, 단어의 끝음절 ty 다음에 다른 여러 음절이 나온다면, pretty baby처럼 음절 ty가 음절 ba 다음에 나올 확률은 매우 낮다. 즉, 단어 내 음절과 단어 경계 음절은 전이 확률(transitional probabilities)이 다르다. Saffran과 동료들(1996)은 생후 8개월된 영아가 전이 확률을 추적하여 단어를 분절한다는 결과를 확인하였다. 유사 단어 golabu, pabiku가 포함된 연속적인 음절 배열 golabupabikututibubabupugolabu를 영아에게 2분 동안 반복해서 들려주면, 영아는 유사 단어 golabu보다 단어 경계에 있는 배열 bupabi와 kutuki를 더 오래 들었다. 영아가 golabu가 아닌 '낯선' 배열 bupabi를 참조하도록 말소리 흐름에서 단어 사이를 끊지 않는다면, 유사 단어 내와 유사 단어 사이의 전이 확률 차이에 주목해야 한다.

Saffran과 동료들의 후속 연구에 따르면, 전이 확률에 대한 통계 학습이 음절 배열뿐만 아니라 음조 배열에도 나타났고(Saffran, Johnson, Aslin, & Newport, 1999), 다른 연구자들은 이러한 결과가 시각적 패턴에서도 나타난다는 사실을 보여 주었다(Kirkham, Slemmer, & Johnson, 2002).

> 통계 학습(statistical learning): 확률적 동시 발생 패턴에 대한 암묵적 · 절차적 학습(예: 인접 및 비인접 형태소, 말소리, 글자 조합).

종합해 보면, 이러한 결과들은 음절의 배열 순서를 추적하는 능력이 언어 습득과 특별히 연계된 기제라기보다는 일반적인 학습 기제라는 사실을 시사한다. 통계 학습은 환경에서 상대적으로 안정적인 패턴이나 규칙에 주의를 집중하는 불변성 감지 능력에 근거한다(Gogate & Hollich, 2010). 이러한 패턴은 Saffran과 동료들(2006)이 사용한 청각 자극과 같이 하나의 감각 양식 내에서 발생하거나, Hollich와 동료들(2005)이 사용한 얼굴과 목소리 자극처럼 여러 감각 양식에서 동시에 발생할 수 있다. 음절 배열에 대한 통계 학습은 형태론 및 통사론 학습(5장에서 논의)과 같은 언어 습득의 다양한 측면에 전 생애 동안 지속적으로 영향을 미친다(Conway, Bauernschmidt, Huang, & Pisoni, 2010). 순차적 패턴의 통계 학습 연구에 사용되는 과제에 관한 설명은 〈방법론 상자 11-1〉 참조.

2.4.2 운율 및 음운 단서

단어 경계의 단서가 되는 음절 배열에 대한 통계 학습은 특정 언어에서 더 일관되게 나타난다. 단어 내 또는 단어 간 음절의 전이 확률 차이는 단음절 단어의 경우 유용한 단서가 아니다. 음절 배열 이외에도 단어 경계를 쉽게 알 수 있는 다른 단서가 있는데, 생애 초기부터 영아는 모국어의 리듬 특징에 민감한 반응을 보인다. Cutler(1994)는 영아가 단어 경계를 찾기 위해 운율 분절 전략을 사용한다고 제안하였다. 즉, 언어의 주요 강세 패턴을 단어 개시의 단서로 사용한다. 영어의 경우, 대부분의 두 음절 내용어는 강약 강세 패턴을 보인다. 영어에 노출된 영아는 Patty나 Sammy 같은 별명 또는 teddy나 bunny 같은 지소사를 강약 강세 패턴 단어로 듣고, 그 패턴을 새로운 단어에 일반화한다. Jusczyk, Houston과 Newcombe(1999)에 따르면, 영어에 노출된 7~8개월 영아는 운율 강세를 단어 개시 단서로 사용하였다. 이를 통해 말소리 흐름 속에서 새로운 단어 KINGdom을 정확하게 분절할 수 있지만, PRISE를 단어로 취급하여 단어 surPRISE를 일시적으로 잘못 분절하기도 한다. 운율 분절 전략은 항상 첫 음절에 강세를 두는 헝가리어처럼 영어보다 규칙적인 강세 패턴이 더 많은 언어를 학습하는 데 도움이 된다.

지소사(diminutives): 작음, 친밀감 및 애정을 표현하기 위해 단어 형식을 수정하는 데 사용되는 파생 접미사. 많은 아동-대상 발화(child-directed speech) 목록에 빈번하게 포함됨.

다른 연구에 따르면, 9~10개월 영아는 단어 경계의 단서로 변이음 변형과 음소 배열 제약을 이용한다(Jusczyk, Hohne, & Bauman, 1999; Mattys, Jusczyk, Luce, & Morgan, 1999; Mattys & Jusczyk, 2001). 변이음 현상(allophony)은 night rate vs. nitrate와 같이 단어에서의 위치에 따라 음소가 발음되는 다양한 방법을 의미한다(Hohne & Jusczyk, 1994). 영어의 경우 /p/ 또는 /t/와 같은 특정 자음은 단어의 시작 부분에서는 기식음으로 발음되지만(훅 부는 공기로 산출됨), 단어의 끝부분에서는 그렇지 않다. 영어의 이러한 특징은 기식음 [p^h] 또는 [t^h]를 단어 시작을 나타내는 매우 유용한 지표로 제공한다. 음소 배열론(phonotactics)은 하나의 언어에서 음소가 배열되는 방법을 다룬다. 음소 배열 제약은 언어-특정적이며, 발음의 용이성은 반영되지 않는다. 예를 들어, 영어의 단어 배열은 /nt/로 시작하지 않지만, /nt/로 끝나는 경우는 있다. 이 경우 음소 조합 /nt/는 다음에 나오는 단어 경계를 알려 주는 지표가 된다. 음소 배열 /mk/는 대부분 단어 사이에서 나타나며, 단어 경계 또는 단어 시작 부분에서는 나타나지 않는다.

이러한 단서 중 어느 하나만으로는 단어 분절 문제를 해결하기에 충분하지 않기 때문에 영아는 이러한 단서들을 조합하여 사용한다. 시간이 지남에 따라 단서 조합이 가중되는 방식은 영아의 지각 능력 정교화에 따라 변화한다. 예를 들어, 생후 6개월경 영아는 운율 강세보다 전이 확률을 우선시하는 반면, 생후 9개월경에는 운율 강세가 전이 확률보다 지배적이다. 이는 영아의 초기 단어 분절이 영역-일반적 통계 학습 기제로 인한 결과임을 시사한다. 영아는 주요 강세 패턴을 감지할 수 있을 만큼 충분한 단어 형식을 축적한 후에야 운율 강세 정보를 사용하여 통계 학습을 보완한다. 언어-특정적 음소 배열 및 변이음 변형에 대한 정보는 이러한 단서들을 보완한다.

물론 아동이 말소리에서 인식하는 많은 반복적 배열은 성인이 보기에는 단어가 아니다. 아동이 해결해야 할 과제는 분절된 단위를 외부 세계의 대상에 매핑하는 것인데, 운율 정보가 이 과정을 촉진한다. Shukla, White와 Aslin(2011)에 따르면, 비단어가 발화 또는 구처럼 더 큰 단위에서의 운율 정보와 연합할 때, 생후 6개월 영아는 전이 확률이 높은 두 음절의 비단어를 대상에 더 쉽게 매핑하였다. 발화 또는 구처럼 큰 단위는 음높이를 낮추고 선행한 말소리를 늘림으로써 특징지어지는 운율 경계로 구분된다. 음절의 흐름에 처음 포함된 비단어의 다음에 운율 경계가 있다면, 영아는 비단어가 원래 음절의 경계선에 걸쳐져 있을 때보다 고립된 상태에서 비단어를 들었을 때 그 대상을 더 자주 쳐다보았다. 분명히, 영아는 단어가 자연스러운 운율 조건에서 제시될 때 단어를 분절하고 학습하기가 더 쉽다는 것을 알게 된다. 말소리의 흐름 속에서 단순히 반복되는 단어를 주목하는 것에서, 외부 세계의 대상을 참조하고 의미를 전달하는 것으로의 단어 인식 전이는 다른 사람과 영아의 상호작용에서 발생한다. 이에 대해서는 3장 및 4장에서 자세히 살펴본다.

운율 경계(prosodic boundaries): 운율 단위의 끝부분(뚜렷한 운율 윤곽을 갖는 소리). 경계는 종종 음높이를 낮추고 선행한 말소리를 늘려서 표시함.

요약

- 언어마다 음소 목록, 음운 배열 제약 및 운율에 차이가 있다. 영아는 이러한 언어-특정적 소리 패턴을 학습해야 한다.
- 신생아는 언어의 리듬에 민감한 반응을 보인다. 신생아는 태내 경험에 기초하여 친숙한 언어와 친숙하지 않은 언어를 구별할 수 있다.
- 신생아는 리듬이 완전히 다른 낯선 언어를 구별할 수 있다.
- 생후 6개월경 영아는 주변 언어 이외의 다른 많은 언어의 음소 대비를 구별할 수 있다. 모국어의 음소가 확고해지는 생후 9개월경에 이러한 능력은 상실된다.
- 생후 6개월이 되면 영아는 음절을 연속적으로 산출하기 시작한다. 이 음절은 처음에는 반복적이지만 이후에는 더 다채로워진다.
- 영아의 말소리 목록에는 주변 언어에서 들을 수 없는 소리가 포함되지만, 옹알이는 점차 주변 언어에 근접하기 시작한다. 영아는 옹알이를 통해 목표 소리를 산출하는 데 필요한 조음 움직임을 연습할 수 있다.
- 모국어 음소에 대한 더 큰 민감성은 빠른 언어 발달과 관련되어 있어 모국어에 대한 신경의 관여가 커짐을 나타낸다. 비모국어의 음소에 대한 민감성이 커지면 언어 발달 속도가 느려진다.
- 양육자의 반응이 영아의 발성에 따라 좌우되는 대면 상호작용은 영아의 음소 대비 능력의 습득을 촉진한다.
- 생후 8개월이 되면 영아는 음절 사이의 전이 확률을 추적하는 방법을 학습한다.
- 음절 사이의 전이 확률에 대한 민감성은 이후 운율 강세, 변이음 변형 및 음소 배열 제약에 대한 민감성에 의해 보완되며, 이들의 조합은 단어 분절 문제를 해결하기 위한 총체적 단서를 제공한다.

더 읽을거리

주요 연구

생후 1년 동안 말소리 인식 능력의 변화에 관한 읽을거리

Werker, J. F., & Tees, R. C. (1984). Cross-language speech perception: Evidence for perceptual reorganisation during the first year of life. *Infant Behavior and Development, 7*, 49-63.

2002년 창간 25주년 특집호에 3편의 논평으로 재간행: *Infant Behavior and Development, 25*(1), 121-133.

주변 언어가 옹알이에 미치는 영향에 관한 읽을거리

Lee, S. A. S., Davis, B., & MacNeilage, P. (2010). Universal production patterns and ambient language in babbling: A cross-linguistic study of Korean-and English-learning infants. *Journal of Child Language, 37*, 293-318.

영아의 단어 분절 능력에 관한 읽을거리

Saffran, J. R., Aslin, R. N., & Newport, E. L. (1996). Statistical learning by 8-month-old infants. *Science, 274*(5294), 1926-1928.

논문

영아 말소리 인식과 신경과학에 관한 읽을거리

Kuhl, P. K., & Rivera-Gaxiola, M. (2008). Neural substrates of early language acquisition. *Annual Review of Neuroscience, 31*, 511-534.

단어 분절의 통계 학습에 관한 읽을거리

Saffran, J. R. (2003). Statistical language learning: Mechanisms and constraints. *Current Directions in Psychological Science, 12*, 110-114.

저서

선호적 고개 돌리기 절차를 이용한 영아 음소 인식 및 단어 분절에 관한 읽을거리

Jusczyk, P. (1997). *The discovery of spoken language.* Boston, MA: MIT Press.

3 사회인지 발달은 언어 발달을 어떻게 지원하는가

핵심 용어

• 자폐스펙트럼장애(ASD) • 자서전적 기억 • 옹알이 • 베이비 사인 프로그램 • 의사소통 의도
• 관습적 제스처 • 서술 기억 • 지연 모방 • 지시적 제스처 • 다운증후군 • 정서 표현 제스처
• 강조 제스처 • 지식의 삼각형 • 시선 추적하기 • 일반화된 모방 • 아이콘 제스처 • 공동 주의
• 과잉 모방 • 서술어-논항 구조 • 가상 놀이 • 인식 제스처 • 관례화 • 역할 역전 모방 • 수어
• 사회적 참조 • 통계 학습 • 상징 제스처 • 상징적 참조 • 삼원적 상호작용 • 단어와 세상 매핑

개요

생후 첫 2년 동안 영아의 인지 능력이 발달하고 풍부한 사회적 상호작용 네트워크에 참여하면서 언어의 소리와 외부 세계의 실체를 연결한다. 이 장에서는 영아의 사회인지 발달이 주변 세계의 다른 사람과 의사소통하는 능력과 어떻게 상호작용하는지에 대해 살펴본다.

3.1 영아는 타인과의 상호작용에서 무엇을 학습하는가

3.1.1 환경과 상호작용의 통합

1장에서는 영아가 생후 첫 달 동안 다른 사람과 상호 호혜적인 상호작용을 하기 위해 발성, 상호 응시 및 얼굴 표정을 어떻게 사용하는지에 대해 살펴보았다. 생후 2개월이 되면 영아는 반응성, 우연성, 타이밍 및 주고받기를 통해 양육자와의 이원적 상호작용에 참여한다. 9~10개월 영아는 깨어 있는 대부분의 시간을 다른 사람과의 대면 상호작용에 보내지 않아, 이 시기 다른 사람과의 상호작용은 영아가 환경의 흥미로운 사물과 사건에 관심을 가지도록 도와준다. 즉, 영아는 양육자와 정서적 라포를 형성하는 데 주로 사용되는 이원적 상호작용에서 환경의 실체를 포함하는 삼원적 상호작용으로 이동한다([그림 3-1] 참조). 삼원적 상호작용에는 아동과 다른 사람의 의사소통이 포함되는데, 이러한 의사소통에는 외부 세계의 참조물에 대한 아동의 경험뿐만 아니라 동일한 참조물에 대한 다른 사람의 경험이 함께 포함된다. 아동, 대화 상대방, 그리고 참조물을 포함한 상호작용은 지식의 삼각형이라고 불린다(Carpendale & Lewis, 2004; Chapman, 1991). 이러한 삼각형의 구축([그림 3-2] 참조)은 아동의 사회적 이해 발달에 중요한 이정표가 되며, 참조적 의사소통을 위한 필수 환경에 해당한다. 또한 이원적 상호작용에서 삼원적 상호작용으로의 전이는 1장에서 살펴본 일차적 상호 주관성에서 이차적 상호 주관성, 즉 세상의 대상에 대한 다른 사람과의 의사소통으로의 이동을 의미한다(Trevarthen & Hubley, 1978). 1장에서 살펴본 바와 같이, 협력 행동의 한 형태인 참조적 의사소통 능력이 어떻게, 그리고 왜 생겨났는지에 대한 논의를 진화심리학 문헌에서 찾아볼 수 있다. 관심 있는 독자들은 Richerson과 Boyd(2004), Hrdy(2009) 참조. 여기서는 영아의 생후 첫해 후반부에 출현하는 참조적 의사소통을 지원하는 사회인지 능력을 설명하는 데 중점을 둔다.

삼원적 상호작용(triadic interactions): 세상의 실체(사물, 사건)에 공동 관심이 있는 두 개인 간의 의사소통 상호작용.

지식의 삼각형(epistemic triangle): 참조적 의사소통의 사회적 맥락(단어 학습)을 나타냄. 공유된 의미가 확실해지려면, 아동과 다른 사람이 함께 외부 세계의 일부 측면에 상호 주의를 기울여야 함.

그림 3-1 생후 첫해 동안 영아와 양육자는 서로의 관심 대상이 포함된 삼원적 상호작용에 참여하기 시작한다.

출처: © Khamidulin Sergey. Shutterstock의 라이센스 사용 허락.

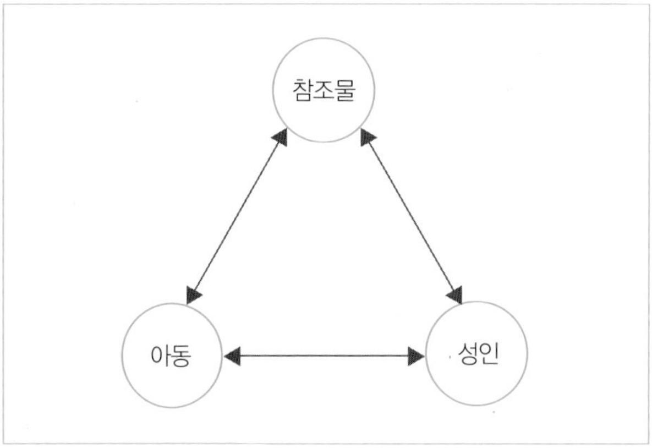

그림 3-2 참조적 의사소통의 삼각형에는 아동, 다른 사람, 외부 참조물, 그리고 그 참조물과의 경험에 관한 의사소통이 포함된다. 이 삼각형에서 참조물이 반드시 지금-여기 있어야 하는 것은 아니다.

3.1.2 사회적 신호 이해

시선 추적하기(gaze following): 다른 사람이 보고 있는 곳을 시각적으로 추적하는 능력.

참조적 의사소통은 영아가 성인의 시선 방향이 자신의 주의를 사물로 유도하는 단서라고 인식하기 시작할 때 나타난다. 다른 영장류의 눈에는 짙은 색으로 숨겨져 있으나, 인간의 눈에는 백색으로 드러난 공막(sclera)은 인간이 바라보는 시각적 주의의 초점인 사물을 다른 사람에게 더 명확하게 알려 준다는 주장이 제기되었다(Kobayashi & Koshima, 2001). 이러한 사회적 신호 보내기(social signalling)는 협력 활동의 맥락에서 다른 사람에게 자신의 의도를 알리기 위한 목적으로 진화된 것으로 보인다. 따라서 시선 추적하기는 영아가 다른 사람의 주의를 식별하도록 돕는 인간 사회의 중요한 기술이다. 시간이 지남에 따라 아동은 눈에 보이는 사물의 내적 표상을 보고 있는 사람에게 제공하는 것이 눈의 역할임을 점차 이해하게 된다. 일부 연구에 따르면, 영아는 이미 생후 4개월경에 시선을 추적하기 시작한다(Reid, Striano, Kaufman, & Johnson, 2004). 다른 연구자들은 고개뿐만 아니라 눈의 움직임이 시선의 방향을 나타낸다는 사실을 영아가 처음 이해하는 시기가 생후 10개월임을 정확하게 지적하였다. Brooks와 Meltzoff(2005)에 따르면, 생후 10개월 영아는 눈을 감은 사람과 달리 눈을 뜨고 있는 사람의 고개 움직임을 따르는 경향이 있지만, 생후 9개월 영아는 그렇지 않았다. 이는 지각 기관으로서 눈의 중요성에 대한 이해력이 향상되었음을 보여 준다.

사회적 참조(social referencing): 모호한 상황이나 자극에 직면했을 때 그 상황이나 자극에 대한 양육자의 반응에서 정보를 얻기 위해 의미 있는 타자(예: 양육자)를 쳐다보는 경향성.

생후 9개월경 영아는 사회적 참조에 관여하기 시작한다. 즉, 친숙하지 않은 사물이나 사람에게 접근할지, 아니면 회피할지를 결정할 때 양육자 또는 다른 신뢰할 만한 사람의 얼굴 표정과 반응을 고려한다(Campos & Sternberg, 1981). 이 시기의 영아는 다른 사람이 제공한 상황을 해석할 때 상황에 대한 영아 자신의 평가를 하나의 요인으로 고려한다. 예를 들어, 생후 10개월 영아는 어머니가 중립적 단서를 제공하거나 단서를 전혀 제공하지 않을 때보다 긍정적인 비언어적 단서를 제공했을 때 낯선 사람에게 더 친근한 태도를 보였다(Feinman & Lewis, 1983). 흥미롭게도, 생후 7개월 영아는 아니지만, 생후 10개월 영아는 낯선 사람이 자신을 보살피는 동안 무서운 물체가 나타났을 때 낯선 사람을 외면하기보다는 그로부터 정보를 얻으려고 하였다(Striano & Rochat, 2000). 이는 생후 10개월이 되면 영아가 다른 사람의 의사소통 의도를 이해할 때 시선을 중요한 단서로 인식한다는 사실을 보여 준다. 무서운 물체가 등장한 상황에서 자신을 바라보는 낯선 사람의 시선이 그 물체에 대해 무언가 알려 주고 있음을 인식한다. 시선 추적 및 사회적 참조를 통해 외부 세계의 실체에 대한 비언어적인 사회적 정보를 사용하는 영아의 능력은 분명히 참조적 의사소통의 중요한 구성 요소이다.

영아는 시선, 얼굴 표정, 목소리에 담긴 정서와 같은 사회적 신호를 추적하여 사회적·문화적으로 적절한 실체를 식별한다. 영아가 다른 사람과 의미 있는 활동에 참여할 때 이러한 실체에 주의를 기울이도록 유지하는 것은 참조적 의사소통에서 중요하다(Racine & Carpendale, 2007). 생후 9개월이 되면 영아는 공동 주의의 대상이 아닌 사물보다 대상인 사물에 주의를 집중하는 패턴이 향상된다(Striano, Reid, & Hoehl, 2006). 처음에는 다른 사람이 공동 주의 에피소드를 주도하는 경향을 보인다. 성인 양육자는 영아의 주의를 관심 대상에 집중시키거나 자신의 주의를 이동시켜 영아가 흥미를 보이거나 영아의 관심을 사로잡은 대상에 초점을 맞춘다. 그렇게 함으로써 성인은 영아와 사물 간 상호작용을 사회적 상호작용으로 전환한다. 시간이 지남에 따라 영아는 관심의 초점을 표현하기 위해 제스처를 통해 다른 사람의 관심을 유도하는 방법을 알게 된다(Bakeman & Adamson, 1984). 영아가 듣는 발화를 세상의 실체와 연결하기 위해서는 공동 주의 기울이기가 필요하다.

공동 주의를 잘 기울이는 영아는 단어 학습에 결정적인 다른 사람의 의사소통 의도를 식별하는 정보를 더 많이 가지고 있다. 실제로, 성인의 시선을 추적하여 공동 주의를 구축하는 생후 10개월 영아의 능력은 14개월과 18개월 시기의 언어 능력을 예측하는 것으로 나타났다(Brooks & Meltzoff, 2005). 이와 마찬가지로, 초기 종단연구(Carpenter, Nagell, & Tomasello, 1998)에서도 영아와 어머니의 공동 참여시간과 영아의 주의 집중을 위한 어머니의 언어 사용이 영아의 의사소통 발달을 예측하는 강력한 요인으로 밝혀졌다(제스처 사용과 첫 단어). 자폐스펙트럼장애(ASD) 또는 다운증후군과 같은 발달장애 아동의 경우, 다른 사람과의 공동 참여 정도는 언어 학습 결과를 예측하는 강력한 요인이었다(Adamson, Bakeman, Deckner, & Romski, 2009; Bono, Daley, & Sigman, 2004; Charman, Baron-Cohen, Swettenham, Baird, Drew, & Cox 2003). 주의 이동은 영아의 인지 능력을 제한하므로 양육자가 주의의 초점을 영아에게 맞추기 위해 자신의 주의를 이동시키는 것은 다른 방법보다 초기 단어 학습에 훨씬 도움이 된다. 영아의 주도를 따르는 성인은 영아가 인지적 자원을 사용하여 언어 및 지각 정보를 손쉽게 처리하도록 허용한다(Akhtar, Dunham, & Dunham, 1991; Dunham, Dunham, & Curwin, 1993). 4장 참조. 사회적 상호작용 및 의사소통 발달에 어려움이 있는 자폐스펙트럼장애 아동의 경우, 16세까지의 언어 성취는 양육자가 자신의 행동을 자녀의 관심과 활동에 초점을 맞추기 위해 노력하는 정도와 관련이 있다(Siller & Sigman, 2002, 2008).

자폐스펙트럼장애(autism spectrum disorder: ASD): 사회성 및 의사소통 능력 결핍, 관심 결여, 반복 행동으로 특징지어지는 발달장애.

다운증후군(Down syndrome): 21번 염색체의 전부 또는 일부의 문제로 발생하는 발달장애. 다운증후군은 신체 성장 및 얼굴 특징의 이상, 지적장애와 관련이 있음.

3.1.3 의도 이해

성인과 영아가 동일한 사물을 보고 있더라도 성인의 말소리나 제스처가 그 사물과 어떤 관련이 있는지에 대해 영아가 잘 모를 수 있다. 참조적 의사소통 행동을 이해하기 위해 영아는 사물과 관련된 정보를 제공하는 성인의 의도를 파악해야 한다(Sperber & Wilson, 2004). 모든 의사소통 신호가 의도에 대한 이해를 요구하지는 않는다. 예를 들어, 다른 사람의 얼굴 표정 및 목소리에 담긴 정서는 의도를 모르더라도 정서 상태에 관한 정보를 단순히 드러냄으로써 사회적 신호로 작용한다. 이와 대조적으로, 참조물은 영아가 주어진 상황에서 의사소통하는 데 관련된 것이 무엇인지 알아내도록 요구한다. 예를 들어, 가리키기 제스처는 의미를 유추할 수 있는 맥락에서만 이해 가능한 매우 모호한 의사소통 행동이다. 가리키기 제스처를 이해하려면 무언가를 가리키고 있는 이유를 이해해야 한다. 아동이 방에 들어왔을 때 어머니가 탁자 위의 컵을 가리킨다면, 이는 여러 가지 의미로 해석된다. "네가 마실 우유를 부어 줄게." 또는 "내가 컵을 싱크대에 넣도록 컵을 가져다줄 수 있니?" 그러나 아동이 이전에 음료를 요청했다면 그 제스처는 음료를 지시한다고 해석된다. 생후 14개월경 영아는 공유 경험과 상식을 이용하여 가리키기와 같은 모호한 의사소통 신호를 해석한다. 예를 들어, 14개월 영아가 성인과 함께 장난감을 정리하고 있을 때 성인이 장난감 하나를 가리키고 영아가 그 장난감을 정리한다면, 이는 놀이에 대한 공유 경험을 보여 준다. 그러나 정리 놀이에 참여하지 않은 다른 성인이 동일한 장난감을 가리키면 영아가 그 장난감을 정리할 가능성은 훨씬 낮다(Liebal, Behne, Carpenter, & Tomasello, 2009). 이는 14개월 영아가 대화 상대방과 공유한 지식을 고려하여 가리키기 제스처를 해석할 수 있음을 보여 준다.

다른 사람의 의도를 파악하는 능력의 일부 측면은 이보다 더 일찍 출현한다. 한 연구에 따르면, 생후 6개월 영아는 아니지만, 생후 9개월 영아는 원하는 사물을 받지 못한 원인이 성인이 사물을 건네주고자 하지 않았기 때문인지, 아니면 그럴 수 없었기 때문인지를 구별하였다(Behne, Carpenter, Call, & Tomasello, 2005). 영아가 원하는 사물을 성인이 건네주지 않은 이유가 건네주려고 하지 않았기 때문이기보다는 건네줄 수 없었기 때문일 때, 예를 들어 사물을 실수로 떨어뜨렸거나 성인의 주의가 산만해졌을 때 불만을 덜 표출하였다. 게다가 생후 9개월 영아는 다른 사람이 의도적으로 자신의 행동을 모방하는지를 인식하기 시작한다(Agnetta & Rochat, 2004). 의도된 행동을 추론하는 능력은 생후 18개월이 되면 완전하게 발달한다. 18개월 영아는 성인이 낯선 행동을 시도했으나 그 행동을 완성하지 못했을 때 조작할 사물을 주면 그 행동을 직접 완성하였다. 이는 영아가 성인의 의도를 이해하고 있음을 보여 주는 명백한 증거이다(Meltzoff, 1995).

지금까지 논의된 증거는 시선 추적, 사회적 참조, 의사소통 의도 파악과 같은 중요한 사회인지 능력이 모두 나타나는 시기가 생후 9~10개월경임을 시사한다. 이러한 능력은 아동이 자신의 첫 번째 참조적 의사소통 행동을 산출하는 계기를 마련해 준다. 뒤이어 생후 12개월경에 영아가 첫 단어를 산출하는 것은 놀라운 일이 아니다.

3.1.4 모방 학습

1장에서는 신생아가 얼굴 표정(Meltzoff & Moore, 1977)과 말소리(Chen, Striano, & Rakoczy, 2004)를 모방할 수 있다는 연구 결과를 요약해서 살펴보았다. 이러한 모방 능력을 바탕으로 많은 영아와 양육자는 생애 첫 달 동안 서로의 목소리를 적극적으로 모방한다. 이러한 목소리 모방 게임을 통해 정서적 라포, 사회적 협력 및 상호 주관성이 통합된다. 동시에 어머니는 영아의 복잡한 발성을 선택적으로 모방하는 경향이 있다. 어머니는 주변 언어의 말소리를 정확한 발음으로 모방하고, 영아에게 다음 말소리에 적절한 음성 템플릿을 제공한다(Papoušek & Papoušek, 1989). 영아가 이러한 템플릿과 일치하는 것처럼 행동하고, 언어 발달에서 목소리 모방의 중요성을 인정하는 경우, 어머니는 영아에게 가장 먼저 모방 능력을 가르친다. 실제로 영아의 모음 말소리 모방 능력은 이후 다른 말소리를 습득하기 위한 기초가 된다(Kuhl & Meltzoff, 1996).

물론 모방은 말소리 양식에만 국한된 것은 아니다. [그림 3-3] 참조. 영아는 다른 사람의 제스처와 행동을 점점 더 많이 모방한다(양육자 제스처의 고유한 특징에 대한

그림 3-3 나이 어린 영아는 다른 사람의 발성, 얼굴 표정, 제스처를 쉽게 모방한다.

출처: © Kletr. Shutterstock의 라이센스 사용 허락.

설명은 6장 참조). 생애 첫해 동안 영아는 의도적이고 목표 지향적 행위자인 다른 사람을 이해하고, 세상의 사물과 사건에 대해 학습하기 위해 다른 사람의 행동을 모방하기 시작한다(Užgiris, 1981). 생애 첫해가 끝날 무렵 영아는 성인이 의도한 행동이라면 아주 어리석은 행동도 모방한다(Schwier, van Maanen, Carpenter, & Tomasello, 2006). 이와 동시에 1세 영아는 목표 달성의 수단을 충실히 모방하기보다는 목표 행동을 달성하는 데 집중한다(Nielsen, 2006). 이는 생애 첫해 말에 영아가 특정 행동을 요구하는 환경 제약과 특정 행동을 선택하도록 유도하는 행위자의 내적 동기를 잘 이해하게 되었음을 시사한다.

생후 2년 동안 영아의 모방 능력은 점점 더 정확해진다. 생후 12개월 때와는 달리 생후 18개월에는 단지 목표 행동을 모방하는 대신, 성인이 모델을 제공한 모든 행동 요소를 모방하는 경향이 있다(Nielsen, 2006). 3세 이후에 아동은 과잉 모방으로 불리는 행동을 보이는데, 이는 병뚜껑을 돌려서 열기 전에 병을 두드리는 것과 같이, 목표 달성과는 전혀 무관한 행동 요소까지도 모방하려는 경향을 말한다(Lyons, Young, & Keil, 2007). 침팬지는 과잉 모방을 하지 않으므로 이는 인간의 고유 행동으로 보인다(Horner & Whiten, 2005). 아동의 과잉 모방 이유는 몇 가지 측면에서 설명된다. 과잉 모방은 목표 달성을 위해 성인이 수행한 모든 행동을 부호화하려는 아동의 경향을 반영한다. 이 전략은 사물의 작용을 학습하기에는 유용하지만, 무관한 행동의 경우 잘못된 가정을 초래할 수 있다(Lyons et al., 2007). 그러나 행동의 인과성이 명백한 상황에서 나타나는 아동의 과잉 모방은 관례적인 규범 학습의 징후일 가능성이 높다(Kenward, Karlsson, & Persson, 2011). 따라서 아동이 다른 사람을 의도를 가진 행위자로 인식하고, 불필요해 보이지만 수행할 이유가 있는 행동이라고 가정하기 때문에 과잉 모방이 발생한다고 설명한다. 실제로 생후 18개월 영아는 그 행동의 결과를 이미 알고 있을 때 모델 특유의 행동 양식을 과잉 모방할 가능성이 더 컸다. 이미 결과를 알면 보다 사회적으로 적절한 행동 양식이 만들어진다(Southgate, Chevallier, & Csibra, 2009). 과잉 모방은 아동뿐만 아니라 성인도 사회적 규범과 관습을 습득하도록 사회 학습을 촉진한다(McGuigan, Makinson, & Whiten, 2011). 과잉 모방의 이러한 측면이 바로 언어 학습에서 중요한 역할을 담당한다. 언어란 사회적 관습에 의해 의미와 연결된 임의 표시 체계이다(새로운 언어 관습 체계가 어떻게 출현하는지에 대한 자세한 설명은 11장

> 과잉 모방(over-imitation): 목표 행동과 관련이 없는 소모적이거나 불필요한 세부 사항을 포함한 모범적인 행동의 충실한 재생산.

참조). 아동은 성인의 행동을 의심 없이 모방함으로써 공동체의 언어를 포함한 모든 종류의 문화적 관습을 습득한다.

3.2 영아는 세상에 대해 무엇을 학습하는가

언어의 기본 속성에 근거해 볼 때 대부분의 사례 단어는 개별 사물 또는 실체를 명명하는 것이 아니라, 사물의 범주(예: 개념)를 지시한다. 컵은 색깔, 재질, 크기와 관계없이 컵 그 자체를 나타낸다. 특정 사람이나 장소를 지시하는 고유명사조차도 시공간을 초월하여 이러한 개체를 가리킨다(그림이나 사진에서처럼 개체의 다양한 표상을 포함함). 4장에서는 영아가 모국어의 단어를 학습하는 궤적을 도표화하고, 8장에서는 특정 언어를 배우는 것이 어떻게 개념적 표상을 형성하는지 살펴본다. 이 절에서는 영아가 단어 학습을 시작할 때 필요한 개념 지식에 대해 간단히 설명한다. 참조 행동을 시작하는 시점에서 영아는 세상에 대해 무엇을 알고 있는가?

3.2.1 사물에 대한 지식

장난감을 가지고 노는 공동 참여 에피소드에서 영아와 양육자는 지금-여기 존재하는 다양한 사물에 접근한다. 공이 실제로 눈앞에 있는 상황에서 "Give me the ball."이라고 양육자가 말하면, 아동은 단지 어느 장난감을 넘겨 줘야 할지만 결정하면 된다. 그러나 어머니가 "Where is your teddy bear?" 또는 "Shall we take a bath?"라고 질문할 때처럼 대부분의 대화는 눈앞에 존재하지 않는 사물이나 활동을 지시한다. 이 경우에는 발화를 사물(teddy bear) 또는 사건(taking a bath)의 내적 표상과 연결해야 한다. 이러한 연결을 위해서는 영아가 사물과 활동의 개념적 표상을 기억에 저장해야 한다. 언어 이전 시기의 영아는 세상을 개념적으로 표상하는가?

영아의 행동 모방 능력을 이용한 일련의 연구를 통해 이 질문에 대답할 수 있다. 하나의 연구 방법은 지연 모방을 사용하는 것이다. 성인의 행동을 관찰하고 난 이후에 그 행동을 모방할 기회가 영아에게 제공된다. 시간이 지난 후에 영아가 그 행동을 모방하려면, 사건에 대한 표상을 기억 속에 보유하고 있어야 한다. 영아는 행동을 연습할 기회가 없으므로 영아가 지연 모방을 위해 의존하는 표상은 서술 기억, 즉 의식적으로 불러올 수 있는 세상에 대한 다양한 사실과 지식을 담고 있는 기억 체계에 저장해야 한다. 지연 모방에 관한 연구에 따르면, 생후 9개월 영아는 상자에 숨겨진 버튼을 눌러 소리를 내는 것과 같은 간단한 행동을 24시간이 지난 이후에 모방하였다(Meltzoff, 1988a). 생후 14개월 영아는 일주일이 지난 이후에도 모방할 수 있었고(Meltzoff, 1988b), 심지어 그 행동이 일상생활에서는 발생하지 않는 행동이더라도 모방할 수 있었다.

지연 모방(deferred imitation): 단서 없이 다른 사람의 행동을 모방하는 것. 아동이 모방할 행동의 관찰과 아동이 그 행동을 모방하는 것 사이에는 시간의 흐름이 필요함.

서술 기억(declarative memo-ry): 두 가지 유형의 장기 기억(하나는 절차 기억) 중 하나. 의식적으로 회상할 수 있는 사실과 지식에 대한 기억으로 구성됨.

또 다른 연구 방법은 언어 이전 시기 영아의 개념적 표상을 연구하기 위해 사용되는 일반화된 모방이다. 이 방법에서는 특정 사물을 사용하여 하나의 행동을 설명한다. 예를 들어, 장난감 강아지에게 작은 컵으로 음료를 제공한다. 그런 다음 영아가 그 행동을 모방하여 새로운 대상에게 수행하도록 한다. 예를 들어, 작은 컵과 함께 2개의 다른 장난감인 새와 비행기를 영아에게 제공한다. 영아는 그 컵으로 새에게 음료를 주려고 시도하는가? 비행기에도 음료를 줄 것인가? 일반화된 모방 기술은 영아가 다른 실체의 특징을 개념적으로 이해하도록 도와준다. 동물은 물을 마시지만 탈것은 그렇지 않다는 사실을 영아는 알고 있는가? 영아는 물 마시기 행동을 모방하는가? 영아가 비행기보다는 새에게 물 마시기 행동을 더 자주 모방한다면, 이는 영아가 동물과 탈것의 개념적 특징의 차이를 구별한다는 사실을 보여 준다(Mandler & McDonough, 1998). 실제로 생후 14개월경 영아는 자동차나 가구는 아니지만, 다른 동물에게는 컵으로 물 마시기 행동을 일반화한다. 이와 마찬가지로 영아는 동물에게는 아니지만, 다른 탈것에는 열쇠로 시동 걸기와 같은 행동을 일반화한다.

일반화된 모방(generalised imitation): 일련의 새로운 사물을 사용하여 모델링한 행동을 모방하는 능력.

마지막 연구 방법은 사물을 조작하는 방법을 관찰하여 영아의 개념 이해 능력을 연구하는 것이다. 하나의 범주에 속하는 여러 장난감(예: 작은 플라스틱 동물)을 가지고 노는 영아에게 다른 범주(예: 탈것)에 속하는 장난감을 제공하면, 생후 7개월 영아는 탈것을 더 오래 쳐다보고 만져 보는데, 이는 영아가 동물과 탈것을 구별하고 있음을 보여 준다. 영아가 지각적 특징에 기초하여 동물과 탈것을 구별할 가능성은 거의 없다. 생후 9개월 영아는 지각적으로 유사한 새와 비행기는 구별하지만, 지각적으로 뚜렷한 차이를 보이는 개와 물고기는 구별하지 못한다(Mandler, 2004). 즉, 생후 3개월부터 이러한 지각적 차이를 구별할 수 있음에도 불구하고(Quinn & Eimas, 1996; Quinn, Eimas, & Rosenkrantz, 1993; Quinn, Eimas, & Tarr, 2001), 이 시기 영아는 아직 개, 고양이, 새와 같은 기본 수준의 동물 범주를 개념적으로 구분하지 못한다(Mandler & McDonough, 1993).

3.2.2 행동과 사건에 대한 지식

영아는 출생 시부터 목욕, 낮잠, 옷 입기, 우유 마시기 등의 일상적 활동에 참여한다. 이러한 활동에는 예측 가능한 스크립트와 유사한 구조가 있으며, 이를 토대로 영아는 자신의 삶에 대한 초기 기억을 형성한다(Nelson, 1986; Nelson & Gruendel, 1986). 비록 언어 이전 시기 영아는 아직 경험한 사건의 구체적인 내용을 기억할 수 없지만(자서전적 기억의 출현에 대한 논의는 8장 참조), 반복되는 사건의 도식적 표상은 사람들이 무엇을 하고 있는지를 이해하고(자신의 목표를 추론하기 위해), 미래의 행동을 예상하도록 돕는다(Bauer, 2006; Nelson, 2007).

자서전적 기억(autobiographical memory): 개인적으로 경험한 사건에 대한 기억의 조합.

앞서 살펴본 바와 같이, 생후 18개월 영아는 목표를 기준으로 사람의 행동을 표상하는 경향이 있다. 심지어 모델이 목표를 달성하지 못했더라도 영아는 그 목표 행동을 모방한다(Meltzoff, 1995). 목표가 영아 표상의 중요한 측면이 되는 시기는 언제인가? 생후 12개월 영아는 행동의 근원이 아니라 목표를 먼저 표상하는 경향이 있다. 예를 들어, 오리가 그릇에서 나와서 블록으로 움직이는 것을 처음 보았을 때, 영아는 새로운 위치에서 같은 목표로 움직이는 오리보다 같은 위치에서 새로운 목표를 향해 움직이는 오리를 더 오래 쳐다보았다(Lakusta, Wagner, O'Hearn, & Landau, 2007). 이는 영아가 위치보다 목표 행동을 더 두드러지게 인식함을 보여 준다. 이러한 목표 편향은 자체 추진 무생물에서도 관찰된다(Luo & Baillargeon, 2005). 또한 생후 12개월 영아는 목표를 향한 실체의 움직임 방식과 같이 행동 사이에 현저한 차이가 있어도 언제 그 행동들이 비슷한 목표를 갖는지 알고 있다(Olofson & Baldwin, 2011). 이는 영아가 의도의 시작 및 끝에 경계를 부과함으로써 연속적인 행동을 분석한다는 사실을 시사한다(Baldwin, Baird, Saylor, & Clark, 2001). 이러한 편향은 목표 달성 후 중단된 사건과 비교하여 목표 달성 중 중단된 사건을 영아가 더 오래 보도록 유도한다.

따라서 1세 영아는 개체 범주(예: 동물, 식물, 탈것, 가구)에 대한 개념 지식을 가지고 있고, 기본 행동의 구성 요소(예: 출처 및 목표)를 구별하는 것으로 보인다. 이러한 개념 지식은 인지 발달의 고전 이론에서 제안한 것보다 훨씬 더 이른 시기에 명백하게 나타난다(Piaget, 1952). 일부 학자는 이러한 기본 개념 표상 능력이 사물과 행동을 나타내는 선천적 핵심 체계의 일부라는 이론을 제시하였다. 이러한 핵심 체계가 인간의 보편적 인지 능력이라고도 볼 수 있지만, 인간 이외의 영장류 및 다른 동물에게도 존재할 수 있다(Spelke & Kinzler, 2007). 다른 연구자들은 실험 상황에서 나타난 영아의 개념 일반화가 다양한 범주 예시의 지각적 특징에 대한 통계 학습으로 설명된다고 주장하였다(Mareschal & Quinn, 2001). 영아기 인지 발달이 개념 표상을 위한 지각 정보의 재기술을 포함하는지에 관한 논쟁(Karmiloff-Smith, 1992) 또는 언어가 배제된 범주 학습이 지각적 유사성 정보의 점진적 강화를 유도하는지에 관한 논쟁(Sloutsky, 2003)은 여전히 진행 중이다.

초기 범주 형성의 기본 기제에 관한 질문을 제외하고, 단어 학습에서 이러한 포괄적 특징이 유용한지에 대한 의문이 존재한다. 양육자는 animal이나 vehicle과 같은 단어를 거의 사용하지 않는다. 대신 기본 수준의 사물 명칭을 지칭하기 위해 cat, dog, car, truck 같은 단어를 사용하는 경향이 있다. 실제로, 영아가 개념과 단어를 성공적으로 매핑하려면 다양한 추상화 수준에서 사용 가능한 범주를 알고 있어야 한다. Mandler(2004)는 영아가 다양한 탈것(예: 지상에서의 탈것과 공중에서의 탈것)은 생후 20개월에, 동물은 생후 24개월에 개념적으로 구별할 수 있다고 제시하였다. 그러나 4장에서 볼 수 있듯이, 아동은 생후 24개월 이전에 기본 수준 범주(예: dog, cat, car, truck)의 명칭을 습득한다. 이는 풍부한 개념 지식이 단어 학습의 성공에 필수적인 요소는 아니며, 단어와 세상 매핑은 지각 범주만으로도 충분하다는 사실을 보여 준다. 따라서 초기의 개념 표상에 의해 언어 학습의 단계가 설정되지만, 언어에 대한 노출은 이후 개념 표상의 발달을 촉진한다 (8장 참조).

단어와 세상 매핑(word-to-world mapping): 단어를 세상의 참조 대상과 연결하는 과정.

3.3 언어 발달에서 제스처의 역할은 무엇인가

구어 발달은 비언어적 의사소통을 동반하고 이를 통해 보완된다. 이 절에서는 얼굴 표정과 제스처를 통한 의사소통이 말소리와 함께 발달하는 방법, 그리고 의사소통과 의미의 본질을 이해하기 위한 기초를 제공하는 상호작용을 촉진하는 방법에 대해 살펴본다.

제스처는 구어보다 먼저 나타나고 구어에 수반되므로 의도적 의사소통의 시작에 중요한 역할을 담당한다. 생후 첫 2년 동안 영아는 다른 사람과 의사소통하기 위해 손이나 전신 제스처를 다양하게 산출하는 방법을 학습한다(Blake, Vitale, Osborne, & Olshansky, 2005). 어떤 제스처는 정서 표현 제스처(예: 손뼉 치기, 점프하기, 위아래로 튕기기)이고, 다른 제스처는 항의 또는 거부(예: 손을 사용하여 물건 밀기, 머리 좌우로 흔들기), 도움 요청(예: 손이 닿지 않는 사물 가리키기, 열거나 고쳐 달라고 누군가에게 물건 건네주기), 세상의 상태 언급(예: 책의 그림 가리키기, 다른 사람이 보도록 사물 잡기)에 사용된다. 상징 제스처는 특정한 의미를 전달하는 제스처(예: 조용히 하라는 의미에서 입술에 손가락 대기)이고, 강조 제스처는 특정 단어나 아이디어가 의미하는 바를 강조하거나(예: 요점을 말하면서 주먹 움켜쥐기), 불확실성을 표현하는 데(예: 어깨를 움츠림) 사용된다.

> 정서 표현 제스처(emotive gestures): 위아래로 점프하거나 발을 동동 구르는 것과 같이 정서를 표현하는 손과 몸의 움직임.

> 상징 제스처(symbolic gestures): 특정 의미와 관련된 의사소통적 손짓과 몸의 움직임. 상징적·관습적, 그리고 지시적 제스처를 포함함.

> 강조 제스처(emphatic gestures): 화자의 메시지를 방해하는 손짓과 몸의 움직임(즉, 요점을 강조하기 위해 사용).

3.3.1 제스처 발달

영아기에 처음으로 나타나는 제스처 중 하나는 가리키기이다([그림 3-4] 참조). 생후 3개월의 어린 영아조차도 다른 손가락을 구부린 채 검지손가락을 펼친다(Fogel & Hannan, 1985; Hannan & Fogel, 1987). 이러한 초기 '가리키기'는 비사회적 지향 행동, 즉 관심 있는 대상을 만지는 것과 유사하다(Carpendale & Carpendale, 2010). 생후 8~11개월 영아는 다른 사람에게 보여 주기 위해 흥미로운 사물을 참조하거나 선택하려는 목적으로 가리키기를 사용하기 시작한다. 이러한 상황에서 영아는 의사소통 상대방과 적극적으로 공동 주의를 구축하고, 상대방이 관심 대상을 인지하고 있는지를 확인하듯이 상대방을 가리키면서 번갈아 쳐다본다. 다른 제스처와 마찬가지로 관습적 가리키기 형식은 문화에 따라 상당히 다르다. 일부 사회에서는 입술을 가리키고(Enfield, 2001; Sherzer, 1972), 다른 사회에서는 검지손가락 가리키기 외에 다른 손 모양을 사용한다는 점에 주목해야 한다(Kita, 2003). 공동체의 언어 관습을 따르는 법을 배우는 것처럼, 아동은 문화적으로 적절한 방법으로 제스처를 사용하는 법도 배운다.

그림 3-4 다양한 손 모양을 사용하는 가리키기는 영아기에 처음 나타나는 제스처 중 하나이다.
출처: © Sergiy Bykhunenko. Shutterstock의 라이센스 사용 허락.

영아는 자신의 관심사를 다른 사람에게 전달할 뿐만 아니라 도움을 요청하고, 손이 닿지 않는 물건을 요청하며, 다른 사람이 목표를 달성하도록 돕거나 알린다(예: 장난감이나 식료품을 버릴 때 물건이 버려지는 방향 가리키기; Tomasello, Carpenter, & Liszkowski, 2007). 영아는 가리키기 행동(예: 혼자서 가리키기)을 영아기 동안 사회적으로뿐만 아니라 비사회적으로 계속 사용한다. 영아가 다른 사람과 의사소통하면서 소리를 내는 것은 중요하다(Franco & Butterworth, 1996; Locke, 2007). 즉, 첫 단어 산출 이전에 영아는 의사소통 제스처와 행동에 끙끙거리기와 같은 소리를 함께 사용한다(McCune, Vihman, Roug-Hillichius, Delery, & Gogate, 1996). 이러한 발성은 손이 닿지 않는 물건을 가리킬 때 주의 집중과 다급함을 요청하는 영아의 정서 상태를 드러내고, 양육자가 영아의 의도를 파악하는 데 도움을 준다.

생후 8개월경부터 영아는 양육자의 특정 반응을 유도하는 다양한 제스처를 사용한다. 영아는 자신을 올려 달라는 요청으로 '머리 위로 팔(arms-over-head)' 제스처를 사용하거나, 사물을 요청하기 위해 팔을 뻗어서 가리킬 수 있다. 이러한 초기 제스처 중 다수는 관례화 과정을 통해 학습되며(Lock, 1978; Tomasello, 1999), 행동 순서의 일부는 목표 반응을 유도한다. 예를 들어, 올려 주기를 원하는 영아는 양육자의 몸 위로 올라가려고 시도한다. 양육자가 영아의 의도를 인식하면 영아가 기어오르려 하기 전에도 영아의 목표를 예상할 수 있다. 이와 유사하게, 영아는 손이 닿지 않는 사물을 요청하기 위해 가리키기를 학습한다. 영아는 투덜거리면서 손을 뻗어 앞으로 기대고, 양육자는 원하는 사물을

관례화(ritualisation): 행동 순서의 축약으로 특정 반응을 유발하는 학습 기제. 예를 들어, 영아는 팔을 뻗는 제스처를 이용하여 손이 닿지 않는 사물을 요청함.

가져와서 반응한다. 시간이 지남에 따라 행동 순서가 점점 축약되어 머리 위로 팔 올리기 제스처 또는 명령적 가리키기 제스처가 생성된다. 한 사람의 행동이 상대방의 행동을 유도하는 반복적인 사회적 상호작용을 통해 관례적 제스처가 나타난다. 관례화는 영아가 동일한 제스처를 사용하는 다른 사람을 관찰하거나 그들의 행동을 모방하도록 요구하지는 않는다(성인이 영아에게 머리 위로 팔 올리기 제스처를 하는 것은 매우 이상할 것이다!). 결과적으로, 영아는 관례적 제스처를 사용하지만, 다른 사람이 사용하는 이러한 제스처를 이해하지 못할 수 있다(Franco & Butterworth, 1996).

아이콘 제스처(iconic gestures): 지시물과 신체적으로 유사한 손과 몸의 움직임.

관습적 제스처(conventional gestures): 특정 의미를 전달하는 데 이용되는 문화 특정적 손과 몸의 움직임(예: 서유럽에서는 머리를 끄덕이면 '예', 머리를 흔들면 '아니요'인데, 그리스, 터키, 불가리아에서는 그런 의미가 아님).

지시적 제스처(deictic gestures): 사용 환경에 따라 의미가 다양하므로 맥락 내에서만 해석될 수 있는 가리키기와 같은 손과 몸의 움직임.

인식 제스처(recognitory gestures): 명칭 제스처, 제스처 명명 또는 제스처 이름이라고도 불림. 빈 컵을 입술에 가져다 대거나 숟가락을 사용하여 먹는 시늉을 하는 것과 같이 사물에 대한 사실적인 놀이 행동.

역할 역전 모방(role-reversal imitation): 영아가 양육자의 역할을 흉내 내는 모방 행위. 예를 들어, 엄마가 아들에게 보이는 행동(예: 자신의 코를 만지고 난 다음 아이가 어머니에게 동일한 행동을 다시 수행함).

영아가 배우는 상징 제스처 중 일부는 아이콘 제스처이며, 제스처가 표상하는 것과 신체적으로 유사한 동작이다(예: '잠자기'를 나타내는 제스처로 눈을 감고 자신의 얼굴 옆에 손을 가져다 대고, '새'를 나타내는 제스처로 자신의 팔을 펄럭인다). 다른 제스처는 관습적 제스처이다(예: '예'는 머리를 끄덕이고, '아니요'는 머리를 흔든다). 영아는 인사와 같은 사회적 일과로 제스처를 사용하고(예: 작별 인사하기, 머리 숙이기, 하이파이브하기, 손뼉 치기), 현재 상황의 특정 참조물을 선택하기 위해 가리키기, 보여 주기, 제공하기와 같은 지시적 제스처를 이용한다. 생후 12개월경부터 영아는 인식 제스처(명칭 제스처 또는 제스처 명명)를 생성하여 특정 사물과 관련된 간단한 동작을 산출한다(예: '전화'에 대한 제스처로 귀 옆에 주먹 대기, '음료'에 대한 제스처로 빈 컵을 입술에 대기; Bates & Dick, 2002). 걸음마기 아동은 사물의 명칭인 단어와 양육자의 제스처를 통해 해당 제스처를 알게 된다(Namy, Acredolo, & Goodwyn, 2000). 음식이 뜨겁다는 것을 나타내기 위해 부모가 뜨거운 음식을 불고 손을 흔드는 것과 같은 제스처를 보여 줄 때, 그러한 제스처는 아동의 해석을 지원한다. 아동은 역할 역전 모방의 과정을 통해 인식 제스처를 이용한다(Tomasello, 1999). 양육자의 제스처를 관찰하고 주의 집중과 의사소통 목표에 대한 초점을 파악함으로써 영아는 미래 상황에서 유사한 목적으로 동일한 제스처를 사용하는 법을 알게 되고, 시간이 지남에 따라 이를 새로운 상황에도 적절하게 확장한다. 걸음마기 아동의 인식 제스처는 시간이 지남에 따라 추상적으로 변화한다. 초기에는 관련 사물을 손에 든 상태에서 이러한 제스처를 이용한다(예: '음료'를 나타내기 위해 컵에 입술을 댄다). 곧이어 손에 관련 사물을 들지 않은 제스처가 나타나서 아동이 사물을 대신해 자신의 손을 사용하고(예: 컵처럼 손을 잡는다), 그 이후에 가상의 사물을 통합하는 제스처가 나타난다(예: 마치 가상의 컵 손잡이를 잡고 있는 것처럼 자신의 손을 잡는다)(Boyatzis & Watson, 1993).

3.3.2 제스처와 말소리의 관계

영아기부터 성인기까지 말소리와 제스처는 통합적 의사소통 체계를 형성한다(Bates & Dick, 2002; Iverson & Thelen, 1999; Kendon, 2004; McNeill, 1992). 화자는 자신의 목소리, 시선, 표정, 손 및 신체 자세를 모두 사용하여 의사소통하며, 각 양식은 서로 보완적 정보를 제공한다. 신경학 연구에 따르면, 손과 입의 협응에는 동일한 운동 통제 체계가 관련되어 있다(Gentilucci & Dalla Volta, 2008). 이와 유사하게, 행동학 연구는 말소리 발달에서 손으로 하는 활동의 역할을 확실하게 보여 준다(Iverson, 2010). 어린 영아는 격렬한 팔다리 운동을 하는 동안 발성의 양이 증가하며, 소리를 내면서 손으로 사물을 탐색할 때 발성의 질에 차이가 나타난다(Bernardis, Bello, Pettenati, Stefanini, & Gentilucci, 2008; Fagan & Iverson, 2007). 영아가 dada 또는 ata처럼 음절과 유사한 자음-모음 순서를 생성하기 시작하는 6~9개월 사이에(예: 옹알이; 2장 참조), 리듬감 있는 손과 팔의 움직임뿐만 아니라 소리를 내는 손 흔들기도 증가한다(Ejiri, 1998; Iverson, Hall, Nickel, & Wosniak, 2007). 신체 움직임을 동반한 영아의 발성은 신체 움직임을 동반하지 않은 발성보다 음향 특징(예: '음절' 길이) 측면에서 말소리와 더 유사하다(Ejiri & Masataka, 2001). 리듬감 있는 팔다리 움직임이 끝나는 시기가 영아기 발성의 시작과 일치하므로, Iverson과 Fagan(2004)은 손과 팔 움직임의 주기성이 말소리와 제스처의 리듬감 및 시간적 패턴을 동기화하여 발성을 유발한다고 제안하였다. 손 흔들기가 끝날 때마다 영아는 리듬감 있게 타이밍을 맞춘 행동을 만들어 내는 연습을 한다. 그들은 스스로 움직이고, 그 결과 산출되는 소리를 듣고 느낀다. Iverson(2010)은 감각과 운동 정보(즉, 자신의 행동 및 그 효과)의 협응 경험이 이후 영아가 자신의 목소리를 듣는 것에 대한 반응으로 나타나서 조음 움직임의 모니터링과 조정을 돕는 지각-행동 피드백 루프를 생성한다고 제안하였다.

3.3.3 언어 발달 촉진자로서의 제스처

제스처는 아동의 말소리와 아동-대상 발화(child-directed speech: CDS) 모두에서 발성에 수반되는 반주처럼 사용된다. 양육자는 사물 명명하기와 동시에 그림책의 사물 가리키기나 추적하기처럼 사물을 조작하거나 지시적 제스처를 사용한다. 이러한 경험은 아동이 상징적 참조를 이해하는 데 있어서 중요한 역할을 담당한다. 실제로 사물에 대한 관심을 공유하기 위한 가리키기의 시작은 영아가 사물의 명칭을 처음으로 이해하는 연령과 상관관계가 높은 것으로 나타났다(Harris, Barlow-Brown, & Chasin, 1995).

상징적 참조(symbolic reference): 단어와 제스처가 사물을 지시하는 데 사용되는 개념(세상의 무언가를 가리키는 것).

인식 제스처(예: 빈 컵을 입술에 가져다 대기)와 그 지시물(음료) 사이의 높은 상징성은 상징과 그 상징이 지시하는 바가 명백히 관련 있는 상황에서 영아가 지시의 개념을 이해하는 데 도움이 된다. 제스처와 발성이 세상의 사물을 선택한다는 사실을 이해하면 아동은 단어와 그 의미 사이의 임의적 연결을 습득하게 된다(Werner & Kaplan, 1963). 걸음마기 아동은 사물의 명칭을 처음으로 학습하는 시기에 인식 제스처를 산출하며, 단어 학습의 초기 단계에서 사물을 명명하기 위해 제스처와 단어를 상호 교환적으로 사용한다(Iverson, Capirci, & Caselli, 1994). 사물의 명칭에 대한 인식 제스처를 더 많이 산출하는 아동은 더 적게 산출하는 아동보다 어휘 목록이 더 길다(Acredolo & Goodwyn, 1988). 게다가 그러한 제스처를 통해 표현되는 개념은 아동의 산출 어휘 목록에 바로 포함된다(Iverson & Goldin-Meadow, 2005). 당연히 걸음마기 아동의 어휘 목록이 증가하면 인식 제스처는 대화에서 더 이상 사용되지 않는다. 그럼에도 불구하고, 이러한 제스처는 정교한 순서로 진행되는 가상 놀이의 기초를 형성하며, 걸음마기 아동은 가상 놀이를 지원하기 위해 제스처를 조합하여 사용한다([그림 3-5] 참조). 24개월의 걸음마기 아동이 가상 놀이에 참여하는 능력(예: 특징 없는 블록을 소품으로 사용하기)은 36개월 시기의 언어 이해력을 예측하였다(O'Reilly, Painter, & Bornstein, 1997). 마찬가지로, 24개월의 걸음마기 아동이 성인의 인식 제스처를 이해하는 능력은 1년 후 이들의 언어 이해력을 예측하였다. 좀 더 어린 걸음마기 아동을 대상으로 한 다른 연구에서도 뛰어난 가상 놀이 기술과 더 긴 어휘 목록이 서로 관련되어 있음이 밝혀졌다(Bates, Bretherton, Snyder, Shore, & Volterra, 1980;

가상 놀이(pretend play): 가상 행위에서 아동은 사물 또는 사람(또는 가상의 사물 또는 사람)이 다른 사물 또는 사람의 특성, 역할을 취하는 가상의 시나리오를 생성함.

Lyytinen, Laakso, Poikkeus, & Rita, 1999; McCune-Nicolich, 1981). 이러한 연구 결과는 인식 제스처의 사용과 단어 학습에 필요한 인지적 요구 사항(상징이 사물과 행위를 나타낸다는 사실을 이해하는 능력)이 유사하다는 사실을 보여 준다.

그림 3-5 걸음마기 아동은 가상 놀이에서 종종 실제 사물 대신 장난감을 가지고 상징적인 제스처를 사용한다.
출처: © emin kuliyev. Shutterstock의 라이센스 사용 허락.

영아는 제스처와 단어를 결합하고(예: drink라는 단어를 말하면서 우유팩을 가리킴), 제스처를 조합하기 위해 제스처를 순서화함으로써(예: 우유팩을 가리키고 뒤이어 손을 입에 대고 마시는 제스처) 언어의 조합 가능성을 먼저 파악하는 것으로 보인다. 즉, 제스처 순서와 제스처+단어 조합을 통해 아동은 원하는 대상(예: milk) 및 원하는 활동(예: drink)과 같은 사건의 다른 측면을 표현한다. 이러한 복잡한 의미를 구성 요소에 따라 분리하면 일부 단어는 속성 및 관계를 지시하는 서술어-논항 구조의 기초를 형성하며, 다른 단어는 해당 속성 및 관계를 포함한 실체를 나타낸다. 일부 연구에 따르면, 아동의 제스처+단어 조합 산출은 이후 말소리 조합의 발달을 강력하게 예측하는 것으로 나타났다(Capirci, Iverson, Pizzuto, & Volterra, 1996; Morford & Goldin-Meadow, 1992; Özçalişkan & Goldin-Meadow, 2005, 2009). 특히 제스처+단어 조합에서 서로 다른 의미의 구성 요소를 표현하는(예: 엄마라고 말하면서 모자 가리키기) 걸음마기 아동은 제스처+단어 조합에서 중복 정보만을 표현하는(예: 모자라고 말하면서 모자 가리키기) 아동보다 두 단어 조합(예: Mummy hat)을 더 빨리 산출하는 경향이 있다(Iverson & Goldin-Meadow, 2005; Morford & Goldin-Meadow, 1992). 또한 소유자+목적 또는 행위+목적과 같은 다른 관계적 의미를 확인할 때 각 관계적 의미는 두 단어 조합 표현(예: Mummy hat; eat cookie)에 앞서 제스처+단어 조합 표현(예: 모자 가리키기+Mummy, 쿠키 가리키기+eat)에서 먼저 나타나는 경향이 있다(Özçalişkan & Goldin-Meadow, 2005, 2009).

서술어-논항 구조(predicate-argument structure): 일련의 실체(논항)와 관계 또는 특성(서술어)을 포함하는 발화의 부분적 내용.

아동이 첫 단어를 산출하기 전에 의사소통 제스처를 사용한다는 연구 결과에 근거하여 미국, 영국에서는 자녀의 의사소통 능력을 촉진하는 방법으로 부모가 자녀에게 상징 제스처를 가르치도록 장려하는 육아 운동이 시작되었다. 베이비 사인 프로그램(Acredolo & Goodwyn, 1996)은 부모가 상징 제스처의 보완 체계를 사용하여 영아와 의사소통하는 프로그램이고, 사인 위드 유어 베이비(Sign with Your Baby) 프로그램(Garcia, 1999)은 부모가 영아에게 미국 수어 또는 영국 수어에서 빌려 온 사인을 가르치는 프로그램이다(청각장애인 공동체의 수어에 대한 설명은 11장 참조). 두 프로그램에서 중요한 사실은 영아가 수어(수많은 어휘 목록과 복잡한 문법을 가진 시각/제스처 언어)에 노출되지 않는다는 점이다. 대신 영아는 아직 산출할 수 없는 말을 대신하는 제한된 수의 상징 제스처를 배운다. 이들 프로그램은 부모가 영아의 미성숙한 말소리 산출을 보완하는 방법을 제공한다. 부모가 영아의 말을 이해하지 못하더라도 영아의 상징 제스처를 해석할 수 있다. 이러한 프로그램을 사용하면 일반적으로 베이비 사인 산출이 최고조에 도달했다가, 명료한 말소리 산출을 시작하고 사인 산출을 중단하는 시기인 2세경에 급격히 줄어든다(Pizer, Walters, & Meier, 2007).

베이비 사인 프로그램(baby sign programmes): 언어 이전 시기 영아에게 상징 제스처를 가르치는 것을 옹호하는 육아 운동.

베이비 사인 프로그램의 상업적 목적은 부모-유아 의사소통을 촉진하고 영아가 자신의 표현을 이해받지 못해 좌절하는 것을 줄이는 것이지만, 평생 지속될 애착과 만족감의 유대 관계를 형성하기 위한 수단으로 홍보되어 영아의 언어 이해 기술이 발달하게 되었다(Acredolo와 Goodwyn, 1996의 뒷표지에서 인용). 공식적인 학교교육을 준비하는 차원에서 자녀의 사회성 발달 및 언어 발달을 촉진하고자 많은 부모가 이 프로그램에 관심을 보였다. 이들 부모에게 있어서 중요한 것은 베이비 사인 프로그램의 사용으로 기대되는 이익이 베이비 사인 수업에 참여하는 비용뿐만 아니라 상당한 시간과 노력을 투자할 만한 가치가 있는지이다.

현재까지는 베이비 사인 프로그램이 영아의 의사소통 제스처 사용을 증가시킨다는 증거가 많다(Doherty & Sneddon, 2008). 부모는 일반적으로 영아가 자신의 요구, 욕구 및 생각을 표현하기 위해 사인을 어떻게 사용하는지를 매우 열정적으로 보고한다. 가족으로부터 긍정적인 평가를 받는 것과 달리 이러한 프로그램이 언어 발달에 장기적인 효과를 제공한다는 과학적 증거는 부족하다. 예를 들어, 프로그램 효과 연구 17편을 검토한 결과, 대부분의 연구에서 그 효과가 유의하지 않은 것으로 나타났다(Johnston, Durieux-Smith, & Bloom, 2005). 실제로 Goodwyn과 Acredolo(1993)의 연구에서조차도 상징 제스처에 노출된 영아의 최초 상징 사용 연령에서만 통제 집단과 비교하여 일부 효과(1개월 미만)가 있음을 보고하였다(Goodwyn, Acredolo, & Brown, 2000). 이러한 결과는 Folven과 Bonvillian(1991)의 연구 결과와 일치하는데, 그들은 출생부터 미국 수어에 노출된 아동의 지시적 언어 시작 시기를 조사하였다. 미국 수어에 노출된 영아는 아주 어린 생후 6개월에 첫 사인을 사용하는 경향이 있었으며, 6개월까지 첫 사인은 지시적 표현이 아닌 성인의 사인 사용에 대한 모방, 일상적 상호작용 또는 요청의 일부로 나타났다. 영아의 첫 번째 지시적 사인은 정상 청각 아동이 사물의 명칭을 명명하기 시작하는 시기인 12~13개월과 거의 동시에 나타나는데, 이는 지시의 원리에 대한 개념적 이해가 사인에 대한 노출을 통해 발달하지 않는다는 사실을 보여 준다(11장 참조). 또한 베이비 사인 프로그램에 참여한 3명의 영아를 대상으로 한 사례연구(Pizer et al., 2007)에 따르면, 1명의 영아만이 사물을 명명하는 맥락에서 자신이 알고 있는 대부분의 사인을 사용한 것으로 나타났다. 다른 가정에서는 베이비 사인이 주로 공손함을 장려하는 방법으로 사용되었다. 아동이 please와 thank you라는 단어를 배운 후에도 가족들은 아동이 스스로 단어를 사용하도록 유도하는 방법으로 계속 PLEASE와 THANK YOU 사인을 사용하였다. 베이비 사인 프로그램의 인기는 아마도 아동복지 차원과 더불어 사회화를 돕는 가정환경의 중요성에 대한 현대사회의 견해를 반영한 것으로 볼 수 있다. 많은 부모가 영아의 생각을 알고 싶어 하고, 영아가 가정생활에 적극적으로 참여하기를 원하므로 베이비 사인 프로그램에 관심을 가진다. 이러한 다양한 육아 실제와 경향이 언어 발달과 사회인지 발달의 다른 측면에 어떻게 영향을 미치는지는 후속 연구를 위한 중요한 주제이다. 6장에서 이에 대해 다시 살펴본다.

요약

- 생애 첫해가 끝날 무렵 영아는 양육자와의 상호작용을 통해 외부 세계의 실체에 대한 관심을 공유한다. 이러한 공동 관심 에피소드는 수많은 사회인지적 능력에 의존한다.
  - 참조적 의사소통 발달에 중요한 사회적 신호를 해석하는 영아의 능력은 점점 더 가속화된다.
  - 영아는 다른 사람을 의도적인 행위자로 이해하는 방식을 배운다. 이것은 의사소통 행동을 의미 있는 것으로 해석하기 위한 중요한 전제 조건이다.
  - 이러한 맥락에서 모방은 언어와 관련된 지각 및 운동 기술을 연마하기 위해서뿐만 아니라, 과잉 모방 현상에서 알 수 있듯이 언어가 가진 사회적 관습을 충실히 복사하기 위해서 중요한 학습 기제를 형성한다.
- 영아는 첫 단어를 배우기 전에 animal, goal 같은 일반적인 사물 및 행동 범주에 대한 개념 지식을 가진다. 개념 표상의 점진적인 정교화와 함께 초기 단어 학습이 진행된다.
- 영아는 말을 시작하기 전에 우선 양육자의 주의를 끌기 위해 제스처를 사용하고, 이후에는 참조적 방식으로 제스처를 이용한다. 제스처 사용은 초기 말하기에 수반되며, 이후 언어 발달을 예측하는 요인으로 밝혀졌는데, 이는 제스처가 단어와 같은 참조적 의사소통 능력을 활용하기 때문이다.
- 제스처와 말소리는 상징적 참조를 확립한다는 점에서 유사하므로 이들의 발달은 함께 진행된다. 그러나 베이비 사인 운동이 주장한 바와 같이 말소리 시작 이전에 영아에게 특정한 상징 제스처를 가르치는 것이 언어 발달에 도움이 된다는 명백한 증거는 없다.

더 읽을거리

주요 연구

영아의 모방에 관한 연구

Meltzoff, A. N. (1995). Understanding the intentions of others: Re-enactment of intended acts by 18-month-old children. *Developmental Psychology, 31*, 838-850.

영아의 가리키기에 관한 연구

Tomasello, M., Carpenter, M., & Liszkowski, U. (2007). A new look at infant pointing. *Child Development, 78*, 705-722.

논문

초기 범주 형성에 관한 읽을거리

Sloutsky, V. M. (2003). The role of similarity in the development of categorization. *Trends in Cognitive Sciences, 7*, 246-251.

Mandler, J. M. (2004). Thought before language. *Trends in Cognitive Sciences, 8*, 508-513.

전언어적 범주와 언어의 상호작용에 관한 읽을거리

Clark, E. V. (2004). How language acquisition builds on cognitive development. *Trends in Cognitive Sciences, 8*, 472-478.

저서

모방을 통한 인간의 학습 방법에 관한 읽을거리

Meltzoff, A. N., & Prinz, W. (eds.) (2002). *The imitative mind: Development, evolution and brain bases.* Cambridge: Cambridge University Press.

4 아동은 단어를 어떻게 배우는가

핵심 용어

• 호응 • 옹알이 • 의사소통 의도 • 복합어 • 구문 • 파생 접사 • 파생 형태론 • 지소사 • 담화
• 담화 참신성 • 사건 유발 전위(ERP) • 신속한 매핑 • 빈도 • 위계적 베이지안 모델링 • 관용구
• 귀납적 일반화 • 굴절 접사 • 공동 주의 • 어휘 자동 처리 • 어휘 항목 • 어휘 목록
• 맥아더-베이츠 의사소통 발달 척도(CDI) • 형태소 • 형태론적 패러다임 • 형태론 • 상호 배타성 편향
• 명사 편향 • 새로운 명칭 · 비명칭 범주(N3C) 원리 • 과잉 확장 • 과잉 일반화 오류 • 음운 이웃
• 서술어-논항 구조 • 대비 원리 • 생산성 • 비계설정 • 의미 연결 • 의미 특징 • 의미 분야 • 의미 표상
• 모양 편향 • 느린 매핑 • 통계 학습 • 통사 자동 처리 • 통사론 • 분류학적 편향 • 투명도 • 과잉 축소
• 어휘 폭발 • 온전한 대상 편향 • 단어 조합 • 단어와 세상 매핑

개요

일단 영아가 말소리의 흐름 속에서 불변의 말뭉치를 분절하면 이러한 말뭉치가 무엇을 의미하는지 파악해야 한다. 생후 첫 2년 동안 영아는 이 말뭉치 중 많은 부분이 세상의 특정 사물을 나타내는 단어라는 사실을 알게 된다. 일부 단어는 개별 사물을 나타내지만, 다른 단어는 사물의 범주를 나타낸다. 어떤 단어는 사물, 다른 단어는 행동, 사건, 위치를 언급한다. 일부 단어는 사물의 특징이나 속성을 표현하지만, 다른 단어는 관계를 표현한다. 엄청나게 복잡하고 수많은 의미로 해석 가능한 단어를 접한다면, 영아는 그 단어의 특정 지시물을 어떻게 식별하는가? 단어 학습 과제를 완수하기 위해 아동은 생후 첫해에 출현하는 몇 가지 능력에 의존한다. 첫째, 다른 사람과 교류하고 가족과 공동체의 사회문화적 활동에 참여하는 영아의 능력이다. 소리의 패턴이 주변 세계와 어떤 관계가 있는지 판단하기 위해 영아는 다른 사람의 의사소통 의도를 파악하여 특정 발화와 상황의 맥락 내에서 어떤 의미가 적절한지를 이해해야 한다. 영아가 다른 사람과 의사소통하려는 동기를 가지고, 다른 사람에게 자신의 말을 이해시키려는 의사소통 목표를 달성하기 위해 노력하기 때문에 단어 학습이 성공한다. 영아는 대화 주고받기에 적극적으로 참여하고, 아직은 미숙하지만 초기 단어 학습의 맥락을 제공하는 협력 활동에 참여하기 위한 사회적 지식을 가지고 있다.

둘째, 단어와 세상의 실체를 연결하는 영아의 능력이다. 단어와 그 단어의 지시물을 연결하는 이러한 과정을 단어와 세상 매핑이라고 한다. 영아는 새로운 단어의 의미에 대한 자신의 가정을 제한하기 위해 자신이 이미 알고 있는 사물과 활동에 대한 개념적 이해를 이용한다. 처음에는 천천히 시작하지만, 생후 18개월이 되면 대다수 영아가 신속한 매핑이라고 불리는 빠른 단어 학습을 진행하고, 새로운 단어가 지시하는 바를 식별하는 효율성이 증가한다. 여기서는 단어와 세상 매핑에서 영아가 어떻게 전문가가 되는지 살펴본다. 영아는 자신의 어휘 목록에 단어를 추가하면서 통계 학습 기술을 사용하여 단어 구조와 동시 발생 패턴을 찾고, 이러한 패턴이 일반화되면서 어휘가 성장한다. 언어의 단어 형식은 하나 이상의 형태소 또는 의미 단위를 포함하므로 매우 복잡하다. 생애 초기부터 아동은 단어를 어근과 어미로 분절하고, 단어의 형태소 패턴을 추적하는 방식을 배운다. 어휘가 발달함에 따라 아동은 단어 조합(예: give up 'quit')과 관용구(예: throw in the towel 'quit') 특유의 의미를 파악하기 위해 단어의 동시 발생 패턴(co-occurrence patterns)을 어휘 목록에 등록한다. 동시 발생 패턴은 문맥을 통해 충분한 정보를 알 수 없는 동사 의미에 대한 가정을 제한하는 데 결정적인 역할을 담당한다. 일반적으로 동시 발생 패턴은 아동이 새로운 단어의 문법 상태를 구별하도록 돕는다. 예를 들어, 아동은 새로운 단어를 명사, 동사, 형용사로 구별할 수 있다.

> 신속한 매핑(fast mapping): 걸음마기 아동의 신속한 단어 학습을 지원하는 과정. 정보가 제공된 맥락에서 단어에 몇 번 노출된 후 새로운 단어를 개념에 연결하는 능력.

> 형태소(morpheme): 단어 의미의 기본 구성 요소. 의미가 구분되는 가장 작은 언어 단위.

> 단어 조합(word combinations): 단어의 순서. 일부 단어 조합은 관용구(예: give up 'quit').

> 관용구(idioms): 단어나 구가 글자 그대로의 의미와는 다른 관습적 의미를 갖는 표현 유형.

4.1 사회적 상호작용은 어떻게 단어 학습을 지원하는가

4.1.1 사회적 단서에서 단어의 의미 추론

영아는 대부분 다른 사람과 함께 있는 상황에서 단어를 습득한다(L. Bloom, 1993; P. Bloom, 2002; Tomasello, 2003). 영아는 자신이 관심 있는 사물, 활동, 사건과 관련된 단어를 배운다. Bye, uh-oh, ouch, yum, no, all-gone, up과 같은 다양한 종류의 단어와, Mummy, doggie, bottle, milk와 같은 중요한 사람, 반려동물, 사물의 명칭을 배운다(Tardif, Fletcher, Liang, Zhang, Kaciroti, & Marchman, 2008). 양육자는 영아가 관심을 보이는 사물, 활동, 사건에 관해 이야기하기도 하고, 영아가 지금 하는 행동에 대해 설명해 주기도 한다. 이러한 공동 주의(3장 참조)의 순간에 영아가 들은 말은 자신이 이미 생각하고 있는 말과 일치하므로 범주와 단어가 서로 연결된다(Mayor & Plunkett, 2010). 영아가 들은 말과 영아가 이해한 말 사이의 일치는 영아가 단어의 의미를 파악하는 데 중요하다(Macnamara, 1972). 즉, 단어와 지시물 사이의 관계를 이해하려면 아동은 화자가 의도한 의미를 이해해야 한다.

Bruner와 Ninio(Bruner, 1983; Ninio & Bruner, 1978)는 그림책 읽기와 같은 반복적 활동, 까꿍 놀이와 같은 게임을 언어 학습의 일상적 맥락으로 규정하였다. 까꿍 놀이와 같은 주고받기 게임을 통해 영아는 예측 가능하고 즐거운 활동에서 역할 역전과 관습적 어휘 사용 같은 대화의 특징을 체험한다. 생후 4개월경 영아는 그러한 게임의 시기와 구조를 파악하기 시작하고(Rochat, Querido, & Striano, 1999), 점진적으로 게임의 단어와 제스처를 이용하여 새로운 게임을 시작하고 유지한다(Bruner, 1983). 문자 사용 사회에서 그림책 읽기는 사물의 명칭을 배우는 또 다른 활동이다(Ninio & Bruner, 1978; Ninio, 1980). [그림 4-1] 참조. 예를 들어, 영아는 양육자가 사물의 명칭을 말하도록 유도하기 위해 "이게 뭐야?"라는 의미로 책 속의 그림을 가리킨다. 양육자의 단어 선택이 영아의 주의 초점과 일치하는 이러한 경험은 영아의 단어 학습을 돕는다.

그림 4-1 그림책을 보는 걸음마기 아동은 관심 있는 사물을 가리켜 양육자가 사물의 명칭을 말하고 설명하도록 유도한다.

출처: © Monkey Business Images. Shutterstock의 라이센스 사용 허락.

Tomasello와 동료들은 생후 18개월 영아가 성인의 목표와 정서 반응을 사용하여 새로운 단어의 의미를 추론하는 많은 실험을 수행하였다(이러한 연구들에 대한 종합적인 고찰을 위해서는 Tomasello, 2003 참조). 예를 들어, 한 연구(Akhtar & Tomasello, 1996, 실험 1)에서 성인은 toma를 찾기 시작하였다. 새로운 단어를 낯선 사물과 연결하기 전에 성인은 상자를 열고 그 안에 들어 있는 특이한 사물을 아동에게 보여 주었다. 이 실험에서 성인은 자신이 toma를 가지겠다는 의도를 영아에게 알리고 특정 상자에 다가갔다. 비록 상자는 '잠겨 있어' 열리지 않았지만, 영아는 단어 toma를 이전에 상자에서 본 사물과 연결하였다. 또 다른 연구에서 걸음마기 아동은 정서 단서를 사용하여 성인이 원하는 사물을 찾았는지 확인하였다. 성인은 toma를 찾는다고 말한 다음 특이한 사물이 들어 있는 상자 세트를 열었다(Tomasello, Strosberg, & Akhtar, 1996). 감탄사와 함께 상자를 열 때까지 성인은 각 상자를 열고 그 안에 있는 사물을 확인한 다음 실망한 표정을 지었다. 걸음마기 아동은 후속 실험에서 toma가 자신이 원하는 사물의 명칭임을 학습하였고, 또 다른 연구(Tomasello & Akhtar, 1995, 실험 1)에서 아동은 낯선 행위와 관련된 낯선 사물이 주어진 상황에서 새로운 단어를 들었다. 행위는 이미 다른 사물에서 본 것이고 낯선 사물만 새로운 것이라면, 아동은 새로운 단어를 사물과 연결하였다. 그러나 사물은 이미 가지고 놀던 장난감이고 행위만 새로운 경우에 아동은 새로운 단어를 행위와 연결하였다. 이는 아동이 새로운 단어의 지시물에 대한 단서로 담화 참신성을 이용한다는 사실을 보여 준다.

담화 참신성(discourse novelty): 진행 중인 대화의 맥락에서 새로운 정보에 해당하는 사건(예: 새로운 사물 또는 행위)의 측면.

영아는 처음에 매우 느린 속도로 단어를 배운다(Clark, 1993; Dromi, 1987). 영아가 생후 첫해에 배우는 단어는 일상생활에서 여러 번 들은 단어이다. 그러나 생후 2년 동안 영아는 다양한 단서를 능숙하게 사용하여 단어의 의미를 추론한다. 걸음마기 아동은 화자의 시선 방향, 제스처, 얼굴 표정, 목소리 음조와 같은 사회적 단서, 진행 중인 활동과 같은 상황 단서, 그리고 언어 외의 맥락에 존재하는 사람과 사물을 사용하여 단어의 의미를 추론한다. 생후 19개월의 걸음마기 아동은 양육자의 주의 초점을 통해 대화 내용을 추론할 수 있다. 양육자가 자신의 활동 이외의 측면에 주의를 기울이면 양육자의 주의 초점을 이용하여 무슨 의미인지를 이해한다(Baldwin, 1993). 걸음마기 아동은 자신을 향한 말소리뿐만 아니라 다른 사람을 향한 말소리에도 주의를 기울이고(Akhtar, 2005; Akhtar, Jipson, & Callanan, 2001; Oshima-Takane, Goodz, & Deverensky, 1996), 우연히 들은 말소리는 아동이 인칭대명사 you와 I의 역할 역전을 이해하도록 돕는다(Oshima-Takane, 1988; Oshima-Takane et al., 1996). 강아지에게 Move, Sit, Stay라고 말할 때 걸음마기 아동이 쉽게 이해하는 것처럼 반려동물에게 하는 말소리도 잠재적으로 단어 의미를 지원한다(Tomasello, 1992).

4.1.2 활동과 일상에서 단어의 의미 추론

생일 케이크를 준비하고 생일 촛불을 끌 때 생일 축하 노래를 부르는 것처럼 영아와 양육자가 매일 일상 활동에 참여할 때 언어는 각 활동에 수반되는 역할을 담당한다. 영아의 일상 활동에 함께 사용되는 언어는 반복성이 높다. 게다가 지금-여기에 중점을 두어 사실상 영아가 다음에 일어날 일을 예상하도록 도와준다(Nelson, 1985, 1986). 영아는 단어의 의미를 발화 수준에서 파악한다. 즉, 개별 단어의 의미를 발화에서 분리하기보다는 전체 발화 내에서 이해하려고 한다(Tomasello, 1999, 2003). 영아는 발화를 의사소통 행위로 이해하므로 개별 단어의 의미와 그 단어가 지시하는 사물, 속성, 상태, 활동에 대해 점진적으로 파악하게 된다. 영아의 첫 단어는 언제나 자신이 참여하는 활동에서 선택되고, 결국 이 단어가 활동의 전부 또는 일부를 나타내거나 표상한다(Barrett, 1983). 중요한 활동을 지칭하는 bath, beddy-bye 같은 단어는 중요한 사물을 지칭하는 bottle, blanket 같은 단어처럼 쉽게 학습된다. 단어의 가장 중요한 특징 중 하나는 상황에 따라 적용되며, 특정 순간에 특정 실체에 특별히 연결되어 있지 않다는 것이다. 영아는 활동이 반복될 때마다 언어도 반복되는 일상 활동의 경험을 통해 단어가 상황에 따라 적용된다는 사실을 알게 된다. 예를 들어, 영아는 엄마와 아빠가 출근할 때 bye-bye라고 말하고, 매일 밤 잠자리에 들 때 night-night이라고 말하는 것을 듣는다. 이처럼 아동은 단어와 사용 맥락의 연결을 통해 여러 종류의 활동에 참여할 때 관례적인 말하기 방법이 있고, 특정 맥락이 발생할 때마다 특정 단어가 적용된다는 사실을 알게 된다. 영아가 친숙하고 예측 가능한 활동과 일치하는 언어를 더 많이 이해하게 되면 단어의 의미가 주제적으로 관련되고 대비되는 의미 분야를 구성한다. [그림 4-2] 참조. 예를 들어, 영아는 목욕하기 일과의 중요한 구성 요소인 soap, shampoo, bubbles, wet, water, wash, scrub, hair, face, toes, towel 같은 단어를 배운다. 의미론 분야 내 단어들 사이의 의미 있는 대비를 알게 되면, 아동이 어떻게 단어가 실체, 속성, 관계를 의미하는지를 배우는 데 도움이 된다. 실제 사건을 실체, 속성, 관계로 구분하는 것은 언어의 서술어-논항 구조를 파악하는 데 필수적이다(Braine, 1992; Tomasello, 1999).

의미 분야(semantic fields): 경험의 특정 영역을 참조하기 위해 사용되는 의미와 관련된 단어 세트.

그림 4-2 아동은 목욕과 같은 일상 활동을 통해 단어에 노출된다. 일과 동안 아동은 의미 분야에 속한 서로 다른 단어의 대비를 배운다.
출처: © Rafal Olechowski. Shutterstock의 라이센스 사용 허락.

4.1.3 양육자의 단어 학습 지원 방법

영아와 의사소통하는 양육자는 다양한 방법으로 단어 학습을 지원한다. 양육자의 언어 다양성이 영아의 언어 발달에 미치는 영향에 대해서는 6장에서 살펴보고, 여기서는 양육자가 영아의 단어 학습을 지원하는 다양한 언어 습득 지원 체계에 대해 간단히 살펴본다(Bruner, 1983). Vygotsky(1978, 1986)와 Bronfenbrenner(1986)의 뒤를 이어 많은 연구자는 자녀 양육이 아동의 사회인지 발달과 정서적 안정에 직접적인 영향을 미친다고 본다(Bornstein, 1989; Bornstein, Tamis-LeMonda, Hahn, & Hayes, 2008; Bradley et al., 1989). 부모의 반응성, 정서적 따뜻함, 흥미로운 놀잇감과 활동의 제공은 아동의 긍정적 학습 결과와 관련이 있다. 반응적인 양육은 아동의 발달 능력을 고려하여 사회적 상호작용을 구성하는 비계설정을 제공한다(Adamson & Bakeman, 1984; Adamson, 1995). 양육자는 종종 영아를 활동에 참여시키기 위해 흥미로운 놀잇감과 활동을 찾는다. 양육자는 영아의 눈앞에 흥미로운 사물을 가져다 두고 관심을 끌기 위해 행동한다(Gogate, Bahrick, & Watson, 2000). 양육자는 영아가 사물을 조작하거나 입에 넣는 것을 허용하고, 영아가 노는 동안 그 사물에 관해 이야기한다. 반응적인 양육자는 영아의 주의 초점을 다른 쪽으로 돌리지 않고, 영아의 관심사에 주의를 기울이고 참여한다. 양육자가 주의 이동하기 전략(양육자가 영아의 주의를 새로운 사물로 유도하여 영아가 양육자의 안내를 따르도록 하는 것)이 아니라 주의 따르기 전략(공동 주의를 달성하기 위해 양육자가 영아의 안내를 따르는 것)을 사용할 때 영아는 단어를 더 많이 배운다(Akhtar, Dunham, & Dunham, 1991; Dunham, Dunham, & Curwin, 1993). 영아의 행동 목록이 확장됨에 따라 양육자는 영아가 새롭게 직면한 상황을 극복하도록 돕는다. 영아는 공유된 경험의 범위 내에서 대화를 통해 새로운 주제와 아이디어를 탐색할 수 있으므로 단어 학습의 새로운 기회를 얻는다.

영아기부터 아동기까지 양육자는 아동의 의사소통 요구에 신속하고 적절하게 반응하여 단어 학습을 지원하며(Tamis-LeMonda, Bornstein, & Baumwell, 2001), 말소리, 신체 접촉, 시선 응시 및 긍정적 정서를 통해 아동을 격려한다. 양육자의 반응은 영아가 자신의 의사소통 시도가 성공했는지를 확인하는 데 필요한 피드백을 제공한다. 양육자는 자녀의 말을 반복하고, 명료화 질문을 하고, 발화를 재구성하고, 자녀가 관심을 보이는 주제를 자세히 설명함으로써 자녀의 말소리 구조와 내용에 대해 피드백을 제공한다(Bohannon & Stanowicz, 1988; Moerk, 1991, 1994; Saxton, 2000; Saxton, Houston-Price, & Dawson, 2005). 양육자가 아동의 발화 형식을 수정하기 위해 아동의 발화를 조금씩 변화시켜 반복하는 재구성(reformulation)은 특히 관습적 말하기 방식을 아동에게 가르치는 데 도움이 된다(Chouinard & Clark, 2003).

Roy와 동료들은 생후 9~24개월 영아를 대상으로 4,000시간 이상 수집한 오디오/비디오 자료(400일 동안 하루 평균 9.6시간)의 말뭉치를 사용하여 양육자가 단어 학습의 비계설정을 어떻게 하는지 조사하였다. 자료 수집 기간 동안 연구자들은 영아가 처음으로 사용한 500단어를 추적하였다. 그 단어를 처음 사용한 날 목표 단어를 포함한 양육자의 평균 발화 길이 변화를 추적하였다. 흥미롭게도, 목표 단어가 영아의 어휘 목록에 등장하기 이전 몇 주 동안 그 단어를 포함한 양육자의 발화 길이는 감소했으며, 그 후 몇 주에서 몇 개월 동안 영아가 그 단어를 능숙하게 사용하게 되자 양육자의 발화 길이도 증가하였다. 이러한 결과가 다른 가족에게도 동일하게 나타나는지 확인해 볼 필요는 있지만, 영아가 특정 단어를 처음 사용하기 전에 그 단어의 이해 여부에 대해 양육자가 매우 민감하다는 사실을 보여 준다. 예를 들어, 양육자는 단일어 발화에서 목표 단어를 더 자주 사용함으로써 영아가 단어의 의미를 이해한 시점에 단어의 형식을 분리하도록 돕는다.

4.2 아동은 언제 첫 단어를 학습하는가

4.2.1 단어 이해

2장에서 자세히 살펴본 바와 같이, 영아는 첫 단어를 말하기 전에 연속된 말소리에서 단어를 분리하기 시작한다. 생후 5개월부터 영아는 자신의 이름과 mummy, daddy 같은 몇몇 단어를 인식하기 시작한다(Mandel, Jusczyk, & Pisoni, 1995; Tincoff & Jusczyk, 1999). 생후 8개월이 지나면 영아는 이야기에서 반복적으로 듣는 단어를 장기간(2주) 기억한다(Jusczyk & Hohne, 1997). 대략 이와 비슷한 시기에 영아는 단어와 지시물을 연결하기 시작한다. Gogate와 동료들(Gogate, Bolzani, & Betancourt, 2006; Gogate, 2010)은 사물 명명하기가 해당 사물의 주의를 끄는 움직임과 함께 발생하면 생후 6~8개월 영아가 새로운 단어(예: tah, gih)와 새로운 사물의 짝짓기를 쉽게 배울 수 있음을 보여 주었다. 그러나 생후 8개월 영아는 단어가 움직임과 함께 발생하지 않으면 단어와 사물 매핑을 학습하지 못하지만, 14개월이 되면 성공한다(Werker, Cohen, Lloyd, Casasola, & Stager, 1998). 생후 2년 동안 영아는 단어를 효율적으로 인식하게 되고, 단어를 지시물과 연결한다(Fernald, Perfors, & Marchman, 2006). 생후 18개월이 되면 말소리의 일부만 들어도 친숙한 단어를 인식한다. 두 장의 그림(dog, baby)을 보여 주면 영아는 단어의 절반(bei)만 들어도 baby 그림을 보기 위해 시선을 돌린다(Fernald, Swingley, & Pinto, 2001). 따라서 영아는 성인과 마찬가지로 말소리를 처리하고, 단어의 초기 소리를 이용하여 지시물의 검색 범위를 좁힌다.

4.2.2 단어 산출

생후 12개월이 되면 영아는 담화에 적합한 억양과 감정이 포함된 목소리로 일어문(holophrases)의 첫 단어를 산출한다(Barrett, 1982; Ninio, 1992). 영아는 단일어(단일 단어 발화)를 사용하여 제스처를 사용할 때와 동일한 종류의 의사소통 의도를 전달한다(Bates, Benigni, Bretherton, Camaioni, & Volterra, et al., 1979; Tomasello, 2008): 요청하기(예: 쿠키는 More라고 말하고, 줍는 행동은 Up!이라고 말하는 것), 관심 공유하기(예: 털 많은 강아지를 Doggie라고 말하는 것), 다른 사람에게 알리거나 돕기(예: 엄마가 무거운 짐을 옮겨 와서 내려놓을 때 Here!라고 말하는 것). 의사소통 의도가 더욱 정교해지면서 영아는 자신의 욕구를 충족하기 위해 새로운 단어를 찾는다(Bloom & Tinker, 2001). 어휘 목록이 더 길면 자신의 의도를 전달하는 데 도움이 되므로 영아는 새로운 단어를 배우려고 한다. 아동이 자신의 생각을 표현하는 새로운 수단을 찾을 때 어휘는 증가한다. 아동이 세상에 대해 더 많이 배울수록 이야기할 내용은 더 많아진다. 그리고 기존의 표현 수단으로 자신의 생각을 나타내지 못하면 아동은 단어를 학습한다(L. Bloom, 1993; Bloom & Tinker, 2001).

물론 이해하기 쉬운 말소리를 산출하려면 단순히 무언가를 말하는 것보다 더 많은 노력이 필요하다. 첫째, 영아는 단어 산출의 템플릿 역할을 하는 기억에 저장된 단어 형식을 표상할 수 있어야 하고, 이러한 표상에 접근할 수 있는 인출 기술을 가지고 있어야 한다. 영아는 어려서부터 친숙한 단어에 대한 상세한 음운 표상 능력을 가지고 있다. 예를 들어, 생후 11개월 영아는 친숙한 단어의 올바른 발음을 잘못된 발음과 다르게 취급한다(Swingley, 2005). 다른 연구에 따르면, 영아는 미숙한 단어 형식(예: fis)보다 관습적 단어 형식(예: fish)을 선호하고(Berko & Brown, 1960), 자신의 미숙한 말소리보다 성인의 말소리에서 사용된 단어를 더 정확하게 인식한다(Dodd, 1975).

둘째, 2장에서 살펴본 바와 같이, 영아가 성인처럼 단어를 발음하기 위해서는 말소리 운동 기술이 발달해야 한다. 영아는 입력 자극과 일치하는 소리 순서를 생성하기 위해 조음 및 발음 통제 방법을 이해해야 한다(Stoel-Gammon, 2011). 영아기부터 유아기까지 아동은 의사소통이 일어나지 않는 상황(예: 혼자 침대에 있을 때)에서도 자신의 즐거움을 위해 발성 놀이에 참여한다(Locke, 1993; Nelson, 1989). 옹알이 맥락에서 살펴본 바와 같이, 영아는 자신의 발성 시도를 듣는 것에서 도움을 받는다. 영아는 자신의 말소리 산출을 기억에 저장된 표상과 비교하고, 청각적 피드백을 말소리 산출과 관련된 운동 감각과 연결하여 청각-조음 피드백 고리를 생성한다(Stoel-Gammon, 2011). 결과적으로, 이 피드백 고리는 자신의 말소리와 일치하는 주변 언어에 영아가 주의를 기울이도록 만든다. 산출의 정확성을 높이기 위한 미세한 조음 조정 과정은 몇 년 동안 지속된다. 초기에 영아는 단어를 산출하기 위해 자음군 축약(spoon을 poon으로), 음절 중복(finished를 fi-fished로), 음절 생략(bottle을 ba로,

computer를 puter로), 각운 변형(dog를 daw로), 마찰음의 폐쇄음 대체(that을 dat으로)와 같은 수많은 시도를 한다(Kehoe & Stoel-Gammon, 1997; Stoel-Gammon & Cooper, 1984). 영어의 다양한 자음과 자음군 산출을 모두 습득하려면 몇 년이 걸린다. 실제로 어린 영아는 자신의 산출 목록에 포함된 소수의 자음과 음절 구조를 가지고 단어 산출을 시작한다(Vihman, 1996).

영아기에는 언어 이전 발성과 초기 단어 산출 사이에 강력하고 일관된 관계가 존재하므로 언어 이전 시기 발성의 양과 다양성의 개인차는 표현 어휘 발달 속도의 개인차를 예측한다. 다양한 자음과 모음을 사용하여 옹알이를 산출하는 영아는 자유자재로 단어를 산출할 수 있는 재료를 많이 가진다(Vihman, 1996; Stoel-Gammon, 2011). 영아가 단어를 산출하기 시작하는 시기의 음운 목록에는 차이가 있지만, 옹알이에서와 동일한 말소리, 음절 구조를 이용하여 첫 단어를 산출한다(Ferguson & Farwell, 1975; McCune & Vihman, 2001; Vihman, Ferguson, & Elbert, 1986; Vihman, Macken, Miller, Simmons, & Miller, 1985). 따라서 영어 사용 영아의 첫 단어는 주로 단어 형식이 단순하고(예: CV, CVC, CVCV), [b], [m], [d]와 같이 발음하기 쉬운 단음절로 시작하는 단어이다(Ferguson & Farwell, 1975; Oller, Wieman, Doyle, & Ross, 1976; Stoel-Gammon, 2011). 영아가 자신의 소리 패턴에 근거하여 단어를 선택한다는 증거도 있다. 비단어 자극을 포함한 일련의 단어 학습 실험(Schwartz & Leonard, 1982; Schwartz, Leonard, Frome Loeb, & Swanson, 1987)에서 영아는 자신의 목록에 있는 말소리가 포함된 비단어를 선호하는 단어 산출(단어 이해는 해당하지 않음) 편향을 보였다. 걸음마기 아동은 발생 빈도가 높은 조음 순서를 포함한 새로운 단어 형식을 더 정확하게 산출한다(Edwards, Beckman, & Munson, 2004; Munson, 2001; Munson, Kurtz, & Windsor, 2005b). 이는 조음 연습이 유창한 말소리 산출에 도움이 된다는 사실을 시사한다. 음운 이웃에 해당하는 cat, cab, can, cut, kit, kite, cot, caught, mat, hat, fat sat, scat 같이 형식의 유사성을 공유한 단어는 조음 조건이 중복되므로 산출하기가 더 쉽다(Storkel, 2004, 2009). 따라서 음운 발달과 어휘 발달은 상호 의존적인 것으로 보인다. 초기 단계에서 음운 발달은 아동이 많이 사용하는 단어 형식에 영향을 미치고, 어휘 발달에도 영향을 미친다. 이후 아동은 어휘가 성장함에 따라 음운론 측면에서 단어 형식의 유사성을 발견하고, 어휘 성장 속도뿐만 아니라 음운 표상 구조에도 영향을 주는 단어의 세부 어휘 패턴을 인식한다.

> 음운 이웃(phonological neighbours): 하나의 음소만 발음이 다른 단어(예: bet은 set, bat, beg와 이웃임).

4.2.3 단어 산출 오류

4.1.2절에서 살펴본 바와 같이, 단어는 특정 상황 및 사용 맥락과 밀접하게 관련되어 있다. 이로 인해 아동은 초기에 단어 의미를 과잉 축소하여 사용한다(Barrett, Harris, & Chasin, 1991; Dromi, 1987). 예를 들어, refuse truck의 경우 쓰레기 수거 상황에서만 truck을 사용하고, toy truck, fire truck, pick-up truck에서는 truck을 사용하지 않는다(L. Bloom, 1973). 과잉 축소는 단어 학습의 아주 초기 단계에서만 나타나며, 다양한 상황에서 사용되는 단어를 듣고 유사한 방식으로 사용하게 되는 상황 학습을 통해 과잉 축소 현상이 사라진다(Smith & Chen, 2008). 과잉 축소 오류 이외에도 걸음마기 아동은 단어를 범주 밖의 항목에 과잉 확장하는 등 다양한 말소리 오류를 범한다. 예를 들어, 아동은 대상과 의미 특징을 공유하는 단어(예: kangaroo를 mouse로 부르는 것) 또는 대상과 지각적 유사성만 있는 단어(예: moon을 ball로 부르는 것)를 산출한다. 명명 오류의 정확한 원인을 알기는 어렵지만, 아주 초기 단계에서 걸음마기 아동의 어휘에 상당한 격차가 존재한다고 추측해 볼 수 있다. 그들은 관련 단어를 대체하거나 gardener를 garden-man이라고 말하면서 새로운 형식을 만들어 낸다(Becker, 1994b; Clark, 1982, 1993; Swan, 2000). 일부 어휘의 새로운 도입은 broom처럼 명사를 동사로 사용하는 파생 형태론 패턴의 인식을 제안한다. 이러한 새로운 형식은 a hammer와 hammer처럼 다른 명사-동사 쌍과 유사하게 생성된다. 또 다른 어휘의 새로운 도입은 다른 단어의 혼합을 반영한다(예: garden을 yarden으로). 아동이 사물에 관한 관습적 말하기 방식을 배우면 혁신적 형식을 더 이상 사용하지 않는다.

> 과잉 축소(under-extension): 아동이 하나의 맥락에서는 그 단어를 사용하지만 다른 맥락에서는 동일한 단어를 사용하지 않는 경우 발생하는 단어 학습 오류.

> 과잉 확장(over-extension): 아동이 단어의 범주 밖 항목을 지시할 때 그 단어를 사용하는 단어 학습 오류.

> 의미 특징(semantic fea-tures): 언어학적 단위와 관련된 의미의 특정 구성 요소.

> 파생 형태론(derivational mor-phology): 단어 형식의 변형이 뚜렷한 의미를 가진 새로운 단어를 만드는 과정과 관련된 언어학의 하위 영역. 파생 접두사의 변화에 의존함.

아동은 말할 때 성인보다 실수를 더 많이 하지만(Brooks & MacWhinney, 2000; Jaeger, 1992, 2005; Vousden & Maylor, 2006), 성인조차도 종종 단어를 잘못 발음하거나 잘못된 단어를 인출한다. 어휘 오류(실제 단어에서의 오류) 중에서 일부는 본질적으로 의미 오류(예: 아동의 이름을 다른 아동의 이름으로 부르는 것과 같이 잘못된 이름으로 누군가를 부르는 것)이고, 일부는 음운 오류(예: word를 world로 말하는 것)이며, 일부는 둘 다(예: lobster를 oyster로 부르거나, Caroline이라는 소녀를 Catherine으로 부르는 것)에 해당한다(Dell & Reich, 1981; Harley, 1984; Mackay, 1970).

대부분의 어휘 접근 모델에서는 의미 특징이 중복되는 단어가 말소리 산출 과정에서 서로 경쟁하다가 아동이 잘못된 단어를 선택한다고 가정한다(Levelt, Roelofs, & Meyer, 1999; Abdel Rahman & Melinger, 2009). 반면, 음운 오류는 순서 조작에서의 오류를 반영한다. 단어를 말하려면 그 단어의 소리를 인출하고, 조음 명령을 적절한 순서로 배열해야 한다(Dell, 1986). 아동이 성인보다 더 많은 언어 오류를 범하는 이유는 의미 표상의 결핍(예: 아동의 표상에는 관련 개념을 구별하는 데 필요한 세부 사항이 부족함), 인출 실패에 대한 민감성(예: 단어는 알고 있으나 제때 산출하지 못함), 그리고 단어 형식 표상의 취약성을 포함한 다양한 요인 때문이다(Gershkoff-Stowe, 2002; Gershkoff-Stowe, Connell, & Smith, 2006; McGregor, Friedman, Reilly, & Newman, 2002).

의미 표상(semantic representations): 언어 단위의 의미에 대한 정신적 표현.

4.3 아동의 어휘는 어떻게 구성되는가

하나의 언어에서 어휘 목록은 다른 단어와의 관계에서 정의된 단어 체계이다. 단어 학습의 시작부터 아동은 단어가 형식, 의미, 사용 패턴과 관련하여 서로 대비되는 체계를 습득한다.

어휘 목록(lexicon): 단어의 의미, 발음, 철자 및 문법 정보를 포함하는 개인의 어휘 지식.

4.3.1 의미에 의한 구성

단어는 주제적으로, 그리고 분류학적으로 다양하게 서로 관련된다. 주제적으로 관련된 단어 범주는 다른 활동과의 연관성을 통해, 그리고 말소리와 동시에 발생하여 습득된다. 연관 단어는 반의어(boy-girl, up-down), 전체-부분 쌍(car-bumper, tree-branch), 관용적 표현의 구성 요소(needle-haystack, kick-bucket)에 해당하며, 다양한 종류의 주제적 · 관용적 · 기능적 또는 분류학적 관계(squirrel-acorn, cup-saucer, lion-roar, green-grass, cow-milk, boat-dock, broom-floor, collie-dog, appliance-stove)를 가진다. 단어 간 연관된 관계는 단어 인출을 촉진하는 중요한 역할을 담당한다(Meyer & Schvaneveldt, 1971). 방금 듣거나, 말하거나, 읽은 단어는 관사건 유발 전위(event-related potentials: ERPs): 외부 자극에 대한 전기생리학적 반응. ERPs는 특정 사건에 시간이 고정된 여러 전기적 반응을 평균화함으로써 뇌파(EEG)를 사용하여 측정.

의미 연결(semantic associations): 소금, 후추와 같이 의미 분야 내에서 동시에 사용되고, 의미에 기반한 단어들 사이의 연결.

련 단어들을 활성화하여 관련 단어를 떠올릴 가능성을 증가시킨다. 사건 유발 전위(ERPs)를 사용하여 단어 사이의 연관성을 측정하면(〈방법론 상자 12-1〉 참조), 2세 아동이 dog, horse 같은 동일 범주의 두 가지 구성 요소를 의미에 근거하여 연결함을 알 수 있다(Torkildsen, Syversen, Simonsen, Moen, & Lindgren, 2007). 의미 연결의 점화 효과는 음성언어 산출에서도 나타난다(Brooks, Seiger-Gardner, & Sailor, 심사 중).

4.3.2 형식에 의한 구성

아동의 어휘 목록에 포함된 단어는 의미와 관련이 있을 뿐만 아니라 형식과도 관련이 있다. 언어의 단어와 세상 매핑은 대부분 임의적이지만, 단어 의미를 알 수 있는 모든 단서가 형식에 있다. 의성어가 가장 명백한 사례인데, 여기서 단어 형식은 그 단어가 표상하는 바와 유사하다(예: tick-tock, hiccup, splash, moo, bang, ouch). 의성어 학습은 의미와 형식의 매핑을 명확하게 보여 준다는 점에서 확실히 도움이 된다(Gogate & Hollich, 2010). 의성어가 아동이 처음 배우는 단어 중 하나라는 사실은 놀라운 일이 아니다(Nelson, 1978; Tardif et al., 2008). 그러나 개별 단어의 발음에서도 단어의 의미를 파악할 수 있는 형식적 규칙이 존재한다(단어의 문법 상태에 대한 단서는 5장 참조). slick, slime, sleet, sleek, slug, slip, slither, slink, slouch, slobber 같이 언어에는 연속 자음을 포함하는 단어가 있는데, [sl] 같은 단어 첫 글자의 특정 분절이 단어 의미의 단서가 된다(Nuckolls, 1999). 최근 연구에 따르면, 새로운 단어의 소리 패턴은 명명 선호(naming preferences)에 영향을 미친다(Imai, Kita, Nagumo, & Okada, 2008; Maurer, Pathman, & Mondloch, 2006; Nygaard, Cook, & Namy, 2009). 끝이 뾰족한 사물과 형태가 뚜렷하지 않은 사물을 kiki와 bouba라는 2개의 새로운 단어 중에 선택하도록 요청하면 걸음마기 아동뿐만 아니라 성인도 kiki와 뾰족한 사물, bouba와 형태가 뚜렷하지 않은 사물을 연결하는 경향이 있다(Maurer et al., 2006). 걸음마기 아동에게 나타나는 bouba-kiki 효과의 근원은 현재까지 알려져 있지 않지만, 흥미로운 가능성은 다양한 모양의 사물을 입 모양으로만 말하면서 발성을 시도할 때 소리-모양 대응이 나타난다는 것이다(Bernardis,

Bello, Pettenati, Stefanini, & Gentilucci, 2008). 뾰족한 사물은 입을 완전히 열어야 할 필요가 없으므로 kiki를 말하는 데 필요한 입 모양과 비슷하다. 반면, 형태가 뚜렷하지 않은 사물은 bouba를 말하는 데 필요한 입 모양과 유사하게 입을 완전히 열어야 한다.

4.3.3 형태론적 관계성에 의한 구성

roll, rolls, rolled, unroll, roller 등과 같이 형태론적으로 관련된 단어는 어휘 목록 내에서 형식이 중복되는 대표적인 사례이다. 형태소 패턴은 새로운 의미 및 문법 맥락에 맞게 단어의 의미를 변경하는 다양한 굴절 접사 및 파생 접사를 포함한다. 굴절은 주어-동사 호응(예: He runs에서 -s), 동사 시제(예: She walked에서 -ed), 상태(예: They are running에서 -ing) 및 수(예: cats에서 s)와 같은 특징을 나타낸다. 파생은 어근의 의미와 말소리의 일부를 변화시킨다(예: 동사 govern에 -ment를 추가하여 명사 government 만들기). 리투아니아어, 러시아어, 터키어와 같이 굴절 접사가 풍부한 언어에서는 거의 모든 내용어에 하나 이상의 어형 변화가 나타난다(시제, 상태, 수 등). 아동은 언어의 복잡한 형태소에 적응하고, 적절한 어형 변화를 통해 대부분의 단어를 산출한다(예: Aksu-Koç, 1998; Bar & Shalom, 2002; Caprin & Guasti, 2009). 아동은 형태소 변화(예: 명사의 격 표시)가 지시물의 변화(단어가 지시하는 실체)를 나타내지는 않지만, 문장에서 단어의 문법적 역할을 나타낸다는 사실을 알게 된다(누가 무엇을 누구에게 했는지). 아동은 언어의 형태소 패턴에 대해 배우면서 변형된 단어의 의미를 추론할 수 있고(Anglin, 1993), 새로운 단어를 생성할 수 있다. 이 두 가지 과정은 새로운 단어의 학습에 기여한다.

굴절 접사(inflectional affixes): 문법적 문맥에 맞게 단어의 의미를 바꾸는 단어 형식의 수정. 예를 들어, bottle을 bottles로 바꾸는 것과 같이 복수를 나타내기 위해 접미사 -s를 추가하는 것.

파생 접사(derivational affixes): 새로운 의미론적 맥락에 맞게 또는 말소리의 일부를 변경하기 위해 단어의 의미를 바꾸는 단어 형식의 수정.

호응(agreement): 한 단어의 문법적 특징이 다른 단어의 문법적 특징과 일치하는 문법 현상(예: 명사는 동사, 형용사, 대명사, 수 또는 성별과 호응해야 함).

4.3.4 음운론적 유사성에 의한 구성

종종 의미론 및 형태론적 관련성은 없지만, 단어의 소리 패턴이 유사한 경우가 있다. 성인 대상 연구에 따르면, cup과 같은 단어를 듣는 것은 의미가 유사한 plate와 같은 단어의 인식에 영향을 미치며, 동일한 음소 /k/로 시작하는 car와 같은 단어에도 영향을 미치는 것으로 밝혀졌다. 아동의 어휘 목록도 음운론적 유사성으로 구성되어 있는가? Mani와 Plunkett(2010)은 18개월 영아에게 먼저 친숙한 단어의 그림을 제시하고, 다음으로 2개의 다른 친숙한 단어의 그림을 제시하였다. 이전 그림의 명칭과 동일한 자음으로 시작하는 명칭의 경우(예: car 다음에 cup) 해당 그림을 더 자주 쳐다본다는 사실을 발견하였다. 따라서 첫 번째 단어가 음소 /k/를 먼저 활성화시켜서 /k/로 시작하는 그림의 명칭을 보다 쉽게 처리할 수 있다.

그러나 이러한 사실이 18개월 영아의 어휘 표상이 음운론을 기준으로 구성되었음을 의미하지는 않는다. 음운 이웃들 사이에서 단어가 구성되면 한 단어의 활성화가 동일한 음운 이웃의 다른 단어로 확산될 수 있다. 이처럼 활성화된 다른 단어는 음운론적으로 관련된 다른 단어의 인식을 방해할 수 있다. 예를 들어, cup이라는 단어는 cub, cut, cuff, keep, cop, cap이라는 단어를 활성화시켜 목표 단어인 car와 경쟁시킨다. 음운론적으로 유사한 단어의 이웃이 형성될 만큼 어휘 목록이 큰 경우 이러한 간섭 효과가 나타난다. 실제로, 24개월 아동을 대상으로 한 실험에서 Mani와 Plunkett(2011)은 음운론적으로 관련된 단어가 다음에 제시되는 목표 명사의 인식을 방해한다는 사실을 발견하였다. 즉, 먼저 제시된 그림의 명칭과 동일한 자음으로 시작하는 명칭의 경우 아동이 해당 그림을 덜 쳐다보았다. 이는 18개월 영아와는 정확히 반대되는 결과이다. 이 효과는 음운 이웃이 더 큰 단어에서 두드러지게 나타났다. 따라서 어휘 크기가 빠르게 성장하는 18~24개월 아동의 어휘 표상은 음운론적 유사성으로 구성됨을 알 수 있다.

4.3.5 단어 조합 학습

언어의 어휘 목록에는 개별 단어뿐만 아니라 수많은 단어 조합과 관용 표현이 포함된다. 조합된 단어의 관습적 의미가 각 단어의 의미로 완전히 예측되지 않으면, 그 단어 조합은 어휘 목록에 저장된다(Di Sciullo & Williams, 1987). 영어에는 dishwasher, maybe, overflow와 같은 **복합어**, give up(포기하다)과 put down(모욕하다) 같은 동사와 전치사 조합, drag one's feet(지체하다)와 make up one's mind(결정하다) 같은 특유의 의미와 사용 맥락을

> 복합어(compound words): 어근이 하나보다 많은 단어. 다른 단어들을 결합하여 새로운 단어를 만드는 단어 형성 과정의 결과.

가진 관용구가 매우 많다. 단어 조합을 어휘 항목으로 배우는 아동은 자신이 가지고 있는 정보에서 변하지 않는 순서를 발견하기 위해 통계 학습 기술을 활용해야 한다. 일단 순서를 발견하면, 전체적으로 특정 의미와 사용 맥락을 하나로 연결할 수 있다. 아동은 단어의 순서를 배울 때 반드시 단어 순서를 구성 요소로 분해하지는 않는다. 아동은 순서를 구성하는 개별 단어를 발견하는 데 시간이 걸릴 수 있다. 예를 들어, 아동은 piece-a-bread, piece-a-cake, piece-a-ice와 같은 구를 만드는 방법을 배우고, 나중에 piece와 of가 구별되는 단어임을 인식하게 된다(Peters, 1983; Peters & Menn, 1993).

4.4 아동은 짧은 시간에 어떻게 많은 단어를 학습하는가

대부분의 아동은 생후 12개월경에 단어를 사용하기 시작하는데, 처음에는 단어 학습이 느리게 진행된다. 정상 발달 아동은 16개월에 단지 40개 단어를 산출한다. 이는 12~16개월 사이에 3일마다 새로운 단어를 학습한다는 사실을 보여 준다. 이와 대조적으로, 24개월의 정상 발달 아동은 300개의 단어를 알게 되는데, 17~24개월 사이에 매일 하나의 새로운 단어를 학습하는 것이다(Fenson, Dale, Reznick, Bates, & Thal, 1994). 이처럼 생애 두 번째 해에 단어 학습 속도가 3배 증가하는 것을 어휘 폭발로 설명하지만, 실제로는 가속화 효과를 나타내는 성장 가속화 곡선의 일부로 설명하는 것이 훨씬 더 정확하다(Ganger & Brent, 2004; Heathcote, Brown, & Mewhort, 2000; McMurray, 2007; Ninio, 2006; Regier, 2005; [그림 4-3] 참조). 간단히 말해서, 아동의 어휘 목록에서 단어의 수가 증가함에 따라 아동이 다음 단어를 배우는 데 걸리는 시간이 줄어든다. 단어 학습 속도는 아동기 동안 지속적으로 증가한다. 6세 정상 발달 아동의 어휘 목록에 적어도 6,000개의 단어가 포함되어 있다고 추정하면(Stoel-Gammon, 2011), 2~6세 사이에는 한 달에 약 120개의 단어, 하루에 4개의 단어를 학습하는 것이다.

> 어휘 폭발(vocabulary spurt): 출생 후 두 번째 해에 발생하는 단어 학습 속도의 증가.

아동이 어떻게 단어 학습 전문가가 되는지를 이해하기 위해 연구자들은 단어 학습 전략의 변화를 살펴보았다. 걸음마기 아동은 생애 두 번째 해에 단순히 단어를 사건과 연결시키는 것(주스를 흘릴 때의 uh-oh와 같이)에서부터 지시하는 단어를 사

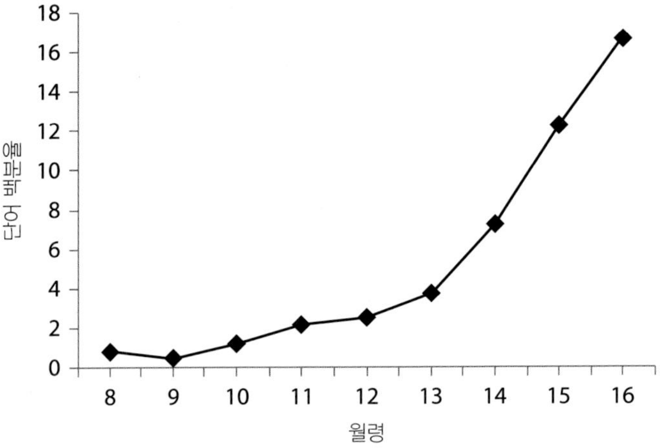

그림 4-3 시간 경과에 따른 어휘 성장: 그래프는 다양한 월령의 아동을 대상으로 한 맥아더-베이츠 의사소통 발달 척도(〈방법론 상자 4-1〉 참조)의 영아용 목록에 포함된 385개 단어 중 알려진 단어의 백분율을 보여 준다. 이러한 곡선이 갑작스러운 변화를 나타내는지(기본 학습 기제의 질적 변화를 나타내는 어휘 폭발) 아니면 어휘 지식의 점진적 축적을 가속화하여 발생하는 성장 곡선이 지수적으로 더 잘 설명되는지에 대해서는 논란이 있다.

방법론 상자 4-1 맥아더-베이츠 의사소통 발달 척도를 이용한 걸음마기 아동의 어휘 측정

걸음마기 아동의 어휘 산출과 이해를 측정하는 효과적인 방법은 부모용 질문지를 활용하는 것이다. 맥아더-베이츠 의사소통 발달 척도(CDI)로 알려진 표준화된 질문지가 영문판으로 개발되었으며, 40개 이상의 다른 언어로 번역되어 활용되었다. 질문지는 수백 개의 단어를 포함하는 체크리스트로 구성되어 있다. 각 단어에 대해 주 양육자는 아동이 그 단어를 이해하고 산출할 수 있는지를 결정해야 한다. 8~16개월 아동을 위한 영아용 양식과 16~30개월 아동을 위한 걸음마기 아동용 양식이 있다.

부모가 자녀의 언어 발달을 과대평가하는 경향이 있고, 다른 질문지와 일관성을 유지하려 할 수 있으므로 부모 보고의 타당성을 확보하는 것은 쉬운 일이 아니다. 그러나 CDI는 자연스러운 대화에서 얻은 아동의 어휘 추정치와 실험실 기반 검사인 표현형 단일어 그림 어휘 검사(Gardner, 1990)를 통해 교차 타당도를 확보하였다. 이 검사에서는 아동에게 그림을 제시하고 해당하는 단어를 말하도록 요청한다. 이러한 측정값과 CDI 간의 상관관계는 일반적으로 .73에서 .85 사이로 높은데(Fenson et al., 1994), 이는 CDI가 아동 어휘의 중요한 구성 요소를 포함한다는 사실을 보여 준다. 맥아더-베이츠 CDI 관련 정보는 샌디에이고 주립대학교 과학대학 웹사이트에서 찾을 수 있다. 맥아더-베이츠 CDI 점수에서 실제 어휘 크기를 추정하는 방법에 대한 정보는 Mayor와 Plunkett(2011)의 연구에서 확인할 수 있다.

물의 명칭으로 간주하는 것으로의 질적인 변화를 경험한다(DeLoache, 2004; Mayor & Plunkett, 2010). 다시 말해서, 영아는 생애 첫해에 단어를 단순히 활동과 연결하지만, 걸음마기 아동은 단어가 세상의 사물을 지시하는 상징이라는 사실을 알게 된다. 다음 절에서는 이러한 변화를 가져오는 과정에 관해 설명한다.

4.4.1 단어와 의미의 매핑

Carey가 처음 설명한 신속한 매핑(Carey, 1978; Carey & Bartlett, 1978) 현상의 출현이 생애 두 번째 해의 중요한 변화이다. 사물 명칭의 학습 맥락에서 13개월의 아주 어린 영아에게서도 신속한 매핑이 입증되었다(Gershkoff-Stowe & Hahn, 2007; Houston-Price, Plunkett, & Harris, 2005; Schafer & Plunkett, 1998; Werker et al., 1998; Woodward, Markman, & Fitzsimmons, 1994). 전형적인 연구(Schafer & Plunkett, 1998)에서 영아는 독특한 모양의 새로운 사물과 짝을 이루는 2개의 새로운 단어(예: bard, sarl)에 노출된다. 노출 단계에서는 각 사물을 한 번에 하나씩 보여 주고, 명칭을 여러 번 제공한다. 검사 단계에서는 2개의 사물을 나란히 보여 주고, 그중 하나의 명칭을 지정한다. 실험 단계에서 2개의 새로운 사물 명칭을 반복적으로 검사하고, 왼쪽과 오른쪽 위치를 변경하여 검사를 반복한다. 영아가 하나의 사물 명칭을 알게 되면, 이리저리 쳐다보지 않고 그 사물을 더 오래 쳐다본다.

신속한 매핑은 말 그대로 빠른 단어 학습을 의미한다. 걸음마기 아동은 새로운 단어에 몇 번 노출되는 것만으로도 새로운 어휘 항목을 구축한다. Rovee-Collier와 Giles(2010)는 생애 두 번째 해에 출현하는 선택적 주의가 신속한 매핑 현상의 기초가 된다고 제안하였다. 아동이 더 많은 단어를 인식할수록 새로운 단어를 들을 때 자신의 부호화에 대한 편향이 더 강해진다. 그러나 신속한 매핑을 통해 생성된 새로운 어휘 항목은 쉽게 분리되고, 쉽게 잊힐 수 있다(toma와 같은 새로운 단어가 특이한 사물의 명칭으로 소개되는 많은 실험에서처럼). 단어를 반복적으로 접하는 경우에만 어휘가 안정적으로 입력되고, 의미와 문법 속성이 더 많이 발견된다(Carey, 2010).

> 어휘 항목(lexical entry): 개인의 정신 어휘에 있는 개별 단어의 목록. 단어의 의미, 발음, 품사, 문법 특징, 철자 정보를 포함함.

걸음마기 아동이 자신의 어휘를 확장함에 따라, 단어는 아동이 자신의 주의를 세상에 집중시키는 능력에 있어 특별해진다. 경험에 관한 이야기를 하는 목적에 따라 언어가 경험을 구성하는 방법이 다르다(Choi & Bowerman, 1991; Evans & Levinson, 2009; Haspelmath, 2007; 8장 참조). 아동의 언어가 성장하고 기억력이 향상되면서 대화는 지금-여기에 관한 이야기에서 과거와 미래에 관한 이야기로 이동한다(Nelson, 2007). 아동은 다른 사람과의 경험에 관해 이야기하면서 시간 관련 단어(yesterday, July), 마음 상태(need, think), 정서(hurt, angry), 추상적 개념(fair, wrong), 문법 기능어(예: 한정사, 전치사, 대명사, 보조동사)와 같이 사물의 명칭이 아닌 다양한 단어를 알게 된다. 이러한 단어는 신속한 매핑을 통해 학습되지는 않으며, 다양한 사용 맥락에 노출됨으로써(느린 매핑이라고 불리는 과정) 점진적으로 학습된다. 걸음마기 초기에 아동은 하나의 단어를 제한된 상황에서 정확하게 사용할 만큼 제대로 알고 있지만, 그 의미를 완전히 이해하지 못할 수 있다. 예를 들어, 그들은 'I dunno'라는 구에서 동사 know를 사용하지만, think, guess, understand 같은 다른 동사와 know가 어떻게 대비되는지 이해하지는 못한다. 아동은 겉보기에는 단순한 방식으로 일부 단어를 배울 수 있다. 예를 들어, 동사는 "Let go."(give up의 의미)와 "It's gone."(no longer here), "I'm gonna do it."(future intent), "What's going on?"(what is happening?), "He went home."(movement towards a goal) 같은 구에서 들을 수 있다. 다양한 형태의 go가 형태론적으로, 의미론적으로 어떻게 연관되어 있는지를 점진적으로 파악한다(Theakston, Lieven, Pine, & Rowland, 2002).

> 느린 매핑(slow mapping): 아동이 다양한 사용 맥락에 노출됨에 따라 단어의 어휘 항목이 더 상세해지는 점진적 학습 과정.

아동은 많은 경우 비슷한 의미를 가진 단어를 구별하기 위해 비중복적 사용 맥락에 의존한다. 예를 들어, 수를 나타내는 all과 each는 일부 맥락에서는 거의 동의어로 사용된다("All of the boys are riding their bikes." vs. "Each of the boys is riding his bike."). all과 each의 특수성은 "She walked all the way home." "The cookies are all gone." "They all went to the movies." 같이 '완료'와 '공생'을 강조하는 문장에서, "You may each pick out a toy." "They played nicely with each other." 같이 '개별성' '일대일 대응' '호혜성'을 강조하는 문장에서 드러난다. 비중복적 사용 맥락을 학습함으로써 아동은 모호한 문장에서 수량 형용사를 다르게 취급한다. 예를 들어, "All of the alligators are in a bathtub."라는 문장은 'all the alligators in one bathtub'라는 의미의 '복수'로 해석하지만, "Each alligator is in a bathtub."라는 문장은 'each alligator in its own bathtub'라는 의미의 '단수'로 해석한다(Brooks & Braine, 1996).

4.4.2 새로운 단어의 불확실한 의미 제거

언어의 어휘 목록에서 알 수 있는 중요한 특징은 동의어가 거의 포함되어 있지 않다는 것이다. bunny와 rabbit처럼 거의 유사한 의미로 사용되는 단어조차도 형식과 사용 패턴이 다르다. 비록 혐오나 금기의 주제에 관한 수많은 속어가 특정 언어에 포함되어 있더라도, 다양한 속어는 맥락에 따라 다르게 사용된다(Clark, 1993). 단어 형식의 변화가 의미나 사용법의 변화를 확실하게 보여 주는 언어의 이러한 특징은 아동의 단어 학습 과제 해결에 도움이 된다. 아동은 새로운 단어 형식을 들을 때마다 새로운 단어의 의미가 친숙한 단어와 다르다는 사실을 추측할 수 있다. 아동은 새로운 단어의 의미를 파악하기 위해 상호 배타성 편향(Markman, 1989; Merriman & Bowman, 1989), 새로운 명칭 · 비명칭 범주(N3C) 원리(Golinkoff, Hirsh-Pasek, Bailey, & Wenger, 1992; Mervis & Bertrand, 1994) 및 대비 원리(Clark, 1993)를 사용한다. 상호 배타성은 아동이 새로운 단어의 의미가 자신이 알고 있는 참조 범위 내의 다른 단어와 중복되지 않고 구별된다고 가정한다. 상호 배타성 가정에 따라 아동은 쉽게 명명할 수 있는 친숙한 사물(예: dog, shirt)에 범주 명칭(예: animal, clothing과 같은 상위 용어)을 적용하지 않아야 한다. 그러나 아동은 동일한 지시물에 대해 여러 용어를 허용한다(Mervis, Golinkoff, & Bertrand, 1994). N3C 원리에 따라 아동은 새로운 단어를 들을 때마다 아직 명명되지 않은 범주를 검색하지만, 새로운 범주에 없는 친숙한 사물에 새로운 단어를 매핑할 수 있다. N3C 원리는 아동이 새로운 단어와 연결 가능한 지시물에 대한 초기 가설을 받아들여 단어 학습의 효율성을 높이는 학습 전략이다. 가장 정교하지 않은 대비 원리는 아동이 단순히 동의어를 거부한다는 점을 강조한다. 제약 조건을 차단하는 동의어의 특성은 아동이 새로운 단어의 가능한 의미를 좁히기 위해 제거 과정을 사용한다는 것이다. 친숙한 단어가 사용된 맥락에서 새로운 단어가 사용되는 경우, 아동은 화자가 다른 것을 염두에 두고 있다고 가정한다. 16개월부터 영아는 먼저 상호 배타성 원리를 적용하여 새로운 단어와 연결할 지시물에 대한 검색 범위를 좁히기 시작한다(Markman, Wasow, & Hansen, 2003). 유아기 동안 어휘력이 증가함에 따라 걸음마기 아동의 이러한 전략 사용 역시 증가한다

> 상호 배타성 편향(mutual exclusivity bias): 아동이 서로 다른 단어의 의미가 참조 범위에서 중복되지 않고 서로 구별된다고 가정하는 단어 학습 원리.

> 새로운 명칭 · 비명칭 범주(N3C) 원리[novel name, nameless category (N3C) principle]: 아동이 새로운 단어를 들을 때마다 아직 명명되지 않은 범주를 검색하는 단어 학습 원리.

> 대비 원리(principle of contrast): 아동이 알고 있는 모든 단어는 다른 의미와 사용 맥락을 가진다는 생각으로 동의어에 저항하는 단어 학습 원리.

(Meriman & Bowman, 1989; Mervis & Bertrand, 1994).

동의어를 차단하는 제약 조건의 기원에 대해서는 약간의 이견이 있다. 일부 연구자는 상호 배타성이 초기 단어 학습에 도움이 되는 내적 제약이라고 제안하였다(Markman, 1989). 다른 연구자들은 상호 배타성이 일반 학습 기제에서 출발한 것으로 보았다. 사물과 명칭이 여러 번 만나면 그 연결고리가 강화되므로 대안적 명칭과의 연결고리는 점차 약해진다(Regier, 2003). 아동은 언어를 배우면서 단어의 비중복적 의미를 이해한다. 단어 학습에 제거 과정을 적용하는 것은 인간만의 고유한 특성은 아닌 것으로 보인다. 심지어 강아지조차도 가져와야 할 사물의 명칭을 학습하는 전략을 사용한다(Kaminski, Call, & Fischer, 2004; Pilley & Reid, 2011).

단어는 의미와 사용 패턴 측면에서 대비되지만, 지시물의 측면에서 반드시 대비되는 것은 아니다. 화자는 종종 여러 용어를 사용하여 동일한 지시물을 가리키며, 다른 용어를 사용하여 태도와 관점에서 대비를 표시한다. 결국 청자는 화자의 의사소통 의도를 파악하고, 화자의 생각에 대한 단서로서 단어를 사용한다. 양육자는 자녀를 언급할 때 William, Billy, you, he, him, munchkin, sweetie, kiddo, child, boy, son, grandson, brother, swimmer, fifth grader, student 같은 다양한 용어를 사용한다. 아동은 다양한 명칭이 서로 다른 상황에서 동일한 개인을 지칭한다는 사실을 당연하게 여기고, 어려서부터 자신의 말소리에서 다양한 참조 표현을 유연하게 사용한다(Clark, 1997; Deák & Maratsos, 1998).

4.4.3 단어 의미에 대한 가정

사물의 명칭을 배울 때 걸음마기 아동은 확장성 원리를 따른다. 즉, 걸음마기 아동은 유사한 종류의 사물에 하나의 명칭을 일반화하여 사용한다(Golinkoff, Mervis, & Hirsh-Pasek, 1994; Markman, 1989). **분류학적 편향**이라고 불리는 이러한 단어 학습 원리는 단어에 관한 중요한 사실, 즉 단어는 특정 시점에 특정 사물과 대비되는 사물 범주를 지칭한다는 사실을 반영한다. 고유명사조차도 여러 상황에서 특정 개인을 지칭하며, “That dress is so Patty.”라는 문장에서처럼 사진이나 ‘그 사람처럼 보이는’ 다른 사물의 맥락에서도 사용될 수 있다. 걸음마기 아동이 여러 단어로 하나의 범주를 형성한다고 연구자들이 제안할 정도로 걸

> 분류학적 편향(taxonomic bias): 아동이 확장성 원리를 따르는 단어 학습 원리.

음마기 아동은 확장성 원리를 수용한다(Waxman & Markow, 1995; Waxman & Braun, 2005). 따라서 단어 학습은 귀납적 일반화를 지원한다(Gelman & Markman, 1986, 1987). 두 사물 중 어느 것이 사례(예: a black bird)의 내적 속성(예: means of breathing)을 공유하는지 질문하면 아동은 해당 사물과 지각적으로 유사한 사물(예: a bat)보다는 사례와 동일한 명칭으로 불리는 사물(예: a penguin labelled as a bird)로 속성을 확장할 가능성이 더 높다. 다수의 연구에 따르면, 명칭은 주의 방향을 다시 지정하여 과제 수행을 변경한다. 명칭을 사용하면 영아가 복잡한 장면에서 사물을 분리할 수 있고(Xu, 2002), 범주 학습은 향상되지만(Ferry, Hespos, & Waxman, 2010; Fulkerson & Waxman, 2007; Lupyan, Rakison, & McClelland, 2007), 범주를 구성하는 개별 항목에 대한 인식은 저하된다(Fisher & Sloutsky, 2005; Lupyan, 2008).

귀납적 일반화(inductive generalisation): 아동이 해당 범주의 다른 구성 요소에 사례의 속성을 일반화시키는 과정.

걸음마기 아동은 사물의 명칭을 배울 때 사물의 모양에 선택적으로 주의를 기울인다. 걸음마기 아동의 모양 편향은 단어 확장 과제에서 명백하게 드러난다. 이 과제에서는 아동에게 새로운 사물(예: a dax)의 명칭을 가르치고, 원래 사례와 하나의 특징만 공유하는 일련의 사물 중 하나를 선택하도록 아동에게 요청한다(예: shape, size, texture/material, color; [그림 4-4] 참조). 이러한 조건에서 걸음마기 아동은 새로운 단어를 유사한 모양의 다른 사물로 일반화하지만(Landau, Smith, & Jones, 1988), 비슷한 크기, 질감/재료, 색깔의 사물에는 일반화하지 않는다. 아동은 특히 가산명사를 습득할 때 모양 편향에 의존하지만, 형용사나 불가산명사 같은 다른 유형의 단어를 학습할 때는 모양 편향을 채택하지 않는다(Landau, Smith, & Jones, 1992; Smith, Jones, & Landau, 1992). 예를 들어, 새로운 물질을 some dax라고 소개할 때 아동은 모양보다는 재료에 기초하여 일반화하는 경향이 있다(Soja, 1992). 실험실 상황에서 영아가 모양에 주의를 기울이도록 훈련하면, 가정에서의 가산명사 학습 속도가 극적으로 증가하지만, 다른 종류의 단어 학습 속도는 영향을 받지 않는다(Smith, Jones, Landau, Gershkoff-Stowe, & Samuelson, 2002). 자연 상황에서는 아동이 자신의 어휘 목록에 상당한 수의 가산명사를 확보한 이후에야 모양 편향이 나타난다(Gershkoff-Stowe & Smith, 2004). 이는 단어와 세상 매핑의 이전 사례들에 대한 일반화를 시사한다.

모양 편향(shape bias): 사물의 명칭을 구별하는 주요 특징(예: cup과 plate를 구별하는 중요한 특징은 색상이나 재료가 아닌 모양)으로 걸음마기 아동의 사물 모양에 대한 선택적 주의가 표시되는 단어 학습 원리.

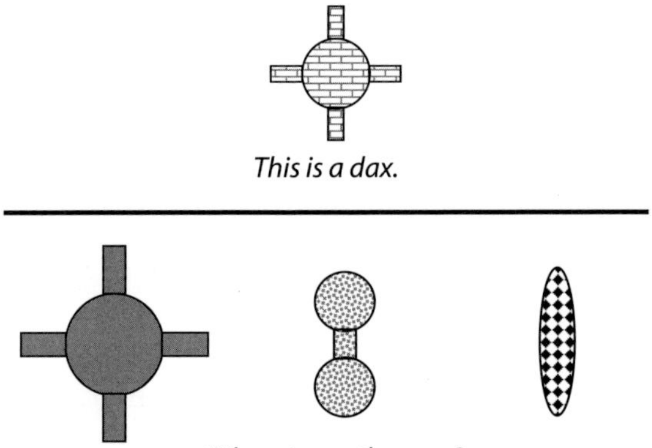

그림 4-4 아래쪽 열에서 가장 왼쪽에 있는 사물을 아동이 가장 많이 선택함으로써 모양 편향을 보여 주는 단어 확장 과제의 자극 예시. 일반적으로 자극은 나무, 점토, 스티로폼, 천 또는 플라스틱으로 만들어진 3차원 사물이다.

출처: Landau et al. (1988); Samuelson & Smith (2005)의 연구에 보고된 재료에 근거함.

온전한 대상 편향(whole-object bias): 단어가 대상의 두드러진 부분이 아니라 전체 대상을 가리키는 것으로, 걸음마기 아동이 가정하는 경향을 나타내는 단어 학습 편향.

온전한 대상 편향이라고 하는 또 다른 단어 학습 편향은 단어가 특정 대상의 두드러진 부분이 아니라 대상 전체를 가리킨다고 걸음마기 아동이 가정하는 현상이다(Hollich, Golinkoff, & Hirsh-Pasek, 2007; Markman, 1989). Gogate와 Hollich(2010)는 사물을 전체로 움직이는 영아의 감각운동 경험에서 이러한 편향이 나온다고 제안하였다. 아동이 모양 편향과 온전한 대상 편향을 함께 사용하면 다른 유형의 단어보다 가산명사를 쉽게 배운다. 걸음마기 아동은 모든 종류의 단어를 배우지만, 아동의 어휘 목록에서 가산명사가 차지하는 비율은 일정하지 않다. 흥미롭게도, 영어 학습 아동보다 다른 언어(예: 나이지리아어, 한국어, 만다린 중국어) 학습자가 사물의 명칭 학습에 대한 편향이 훨씬 적은 것으로 나타나서 **명사 편향**의 강도는 언어마다 상당한 차이가 있다(Childers, Vaughan, & Burquest, 2007; Choi & Gopnik, 1995; Tardif, 1996). 문장에서 주어와 목적어에 해당하는 명사가 생략되고, 동사가 문장 끝에 오는 것처럼 지각적으로 두드러진 문법 특징을 보이는 언어에서는 명사 편향이 더 약하게 나타난다. 그러나 언어 간 구조적 차이는 실제 내용의 일부일 뿐이다. 18~24개월 자녀와 함께 놀이하는 중국과 미국 어머니의 음소거 동영상을 시청한 중국과 미국 성인에게 비디오의 어머니가 무슨 말을 하고 있는지 그 상황을 추측하도록 요청했을 때, 두 시청 집단 모두 미국 어머니의 비디오에서는 동

명사 편향(noun bias): 걸음마기 아동의 초기 어휘에서 가산명사의 불균형적인 비율로 표시되는 단어 학습 편향.

사보다 명사가 더 많다고 정확하게 식별한 반면, 중국 어머니의 비디오에서는 명사와 동사의 수는 동일하다고 식별하였다(Snedeker, Li, & Yuan, 2003). 이는 중국 어머니와 걸음마기 아동의 상호작용에서보다 미국 어머니와 걸음마기 아동의 활동에서 명명하기를 더 장려하는 경향이 있음을 시사한다. 서양 문화에서 그림책의 사물 가리키기와 같은 일반적인 활동은 사물의 명칭 학습을 강력하게 촉진하고(Ninio & Bruner, 1978; Ninio, 1980; Weizman & Snow, 2001), 그러한 활동에 정기적으로 참여하는 걸음마기 아동이 다른 아동보다 더 큰 명사 편향을 보인다(Choi, 2000; Tardif, Gelman, & Xu, 1999).

명사 편향의 기원과 관련하여 상당한 논쟁이 지속되어 왔다. 아동은 단어의 의미에 대해 무수히 많은 가설을 세울 수 있으므로(Does dog refer to the head, tail, legs, fur, smell of the creature, or the entire creature as a whole?) 일부 연구자는 앞서 설명한 편향이 선천적이라고 제안하였다. 즉, 아동은 처음부터 단어 학습 과정을 제한하는 몇 가지 영역-특정적 가정을 가지고 태어난다는 것이다(Markman, 1990). 그러나 모양 편향의 출현과 소멸에 관한 경험적 연구에서 입증된 것처럼, 초기 어휘의 구조에서 편향이 발생할 수 있다. 아동은 개별 단어의 의미에 대한 가설을 세울 때 일반적으로 단어가 세상을 조각하는 방법에 대한 가설을 함께 세운다. 그리고 아동의 아주 초기 어휘에서 전형적으로 발견되는 가산명사는 모양이 가장 잘 구별되는 사물 범주의 명칭에 해당한다. 최근 위계적 베이지안 모델링의 수학적 프레임워크 내에서 이러한 통찰이 더욱 엄격하게 공식화되었는데, 이는 특정 데이터에 대한 귀납적 추론이 학습자가 그러한 데이터의 생성 방법에 대해 일반적인 가설을 어떻게 세우는지를 설명하는 데 사용된다(Perfors, Tenenbaum, Griffiths, & Xu, 2011). 간단한 예를 들어 보면, 특정 동물은 dog라고 부르고, 다른 동물은 cat이라고 부르고, 또 다른 동물은 bunny라고 부르는 것을 배우면서 아동은 일반적으로 단어가 다양한 동물을 구별하는 데 어떻게 사용되는지, 다른 명칭을 정당하게 사용하기 위해 동물의 어떤 특징이 중요한지에 대해 배운다. 이러한 추상적 지식은 이후 단어 학습을 제한하는 데 사용된다. 결정적으로, 선천적인 단어 학습 편향을 가정하지 않더라도 단어 학습 제약 조건에 대한 추상적 지식이 특정 단어의 지시물에 대한 구체적 지식과 병행하여 나타날 수 있다.

> 위계적 베이지안 모델링(hierarchical Bayesian modelling): 위계적 베이지안 추론을 모델링하는 데 사용되는 수학적 프레임워크.

단어 학습 편향의 출현에 대한 대안적인 설명은 신경-연산 모델링(neurocomputational modelling)에서 출발한다. 단순 연결 학습 기제를 구현하는 이러한 모델에서는 일단 음운 및 개념 발달이 충분히 이루어지면 단어 학습 편향이 발생한다고 간주한다. 예를 들어, 일단 지각 또는 기능 기반 사물 범주가 충분히 발달하면, 모양 편향이나 분류학적 편향이 나타난다. 공동 관심의 에피소드 동안 하나의 범주(예: a cup)에 해당하는 단어(예: cup)가 명칭으로 명명되면, 그 단어는 이미 알고 있는 범주(예: object of a particular size/shape used for drinking)에 매핑되고, 추가적으로 명시적인 명명 없이 해당 범주의 다른 모든 사례와 연결된다(Mayor & Plunkett, 2010). 연결 학습 기제에 기반한 신경-연산 모델링 설명은 추상적 지식을 유도하지는 않지만, 다양한 영역의 학습이 전개되는 방식에서 초기 단어 학습 편향이 출현한다고 간주한다.

4.4.4 통사론을 사용한 새로운 단어의 의미 추론

통사론(syntax): 단어가 문장을 형성하기 위해 어떻게 배열되는지에 관한 언어학의 하위 분야.

형태론(morphology): 새로운 단어를 만들기 위해 파생 및 굴절 접사를 사용하여 단어 형식을 수정하는 과정과 관련된 언어학의 하위 분야.

어휘 자동 처리(lexical bootstrapping): 문법 지식이 개별 단어가 어떻게 사용되는지에 대한 축적된 항목별 지식의 산물이라는 가설.

통사 자동 처리(syntactic bootstrapping): 품사와 같은 새로운 단어의 속성을 유추하기 위해 아동이 통사 정보를 사용할 수 있다는 제안.

Bates와 Goodman(1997)은 아동이 특정 단어와 그 사용 맥락을 배움으로써 항목-기반 학습의 축적물인 어휘 목록에서 문법(통사론과 형태론)이 출발한다고 제안하였다. 이 과정을 어휘 자동 처리라고 명명하고, 이에 따라 아동은 개별 단어의 동시 발생 패턴을 추적함으로써 언어의 조합 속성을 학습한다. 일단 아동이 언어의 문법 구문을 학습하고 나면 새로운 단어가 나타나는 언어적 맥락을 사용하여 그 의미를 추론할 수 있다. 아동이 말소리의 일부와 같은 새로운 단어의 속성을 추론하기 위해 구문을 사용할 수 있다는 아이디어를 통사 자동 처리라고 한다(Gleitman, 1990). 예를 들어, 여러 연구에 따르면 걸음마기 아동은 통사 정보(문장 구조)를 사용하여 가산 명사("This is a dax.")를 불가산명사("This is made of dax."), 형용사("This is a daxy one.")와 구별한다(Brown, 1957; Landau et al., 1992; Prasada, 1993; Smith et al., 1992; Soja, 1992).

Gleitman(1990)은 통사 정보가 동사와 같은 관계적 단어의 의미를 학습하는 데 특히 중요하다고 주장하였다. 아동이 동사의 의미를 이해하기 위해 모국어 문법을 일부 습득해야 하므로 동사 학습은 명사 학습보다 늦어진다(Gleitman, Cassidy,

Nappa, Papafragou, & Trueswell, 2005). ball과 같은 가산명사는 지정된 사물이 존재하는 상황에서 사용되는 경향이 있으나, 동사는 특정 행위나 상황과의 관련성이 강하지 않다(Gentner, 1982). 어떤 행위는 다양한 관점(chasing, fleeing, running, escaping, going)으로 설명되고, 단순히 언어 외적 맥락을 단서로 하여 동사의 의미를 추측하기는 어렵다(Gillette, Gleitman, Gleitman, & Lederer, 1999; Piccin & Waxman, 2007). 그러나 아동이 문장에서 명사의 지시어를 식별하고 문장 구조를 이해한다면 동사의 의미를 합리적으로 추측할 수 있다. 다시 말해서, 아동이 동사를 배울 수 있는 충분한 정보를 제공하기 위해 언어적 맥락이 언어 외적 상황을 보완한다. "The girl is chasing the boy."라는 문장을 들을 경우, 아동은 chasing이 소녀가 소년에게 하는 행동을 의미한다고 추측할 수 있다. 반면에 "The boy is running away from the girl."이라는 문장을 듣는다면 아동은 소년이 하는 행동에 집중한다. Naigles(1990)는 걸음마기 아동의 동사 습득에서 통사 자동 처리의 증거를 제공하기 위한 첫 번째 연구를 수행하였다. 그녀는 "The duck is gorping the bunny." 또는 "The duck and the bunny gorping."과 같이 친숙하지 않은 비단어 동사가 포함된 문장을 2세 아동에게 제시하였다. 이와 동시에 양쪽에 제시된 2개의 비디오 화면("A duck forcing a rabbit into a bending position." vs. "A duck and a rabbit making arm gestures in parallel.")을 아동에게 보여 주었다. 아동은 문장 내용과 일치하는 비디오 화면을 더 오래 쳐다보았다. 예를 들어, "The duck is gorping the bunny."라는 문장을 들을 때, 아동은 duck이 bunny에게 무엇인가를 하고 있는 비디오를 더 오래 응시하였다. 따라서 아동은 문장 구조로부터 동사 의미의 일부를 추론한 것이다.

4.4.5 형태론을 사용한 새로운 단어의 의미 추론

아동은 또한 단어의 의미를 추론하고 어휘를 확장하기 위해 형태소 단서를 사용한다(Jolly & Plunkett, 2008). 형태소 패턴, 즉 굴절과 파생 패턴 규칙과 유사한 경향이 있으며, 빈도, 투명도, 생산성에 따라 변한다. **빈도**는 언어 입력에서 접사가 얼마나 자주 발생하는지를 나타내며, 이는 형식을 갖춘 발화를 생성하는 데 얼마나 필수적인지에 의존한다. 영어에서 -ed와 같은 동사 활용 어미 또는 -s와 같은 명사 활용 어미의 발생 빈도가

> 빈도(frequency): 언어에서 형태소가 얼마나 자주 발생하는지를 나타냄. 접사의 경우, 형태소가 형식을 갖춘 발화의 생성에 얼마나 필수적인지에 의해 결정되는 빈도.

높은 이유는 시제와 수 같은 특징을 의무적으로 표시해야 하기 때문이다. 발생 빈도가 높은 접사가 먼저 학습되고, 새로운 어휘로 먼저 일반화된다. 접사와 관련하여 단어 어근이 인식되는 정도를 투명도라고 한다. 일부 어근은 접사가 첨부되는 동안 겉보기에 특이한 변화를 겪는데(solve-solution, electric-electricity, chaos-chaotic), 이는 형태소 패턴의 투명도를 감소시킨다. 대부분의 영어 어근은 아동이 이미 알고 있는 독립형 단어이다. 예를 들어, actor라는 파생 형식에서 쉽게 단어 act를 인식할 수 있다. 예를 들어, structure, construct, construction, instruct, instructor, instruction, destruction에서 struct가 여기에 해당한다. 접사 없이는 절대 등장하지 않는 어근이 포함된 형태론적으로 복잡한 단어가 존재한다. 이 경우 어근의 의미를 추론하기 위해 아동은 단어를 형태소로 구분할 수 있도록 접사를 포함한 단어 형식을 충분히 배워야 한다. 마지막으로, 생산성이란 특정 유형의 단어에 접사가 첨부되는 정도를 나타낸다. 예를 들어, 진행형 -ing 및 시제 표시 -ed 같은 굴절 접사는 영어 동사에서 많이 나타나지만, -er 또는 -tion 같은 파생 접사는 상대적으로 적게 나타난다.

> 투명도(transparency): 접사의 맥락에서 발생할 때 단어 어근이 인식되는 정도.

> 생산성(productivity): 접두사 또는 접미사가 다양한 다른 단어 유형에 적용되는 정도.

단어 형성의 규칙과 유사한 패턴으로 인해 아동은 수많은 과잉 일반화 오류를 범하는데, 일반적으로 접사와 함께 사용되지 않는 단어에 접사를 적용한다. 5장에서 보다 상세하게 설명하겠지만, 가장 일반적으로 보고되는 오류는 복수형 -s(mouses for mice) 및 과거 시제 -ed(swimmed for swam) 같은 명사 및 동사 활용 어미의 과잉 일반화이다. 그러나 빈도, 투명도, 생산성이 높은 형태소 패턴은 debalance(to make unbalanced), physicalise(make something imaginary physical), mayhemic(wild, out-of-control, like mayhem) 같은 어휘 혁신을 지원한다. 이러한 형식은 아동이 생각하고 있는 무언가를 정확하게 의미하는 단어에 접근할 수 없을 때 만들어진다. 예를 들어, better 대신 gooder라고 말하는 것처럼 정확한 형식을 인출하는 데 실패할 때, most successful 대신 successfullest라고 말하는 것처럼 형태소 패턴에 제한적인 적용 영역이 있을 때, 아동은 새로운 형식을 만들어 낸다. 결정적으로, 아동은 그러한 형식을 산출하기 위해 highest, softest, tallest 또는 dethrone, deflate, deforest 등과 같은 관련 단어(형태론적 패러다임이라고 함)를 습득해야 한다. 이는 아동이 형태론적 패턴의 사례를 설명

> 과잉 일반화 오류(over-generalisation errors): 아동이 접사 또는 문법 구문이 일반적으로 적용되지 않는 단어에 접사 또는 문법 구문을 사용할 때 발생하는 말소리 산출 오류. 이로 인해 went 대신 goed와 같은 비관례적인 형식이 산출됨.

> 형태론적 패러다임(morphological paradigm): 어근은 같으나 어미 활용이 다른 단어 모음(예: high, higher, highest 또는 strong, stronger, strongest).

하고, 접사의 의미를 추론하는 데 토대가 된다. doggy, buggy, bootie 등 영어의 y와 같은 지소사 접사를 사용하는 사례는 5장에서 자세히 설명한다. 지소사는 아동-대상 발화에서 널리 사용되며, blanket 대신 blanky, bottom 대신 botty가 사용되는 초기 파생 접사이다(Savickienė & Dressler, 2007).

아동의 어휘에서 형태론적으로 복잡한 단어 목록의 크기와 다양성이 증가함에 따라 단어 학습의 효율성도 증가한다(Anglin, 1993). 아동이 단어를 어근과 접사로 구분하고, 다른 접사의 의미를 이해하는 능력이 생기면 새로운 단어의 의미를 추론하는 아동의 능력이 크게 향상된다. 아동이 새로운 단어와 단어 조합의 속성을 배우면서 언어의 형태론 및 통사론 속성에 대한 지식이 성장한다. 형태론과 통사론에 대한 아동의 지식이 증가하면 아동이 낯선 단어의 의미에 통사 단서를 활용할 수 있으므로 보다 효율적인 단어 학습자가 된다. 어휘 자동 처리와 통사 자동 처리의 결합 효과는 아동이 이미 알고 있는 언어의 양에 따라 어휘 성장률이 증가한다는 것이다. 아동이 인쇄물 텍스트에서 형태론적으로 복잡한 단어를 발견하고, 그 단어가 고등학교를 졸업할 때까지 약 4~10만 개 단어로 성장하면서 학교를 다니는 동안 어휘 크기가 크게 증가한다(P. Bloom, 2002; Nagy & Anderson, 1984). 이는 곧 학교를 다니는 동안 아동이 하루에 12~18개의 새로운 단어를 배운다는 것을 의미한다. 아동이 이러한 과업을 얼마나 정확하게 성취하는지에 관해서는 9장의 문해 발달 관련 내용에서 더 자세히 살펴본다.

요약

- 초기 단어 학습은 주변 세계의 단어를 지시물에 매핑하는 것이다.
- 아동은 타인과의 사회적 상호작용을 통해 단어의 의미를 추론하는데, 이때 공동 주의와 타인의 의도를 이해하는 능력에 의존한다.
- 아동은 또한 일상생활과 활동의 말소리에서 단어의 의미를 추론한다.
- 양육자는 영아의 행동과 말소리에 즉각적으로 반응함으로써 단어 학습에 도움을 제공한다.
- 아동의 초기 단어 산출은 미성숙한 음운 표현 및 조음 능력과 초기 어휘의 음운 구조에 의해 제약을 받는다.
- 특정 상황과 활동에서 초기 단어 학습이 이루어지므로 아동은 과잉 확장 및 과잉 축소의 오류를 범하고 나서 단어가 상황에 따라 변하는 개념에 대한 상징임을 알게 된다.
- 초기 어휘는 의미론적 · 형태론적 · 음운론적 특징에 의해 점진적으로 구성된다.
- 아동의 선택적 주의 집중이 가능하면 '신속한 매핑', 즉 사물과 사물의 명칭을 빠르게 연결할 수 있다. 추상적이고 관계적인 단어는 사용 맥락을 추적함으로써 점진적으로 습득된다.
- 생애 두 번째 해에 어휘 크기가 성장하면 다른 명칭이 다른 개념을 의미하고, 범주의 구성 요소가 모양에 따라 만들어진다고 가정하고, 명칭이 특정 사례 또는 사물의 일부가 아닌 전체 대상 및 범주를 지칭한다는 가정과 같은 단어 학습 전략이 등장한다.
- 아동은 또한 문법에 대한 새로운 지식을 사용하여 새로운 단어의 의미를 추론한다. 어휘 크기의 증가는 문법 습득을 지원한다.

더 읽을거리

주요 연구

Gogate, L. J. (2010). Learning of syllable-object relations by preverbal infants: The role of temporal synchrony and syllable distinctiveness. *Journal of Experimental Child Psychology, 103*, 178-197.

Samuelson, L. K., & Smith, L. B. (2005). They call it like they see it: Spontaneous naming and attention to shape. *Developmental Science, 8*, 182-198.

논문

통사 자동 처리에 관한 읽을거리

Gleitman, L. R., Cassidy, K., Nappa, R., Papafragou, A., & Trueswell, J. C. (2005). Hard words. *Language Learning and Development, 1*, 23-64.

신속한 매핑과 느린 매핑에 관한 읽을거리

Carey, S. (2010). Beyond fast mapping. *Language Learning and Development, 6*, 184-205.

단어 학습 편향의 출현에 관한 읽을거리

Regier, T. (2003). Emergent constraints on word-learning: A computational review. *Trends in Cognitive Science, 7*, 263-268.

저서

Bloom, P. (2002). *How children learn the meaning of words.* (*Learning, development and conceptual change*). Cambridge, MA: MIT Press.

5 아동은 어떻게 단어를 조합하고 수식하는 방법을 학습하는가

핵심 용어

• 호응 • 논항 구조 • 논항 • 인공 문법 • 인공 언어 • 격조사 • 구문문법 • 구문 • 내용어 • 지소사 • 수여동사 • 기능어 • 생성문법 • 생성능력 • 위계적 베이지안 추론 • 굴절 형태론 • 자동사 • 항목–기반 • 어휘 목록 • 언어 습득의 논리적 문제 • 병합 • 형태소 • 형태론 • 부정성 증거 • 명사구 • 목적어 • 과잉 일반화 오류 • 매개변수 • 어구 해부 • 품사(parts of speech) • 음운 자동 처리 • 자극의 빈곤 • 서술어 • 선점 • 원리 • 수량사 확산 오류 • 재귀 • 도식 • 의미적 • 의미 역할 • 발화 행위 • 통계 학습 • 구조적 정렬 • 주어 • 통사적 점화 • 통사론 • 토큰 빈도 • 타동사 • 유형 빈도 • 보편문법 • 결합가 • 동사구 • 시각적 세계 패러다임 • 품사(word classes) • 단어–특정적 공식 • wug 테스트

개요

생애 첫 발화부터 아동은 일상생활의 모든 문제를 해결하기 위해 언어를 사용한다. 예를 들면, 요청 또는 거절하기, 관심 보이기, 질문하기, 경험 공유하기, 도와주기, 가족에게 인사하기 등이다. 발화의 기능적 측면을 발화 행위라고 한다(Austin, 1962; Searle, 1969). more, all-gone, bye-bye, no와 같은 한 단어 발화에서 시작하여 걸음마기 아동은 여러 가지 언어적 수단을 이용해서 다양한 언어 행위를 시도한다. 생애 두 번째 해가 끝날 무렵 걸음마기 아동은 단어를 조합하여 더 긴 발화를 산출하는데, 이는 문법으로의 전이를 나타낸다. 시간이 지남에 따라 두 단어 발화(예: more milky)가 더 길고(예: "I want more milk.") 더 긴 발화(예: "Would you hand me the milk that's on the kitchen counter, please?")로 변화되면서 발화가 훨씬 더 복잡해진다. 불과 몇 년 사이에 아동의 발화는 유창한 언어 사용자의 발화처럼 놀랄 만한 복잡성을 보여 준다. 따라서 아동은 단어가 임의의 방식으로 조합되는 것이 아니라 공동체 구성원이 공유하는 관습을 준수한다는 사실을 알게 된다. 이 장에서는 의미 있는 방식으로 단어를 조합하고 수식하는 능력의 토대가 되는 관습을 아동이 어떻게 습득하는지 살펴본다.

> 발화 행위(speech act): 발화의 기능적 측면, 예를 들어 발화가 질문을 하는 것인지, 약속하거나 다른 사람의 견해를 확인하는지 여부.

아동의 문법 습득을 설명할 때, 많은 개론서에서는 문법의 두 부분인 통사론과 형태론 발달을 분리하여 살펴보지만, 여기서는 구분하지 않고 살펴본다. 언어학에서 통사론은 문장을 형성하기 위해 단어가 배열되는 방식을 의미하고, 형태론은 work-s, work-ing, work-er-s, re-worked와 같이 접사를 추가하여 단어의 문법적 상태가 어떻게 변화되는지를 나타낸다. 서술적 관점에서는 통사론과 형태론을 구별하는 것은 논리적으로 타당하다. 그러나 발달적 관점에서는 순서의 통계 학습과 같은 일반 학습 기제가 통사론과 형태론의 습득에 중요한 역할을 하기 때문에 이들을 구별하는 것은 별로 적절하지 않다. 통사론과 형태론의 습득을 개별적으로 처리하면 기능적 측면에서 중요한 공통점이 모호해질 수 있다. 통사론과 형태론을 분리하는 한 가지 이유는 언어 발달 연구가 역사적으로 영어 발달에 초점을 맞추고 있기 때문이다. 영어는 다른 언어보다 단어 순서가 엄격하고 굴절 형태소가 적다. 아동이 영어를 배우기 위해서는 누가 누구에게 무엇을 했는지에 대한 정보가 단어 순서에 포함되어 있다는 사실을 발견해야 한다. "The boy chased the girl."이라는 문장과 "The girl chased the boy."라는 문장에서 첫 번째 명사는 쫓고 있는(chasing) 사람을 나타내고, 두 번째 명사는 쫓기는(chased) 사람을 나타낸다. 반면에 헝가리어를 배우는 아동은 단어 순서보다는 격조사가 문장에서 명사의 다양한 역할을 나타낸다는 사실을 발견해야 한다. 예를 들어, "A fiú kergetik a lányt[The boy chased the girl]."라는 헝가리어 문장은 "A lányt kergetik a fiú."와 같은 의미를 가지며, "A lány kergetik a fiút[The girl chased the boy]."라는 문장은 "A fiút kergetik a lány."와 같은 의미를 가진다. 어떤 언어든 그 언어의 문법을 습득하려면, 아동은 상호 의존적인 문법의 이 두 가지 측면의 특정 기능으로 단어를 배열하는 방법과 단어를 수식하는 방법을 배워야 한다.

격조사(case markers): 명사의 주제적 역할을 나타내는 격 변화(누가 누구에게 무엇을 했는지).

5.1 문법 지식의 근원은 어디인가

여기에서는 문법 지식의 본질에 관한 두 가지 주요 접근법과 이 지식의 근원에 관한 질문을 간략하게 살펴본다.

5.1.1 문법에 대한 생득주의 접근법

자극의 빈곤(poverty of the stimulus): 아동에게 제공되는 언어의 양이 제한되어 있으므로 인간 언어의 문법은 배우기가 너무 복잡하다는 Noam Chomsky의 주장. 언어 습득은 타고난 문법 지식에 의해 지원받아야 함.

보편문법(Universal Grammar): Noam Chomsky가 제안한 이론적 틀의 구성 요소. 언어 문법에 대한 아동의 가설을 제한하는 타고난 언어 능력.

부정성 증거(negative evidence): 아동에게 제공된 입력 자료에 어떤 형식이 부적합한지를 잠재적으로 알려 주는 증거. 예를 들어, 양육자는 아동이 부정확한 형식을 산출할 때마다 발음, 어휘 또는 문법을 교정함.

언어 습득의 논리적 문제(logical problem of language acquisition): 입력으로 언어를 학습하기에는 언어가 너무 복잡하다는 견해. 입력이 주변 언어의 구조에 관한 충분한 정보를 제공하기에는 불충분하므로 아동은 타고난 언어 지식을 가지고 있어야 함.

원리(principles): 생성문법의 틀 내에서 모든 언어는 동일한 기본적인 이론적 규칙(원리)을 가지며, 특정 매개변수의 경우에만 다양한 것으로 고려됨.

매개변수(parameters): 생성문법의 틀 내에서 모든 언어는 동일한 기본적인 이론적 규칙을 가지며, 특정 특징(매개변수)의 경우에만 다양한 것으로 고려됨.

주어(subject): 문장에서 가장 두드러진 문법적 역할. 서술어가 무엇에 관한 것인지를 나타냄.

생득주의 접근법은 아동의 풍부한 문법 지식이 제한된 일부 언어 입력만으로는 습득될 수 없다는 Noam Chomsky(1965)의 주장에 근거한다. 이러한 자극의 빈곤 주장에 대해 Chomsky는 문법에 대한 아동의 가설을 제한하는 보편문법을 아동이 가지고 태어난다고 제안하였다. Chomsky(1965)는 시행착오와 같은 일반적 학습 기제로는 언어 학습이 충분히 이루어지지 않는다고 주장하였다. 시행착오를 통해 성공하기 위해서는 아동에게 부정성 증거가 필요하다. 즉, 어떤 단어 조합과 수식이 문법에 맞지 않는지를 보여 주는 힌트가 필요하다. 이는 영어를 배우는 아동에게 "three mouses." "I swimmed in the pool." "Giggle me."라고 말하지 않는다는 사실을 알려 주는 것과 같다. 그러나 부모와 양육자는 이런 방식으로 자녀에게 문법을 알려 주지 않으며, 알려 주더라도 아동은 이런 종류의 피드백에 둔감한 것으로 보인다. 이러한 총체적 난제는 언어 습득의 논리적 문제라고 불리고, 이에 대한 Chomsky의 해결책은 문법 구조에 대한 잠재적으로 무한한 가설을 제한하는 규칙에 대해 아동이 선천적인 지식을 가지고 태어난다는 것이다.

Chomsky의 보편문법 이론에서는 모든 인간 언어가 동일한 통사적 문법 원리를 공유하며, 끄거나 켤 수 있는 스위치로 생각되는 한정된 매개변수의 경우에만 서로 다르다고 제안하였다(Roeper & Williams, 1987; Roeper, 2007). 예를 들어, 영어와 같은 일부 언어는 문장에 명백한 주어(하나의 문장에서 주어와 목적어는 명사의 문법적 역할을 담당함)가 있어야 한다. 문장 "It is raining."에서 주어는 의미적 내용이 아닌, 주어의 문법적 기능을 충족시키는 가주어이다. 중국어나 스페인어처럼 다른 언어의 경우, 스페인어 문장 "Está lloviendo."에서는 주어를 자유롭게 생략할 수 있다. 또 다른 매개변수는 종속 요소(예: 동사의 직접목적어)가 주요부의 앞 또는 뒤에 나오는지와 관련된 가정이다. 영어와 같이 주요부가 문장의 앞부분에 나오는 핵 선행 언어(head-initial language)에서는 동사가 직접목적어 앞에(예: Eat your vegetables!), 한정사가 명사 앞에(예: the carrots), 명사가 관계절 앞에(예: vegetables that are grown in the garden) 위치한다. 전치사(후치사와 반대)는 공간적 위치(on your plate), 도구(with your fork), 소유(of mine)와 같은 다른 종속 관계를 표시한다. 일본어나 터키어와 같이 주요부가 문장의 끝부분에 나오는 핵 후행 언어(head-final language)에서 동사는 수식하는 명사를 뒤따르는 경향이 있으며, 전치사보다는 후치사가 다른 종속 관계를 표시하는 데 사용된다. 이 접근법에 따르면, 모든 언어의 매개변수 설정(예: head-initial vs. head-final)은 입력에서 관계 문장에 노출되어 나타나고, 아동이 발화의 문법에 대한 정확한 피드백을 받지 않아도 된다.

목적어[object, 직접목적어(direct object), 간접목적어(indirect object)]: 타동사, 수여동사와 더불어 발생하는 문법 역할. 예를 들어, "Mary baked John a cake."라는 문장에서 직접목적어는 a cake이고, 간접목적어는 John임.

언어의 특징 중 하나는 무제한의 생산성 또는 생성능력이다. 우리는 이전에 한 번도 언급되지 않았지만, 다른 사람들이 완벽하게 이해할 수 있는 무한한 수의 새로운 문장을 만들 수 있다. Chomsky는 언어의 생산성 때문에 모방을 통해 언어를 배울 수 없다는 결론을 내렸다. 왜냐하면 이전에 들어 본 적이 없는 단어를 모방을 통해 학습할 수는 없기 때문이다. 언어를 생산적으로 사용하려면 언어 사용자는 자신의 언어에서 단어 사용의 근거가 되는 관습에 대한 암묵적 지식을 공유해야 한다. Chomsky(1957)는 "Colourless green ideas sleep furiously."와 "Furiously sleep ideas green colourless." 같은 문장이 완전히 새롭고 무의미하지만, 영어를 사용하는 화자는 첫 번째 문장이 문법적으로 정확하고, 두 번째 문장은 그렇지 않다는 데 동의한다는 점을 지적하였다. Chomsky는 언어를 사용하는 사람이 문법적으로 정확하지만 새로운 문장을 무제한으로 생성하기 위해서는 화자에게 생성문법이라는 내적 규칙 체계가 있어야 한다고 제안하였다. 특정 언어의 생성문법은 언어 입력과 일치하도록 보편문법의 매개변수 설정을 통해 습득된다.

생성능력(generativity): 인간 언어의 무제한적 생산성(무한한 수의 문장을 생성하는 독립형 체계의 속성).

생성문법(Generative Grammar): Noam Chomsky에 의해 처음 제안된 통사론 연구를 위한 이론적 틀은 언어의 가능한 모든 문장을 생성하는 일련의 추상적 규칙을 포함하며, 구문문법과 대비됨.

"Colourless green ideas sleep furiously."라는 영어 문장이 문법적으로 정확한 이유는 문장에서 단어들이 명사, 동사, 형용사, 부사, 대명사, 전치사, 한정사와 같은 품사에 적절한 슬롯(slots)에 배치되었기 때문이다. colourless와 green은 둘 다 형용사이고, 명사 ideas의 앞에 위치한다. 따라서 형용사가 명사의 앞에 위치하도록 지정하

품사(word classes): 품사(parts of speech)로 불림. 단어의 문법 범주(예: 명사, 동사, 형용사 등)로 단어가 나타나는 통사론적 맥락의 범위와 형태론적 형식에 의해 결정됨.

는 영어의 핵 선행 매개변수를 따른다. sleep은 ideas가 무엇을 하는지 나타내는 동사이며, furiously는 sleeping 행위를 수식하는 부사이다. 생성 규칙이 개별 단어가 아닌 품사에 대해 작동하기 때문에 문법을 생산적으로 사용하기 위해서는 아동이 자신의 어휘 목록에 있는 단어가 어떤 품사에 속하는지 알아야 한다.

그러나 생성 규칙은 그 유형에 대한 선형 규칙이 아니다. 문장을 만들기 위해서는 형용사(+선택적 형용사)+명사+동사+부사 또는 품사의 다른 순서를 함께 나열해야 한다. 대신 기본 구조는 위계적이다. "Daddy likes beer."라는 문장을 살펴보자. 이 문장은 명사, 동사, 명사를 포함하는 선형적 순서가 아니라 likes beer라는 동사구와 병합된 명사구인 Daddy로 해석된다. 명사구와 동사구는 단어 간 다양한 의존성을 포함한다. 예를 들어, 명사구에는 명사를 수식하는 한정사, 형용사, 전치사구, 관계절이 포함된다. 복잡성의 차이에도 불구하고 명사구 사이에는 기능적 동등성이 존재한다. 명사구(단수, 3인칭)의 문법적 특징이 동사구의 문법적 특징과 일치하는 경우, 명사구(예: Daddy 또는 the tall man with the cup of coffee who is sitting at the kitchen table 또는 even a colourless green idea)는 likes beer와 같은 동사구와 결합할 수 있다. 따라서 문법은 다음과 같은 유형의 명령어 집합으로 생각할 수 있다. 즉, 하나의 문장을 만들려면 명사구와 동사구를 조합한다. 명사구를 만들려면 선택적 한정사와 선택적 형용사 및 명사를 조합한다. 현대 언어 이론(Chomsky, 1995)에서 병합으로 알려진 단일 조합 연산은 단어를 구문 단위로 조합한다. 여기서 병합된 단위는 구성 요소 중 하나의 문법적 특징을 유지하는데, 예를 들어 lukewarm beer와 같은 형용사-명사 조합에서는 명사 beer의 문법적 특징을 유지한다. 생성문법의 중요한 특징은 재귀이다. 즉, 병합을 자체 산출에 적용하여 점점 더 복잡한 구문 단위를 만들 수 있다. 예를 들어, 동사구 likes lukewarm beer는 명사구 lukewarm beer와 동사 likes가 병합된 결과물인데, 이는 이전 병합을 조작한 결과이다. 재귀의 가장 극단적인 결과는 다음과 같다. "This is the cow with the crumpled horn, that tossed the dog, that worried the cat, that killed the rat, that lay in the house that Jack built." 일반적으로 재귀는 보편문법의 특징이라고 가정하지만[Hauser, Chomsky, & Fitch, 2002; 아마존족의 언어인 피라하(Piraha)에서는 재귀가 나타나지 않는다는 주장에 대해서는 Everett, 2005 참조], 재귀를

동사구(verb phrase): 동사에 기반한 문법적 구.

명사구(noun phrase): 명사 또는 대명사에 기반한 문법적 구.

병합(merge): 단어를 통사 단위로 조합하는 단일 조합 연산으로 병합된 단위는 그 구성 요소 중 하나의 문법적 특징을 유지함.

재귀(recursion): 통사 규칙(예: 병합)을 자체 인출에 적용하여 점점 더 복잡한 통사 단위를 만들 수 있는 생성문법의 특징.

적용하는 데에는 언어-특정적 제약이 존재한다. 예를 들어, "John's cousin's friend's sister's hat."와 같은 소유격의 재귀 조합을 모든 언어권에서 허용하는 것은 아니다(Roeper, 2007). 어떤 언어에서든 작업 기억의 한계는 화자가 재귀를 사용하는 정도를 제한한다.

생성문법 틀의 기본 가정 중 하나는 아동이 인간 문법의 위계적 구조에 대한 선천적 지식을 보편문법의 형태로 가지고 있다는 것이다. 그러나 원칙적으로 아동이 이용할 수 있는 언어 입력에 따라 합리적인 추론 과정을 통해 위계적 문법의 추상적 표현이 어떻게 나타나는지 설명할 수 있다는 점에 주목할 필요가 있다. 4장에서 이미 살펴본 위계적 베이지안 추론은 합리적인 학습자가 문장 생성에 사용되는 문법 규칙의 단순성과 특정 언어 데이터에 적용되는 문법 규칙의 적합성 사이의 균형을 최적화하는 과정이다. 연산 모델링은 문장이 잠재적으로 생성될 수 있는 다양한 방법 중에서 위계적 구-구조 규칙이 단순성(parsimony)과 적합성(fit) 사이에서 가장 좋은 절충점을 나타낸다는 사실을 보여 주었다. 물론 이러한 점이 아동이 체계적인 가설 검증을 통해 자신이 사용하는 언어의 기초 문법을 추론하려고 노력하는 합리적인 학습자임을 의미하지는 않는다. 요점은 모든 인간 문법이 위계적 구조를 가지고 있다는 생성문법의 가정을 채택하더라도 문법 구조에 대한 지식이 타고난다고 가정할 필요는 없다는 점이다(Perfors, Tenenbaum, & Regier, 2011).

위계적 베이지안 추론(hierarchical Bayesian inference): 합리적인 학습자가 특정 데이터(예: 특정 언어 입력)가 어떻게 생성되었는지에 대한 가설(예: 일련의 문법 규칙)을 평가할 수 있는 추론 과정. 여러 수준에서 작동할 수 있음.

어쨌든 생성문법의 추상적 구-구조 규칙은 어떤 문장이 잘 구성되어 있는지 결정하기에 충분하지 않다는 점에 유의해야 한다. 예를 들어, "Daddy likes cookies."와 "Daddy bakes me cookies."라는 문장은 문법에 맞지만, "Daddy likes me cookies."는 문법에 맞지 않다. 이와 유사하게, 구-구조 규칙은 부정관사 a가 가산 명사(예: a banana)와는 조합되지만, 불가산명사(예: a grain of rice but not a rice)와는 조합되지 않음을 명시하고 있지 않다. 개별 단어의 고유한 조합적 속성에 관한 정보는 어휘 목록에 저장된다(Di Sciullo & Williams, 1987). 생성문법은 단어 형식, 품사 및 의미를 연결 기억에 저장하는 어휘 목록과 단어를 조합하고 수식하는 추상 규칙 또는 절차의 형태로 존재하는 문법 사이의 엄격한 역할 분담을 유지한다(Pinker, 1999; Ullman, 2001).

품사(parts of speech): 품사(word classes)라고 불림. 단어가 나타나는 통사론적 맥락의 범위와 그 형태론적 형식에 따라 결정되는 단어의 문법적 범주(예: 명사, 동사, 형용사 등).

특히 동사는 다른 단어와의 조합 방법이 까다롭기로 유명하다(Levin, 1993; Pinker,

논항 구조(argument structure): 결합가(valence)라고도 불림. 명사구와 다른 필수 문법 구성 요소의 수와 배치에 관한 동사-특정적 기댓값.

자동사(intransitive verbs): 예를 들어, "The baby is sleeping."이라는 문장에서 'sleep'이라는 동사와 같이 단지 하나의 논항(주어)만을 필요로 하는 동사.

타동사(transitive verbs): 예를 들어, "Jill is carrying the baby."라는 문장에서 'carry'라는 동사와 같이 두 가지 논항(주어, 직접목적어)이 필요한 동사.

수여동사(ditransitive verbs): 예를 들어, "John gave Mary a book."이라는 문장에서 동사 'give'와 같이 세 가지 논항(주어, 직접목적어, 간접목적어)이 필요한 동사.

1989). 동사의 어휘 항목에는 명사구, 문장의 보어 또는 전치사구의 수에 대한 기댓값이 포함되어 있다. 예를 들어, 동사 sleep은 직접목적어를 취하지 않는다. 이러한 동사-특정적 기댓값을 채워야 할 위치로 생각할 수 있다. 동사의 이러한 속성을 논항 구조 또는 결합가라고 한다. sleep과 같은 자동사는 단 하나의 논항만 필요로 한다(예: the one doing the sleeping). throw와 같은 타동사는 2개의 논항을 가진다(예: the one throwing the object and the object thrown). give와 같은 수여동사에는 3개의 논항이 있다(예: the giver, the recipient, and the gift). 영어 동사는 다양한 다른 논항 구조를 가진다. 예를 들어, think는 "I think Bob will join us for dinner."처럼 문장에서 보어가 필요하고, put은 "She put the milk in the refrigerator."처럼 명사구뿐만 아니라 전치사구가 필요하다.

대부분의 동사는 여러 개의 논항 구조를 가진다. 예를 들어, break는 "The glass broke."에서는 자동사로, "Jane broke the glass."에서는 타동사로 사용된다. 따라서 원래는 타동사라고 하더라도(예: eat는 an eater와 something to be eaten을 필요로 한다), "Sarah is eating in the kitchen." 또는 "The lasagne was eaten last night."에서처럼 그 동사는 생략된 의미 역할을 포함한 여러 가지 다른 논항 구조를 가질 수 있다. 다시 말해, 동사의 어휘 항목에는 논항 구조의 문법적 위치보다 더 많은 의미 역할이 포함되어 있다. 동사의 다양한 논항 구조는 "The soup is cooking in the kitchen."과 "The woman is cooking in the kitchen."처럼 문장 구조에 의미 역할을 유연하게 배정한다. 모든 언어는 단어 순서와 형태론을 사용하여 이러한 가능성을 다르게 처리함으로써 누가 누구에게 무엇을 했는지 나타낸다. 예를 들어, 크로아티아어에서 Juha kuha(Soup cooking)라는 문장은 정교한 형태소 표지가 있는 Žena je za kuhanje(Woman cooking)와 구별된다. 동시에 다른 동사들은 일련의 동일한 단어들과 조합하여 상반된 해석을 산출할 수 있다. 예를 들어, "Jill promised Mark to wash the dishes." vs. "Jill persuaded Mark to wash the dishes."에서 wash의 생략된 주어는 앞의 문장에서는 Jill을 가리키지만, 뒤의 문장에서는 Mark를 가리킨다. 생성문법 틀에서 이 모든 복잡성은 동사의 어휘 항목 중 일부이므로 문법 규칙을

의미 역할(semantic role): 사건의 참여자(an argument)와 주동사(a predicate)의 관계. 주제별 역할이라고도 함.

단순하게 유지한다.

5.1.2 문법에 대한 사용-기반 접근법

수년 동안 많은 아동 언어 연구자(예: Bates & MacWhinney, 1979; Bloom, 1991; Goldberg, 2006; MacWhinney, 2004; Nelson, 2007; Tomasello, 2003)는 Chomsky의 '자극의 빈곤' 주장에 도전해 왔다. Chomsky는 아동의 언어 입력이 너무 빈약하여 문법 습득을 지원하지 못한다고 주장하였다. 이 연구자들은 언어가 구조화되어 있고, 문화와 언어가 전달되는 사회 활동에 참여하여 언어를 배우는 것이 중요하다고 강조하였다. 아동은 무수히 복잡한 언어 사용에 노출되고, 통계 학습과 같은 일반적인 학습 기제를 통해 문법 패턴을 추출함으로써 이를 다른 사람들을 모방하고 그들처럼 행동하려는 강한 성향과 결합시킨다. 사용-기반 연구자들은 양육자가 자녀 발화의 문법에 어떻게 반응하는지 보여 주고, 자녀가 한 말을 반복하고, 자녀가 한 말을 이해하지 못할 때 질문하고, 자녀가 문법적으로 틀린 말을 했을 때 고쳐 준다고 주장함으로써 언어 학습이 피드백 없이 발생한다는 Chomsky의 입장을 반박한다(Chouinard & Clark, 2003; Moerk, 1991, 1994; Saxton, 2000; Saxton, Houston-Price, & Dawson, 2005). Ambridge와 Lieven(2011)은 사용-기반 접근법이 생득주의, 즉 생성문법 접근법과 어떻게 다른지에 대해 자세한 설명을 제공한다.

여기서는 몇 가지 주요 이론적 차이점을 간략하게 살펴본다. 사용-기반 접근법은 언어에 따라 아동이 접할 수 있는 다양한 문법 형식에 중점을 두며, 보편문법 원리가 존재하지 않을 수도 있음을 제안한다(Evans & Levinson, 2009; Everett, 2005; Haspelmath, 2007). 즉, Chomsky가 제안한 보편문법의 주요 전제에 대해 의문을 제기한다. 문법 규칙이 보편문법을 통해 기본적으로 사용 가능한 품사(예: 명사 및 동사)에 적용된다는 생성문법과 달리, 사용-기반 접근법에서는 개별 단어 조합에 대한 항목-기반 학습이 상당히 이루어진 이후에만 품사에 대한 규칙이 나타난다고 제안하였다(Bannard, Lieven, & Tomasello, 2009). 전 세계 언어에서 관찰되는 형식적 범주의 다양성을 심각하게 고려할 때 일부 사용-기반 이론가는 품사가 기본 언어 단위라는 견해에 대해 명백히 반론을 제기한다. Croft(2001, p. 83)는 "……분포 분석의 체계적 적용은 정확한 경계가 있는 소수의 품사를 산출하지는 않는다(하위 계층 및 다중 계층 멤버십과 같은 수정 사항은 제처 두고, 다른 수단에 의해 동기 부여되어야 하는). 이 후자의 사실은 분포 분석이 정의하는 범주는 전통적인 품사도 아닐 뿐만 아니라 특정 언어의 통사적 표상 모델의 구성 요소로서 일종의 아주 작은 원시 요소들도 아니라는 점을 보여 준다."라고 말하였다.

사용-기반 접근법은 어휘 목록과 문법의 분리를 배제하는 경향이 있으며, 단어를 조합하고 수식하는 방법에 대한 지식이 어휘의 동시 발생적 패턴에 대한 항목 특정적 학습에서 생성된다고 본다(Bates & Goodman, 1997). 4장의 어휘 자동 처리에 대한 논의 참조. 그러한 구조 중 하나인 구문문법(Croft, 2001; Goldberg, 1995, 2006)에서는 단어 자체뿐만 아니라 단어가 발생하는 구문도 문장에 의미를 부여하고, 어휘 목록에 단어와 함께 저장된다고 주장한다. 예를 들어, 다양한 명사-동사-명사 조합은 결국 타동사 구문의 출현으로 이어진다. 그런 다음에 이러한 구문을 사용하여 새로운 문장을 만들 수 있다(예: "I'll broom the floor."). "Ike hit the ball."과 같은 능동형 타동사와 "The ball was hit by Ike."와 같은 수동형 타동사의 대조에서 볼 수 있듯이, 구문은 의미를 창출하는 것 외에도 상황을 해석하기 위한 출발점 또는 관점을 제공한다(MacWhinney, 1977). 이러한 추상 구문은 언어적 패턴으로 정의되는데, 그 형식이나 의미의 일부 측면은 구성 요소로부터 완전히 예측할 수는 없다(Goldberg, 2006). 사용 빈도가 충분히 제공되면, 단어의 조합(예: the ace of spades)은 하나의 구문이 되고, 특정 의미 및 사용 맥락과 쌍을 이루어 미리 편집된 단위로 어휘 목록에 저장된다.

구문문법(Construction Grammar): 언어 구조를 문법의 기본 구성 요소로 보는 통사론 연구를 위한 이론적 틀. 생성문법과 대조됨.

4장에서는 어휘를 다른 단어와의 관계에 의해 정의된 단어 체계로 설명하였다. 그 정의를 확장하여 구문을 포함하면, 어휘 목록은 형식, 의미, 사용 패턴에서 구문과는 서로 대비되는 체계이지만, 이러한 차이는 경우에 따라 매우 미묘할 수 있다. "The garden is swarming with bees."와 "Bees are swarming in the garden."이라는 문장을 비교해 보자(Fillmore, 1968). 두 문장에 사용된 단어들이 거의 동일함에도 불구하고, 구문과 문장의 최종 의미에는 차이가 있다. 첫 번째 문장은 정원이 꿀벌로 뒤덮여 있음을 의미하지만, 두 번째 문장의 의미는 그렇지 않다(Goldberg, 1995). "He loaded hay onto the wagon." vs. "He loaded the wagon with hay."와 같은 다른 구문도 의미의 미묘한 차이를 전달한다(Pinker, 1989).

타동사가 포함된 일부 구문에서는 "Ike hit the ball, Ike chipped his tooth, Ike liked the story, Ike received his allowance." 또는 "Ike weighs 30kilos."와 같이 동사가 매우 폭넓게 사용된다. 수여동사가 포함된 다른 논항 구조 구문에서는 "Ike told his dad a story, Ike baked his dad a cake, Ike gave his dad a kiss." 또는 "Ike's broken arm cost him a month of swimming."과 같이 동사가 매우 제한적으로 사용된다. way 구문 또는 let alone 구문과 같이 일부 구문은 특정 단어를 중심으로 구성된다. "Chris slept his way through class and Sam won't comb his hair, let alone wash it."이 그 예이다. 다른 구문은 특정 단어를 중심으로 구성되지 않는다. 예를 들어, "The door creaked open." 또는 "Jane cried herself to sleep."과 같은 결과 구문에서 '결과'라는 의미는 구문 전체와 관련이 있다(Goldberg & Jackendoff, 2004). 개별 단어와 함께 어휘 목록에 존재하는 의미 있는 형식으로 구문을 구성함으로써 구문문법은 동사에 내재된 타동성을 '위반하는' 것처럼 보이는 구문에서 동사가 사용되는 문장을 쉽게 설명한다. 예를 들어, "Should I cream-cheese your bagel?"과 같이 명사를 동사처럼 취급하는 미국인의 습관과, "Kay sneezed the foam off her cappuccino."와 같이 타동사 구문에서 자동사를 사용하는 경우이다(Goldberg, 1995).

놀랍게도, 타동사 또는 수여동사와 같은 추상적인 구문이 아동의 통사론 발달을 설명하는 데 필요 또는 충분 조건이라는 견해에 모든 연구자가 동의하는 것은 아니다. Ninio(2006, 2011)는 아동이 단어 조합을 일반화하여 유사성을 기반으로 새로운 문장을 구성하는 문법 발달에 대한 근본적인 항목-기반 관점을 제안하였다. 그러나 O'Grady(2005)뿐만 아니라 Ninio도 단어와 단어 조합을 점점 더 복잡한 구문 단위로 만드는 아동의 능력을 설명하기 위해 병합과 같은 작업이 필요하다고 주장한다. 예를 들어, 어느 아동의 이야기에 제시된 문장을 살펴보자(DiCamillo, 2006, p. 7). "The china rabbit was in possession of an extraordinary wardrobe composed of hand-made silk suits, custom shoes fashioned from the finest leather and designed specifically for his rabbit feet, and a wide array of hats equipped with holes so that they could easily fit over Edward's large and expressive ears." 이 문장에는 수많은 서술어(동사, 형용사 및 전치사)가 포함되어 있는데, 이 논항은 다른 논항(명사)과 함께 복잡한 통사 구조로 배열되어 청자가 어떤 서술어가 어떤 명사의 수식어인지를 확인

> 항목-기반(item-based): 아동이 만나는 각 단어의 조합 속성을 항목별로 학습한다는 견해.

> 서술어(predicates): 논항의 속성 또는 관계를 설명하는 언어적 표현. 서술어는 일반적으로 동사구.

논항(arguments): 서술어가 무엇인지 나타내는 언어 표현. 일반적으로 명사구이지만 다른 문법적 구성 요소도 논항으로 가능함(예: "John taught me how to drive his tractor"에서 'how to drive his tractor').

하도록 해 주고, 명사와 대명사 간의 공동 참조 관계를 결정하도록 해 준다. 주어 'The china rabbit'으로부터 시작하여 청자는 동사의 통사적 요구 사항이 충족되도록 논항을 서술어와 연결하여 통사적 의존성을 해결하는 구조를 구축한다. 모든 인간 언어에는 중복성을 줄이기 위해 정보를 복잡한 구조로 재포장하고, 앞서 언급한 정보를 생략하는 방법이 있다. 앞서 언급한 문장을 개별 진술로 나열하면("The rabbit was made of china." "The rabbit possessed a wardrobe." "The wardrobe was extraordinary." "The wardrobe was composed of suits." "The suits were hand-made.") 화자와 청자 모두를 소진시켜 의사소통을 방해할 수 있다. 정보를 포장하기 위해서는 구문 구축을 위해 병합과 같은 기본적인 조합 작업이 필요하다.

5.2 영아는 말을 시작하기 전에 문법을 이해할 수 있는가

언어에 규칙적인 패턴이 있다는 사실을 부인하는 문법 이론은 없다. 아동은 이러한 패턴을 발견하고 다른 사례(다른 단어, 다른 문장)로 일반화해야 한다. 그러나 아동은 일반화를 적합한 패턴의 사례에 한정하고, 패턴화가 유지되지 않는 사례에는 일반화하지 않는 방법을 배워야 한다. 예를 들어, "He walked home."과 같이 -ed를 추가함으로써 영어 동사의 과거 시제가 표현된다는 사실을 알게 된 이후에 아동은 -ed 추가하기 규칙이 항상 적용되지는 않는다는 사실을 받아들이고, "He goed home."과 같은 형식은 피해야 한다는 사실을 배워야 한다. 2장에서는 영아의 단어 분화를 돕는 강력한 학습 기제로 통계 학습을 소개하였다. 여기서는 통계 학습이 문법 습득에 중요한 역할을 하는지 살펴본다.

5.2.1 소리에서 문법 추출하기

음운 자동 처리(phono-logi-cal bootstrapping): 아동이 문법 구조를 식별하기 위해 음운론과 운율 단서를 사용한다는 제안.

음운 및 운율 단서를 사용하여 문법 구조를 식별하는 능력을 음운 자동 처리라고 한다(Morgan & Demuth, 1996). 통사론에서 절과 구의 구분과 일치하는 세 가지 운율적 특징이 있다. 첫째, 화자는 구와 절

사이에 잠시 쉰다. 둘째, 음소가 통사적 경계 중간에서보다 바로 앞에서 더 길게 발음되는 경향이 있다. 셋째, 음조의 변화는 구성 요소 간 경계와 일치하는 경향이 있다. 일반적으로 발화 과정에서 음조는 꾸준히 감소하지만, 주요 절이나 구 경계에서는 화자가 음조를 더 높은 음으로 재설정하는 경향이 있다. 영아는 6개월까지 이 세 가지 단서의 조합에 민감하므로 "John doesn't know what rabbits eat." "Leafy vegetables taste so good."과 같이 절의 경계를 포함하는 단어 순서를 구별할 수 있지만, "Rabbits eat leafy vegetables."라는 문장에서는 그렇지 않다(Hirsh-Pasek, Kemler Nelson, Jusczyk, Cassidy, Druss, & Kennedy, 1987; Seidl, 2007). 또한 아동은 예를 들어, "Can you touch (the cat with the spoon)?"의 의미와 "Can you touch the cat (with the spoon)?"의 의미를 구별하기 위해 구 경계에 위치한 운율 단서를 사용한다(Snedeker & Yuan, 2008).

2장에서는 영아가 단어 분절을 위해 음운 정보와 운율 정보를 사용하는 방법을 설명하였다. 또한 이 정보는 아동이 품사와 문법 구조를 발견하도록 돕는다. 단어의 음운 특징은 품사와 관련이 있다. 예를 들어, 어린 아동의 말뭉치 5백만 단어 이상을 분석한 결과, 영어의 내용어(예: 명사 및 동사)는 문법적 기능어(예: the와 같은 한정사 및 on과 같은 전치사)보다 많은 음소, 음절 및 복잡한 자음군을 포함하는 경향을 보였다(Monoghan, Chater, & Christiansen, 2005; St. Clair, Monaghan, & Christiansen, 2010). 더욱이 기능어는 내용어보다 음운적으로 줄어든 모음[예: the 또는 a의 악센트 없는 애매한 모음(schwa)]을 가질 가능성이 높다. 이 단서는 신생아라도 내용어와 기능어를 구별할 수 있도록 충분한 정보를 제공한다(Shi, Werker, & Morgan, 1999). 음운 특징은 명사나 동사와 같은 다른 유형의 내용어를 구별하기 위한 유용한 단서를 제공한다. 예를 들어, 영어에서 명사는 동사보다 평균 음절이 더 많은데, 이는 아동이 명사를 동사와 구별하도록 돕는 단서이다(Kelly, 1992; Cassidy & Kelly, 2001; Monaghan et al., 2005). 영어의 명사와 동사는 운율적 강세 패턴에서 다른 경향을 보이는데(Kelly & Bock, 1988), record 또는 permit와 같은 단어가 동사(예: recOrd) 또는 명사(예: rEcord)로 사용되는 경우를 비교해 보면 분명해진다. 여기서 대문자는 주요 어휘 강세를 나타낸다. 물론 다른 품사와 함께 발생하는 특정 정보는 언어마다 다를 수 있지만, 아동이 매우 어린 시기부터 주변 언어

> 내용어(content words): 명사, 동사, 형용사 및 부사(내용이나 의미를 전달하는 단어). 내용어는 문법적 기능을 가진 기능어와 대조되는 단어임.

> 기능어(function words): 한정사, 대명사, 조동사, 접속사, 전치사 및 접두사(문장에서 단어 사이의 문법적 관계를 나타내는 단어). 내용어와 대조되는 단어임.

의 이러한 동시 발생 패턴에 민감하다는 증거가 증가하고 있다.

5.2.2 분포 정보에서 문법 추출하기

앞서 논의된 음운 및 운율 단서 외에도, 분포 정보는 품사에 따라 단어를 분류하는 데 도움이 되는 또 다른 원인이다. 예를 들어, 영어의 경우 a, one, the와 같은 한정사는 명사와 동시에 나타나고, 'is, can, do'와 같은 조동사, '-ed, -ing'와 같은 어미 활용은 동사와 동시에 나타난다(Maratsos, 1990; Mintz, Newport, & Bever, 2002). Saffran(2002)은 학령기 아동과 성인 모두 예측 의존성이 결여된 인공 언어보다 예측 의존성이 포함된 인공 언어를 더 빠르게 학습한다는 사실을 발견하였다(항상 A형 단어가 B형 단어 앞에 위치한다). 1세 미만 영아조차 그러한 분포 정보에 기초하여 단어를 분류할 수 있다는 증거가 있다(Gómez & Lakusta, 2004).

2장에서 설명한 바와 같이, 영아는 음절 사이의 과도기적 확률을 사용하여 단어 경계를 찾을 수 있다(Saffran, Aslin, & Newport, 1996). 이런 유형의 통계 학습은 선택적인 방식으로 작동하므로 영아가 단어 순서의 규칙성을 발견하기 이전에 입력되는 발화를 단어로 완전히 분절할 수 있는지는 확신하기 어렵다. 아마도 두 단계는 계단식으로 연결되어 있어 영아가 말소리의 흐름 속에서 일부 단어를 식별하는 순간 이러한 단어 순서에서 패턴을 추적할 수 있다. 실제로 Saffran과 Wilson(2003)은 12개월 영아가 연속적인 말소리에서 단어를 분절하고, 이 지식을 사용하여 기초적인 인공 문법을 배울 수 있다는 사실을 발견하였다.

인공 문법(artificial grammar): 문법적 패턴의 암묵적 학습을 검사하는 실험 방법론. 참여자들은 규칙을 따르는 순서와 그렇지 않은 순서를 구별하는 능력에 대해 검사를 받음.

문법적 패턴은 종종 서로 인접하지 않은 요소(단어, 형태소)를 포함한다. 이는 호응이라는 문법 현상에서 발생한다. 즉, 한 단어의 문법 특징이 다른 단어의 문법 특징과 일치할 때를 말한다. 예를 들어, 영어에서는 "The <u>man</u> <u>likes</u> beer." vs. "The <u>men</u> <u>like</u> beer." "I like beer." vs. "He likes beer."처럼 수와 인칭의 문법 특징에서 주어와 동사의 호응이 나타난다. 러시아어에서는 주제와 과거 시제 동사는 ona upala(she fell-feminine), upal(he fell-masculine), ono upalo(it fell-neuter)와 같이 수와 인칭뿐만 아니라 성별에서도 호응이 나타난다. 문장과 구성 요소 간 호응은 상호 참조를 제공하고, 특정 문법 관계를 강조함으로써 중복성을 추가한다. "The <u>man</u> in the red shirt at the kitchen table likes beer." vs. "The men in the red shirts at the kitchen table like beer."처럼 여러 개의 관련 단어 간 거리가 멀리 떨어져 있을 때 문법 관계를 추적하기 위해 호응이 유용하게 사용된다.

영아는 이처럼 멀리 떨어져 있는 호응 패턴을 추적할 수 있는가? Santelmann과 Jusczyk(1998)는 선호적 고개 돌리기 절차를 사용하여 15개월과 18개월 영아에게 "Everybody is baking bread."와 같이 자연스러운 의존성을 포함한 구절과 "Everybody can baking bread."와 같이 비문법적 의존성 문장을 포함한 구절을 대조적으로 제시하였다. 그들은 "Everybody is of_1 ten_2 ba_3king bread."처럼 3개의 방해 음절이 있었음에도 불구하고, 15개월은 아니지만, 18개월 영아는 자연스러운 의존성이 있는 구절을 더 오래 들었다는 사실을 발견하였다(3개의 방해 음절은 색인으로 수를 센다). 어쩌면 문법적 호응보다 운율이나 유성음의 차이로 인해 비문법적인 순서, 즉 "Everybody can baking bread."가 만들어졌다고 주장할 수 있다. 따라서 영아가 그 기준으로 두 가지 문장을 구별할 수 있도록 허용한다. 이 문제는 인공 언어 방법론을 사용하여 다른 정보를 근본적으로 통제함으로써 해결할 수 있다(〈방법론 상자 11-1〉 참조). 이 방법론을 사용하여 Gómez(2002)는 18개월 영아가 pel-wadim-rud와 같은 무의미한 4음절 배열에서 멀리 떨어져 있는 첫 번째 음절과 마지막 음절 사이의 호응 패턴을 추적할 수 있는지를 조사하였다. 그 결과, 영아는 pel-wadim-rud, pel-kicey-rud, pel-puser-rud와 같이 음절 배열에서 서로 다른 중간 분절이 많이 포함된 경우(정확히 24개)에만 멀리 떨어진 호응 패턴을 발견하였다. 서로 다른 중간 분절이 더 적거나(3개 또는 12개) 서로 다른 중간 분절이 나타나지 않은 경우에는 호응 패턴을 발견하지 못하였다. 분명히, 중간 분절의 가변성은 영아가 배열의 변하지 않는 부분을 발견하는 데 도움이 된다. 중간 분절을 단어 어근으로, 외부 음절을 어미 활용 형태소 또는 문법적 기능어로 개념화하면 이러한 연구 결과와 문법 학습의 관련성이 더 명확해진다. 예를 들어, 러시아어의 격조사 체계(〈표 5-1〉 참조)에서 어미 활용 패턴을 살펴보면, 특정 전치사는 명사의 특정 격조사와 함께 나타난다. 후속 연구에 따르면, 아동뿐만 아니라 외국어를 배우는 성인 학습자도 원거리 호응 패턴을 구체화하는 다른 단어들을 듣는 것이 도움이 된다(Brooks, Kempe, & Sionov, 2006).

〈표 5-1〉 러시아어의 전치사와 격조사 사이 원거리 호응 패턴(3개의 남성 명사에 대해 제시). 이러한 호응 패턴은 Gómez(2002)가 검증한 인공 자극에 대한 직접적인 자연 언어 유추를 제공한다.

격(*case*)			
속격(***Genitive***)	**ot** *stola* [from the table]	**ot** *doma* [from the house]	**ot** *barabana* [from the drum]
여격(***Dative***)	**k** *stolu* [to the table]	**k** *domu* [to the house]	**k** *barabanu* [to the drum]
대격(***Accusative***)	**na** *stol* [onto the table]	**na** *dom* [onto the house]	**na** *baraban* [onto the drum]
조격(***Instrumental***)	**pod** *stolom* [under the table]	**pod** *domom* [under the house]	**pod** *barabanom* [under the drum]
처소격(***Locative***)	**v** *stole* [in the table]	**v** *dome* [in the house]	**v** *barabane* [in the drum]

5.2.3 새로운 단어로의 일반화

언어의 생산성을 위해서는 일반화가 필요하다. 따라서 중요한 질문은 영아가 추출한 패턴을 새로운 단어에 일반화할 수 있는지, 그리고 몇 세에 일반화가 가능한지이다. 이 질문에 답하기 위해 Marcus, Vijayan, Bandi Rao와 Vishton(1999)은 7개월 영아에게 gati-ti-ti 또는 li-na-na와 같이 특정 패턴(예: ABB)이 포함된 무의미 음절 배열을 들려주었다. 영아가 이러한 배열에서 패턴을 추출했다면 친숙한 배열을 ga-ti-ga 또는 li-na-li와 같은 새로운 배열과 구별해야 한다. 그러나 예를 들어, ga가 ti 다음에 오지 않고 li가 na 다음에 오지 않는다는 사실을 영아가 알게 되면, 전이 확률에 기초하여 이를 명확하게 구별할 수 있다. 영아의 일반화 능력을 알아내기 위해 연구자들은 이전에 제시된 패턴과 일치하거나(예: wo-fe-fe) 일치하지 않는(예: wo-fe-wo) 새로운 음절이 포함된 배열을 사용하였다. 매우 인상 깊게도, 7개월 영아는 학습된 일치 패턴과 일치하지 않은 배열을 구별하였다. Marcus와 동료들(1999)은 자신들의 결과가 추상적인 상징 규칙을 영아가 습득했음을 의미하는 것으로 해석하였다. 이러한 주장에 대한 평가는 이 장의 끝에서 살펴본다. 지금은 언어 입력에서 추출한 순차적 패턴을 영아가 일반화할 수 있다는 점에 주목하자. 생애 첫해가 끝날 무렵 영아는 여섯 음절 이상의 긴 배열을 포함하는 훨씬 더 복잡한 패턴을 감지하고 일반화할 수 있다(Gómez & Gerken, 1999).

요약하면, 영아가 통계 학습을 사용하여 분포 정보, 또는 문법과 소리의 차이를 활용하여 문법 구조를 감지한다는 사실을 보여 주는 강력한 실증적 증거가 존재한다. 따라서 배열 학습 및 불변성 감지를 가능하게 하는 일반 학습 기제로 인해 첫 단어가 산출되기 훨씬 이전에 문법 지식의 기초가 형성된다.

5.3 아동은 어떻게 단어를 조합하고 수식하는가

이 절에서는 단어를 조합하고 수식하는 아동의 새로운 생산성에 대해 살펴본다. 앞서 언급한 바와 같이, 전통적으로 통사론과 형태론의 습득에 관한 연구는 개별적으로 진행되어 왔다. 그러나 두 영역의 학습에 관련된 문제는 유사하며, 기본 학습 기제도 동일할 수 있다. 두 영역 모두에서 아동은 문법 패턴을 새로운 단어로 일반화하는 방법을 배움과 동시에 언어 공동체의 관례에 따라 그 사용의 경계를 구분해야 한다.

5.3.1 문법 구조의 항목-기반 학습

걸음마기 아동이 처음으로 식별 가능한 단어 조합은 부모-자녀 상호작용에서 발생하는 단순한 패턴을 모방한 것이다. 이러한 패턴은 일반적으로 동사, 전치사 또는 일부 다른 관용어(예: all-gone)가 명사 또는 대명사(예: all-gone juice)의 앞에 오거나 뒤에 오는 형태이다. Braine(1976)은 아동이 관용어와 슬롯(예: all-gone)으로 구성된 간단한 단어-특정적 공식을 발달시킨다고 제안하였다. 이처럼 간단한 조합 공식은 패턴을 새로운 단어로 일반화하기에 충분한 조건이다. 예를 들어, 손을 씻은 다음에 all-gone sticky라고 말한다(Braine, 1971).

단어-특정적 공식(word-specific formulae): 단어 조합을 생성하는 데 사용되는 아동의 첫 번째 통사 템플릿 또는 도식. 이 공식은 관용어와 슬롯으로 구성됨(예: all gone _____은 all gone milk 또는 all gone cookies와 같은 발화를 만드는 데 사용됨).

동사의 경우 단어 조합은 특정 요구 사항을 충족해야 하고(5.1.1절의 동사 논항 구조에 대한 논의 참조), 문장 구조를 결정하는 핵심 요인으로 작용하기 때문에, 동사와 관련된 아동의 첫 단어 조합에 많은 관심이 주어졌다(Tomasello, 1992; Pinker, 1989;

Ninio, 2006, 2011). Tomasello(1992)는 자신의 딸이 초기에 사용한 동사에 대해 일기에 자세하게 기록하고, 딸이 각각의 동사를 특유의 방식으로 사용했다고 보고하였다. 예를 들어, 동사 cut는 cut paper와 같이 동사-목적어 조합에서 산출하였으나, 동사 draw는 draw kitty, draw on paper, draw kitty on paper, draw kitty for Mummy와 같은 다양한 구문에서 산출하였다(Tomasello, 1992, 2000). Tomasello는 그의 딸이 특정 요일에 특정 동사를 어떻게 사용할 것인지를 가장 잘 예측하는 요인은 그 동사를 이전에 어떻게 사용했는지에 근거한다고 주장하였다. 즉, 그의 딸이 문법 구조에 대해 무엇을 발견했는지는 개별 동사가 가지고 있는 조합적 특성에 대한 학습과 관련이 있다.

형태론 습득에서도 항목-기반 산출이 관찰된다. 아동은 어형이 변화된 명사를 선택적이고 특이하게 사용하기 시작한다. 예를 들어, Gvozdev(1961)는 러시아어를 사용하는 아들의 초기 발화를 자세히 기록하였는데, 특정 격조사는 특정 명사와만 같이 나타났다. 예를 들어, 조격 조사 '-om'은 비록 조격이 언어에서 다양한 다른 관계를 표현하지만, 도구를 나타내는 명사로만 사용하였다. 또한 기능어의 초기 사용은 항목을 기반으로 하였다. Pine과 Lieven(1997)은 영어를 사용하는 아동 12명의 말뭉치에서 한정사 the와 a의 초기 사용이 처음에는 완전히 다른 명사 세트에 국한되어 있음을 관찰하였다.

단어 사용의 초기 패턴이 항목-기반이라는 점을 고려할 때, 아동은 어떻게 이러한 패턴을 확장하여 더 복잡한 발화를 만들 수 있는가? 한 가지 견해는 아동이 처음부터 새로운 패턴을 만드는 대신 친숙한 패턴을 약간 다른 방식으로 재사용하는 경향이 있다는 점이다. 아동은 단어-특정적 공식의 슬롯에 다른 단어를 삽입하여 새로운 발화를 창의적으로 구성하기 시작한다(예: all-gone Daddy). 본질적으로, 아동은 이미 사용했던 언어를 잘라서(cut) 다른 친숙한 단어에 의해 열려 있는 슬롯에 붙인다(paste). Tomasello(2000)는 이 과정을 다음 사례로 설명한다. 아동은 "See ball." 또는 "See this."라는 패턴과 "Daddy's car."와 "Daddy's pen."이라는 패턴을 사용하였다. 그런 다음 다른 패턴의 슬롯에 하나의 패턴을 삽입하여 간단히 "Daddy's car."로 조합한다. 따라서 아동이 단어-특정적 공식의 시작 또는 끝부분에 단어를 점차적으로 연결함으로써 다단어 발화가 시작된다(Lieven, Behrens, Speares, & Tomasello, 2003).

5.3.2 도식 발견하기

시간이 지남에 따라 아동은 단어군이 유사한 사용 패턴을 보인다는 사실을 알게 된다. 형태론 연구에서는 이러한 단어군을 도식이라고 부른다(Dąbrowska, 2006). 예를 들어, walked, talked, cooked, 또는 stung, strung, clung, 또는 slept, wept, crept와 같이 어미가 활용된 단어 형태를 많이 듣게 되면, 아동은 반복되는 패턴을 발견하고 적절한 도식을 형성한다. 이와 유사하게, Slobin과 Bever(1982)는 주어-동사-목적어와 같이 반복되는 통사 패턴을 문장 도식으로 명명하였다.

도식(schemas): 학습된 사례에 대한 추상화이며 일반화를 지원하는 패턴 또는 표상.

아동이 단어를 사용하면서 관계적 유사성을 알게 되면 도식이 구축된다. 예를 들어, 동사 walked와 talked는 단어의 끝부분이 유사하고, 둘 다 과거 시제를 표현한다. 동사 walk와 run은 비슷한 의미를 나타내는 유사한 구문에서 등장한다. 이러한 비교 과정을 구조적 정렬이라고 한다(Gentner & Namy, 2006). 형태론 측면에서 단어 소리 패턴의 유사성은 도식의 생산적인 사용을 촉진한다(Rumelhart & McClelland, 1986; Dąbrowska, 2006). 예를 들어, 폴란드어, 러시아어, 리투아니아어와 같이 형태론적으로 풍부한 언어에서, doggy 또는 Patty와 같이 작고 귀여움을 표현하는 형태론적 파생어인 지소사는 두드러진 접미사를 공유하여 단순 명사보다 서로 더 유사한 형태를 보인다. 예를 들어, 러시아어의 단순 명사 stol(table), dom(house), baraban(drum)은 이에 대응하는 지소사 stolik, domik, barabanchik보다 유사성이 약하다. 지소사는 아동-대상 발화에서 매우 빈번하게 나타난다(Kempe, Brooks, & Pirott, 2001). 결과적으로, 폴란드어, 러시아어, 리투아니아어를 배우는 아동은 단순한 형태의 명사보다 성별 호응 또는 격조사와 같은 굴절 형태론의 측면을 습득한다(Kempe, Ševa, Brooks, Mironova, Pershukova, & Fedorova, 2009; Dąbrowska, 2006). 예를 들어, 러시아어를 사용하는 3세 아동은 단순 명사[예: krasnaya vaza(red-feminine vase-feminine)]보다 지소사 명사[예: krasnaya vazochka(red-feminine vase-feminine diminutive)]에 대해 정확한 형용사-명사 성별 호응을 사용할 가능성이 높다. 지소사와 같은 유사한 단어의 장점은 친숙한 단어뿐만 아니라 새로운 단어에도 일반화된다(Kempe, Brooks, Mironova, & Fedorova,

구조적 정렬(structural alignment): 상이한 어휘 항목에 대한 변형적 관계 패턴의 감지. 일반화 또는 은유 이해를 지원하기 위해 유추를 사용하는 기제.

굴절 형태론(inflectional morphology): 단어 형식의 수정이 수, 성별, 시제와 같은 문법적 특징의 변화를 표시하는 과정과 관련된 언어학의 하위 분야. 굴절 접사에 의존함.

2003). Dąbrowska(2006)는 지소사가 다른 상위 수준 도식과 공존하는 하위 수준 도식을 구성하여 생산적인 형태의 사용을 지원한다고 제안하였다. 따라서 성인뿐만 아니라 아동의 문법 체계에서도 서로 다른 추상성 수준이 공존할 수 있다(Albright & Hayes, 2003; Dąbrowska, 2008).

유형 빈도(type frequency): 주어진 구성 또는 도식이 다른 단어와 함께 사용되는 빈도.

토큰 빈도(token frequency): 서로 다른 단어가 얼마나 많이 사용되는지와는 관계없이 주어진 구성이나 도식이 일반적으로 사용되는 빈도.

도식에 주목하기 위해서는 패턴의 유형 빈도가 충분히 높아야 한다. 즉, 다른 단어와 함께 자주 사용되어야 한다(주로 동일한 단어와 함께 사용되는 높은 토큰 빈도와는 반대로). 원거리 의존성의 학습에서 이미 이에 대해 논의하였다(Gómez, 2002). 유형 빈도가 높은 패턴이 일반화될 가능성이 더 높다(Marchman & Bates, 1994). 예를 들어, 아동이 -ed로 끝나는 동사를 더 많이 들으면, 새로운 동사의 과거 시제를 -ed로 끝나게 만들 확률이 증가한다(Bybee, 1985, 1995). 마찬가지로 관용어(예: all-gone)가 다양한 슬롯 채우기(예: all-gone cookie, all-gone milk, all-gone juice)와 함께 자주 등장한다면, 아동이 그것을 다른 명사와 함께 사용할 가능성은 더 높아진다(Bannard & Matthews, 2008; Matthews & Bannard, 2010). Ninio(1999, 2006)는 아동의 동사-목적어 조합(예: Want cookie)과 주어-동사-목적어 조합(예: Daddy made that)의 첫 번째 산출을 추적했는데, 각 문법 패턴은 연습 효과를 통해 기하급수적으로 성장하였다. 아동이 특정 조합 패턴의 사용 방법을 이미 알고 있다면 다른 동사를 해당 패턴으로 사용하는 방법을 더 빨리 배울 수 있다. 동사-목적어 조합과 주어-동사-목적어 조합에서 동사는 거의 겹치지 않았으며, 이는 아동이 서로 다른 의사소통 기능(예: 요청하기 vs. 경험 공유하기)을 위해 2개의 문장 도식을 사용했음을 나타낸다.

아동의 문법 습득에서 의미론적 유사성의 역할에 대해 상반되는 견해가 있다. Ninio(2005)와 다른 연구자들(예: Howe, 1976; Tomasello, 1992)은 걸음마기 아동의 단어 조합이 행위자(agent)와 수동자(patient)(목적어에 대해 작업을 수행하는 개인을 나타내는 행위자, 작업 중인 목적어를 나타내는 수동자)와 같이 넓은 의미 범주로 쉽게 설명할 수 없음을 보여 주었다. 오히려 아동의 첫 동사(예: want, see, make, get, eat)는 해당 동사의 논항과는 다른 관계를 표현하는데, 이는 문법 구조에서 특정 명사에 할당된 의미 역할(예: 주어-동사-목적어)이 관련된 특정 동사에 의존한다는 사실을 시사한다. 다른 연구자들(Gleitman, 1990; Goldberg, 2006; Pinker, 1989)은 비슷한 의미를 가진 동사는 비슷한 논항 구조를 갖는 경향이 있다고 주장하였다. 아동은 이러한 동시 발생 패턴을 포착하는데, 이는 아동이 동사의 사용을 일반화하는 방법에 영향을 미친다.

5.3.3 동사 이해 및 산출

5.1.1절에서 논의된 바와 같이, 각 동사는 가능한 범위의 논항 구조가 있다. 동사 cook은 "Sam is cooking the soup." 또는 "The soup is cooking."으로 사용한다. 이와 대조적으로, 동사 stir는 "The soup is stirring."이 아니라 "Sam is stirring the soup."으로 사용한다. 의미 중복성이 높은 동사라도 논항 구조는 다를 수 있다. 비문법적 문장 "She falled the box."와 "She dropped the box."를 비교해 보면 알 수 있다. 아동은 어떤 논항 구조가 어떤 동사와 함께 사용되는지 어떻게 알 수 있는가? 이 질문에 답하기 위해 연구자들은 아동의 형태소 사용에 관한 유명한 실험인 wug 테스트(Berko, 1958)의 산출 과제를 적용하여 아동의 논항 구조 구문 사용을 조사하였다(〈방법론 상자 5-1〉 참조). 먼저, tam, meek, gorp 같은 가상 동사는 새로운 행위와 짝을 이룬다(예: 진자에 매달린 물체를 흔드는 행위를 "The lion is tamming the orange." 또는 "The orange is tamming all around."와 같은 특정한 문장 구조로 소개한다)(Braine, Brody, Fisch, Weisberger, & Blum, 1990). lion이나 orange를 주어로 하고 새로운 동사를 사용하여 문장을 만들도록 아동에게 요청한다. 이 방법을 사용한 많은 연구(예: Akhtar & Tomasello, 1997; Brooks & Tomasello, 1999b; Olguin & Tomasello, 1993; Tomasello, Akhtar, Dodson, & Rekau, 1997; Tomasello & Brooks, 1998)에서 2세 아동은 대명사가 명사로 대체되고 일부 논항이 생략되었지만, 다른 사람이 그 동사를 사용한 것을 들었을 때와 동일한 구조에서 새로운 동사를 사용하는 경향을 보였다. 예를 들어, "The lion is tamming the orange."와 같은 문장을 들었을 때 2세 아동은 "What is the lion doing?"이라는 질문에 "Tamming it."이라고 대답하고, "What's happening with the orange?"라는 질문에 "He's tamming it."이라고 대답하였다.

wug 테스트(wug test): Jean Berko가 복수 및 과거 시제 어미 활용과 같은 문법적 형태소의 산출적 사용을 검증하기 위해 설계한 실험 과제.

방법론 상자 5-1 새로운 단어를 포함한 유도 산출 연구

새로운 단어를 사용함으로써 얻을 수 있는 장점은 사전 학습의 효과를 통제할 수 있고, 단어 의미의 영향과는 별도로 문법 지식을 연구할 수 있다는 점이다. Jean Berko Gleason은 아동의 언어 지식 연구를 위해 처음으로 만들어진 단어를 사용하였다. 그녀는 1958년 자신의 연구에서 유아 및 초등학교 1학년 아동에게 wug이라는 친숙하지 않은 생물의 그림을 제시하였다([그림 5-1]). 그들이 그 단어를 반복해서 말할 수 있다는 사실을 확인한 다음, 아동에게 두 생물의 그림을 보여 주고, "Now there are two of them. There are two ______."라고 말하였다. 정확한 형식인 wugs라고 산출한 아동은 복수형 만들기의 추상적 규칙을 알고 있음을 보여 준다. 또한 과거 시제 형성을 유도하기 위해 다른 형태론적 형식, 예를 들어 무의미 동사를 가지고 아동에게 실험하였다. 아동에게 그림을 보여 주면서 다음과 같이 말하였다. "This is a man who knows how to rick. He is ricking. He did the same thing yesterday. What did he do yesterday? Yesterday, he ______." 아동은 wugs와 ricked 같은 형태를 쉽게 만들었지만, nizzes와 bodde 같은 잘못된 형태를 산출하기도 하였다. 이는 형태론적 과정이 단어의 음운 특징에 의해 영향을 받는다는 것을 나타낸다. Berko가 사용한 모든 독창적인 자극은 CHILDES 온라인 데이터베이스를 통해 공개적으로 다운로드할 수 있다.

그림 5-1 wug 실험에 사용된 자극의 사례
출처: Berko (1958).

본문에 설명된 바와 같이 유도된 산출 과제의 또 다른 적용은 아동의 구문 일반화를 연구하기 위해 새로운 동사를 사용하는 것과 관련이 있다. 예를 들어, 진자에 매달린 오렌지를 흔드는 사자의 행동을 보여 주면서 "The lion is tamming the orange."와 같은 문장을 제시할 때([그림 5-2]), 아동은 "What's happening to the orange?"라는 질문에 "He is tamming it."이라고 대답하는 경향이 있다. 그러나 때때로 "It is tamming." 또는 "It's getting tammed."라고 말하기도 한다(Brooks & Tomasello, 1999a, 1999b).

그림 5-2 Brooks와 Tomasello(1999a, 1999b)가 유도된 산출 실험에 사용한 장치
출처: Patricia Brooks와 Vera Kempe의 사진 제공.

그러나 성인이 사용한 새로운 동사와 일치시키려는 선호가 강함에도 불구하고, 걸음마기 아동은 때때로 입력을 넘어서는 방식으로 동사를 사용한다(Braine et al., 1990; Tomasello & Brooks, 1998). Tomasello와 Brooks(1998)는 2세 아동에게 타동사 구문(예: "The rabbit is meeking the ball.")에서 첫 번째 동사를 소개하고, 자동사 구문(예: "The orange is tamming all around.")에서 두 번째 동사를 소개한 다음, 유도 질문(앞서 설명한)과 반대되는 구문을 조사하였다. 놀랍게도, 걸음마기 아동은 주로 타동사 구문에서 소개된 타동사를 사용하고, 자동사 구문에서 소개된 자동사를 사용하였다. 즉, 구문과 일치하는 발화를 일치하지 않는 발화보다 10배 이상 산출하였다. 그럼에도 불구하고, 2세 6개월 아동 중 절반 이상은 새로운 자동사 단어를 직접목적어와 함께 사용하였다. 예를 들어, "The orange is tamming all around."라는 문장을 듣고, "What is the lion doing?"이라는 질문에 "Tamming."이라고 대답하였다. 마찬가지로 새로운 타동사의 경우, 걸음마기 아동의 절반 이상이 자동사 발화를 산출하였다. 예를 들어, "The rabbit is meeking the ball."이라는 문장을 듣고, "What is happening with the ball?"이라는 질문에 "It's meeking."이라고 대답하였다(그러나 2세 0개월에 이러한 산출을 보인 아동은 5명 중 1명이 안 된다). Brooks와 Tomasello(1999)는 능동태 구문(예: "The lion is tamming the orange.")에서 첫 번째 동사를 듣고, 수동태 구문(예: "The ball is getting meeked by the rabbit.")에서 두 번째 동사를 들은 대부분의 2세 10개월 아동이, 예를 들어 "What happened to the orange?"라는 질문에 "It got tammed."라고 말함으로써, 적어도 한 번은 반대 구문에서 하나의 동사를 사용함을 보고하였다. 이러한 연구들과 다른 연구(예: Benciini & Valian, 2008)는 특정 논항 구조의 모델링 동사가 걸음마기 아동에게 다른 동사도 동일한 논항 구조를 사용하도록 지시한다는 사실을 보여 준다. 이 현상을 **통사적 점화**라고 하는데, 이는 성인(예: Bock, 1986; Pickering & Branigan, 1998)뿐만 아니라 나이 많은 아동(예: Huttenlocher, Vasilyeva, & Shimpi, 2004; Savage, Lieven, Theakston, & Tomasello, 2006)을 대상으로 한 연구에서도 입증되었다.

통사적 점화(syntactic priming): 연속적인 발화에 대해 동일한 문법적 구문을 사용하는 경향.

걸음마기 아동이 동일한 통사 구문에서 새로운 동사를 사용하는 강력한 모델링 경향을 보여 준 유도된 산출 연구와 달리, 아동의 초기 이해 연구는 아동의 문법 발달에 대해 다소 다른 그림을 보여 준다. Gertner, Fisher와 Eisengart(2006)는 2세 아동에게 동일한 행위자가 수행한 서로 다른 행동이 포함된 두 장의 그림을 보여 주었다. 하나의 그림에서는 bunny가 rabbit에게 특정 행동을 하고 있었고, 다른 그림에서는 rabbit이 bunny에게 다른 행동을 하고 있었다. 그런 다음 무의미 동사를 포함한 문장 "The rabbit is gorping the bunny."를 아동에게 들려주고, "Find gorping!"이라고 하면서 그 문장에 해당하는 그림을 가리키도록 요구한다. 아동은 gorping이 무엇을 의미하는지 알지 못하므로, 어떤 그림이 그 문장에 해당하는지 알아내는 유일한 방법은 단어 순서에 의존하는 것이다. 그 결과, 아동이 행동과 일치하는 그림을 안정적으로 더 오랫동안 보았으므로, 아동이 영어의 단어 순서 규칙에 대한 지식이 있음을 알 수 있다. 좀 더 나이 많은 아동은 무의미 동사를 포함한 자동사 문장(예: "Bunny is gorping.")을 올바른 그림에 매핑할 수도 있었다(Fernandes, Marcus, DiNubila, & Vouloumanos, 2006). 이러한 결과에 대해 연구자들은 아동이 누가 누구에게 무엇을 했는지 식별하기 위해 단어 순서 규칙에 대한 추상적 지식을 습득해야 한다고 해석하였다. 왜냐하면 동사의 의미는 묘사된 행동을 차별화하는 데 도움이 되지 않았기 때문이다.

그러나 이러한 결과에 대한 대안적 해석은 아동이 언어에 노출됨에 따라 문장 의미에 대한 많은 확률적 단서를 습득한다는 것이다(Bates & MacWhinney, 1979; Bates, MacWhinney, Caselli, Devescovi, Natale, & Venza, 1984). 예를 들어, 대부분의 영어 문장에서 2명의 주인공이 포함된 문장의 첫 번째 명사는 행위를 'doing' 하는 사람을 나타낼 가능성이 높다. 이러한 명사는 살아 있는 실체를 지시하지 않을 가능성이 크며, 명백한 격 표지(예: 영어에서 주어와 목적어를 구별하는 he와 him과 같은 대명사)를 포함한다. 결론적으로, Gertner와 동료들(2006)의 연구에서 아동이 일치하는 문장을 더 오래 본다는 결과는 단순히 영어에서 '첫 번째 명사는 행위자'라는 단서를 사용한 것으로 볼 수 있다. 이러한 상반되는 해석은 아동의 추상적 문법 지식 습득에 관한 문제가 언어 발달 연구에서 이론적 논쟁의 핵심임을 보여 준다. 규칙성 패턴을 감지하고 일반화할 수 있다는 사실은 아동이 생성문법의 추상적 규칙을 발견하고 표현한다는 것인가? 아니면 아동은 통계 학습, 모방 및 유추의 기제에 의존하여 탐지된 규칙성을 추상적 규칙에 의지하지 않고 하나의 사례에서 다음 사례로 이동시키는가?

5.4 아동의 문법 오류는 왜 나타나고 어떻게 멈추는가

5.4.1 산출 오류

일단 아동이 단어를 조합하게 되면, "I goed, two mouses, Don't giggle me, Stay it there." 같은 과잉 일반화 오류를 산출하기 시작한다. 과잉 일반화 오류는 통사론과 형태론에서 나타난다. 통사적 과잉 일반화 오류는 언어 공동체에서 관습적이지 않은 구문에서 아동이 동사를 사용할 때 나타난다(Bowerman, 1988; Pinker, 1989). 많은 경우 아동은 주어-목적어-동사 또는 동사-목적어로 구성된 타동사 구문에 자동사를 사용하지만(Bowerman & Croft, 2007; Loeb, Pye, Richardson, & Redmond, 1998), "Explain me your answer." 또는 "I spilled it of orange juice." 같은 다른 패턴의 통사적 오류도 일반적으로 나타난다. "Let me broom the floor('sweep'을 의미함)." "I'm softing you right here('stroke softly'를 의미함)." 또는 "I'm gonna higher you up('lift you higher'를 의미함)." 같이 동사를 명사나 형용사처럼 사용해서 '어휘 혁신'을 만들어 낸다(Clark, 1993; Swan, 2000). 형태론적 과잉 일반화 오류는 일반적 패턴의 예외로 간주되는 불규칙 형식에 규칙을 적용하는 것이다(예: goed, mouses). 형태소 패턴이 규칙적인지 불규칙적인지를 구별하기 어려운 형태론적으로 풍부한 언어의 경우, 과잉 일반화 오류는 하나의 단어집단에 다른 단어집단에 적용되는 굴절을 적용하는 것이다. 예를 들어, 러시아어를 사용하는 아동은 남성의 성별 호응 또는 격 조사를 여성 명사와 함께 사용한다(Gvozdev, 1961). 과잉 일반화 오류는 3~6세 아동에게서 흔하게 나타나지만, 발생 빈도는 매우 다양하다(Marcus et al., 1992; Clark, 2003). 문법 지식에 대한 규칙-기반 접근법의 지지자들은 과잉 일반화를 추상 규칙을 잘못 적용한 것으로 해석한다(예: 영어 동사의 과거 시제를 만들기 위해 ed를 추가함). 사용-기반 접근법의 지지자들은 이러한 오류가 유창한 말소리 산출에 대한 현장 압박감 때문이라고 여기고, 아동의 문법 표상에 나타나는 체계적인 편차는 아니라고 해석한다(Braine & Brooks, 1995; MacWhinney, 2004; Ramscar & Yarlett, 2007). 성인조차도 때때로 그러한 실수를 하는데 이는 피로하거나 주의 집중이 되지 않아서이다.

시간이 지남에 따라 과잉 일반화 오류의 발생 빈도는 감소한다. 언어 습득 연구에서 아직 해결되지 않은 핵심 질문은 무엇이 이러한 오류를 사라지게 하는가이다. 주로 영어의 과거 시제 형성 연구를 기반으로 알게 된 한 가지 대답은 아동이 알고 있는 동사 목록이 여전히 적은 경우에는 went, came 같은 올바른 불규칙 형태를 산출한다고 가정한다. 일단 아동이 더 많은 동사를 습득하면 '-ed 추가하기' 규칙을 발견하여 생산적으로 적용하기 시작한다. 성인의 경우, 이러한 규칙을 go, come 같은 불규칙 동사에 적용하는 것은 어휘 목록에서 불규칙 과거 시제를 인출함으로써 차단한다. 그러나 아동의 경우, 기억 용량 부족으로 인해 불규칙 형태를 빨리 인출하지 못하여 이러한 차단 기제가 작동하지 못한다. 기억 용량이 증가함에 따라 과잉 일반화 오류는 점차 사라진다(Marcus et al., 1992).

이 설명에는 몇 가지 문제가 있다. 첫째, 아동이 규칙을 발견하면 규칙 과거 시제의 사용이 갑자기 증가해야 한다. 발달 데이터는 이러한 예측을 지지하지 않는다. 많은 아동의 말뭉치를 세밀하게 분석한 결과, 생후 3년 동안 규칙 과거 시제의 사용이 지속적이고 점진적으로 증가하였다(Brown, 1973; McClelland & Patterson, 2002). 둘째, 만약 아동이 규칙에 의해 규칙 과거 시제를 사용한다면, 소리나 의미에서 유사성의 영향이 없어야 한다. 그러나 실제 규칙 동사와 음운 및 의미 유사성이 다른 무의미 동사의 과거 시제 사용을 조사한 wug 테스트는 적어도 성인의 경우에는 유사성의 영향을 보여 주었다(Albright & Hayes, 2003; Ramscar, 2002). 이러한 유사성 효과는 동사 구문의 과잉 일반화에서도 입증되었다. 예를 들어, 영어를 사용하는 아동은 특정 방향으로의 움직임을 지시하는 자동사(예: fall, come, descend, rise와 같은 동사; Brooks & Tomasello, 1999a), 또는 내적으로 발생하는 행동을 지시하는 자동사(예: cough, laugh, blush, squeal과 같은 동사; Ambridge, Pine, Rowland, & Young, 2008)보다 움직임의 방식을 나타내는 자동사(예: roll, swing, bounce, jiggle과 같은 동사)를 사용하여 주어-동사-목적어가 포함된 타동사 구문을 과잉 일반화하려고 한다. 유사성 효과는 굴절과 구문의 사용이 추상 규칙의 적용에 기반한다는 의견에 상반되는 증거이다.

과잉 일반화 오류의 점진적인 감소에 대한 더 그럴듯한 설명은 잘못된 형태(기존의 올바른 형식과 유사하게 생성됨)와 올바른 형태(언어 입력에서 발생함)가 연결 기억에 공존한다는 것이다. 아동기에는 이 두 가지 형태가 경쟁하기 때문에 각 형태의 인출이 모두 가능하다. 이는 발달 데이터와 일치하며, 아동이 올바른 형태와 과잉 일반화 형태 사이에서 동요하는 경향이 있음을 보여 준다. 과잉 일반화로부터의 회복은 올바른 형태(예: mice)의 표현이 점진적으로 강화되는 학습 및 연습의 결과로 발생하고, 궁극적으로 대안(예: mouses)을 능가한다(Ramscar & Yarlett, 2007). 아동이 올바른 형태를 점점 더 자주 듣고 산출함에 따라 올바른 형태는 점차 강화된다(Braine & Brooks, 1995). 사용 패턴이 확고한 단어는 오류에 대해 탄력적이다. 결과적으로, 아동은 관련 경험이 부족한 새로 도입된(또는 낮은 빈도의) 단어에 대해 오류를 범할 가능성이 더 높다(Brooks, Tomasello, Dodson, & Lewis, 1999; Theakston, 2004). 전전두엽 피질의 성숙으로 인해 개선된 인지 조절 능력(Gogtay et al., 2004)은 나이 많은 아동이 대안적인 형태들 사이의 경쟁을 보다 효율적으로 해결할 수 있는지 설명한다.

아동이 비문법적 형태를 만들지 않도록 도와주는 또 다른 요소는 선점이다. 아동이 "She went to the store." "Don't make me giggle." "The child that was afraid ran home." 같은 문장을 듣게 되면, 이러한 대안적 구문은 "She goed to the store." "Don't giggle me." "The afraid child ran home." 같은 비문법적 형태의 산출을 선점(차단)한다(Boyd & Goldberg, 2011; Braine & Brooks, 1995; Goldberg, 1995, 2006). Brooks와 Zizak(2002)는 아동에게 새로운 동사 tam과 dack을 가르쳤는데, 한 동사는 타동사 문장에서 소개하고, 다른 동사는 자동사 문장에서 소개하였다. 일부 아동은 대안적 구문을 들었

선점(pre-emption): 언어 표현이 다른 형식의 산출을 차단할 때, 예를 들어 불규칙 과거 시제 형식인 went는 goed의 산출을 차단함.

다. 예를 들어, tam이 타동사로 소개된 경우("The bird is tamming the house."), 아동은 "The house is getting tammed."라는 수동태 문장을 들었다. 마찬가지로, dack이 자동사로 소개된 경우("The car is dacking all around."), 아동은 "The rabbit made the car dack." 같은 사역동사가 포함된 문장을 들었다. 선점이 과잉 일반화를 차단한다면, "The rabbit made the car dack."이라는 문장을 들은 아동은 rabbit이 무엇을 했는지 물었을 때 "The rabbit dacked the car."라고 말하지 않아야 한다. 우회적 구문의 사용(그리고 타동사의 비사용)은 단순 타동사가 비문법적이라는 단서를 아동에게 제공해야 한다. 그러나 대안적 구문이 제시되었을 때, 어린 아동(4세)이 아닌 나이 많은 아동(6~7세)만 선점 구문을 듣지 못한 비교집단에 비해 과잉 일반화 오류가 적었다(Brooks & Tomasello, 1999 참조). 이는 발달 후반기에 논항 구조 과잉 일반화에서 벗어나는 데 선점이 중요한 역할을 한다는 사실을 시사한다.

아동은 과잉 일반화 오류 외에도 통사적 조작의 실행에서 오류를 보인다. 많은 연구에서 영어를 사용하는 아동이 의문문 만들기에 중요한 주어-조동사 도치 조작을 습득하는 데 어려움을 겪고 있음을 확인하였다(예: "Sam likes milk. What does Sam like?"). 아동은 주어와 조동사를 도치하지 않거나("Who she is hitting?") 조동사를 생략하고("What he doing?"), 이중 조동사("What does she does like?") 또는 이중 시제("What does he likes?")를 사용하여 의문문을 만드는 오류를 보였다(Ambridge, Rowland, Theakston, & Tomasello, 2006; Rowland, 2007; Santelmann, Berk, Austin, Somashekar, & Lust, 2002). 또한 이러한 오류의 분포는 참호(entrenchment)로 설명할 수 있다. 오류의 빈도는 특정 wh- 단어+조동사 조합의 함수에 따라 다양하고, 매우 확고한 조합(양육자의 발화에서 가장 빈번한)은 아동 언어의 오류로부터 보호받는 것처럼 보인다(Ambridge et al., 2006; Rowland, 2007).

5.4.2 이해 오류

아동은 구조가 복잡한 문장을 해석하는 데 어려움을 겪는다. 문장의 통사 구조를 분석하고 해석하는 능력을 어구 해부라고 한다. 많은 연구(Donaldson & McGarrigle, 1974; Freeman, 1985; Inhelder & Piaget, 1958, 1964)에서 아동이 보편적인 수량사(all, each, every)를 포함한 문장의 어구를 해부하는 데 오류

어구 해부(parsing): 문장의 통사 구조를 분석하고 해석하는 능력.

를 범한다는 사실을 보여 주었다. 그림 선택 과제(Brooks & Braine, 1996; Brooks & Sekerina, 2005/2006)에서는 아동에게 두 세트의 사물을 일부만 일대일로 보여 주고([그림 5-3] 참조), every cat is on a chair 또는 every chair has a cat on it을 나타낸 그림을 선택하도록 요청한다. 9세 미만 아동은 많은 오류를 보이는데, 어떤 세트(고양이 또는 의자)가 수량사 every에 의해 수식되는지 확신하지 못하는 것처럼 보인다(Brooks & Braine, 1996; Brooks & Sekerina, 2005/2006). 교육 수준이 낮은 성인에게서도 비슷한 오류가 발견되었다(Street & Dąbrowska, 2010). 문장 그림 확인 과제에서는 아동에게 하나의 그림 또는 장면만 보여 준다. 예를 들어, 고양이 세 마리가 앉아 있는 의자 1개와 여분의 의자 2개가 제시된 그림을 보여 주고 "Is every cat on a chair?"라고 질문한다. 어린 아동은 보통 '아니요'라고 말하고, 여분의 의자에 고양이가 있어야 한다고 지적한다. 수량사 확산 오류라고 불리는 이러한 오류는 아동이 every cat is on a chair라는 문장을 every chair has a cat on it이라고 반대로 해석하는 것을 의미한다(Geurts, 2003; Kang, 2001; Roeper, 2007).

수량사 확산 오류(quantifier spreading errors): every 또는 each와 같은 보편적 수량사를 포함한 문장과 관련된 이해 오류. 아동은 "Every car is in a garage."와 같은 문장을 "Every garage has a car in it."이라고 잘못 추론함.

아동의 어구 해부 오류의 특히 흥미로운 예는 시각적 세계 패러다임을 사용한 연구로 구조적 모호성이 포함된 문장이다([그림 5-4] 참조). 아동에게는 일련의 사물, 예를 들어 two dogs, two napkins, a box, with one of the dogs sitting on a napkin을 보여 준다. 그러고 나서 예를 들어, "Put the dog on the napkin in the box."와 같은 지시를 따르도록 한다(Trueswell, Sekerina, Hill, & Logrip, 1999). 이 지시는 모호한 의미

시각적 세계 패러다임(visual world paradigm): 시선 추적 장치와 함께 사용되는 실험 과제. 특정 사물을 조작하기 위해 일련의 언어적 지시를 처리할 때 시각적으로 배열된 사물에 대한 참여자의 주의를 모니터링함.

그림 5-3 every와 같은 보편적 수량사의 범위에 대한 아동의 이해를 테스트하는 데 사용되는 그림

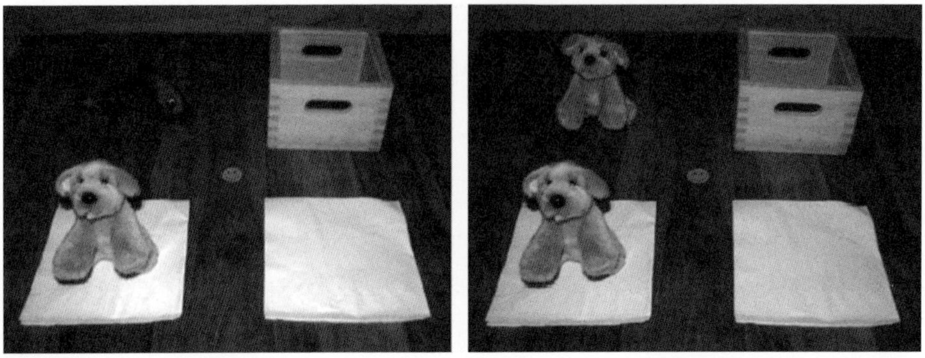

그림 5-4 "Put the dog on the napkin in the box."라는 문장을 위한 첫 번째 지시물(왼쪽 패널) 및 두 번째 지시물(오른쪽 패널)
출처: Patricia Brooks와 Vera Kempe의 사진 제공.

의 축소된 관계절(the dog on the napkin)을 포함하기 때문에 어구를 해부하기가 어렵다. on the napkin과 같은 전치사구는 강아지의 위치 또는 행위의 목적을 나타낸다("The dog that's on the napkin." 같이 축약되지 않은 관계절과 달리). 그러한 지시를 따르라는 요청을 받았을 때, 5세 아동은 일반적으로 전치사구를 수식어가 아닌 목적어로 해석한다. 그들은 강아지 한 마리를 빈 냅킨 위에 놓고, 때로는 상자에 넣는다. 이와는 대조적으로 성인은 거의 오류를 보이지 않는다. 그들은 냅킨에 앉아 있는 강아지를 올바르게 선택하여 상자에 넣는다. 그럼에도 불구하고, 시각적 세계의 사물에 대한 눈의 움직임을 모니터링함으로써(머리에 특수 카메라를 착용하고) 문장 처리에 대한 일시적 모호성의 결과를 알 수 있다. 성인은 일반적으로 잘못된 강아지(예: "The one that is not on a napkin.")를 먼저 보지만, 더 많은 문장을 들으면서 초기 해석을 수정하고 다른 강아지를 올바르게 선택하여 상자에 넣는다. 아동은 맥락 단서를 고려하는 데 어려움이 있다. 구별해야 할 두 마리의 동일한 강아지가 있다는 것이다. 그리고 문장의 나머지 단어가 맞지 않더라도 초기의 잘못된 해석을 수정하지 못한다(Trueswell et al., 1999; Snedeker & Trueswell, 2004; Snedeker & Yuan, 2008; Kidd, Stewart, & Serratrice, 2011 참조). 그러나 두 마리의 강아지를 묘사하라는 요청을 받았을 때, 5세 아동은 축약된 관계절을 포함하여 잘 구성된 응답을 완벽하게 만들 수 있다. 예를 들어, "Which dog visited Mrs. Bear's house?"라고 질문하면 "The one on the napkin!"이라고 대답한다(Hewewitz, Brown-Schmidt, Thorpe, Gleitman,

& Trueswell, 2000).

3장과 4장에서 살펴본 것처럼 소리와 단어를 배우는 데 있어 아동의 이해는 일반적으로 산출보다 앞서 있다. 그렇다면 산출과 이해의 불일치는 왜 나타나는가? 첫째, 아동은 어휘 단서, 즉 단어가 일반적으로 문장에서 어떻게 사용되는지에 대한 지식에 강하게 반응한다. 아동이 듣는 문장에서 동사는 대상의 목적을 나타내는 전치사구를 동반한다("Put the groceries in the refrigerator."와 같이). 따라서 put의 논항 구조는 전치사구를 수식어가 아닌 목적어로 해석하도록 청자를 편향시킨다. 둘째, 이해는 많은 확률적 단서를 고려해야 하는데, 그러한 단서는 습득하는 데 시간이 필요하다. 영아가 단어 경계, 품사 및 문법 단위를 발견할 때 확률적 단서를 사용함을 확인하였다. 그러나 문장 구조 분석에 관련된 여러 단서를 정교하게 통합하기 위해서는 커다란 도약이 요구된다. 셋째, 청자가 언어적 모호성을 만날 때, 모호한 단어나 구조를 해석하기 위해서는 상당한 처리 능력이 필요하다(Clahsen & Felser, 2006). 5세 아동의 작업 기억 용량은 여전히 제한적이다(Cowan & Alloway, 2009). 반면, 산출 과정에서 화자는 일반적으로 한 가지 의도된 해석만 추구하므로 처리 용량이 더 적게 필요하다. 마지막으로, 이후에 초기 해석을 수정하려면 인지적 유연성이 필요하다(Novick, Trueswell, & Thompson-Schill, 2005). 집중적인 주의력 제어와 심적 갖춤새(mental sets) 사이의 전환 능력은 전전두엽 피질의 기능에 의존한다. 이러한 피질 영역의 성숙이 느리기 때문에(Gogtay et al., 2004), 아동의 주의력이 부족하면 초기 해석이 할당된 후 문장을 재분석하는 능력이 제한될 수 있다. 모호한 구조에 대한 가장 빈번한 해석을 선택하도록 편향시킬 수 있다(Thompson-Schill, Ramscar, & Chrysikou, 2010).

이 장에서는 수많은 언어 입력에서 규칙성을 발견하는 영유아의 놀라운 능력에 대해 논의하였다. 어린 아동이 빈번한 패턴을 추출하여 이를 일반화하도록 만드는 동일한 요인들도 이해의 일부를 설명할 수 있다. 시간이 지남에 따라 아동의 통사 능력은 인간의 언어적 의사소통의 모든 복잡성과 불확실성을 적절히 처리하도록 미세하게 조정된다.

요약

- 아동은 의미 있는 발화를 만들기 위해 단어를 결합하고 수식하는 방법을 결정하는 언어 공동체의 관습을 배워야 한다.
- 아동이 문법을 배우는 방법에 관한 연구는 언어 이론에 근거한다. 어떤 이론은 단어 분류에 따라 단어를 결합하는 방법을 결정하는 추상 규칙이 존재한다고 가정하였으나, 다른 이론은 문법을 개별 단어에 고유한 사용 패턴이라고 설명한다.
- 생애 첫해에 아동은 통계 학습을 사용하여 언어의 규칙적인 패턴을 추출한다. 영아는 음운 단서와 운율 단서가 품사와 통사적 구성 요소 사이의 경계와 함께 발생하는 경향을 활용한다. 또한 단어 순서의 분포 규칙에 민감하며 학습된 패턴을 새로운 항목으로 옮길 수 있다.
- 아동의 초기 단어 조합과 수식은 단어마다 다르며 보수적이다. 더 자주 접하는 패턴은 더 자주 사용되는 경향이 있으며, 새로운 단어로 옮겨질 가능성이 높다.
- 다른 단어와 다른 맥락에서 만나는 사용 패턴은 더 추상적인 표현의 기초를 형성하는 도식으로 집결된다. 이것이 문법 발달이 어휘 발달과 밀접한 관련이 있는 이유이다.
- 3~6세 아동은 과잉 일반화 오류를 산출하는 경향이 있다. 한 가지 설명은 시간이 지남에 따라 정확하지만 약한 형태가 연습을 통해 연결 강도를 얻게 되고, 결국 잘못된 형태를 능가한다는 것이다.
- 아동은 여러 해석을 동시에 고려하지 못하는 인지 기능의 제한으로 인해 이해 능력이 부족하다.

더 읽을거리

주요 연구

과잉 일반화 오류에 관한 실험연구

Brooks, P. J., Tomasello, M., Dodson, K., & Lewis, L. (1999). Young children's overgeneralizations with fixed transitivity verbs. *Child Development, 70*, 1325-1337.

논문

문법 학습의 근거가 되는 다양한 기제에 관한 논문

Gentner, D., & Namy, L. L. (2006). Analogical processes in language learning. *Current Directions in Psychological Science, 15*, 297-301.

Saffran, J. R. (2003). Statistical language learning: Mechanisms and constraints. *Current Directions in Psychological Science, 12*, 110-111.

Tomasello, M. (2000). The item-based nature of children's early syntactic development. *Trends in Cognitive Sciences, 4*, 156-163.

저서

문법 발달의 이론에 관한 읽을거리

Goldberg, A. (2006). *Constructions at work: The nature of generalization in language.* Oxford: Oxford University Press.

Ninio, A. (2006). *Language and the learning curve: A new theory of syntactic development.* Oxford: Oxford University Press.

6 아동은 어떤 언어를 만나는가

핵심 용어

• 대리부모 • 분석적 전략 • 아동–대상 발화 • 아동 언어 데이터 교환 시스템(CHILDES) • 인간 언어 전사 분석용 코드(CHAT) • 컴퓨터 활용 언어 분석(CLAN) • 담화 • 총체적 전략 • 과잉 조음 • 간접적 부정성 증거 • 영아–대상 발화 • 굴절 형태론 • 공동 주의 • 종단연구 • 평균 발화 길이(MLU) • 동작어 • 다원적 상호작용 • 운율 • 수어 • 말소리 사용역 • 성조 언어 • 도식

개요

생득주의자는 언어 입력을 언어 능력이 성숙하기 위한 계기에 불과하다고 간주한다. 결론적으로, 언어 입력의 이론적 중요성은 크지 않은 것으로 간주한다. 반면에 사용-기반 설명은 아동이 듣는 언어 입력을 중요하게 생각한다. 이전 장에서는 영아가 언어 구조에 대한 중요한 정보를 언어 입력에서 추출하는 방법에 대해 논의했는데, 이론적 균형을 고려할 때 아동이 실제로 어떤 언어 입력을 제공받는지 자세히 살펴볼 필요가 있다. 분명히 영어권 환경에서 태어난 아동은 영어를 구사하며, 일본어권 환경에서 태어난 아동은 일본어를 구사하게 된다. 언어 공동체에서 아동이 학습하는 입력의 특성은 정확히 무엇이며, 언어 학습은 어떻게 이루어지는가? 입력의 차이가 학습 결과의 차이와 연결되는가? 실제로 아동에게 언어를 어떤 방식으로 가르치는가? 아니면 아동은 자신이 듣는 말소리를 통해 언어를 이해하는가? 이러한 질문은 언어 습득 과정이 얼마나 보편적인지 이해하는 데 도움이 되므로 이론적으로 매우 중요하다. 모든 아동은 입력에 관계없이 동일한 속도로 진행하여 동일한 시기에 언어 학습의 중요한 이정표를 통과하는가? 입력의 풍부함이 아동이 언어를 얼마나 빨리 습득할 수 있는지, 그리고 궁극적인 성취 수준이 무엇인지를 결정하는가? 이러한 결과의 다양성은 언어 학습이 이용 가능한 모든 입력에서 작동하는 일반적인 학습 기제에 의존한다는 사실을 시사한다. 인간 언어의 특별한 점은 일반적인 학습 기제와 절묘하게 호환되도록 진화했다는 점이다(1장 참조).

이 장의 앞부분 두 절에서는 아동의 언어 입력 특성과 언어 습득 방식에 대해 살펴본다. 이러한 맥락에서 아동-대상 발화와 아동이 들은 언어에 대해 논의한다. 마지막 절에서는 언어 학습 결과에 대한 언어 입력 변화의 영향을 살펴본다.

6.1 아동에게 어떻게 말하는가

영아와의 상호작용은 다른 사회적 상황에서는 부적절하거나 심지어 난처한 것으로 인식되는 매우 특별한 말하기 방법을 유도한다([그림 6-1] 참조). 이러한 말하기 방법에 대한 초기 연구는 어머니에게 초점을 맞추고 영아와 어린 아동에게 사용되는 말소리 사용역을 설명하기 위해 아기말투(motherese)라는 용어를 사용하였다(Snow & Ferguson, 1977). 말소리 사용역이라는 용어는 특정 사회적 상황과 특정 사람에게 사용되는 특정 말하기 방법을 의하며, 언어의 운율, 음운, 문법 및 어휘 특징에서의 변화를 포함한다. 아동에게 말하는 특별한 방법은 어머니만의 고유한 것이 아니라 아버지, 형제자매, 조부모 그리고 다른 양육자도 사용하는 형태이기 때문에 아동의 연령에 따라 영아-대상 발화 또는 아동-대상 발화라고 부른다. 간단하게는 CDS(child-directed speech)라는 용어를 사용하는데, 시간의 흐름에 따라 아동에게 하는 발화가 어떻게 변화되는지를 살펴본다. CDS를 연구하는 가장 일반적인 방법은 양육자와 자연스럽게 상호작용하는 아동의 발화를 기록하는 것이다. 물론 대화 데이터를 기록하고 전사하고 코딩하기 위해서는 아주 많은 시간이 소요된다. 특히 아동은 몇 개월 또는 몇 년에 걸쳐 언어 발달이 이루어진다. 따라서 개별 아동을 추적하는 종단연구에 관심 있는 많은 연구자가 다양한 언어를 배우는 아동으로부터 장기간의 언어 데이터를 수집하였다. 그리고 이 자료를 공개하여 누구나 사용할 수 있도록 아동 언어 데이터 교환 시스템(CHILDES)에 데이터를 기증하였다(〈방법론 상자 6-1〉 참조).

말소리 사용역(speech register): 특정 사람과 함께 또는 특정 사회적 상황에서 사용되는 말소리 양식. 언어의 운율 · 음운 · 문법 · 어휘 특성의 변화를 포함함.

아동-대상 발화(child-directed speech): 영아-대상 발화(infant-directed speech)라고도 불림. 영아 및 아동과 대화할 때 사용되는 전형적인 말소리 사용역.

종단연구(longitudinal studies): 개별 발달이 일정 기간 동안 추적되는 연구 설계.

아동 언어 데이터 교환 시스템(Child Language Data Exchange System: CHILDES): 모국어를 습득한 아동의 전사, 오디오 및 비디오가 포함된 공개적으로 이용 가능한 아동 언어 데이터의 온라인 아카이브.

그림 6-1 일부 문화권에서는 영아가 말소리를 내도록 격려하기 위해 양육자가 언어 이전 시기 영아와 대화를 나눈다.

출처: © leolintang. Shutterstock의 라이센스 사용 허락.

6.1.1 아동-대상 발화의 운율

CDS의 가장 두드러진 특징은 CDS가 성인-대상 발화(adult-directed speech: ADS)와 매우 다르다는 점이다. 성인-성인 대화와 성인-아동 대화의 오디오 녹음을 비교한 결과, 유아와 아동을 대상으로 할 때 성인은 말소리의 음조를 높이고 더 넓은 음조 범위를 포함하여 과장된 고음과 저음으로 억양의 윤곽을 생성한다([그림 6-2] 참조). 또한 성인은 더 크게 말하고 말하기와 멈추기를 길게 하는 경향이 있어 전체적으로 말하기 속도가 더 느려진다(Fernald, Taeschner, Dunn, Papousek, de Boysson-Bardies, & Fukui, 1989). CDS는 매우 뚜렷한 억양 윤곽을 표시한다(Fernald, 1992). 편안하고 안락한 억양은 신생아-대상 발화에서 주로 나타난다. 음조의 상승과 하강이 포함된 주의 유도 억양은 생후 3개월이 지난 영아에게 사용된다(Kitamura, Thanavishuth, Burnham, & Luksaneeyanawin, 2002). 특정 억양 패턴에 대한 의사소통 의도는 ADS보다 CDS에서 쉽게 알 수 있는데, 영아는 심지어 생소한 언어에서도 식별할 수 있고(Bryant & Barrett, 2007), 생후 6개월부터 이를 구별할 수 있다(Spence & Moore, 2002).

방법론 상자 6-1 아동 언어 데이터 교환 시스템(CHILDES)

CHILDES 데이터베이스(MacWhinney & Snow, 1985)는 자연스러운 상황에서 발생하는 성인-아동 상호작용의 오디오 및 비디오 기록에서 얻은 말소리 전사본을 배포하기 위해 만들어졌다. 연구자들은 말소리를 코딩하고 전사하기 위해 인간 언어 전사 분석용 코드(CHAT)로 불리는 공통 시스템을 사용한다. CHAT 형식을 사용하면 컴퓨터 활용 언어 분석(CLAN)이라는 특수하게 개발된 소프트웨어를 사용하여 스크립트를 자동 검색 및 분석할 수 있다. CLAN 프로그램을 사용하면 특정 단어나 형태소를 검색하고, 빈도를 계산하고, 단어나 형태소 사이의 동시 발생 패턴을 분석하고, 평균 발화 길이(MLU)를 계산하고, 발화의 형태소 특성을 분석할 수 있다. 이 데이터베이스는 카네기 멜론 대학교 웹사이트에서 공개적으로 접속할 수 있으며, 일부 임상 인구(예: 자폐스펙트럼장애 아동, 다운증후군 또는 단순언어장애 아동)의 데이터를 포함하여 30개 이상 언어의 4,400만 단어가 포함되어 있다. CHILDES 시스템의 데이터를 사용하여 출판된 학술문헌은 지금까지 3,000건이 넘는다. 다음은 MacWhinney 말뭉치에서 3세 6개월 남아와 아버지 사이의 짧은 대화를 발췌한 것이다. '%mor' 및 '%gra'로 시작하는 각 발화 아래의 줄은 CHAT 전사 시스템에서 고안된 기존의 기호를 사용하여 해당 발화에 대한 형태소 및 문법 정보를 코딩한다. 이것은 단지 CHILDES에서 코딩되고 분석될 수 있는 종류의 정보를 제공하기 위해 포함되었다. 사용자는 CLAN 프로그램을 사용하여 CHILDES 아카이브의 모든 대화 내용을 분석할 수 있다.

인간 언어 전사 분석용 코드(Codes for the Human Analysis of Transcripts: CHAT): 말소리 표본을 전사 및 코딩하기 위한 시스템. 이 공통 형식을 통해 사용자는 CLAN 소프트웨어를 사용하여 검색을 수행하고 대화 내용을 분석할 수 있음(CHILDES 아카이브의 모든 대화 내용은 CHAT 형식임).

컴퓨터 활용 언어 분석(Computerised Language Analysis: CLAN): 사용자가 검색을 수행하고 CHAT 형식의 대화 내용을 분석할 수 있게 하는 일련의 컴퓨터 활용 분석 도구(소프트웨어).

평균 발화 길이(mean length of utterances: MLU): 일반적으로 사용되는 문법 발달 척도. 발화당 평균 형태소 수 측정.

@Situation:	Ross has a little thing that he puts his Star Wars troopers in.
***CHI:**	*mommy wanted to take it away (.) but I was stronger.* ▫ 974649_994339 ▫
%mor:	*n | mommy v | want-PAST inf | to v | take pro | it adv | away conj:coo | but pro | I v:cop | be&PAST&13S adj | strong-CP .*
%gra:	*1 | 2 | SUBJ 2 | 7 | COORD 3 | 4 | INF 4 | 2 | XCOMP 5 | 4 | OBJ 6 | 4 | JCT 7 | 0 | ROOT 8 | 9 | SUBJ 9 | 7 | COORD 10 | 9 | PRED 11 | 7 | PUNCT*
***FAT:**	*what happened (.)* Ross? ▫ 994339_996549 ▫
%mor:	*pro:wh | what v | happen-PAST n:prop | Ross?*

%gra:	1|2|OBJ 2|0|ROOT 3|2|VOC 4|2|PUNCT
*CHI:	I didn't let her +... □ 996549_998154 □
%mor:	pro|I aux|do&PAST~neg|not v|let&ZERO pro|her +...
%gra:	1|4|SUBJ 2|4|AUX 3|2|NEG 4|0|ROOT 5|4|OBJ 6|4|PUNCT
*CHI:	take it away. □ 998154_1005296 □
%mor:	v|take pro|it adv|away.
%gra:	1|0|ROOT 2|1|OBJ 3|1|JCT 4|1|PUNCT
*FAT:	what do you use it for? □ 1005296_1006497 □
%mor:	pro:wh|what aux|do pro|you v|use pro|it prep|for?
%gra:	1|4|OBJ 2|4|AUX 3|4|SUBJ 4|0|ROOT 5|4|OBJ 6|4|JCT 7|4|PUNCT
*CHI:	for Star troopers and Chewbacca to race off. □ 1006497_1024330 □
%mor:	prep|for n:prop|Star n|trooper conj:coo|and n:prop|Chewbacca inf|to v|race adv|off.
%gra:	1|4|COORD 2|1|POBJ 3|2|MOD 4|0|ROOT 5|4|COORD 6|7|INF 7|5|XMOD 8|7|JCT 9|4|PUNCT

CHAT는 일부 언어에 대해서는 실제 발화를 코딩하는 것 외에도 MOR 행의 음성 부분과 GRA 행의 통사 관계에 태그를 지정하는 표준화된 방법을 제공한다. CLAN 프로그램 내의 해당 분석 도구를 통해 연구자는 양육자 및 아동 언어의 형태론과 통사론 특징을 분석할 수 있다.

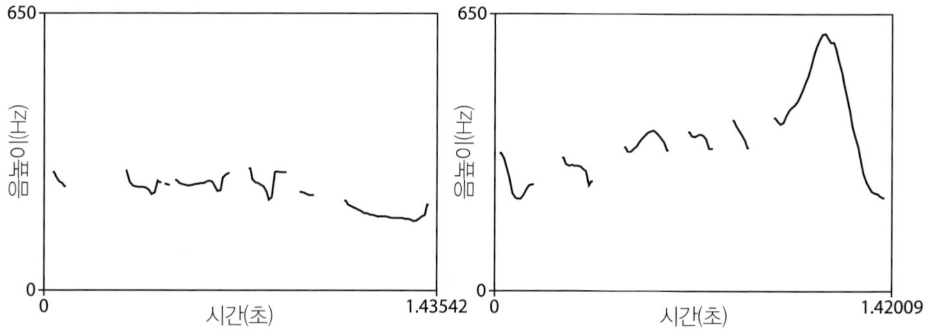

그림 6-2 성인(왼쪽 패널)과 2세 자녀(오른쪽 패널)에게 말을 거는 어머니가 사용한 Touch the dog with the flower라는 문장의 음조 윤곽.

CDS의 과장된 운율은 언어 습득을 촉진하는가? 이에 대한 증거는 논란의 여지가 있다. 우선, CDS는 과장된 강세 패턴, 짧은 발화, 길고 더 빈번한 숨쉬기로 인해 ADS보다 단어 분절 단서가 훨씬 더 풍부하다(Redford, Davis, & Miikkulainen, 2004). 당연히, 단어 분절 연산 모델은 ADS와 비교하여 CDS의 입력으로 실행할 때 성과가 더 우수하다(Aslin, Woodward, LaMendola, & Bever, 1996; Brent & Cartwright, 1996; Christiansen, Allen, & Seidenberg, 1998; Batchelder, 2002). 또한 음조 및 음량의 증가는 말소리 신호에 아동의 주의를 집중시킨다. 따라서 생후 7개월 영아는 단어의 경계가 말소리의 유일한 통계 구조(특정 음절 다음에 나오는 다른 음절의 전이 확률)인 무의미 음절 흐름을 들었을 때 성인 대상 운율로 말한 문장의 경우에는 아니지만, 전형적인 아동 대상 운율로 말한 문장의 경우에는 단어를 분절할 수 있었다(Tiessen, Hill, & Saffran, 2005). 이는 CDS의 과장된 운율이 추가적인 정보를 제공하고, 아동이 신호에 주의를 기울이게 하여 아주 어린 나이에도 단어 분절이 가능함을 시사한다. 과장된 운율이 없는 경우에는 학습이 어려울 수 있다. 예를 들어, 산후우울증을 앓고 있는 산모는 전형적인 과장된 음높이 범위가 없는 매우 평평한 CDS를 생성하는 경향이 있다(Bettes, 1988; Kaplan, Bachorowski, & Zarlengo-Strauss, 1999). 컴퓨터 화면에 웃는 얼굴이 나타나기 직전에 단조로운 말소리가 제시되면, 4개월 영아는 말소리와 얼굴 사이의 연관성을 학습하지 못하였다. 그러나 정상적인 CDS의 통제 조건에서는 연관성을 학습하였다(Kaplan et al., 1999). 따라서 CDS의 과장된 운율은 영아의 주의를 사로잡아 통계 및 연결 학습을 촉진한다.

반면, 아동 대상 운율의 모든 특징이 언어 학습을 돕는 것은 아니다. 예를 들어, 과장된 음조 윤곽은 모음 구별을 촉진할 수 있지만, 음조 상승은 다양한 음향적 이유로 실제로는 이를 방해할 수 있다(Trainer & Desjardins, 2002). 마찬가지로, 일시 멈춤과 최고조의 음높이와 같은 비의도적 단서가 학습자가 언어의 문법 구조를 발견하는 데 도움을 준다는 사실은 논란의 여지가 없다. 예를 들어, hot soup와 같은 형용사-명사 조합이 문법 단위를 구성한다는 사실을 알아내는 데 도움이 된다. 하지만 성인은 그러한 신호를 일관되게 제공하지는 않는다. 일부 연구에 따르면, CDS에는 구 경계에 도움이 되는 운율 단서가 포함되어 있다(Fisher & Tokura, 1996; Soderstrom, Blossom, Foygel, & Morgan, 2008). 다른 연구에 따르면, 이러한 단서가 항상 일관되게 제공되지는 않는다. 어떤 경우 CDS에서 어머니가 잘못된 위치에서 오래 멈추기를 하여 의도된 통사 구조를 실제로 모호하게 만든다(Kempe, Schaeffler, & Thoresen, 2010).

6.1.2 아동-대상 발화의 음운론

2장에서는 음소 변별이 생후 첫 달에 시작됨을 확인하였다. 생후 1개월 영아는 이미 음성 개시 시간(VOT)과 같은 연속적인 특징에 대한 범주적 지각을 보인다. 이는 유성 폐쇄 자음 /b/와 무성 폐쇄 자음 /p/를 구별하는 데 도움이 된다(Eimas, Siqueland, Jusczyk, & Vigorito, 1971). CDS는 이러한 새로운 기술을 지원하는가? 이에 관한 증거는 혼재되어 있다. 일부 연구에서는 어머니가 무성 자음에 대한 VOT를 증가시켰음을 보여 주었다. 그러나 이러한 현상은 영아가 16개월 정도 되었을 때, 즉 이 변별이 이미 완전히 숙달된 시기에만 나타났다. 다른 연구에서는 VOT의 일반적인 증가가 나타났지만, 또 다른 연구에서는 VOT의 일반적인 감소가 나타났다(Soderstrom, 2007). 모음의 경우에는 상황이 더 명확하다. 일반적으로 높은 음높이는 모음 간 차이를 모호하게 할 수 있지만(Trainer & Desjardins, 2002), 어머니가 모음을 과도하게 표현함으로써 첫 번째와 두 번째 음소 사이를 더 멀리 분절하여 모음 사이의 음향 차이를 더욱 두드러지게 하는 증거는 명확하다(Kuhl, Andruski, Christovich, Christovich, Kozhevnikova, Ryskina et al., 1997). 이러한 과잉 조음([그림 6-3] 참조)은 러시아어, 스웨덴어, 미국 영어, 중국어(만다린어)를 사용하는 어머니에 의해 입증되었고, 언어 학습을 촉진하는 것으로 나타났다(Liu, Kuhl, & Tsao, 2003). 흥미롭게도, 이러한 현상은 성인이 아동에게 말을 거는 경우에만 나타나고, 반려동물에게 말을 거는 경우에는 나타나지 않았다(Burnham, Kitamura, & Vollmer-Conna, 2002). 이는 CDS가 언어 교수 도구의 역할을 담당함을 시사한다. CDS의 기능에 대해서는 6.2절에서 살펴본다. 여기서 청각장애 아동의 아동-대상 수어에서도 손 동작이 느려지고, 더 과장되고, 더 반복되는 과잉 조음과 유사한 현상이 관찰되었다는 점에 주목할 필요가 있다(Masataka, 1996, 1998).

과잉 조음(hyper-articulation): 음소 사이의 음향적 차이(예: 다른 모음 사이)를 극대화하는 과장된 조음.

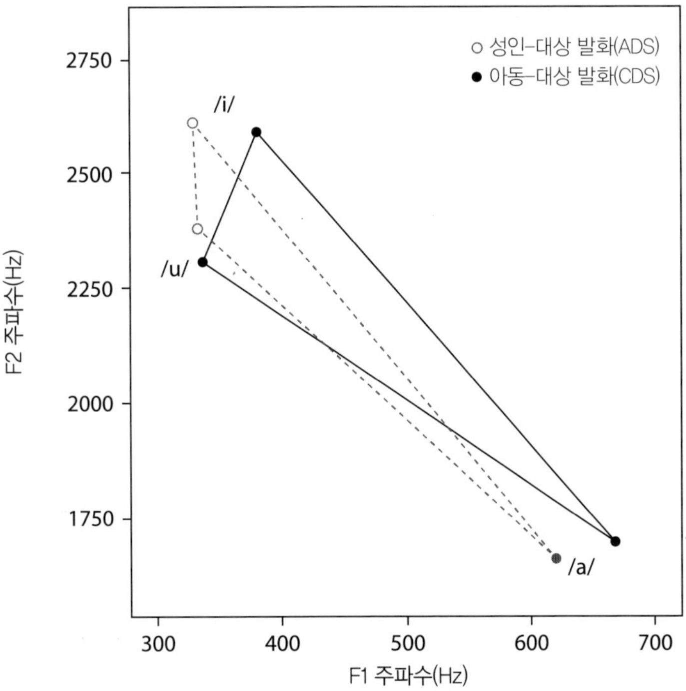

그림 6-3 모음 사이의 평균 영역은 성인과 5개월 영아를 대상으로 50명의 스코틀랜드 여자 청소년이 말한 sheep, shark, shoe라는 단어의 모음에 나타난다. 모음 영역은 ADS보다 CDS에서 더 큰데, 이는 과잉 조음의 증거이다. 모음 /i/ 및 /u/는 다른 영어보다 스코틀랜드 영어에서 더 가깝다.

반면, 일부 연구에 따르면 어머니는 친밀감을 전달하기 위해 조음을 명확하게 표현하지 않거나(Shockey & Bond, 1980) 중복성을 증가시킴으로써(Bard & Anderson, 1983) 실제로 자녀에게 더 비형식적 방법으로 말한다. 그럼에도 불구하고, 아동과 대화할 때 명확하게 발음하면 모국어의 말소리 학습에 도움이 된다는 제안이 남아 있다. 실제로 중국어를 배우는 영아의 경우, 연구자들은 어머니가 CDS의 모음을 명확하게 발음하는 방법과 영아가 뒤이어 나오는 자음을 구별할 수 있는 정도 간의 관련성을 입증하였다. 이는 말소리-소리 분별을 위한 과잉 조음의 전반적 이점을 시사한다(Liu et al., 2003). 그러나 어머니의 언어 능력이 뛰어나서 자녀인 영아의 언어 능력이 뛰어난 사례일 수도 있다. 6.3절에서는 어머니의 말소리가 언어 학습 결과와 인과관계가 있는지에 대한 문제로 되돌아간다.

6.1.3 아동-대상 발화의 문법 및 내용

어린 아동을 대상으로 하는 말은 ADS보다 더 짧고 문법적으로 더 단순하다(Ferguson, 1977). 더욱이 성인 화자는 발화의 끝에 새로운 단어를 배치하는 경향이 있는데, 발화의 끝은 학습자가 주목하기 쉽고 기억하기 쉬운 위치이다(Fernald & Mazzie, 1991; Golinkoff & Alioto, 1995). CDS의 특징은 반복과 중복이다. 양육자가 아동에게 말할 때 단일어 발화를 더 많이 산출하지만(Soderstrom et al., 2008), 이는 CDS의 일관된 특징은 아니다(Aslin, 1993).

또한 CDS는 정서 표현이 풍부하고, doggie, horsie 같은 지소사를 포함한 특수 어휘를 사용하여 애정을 표현한다(Berko Gleason, Perlmann, Ely, & Evans, 1994). 형태론적 파생어인 지소사는 작음, 아동 중심성, 애정, 부드러움, 친밀감을 전달한다. 제한된 수의 동물 이름과 아기 물건(예: bootie, nappy, doggie)에 대해서만 파생 지소사를 가진 영어와는 달리, 다른 언어에서는 화자가 거의 모든 구상 명사와 일부 형용사 및 부사의 형식을 변경할 수 있다. 예를 들어, 러시아어에서는 sinij(blue) 같은 형용사를 sinen'kij로 축소하고, 스페인어에서는 부사 ahora(now)를 ahorita로 축소한다. 리투아니아어, 폴란드어, 러시아어, 라틴아메리카 스페인어와 같은 일부 언어에서는 CDS에 지소사가 지배적이어서 어린 아동에게 사용되는 모든 명사의 절반이 이에 해당한다(Kempe, Brooks, & Pirott, 2001; Melzi & King, 2003; Savickienė & Dressler, 2007). 지소사는 매우 두드러진 접미사로 끝나기 때문에 단어 분절에 유용한 단서를 제공한다(Kempe, Brooks, & Gillis, 2005). 또한 4장에서 설명한 바와 같이, 지소사는 굴절 형태론의 습득을 촉진하는 유사한 사용 패턴(도식)을 가진 품사를 구성한다. 흥미롭게도, CDS에서 지소사가 많이 사용되는 언어(예: 러시아어, 라틴아메리카 스페인어)의 경우 어머니는 자녀와의 대화 에피소드에서 같은 단어에 대응하는 단순 형태(예: doggie와 dog)를 대체하여 지소사를 사용한다(Kempe, Brooks, Mironova, Pershukova, & Fedorova, 2007; King & Melzi, 2004). 이러한 상황에서 어머니는 자신이 말하는 사물의 크기를 대비적으로 나타내지는 않는다. 대신에, 지소사가 포함된 단어 놀이는 단어의 첫 번째 부분이 지시적 의미를 전달하는 반면, 끝부분의 접미사는 문법 기능만 가진다는 점을 강조함으로써 아동에게 그 언어의 형태소 구조를 설명하는 역할을 담당한다. 따라서 화용적 측면을 고려한 양육자의 문법 형식 사용은 언어 구조에 대한 정보를 자녀에게 제공한다.

6.1.4 아동-대상 제스처

아동-대상 상호작용에서 양육자의 제스처가 특별한 특징을 보이는지에 대해 여러 연구에서 조사하였다. 한 연구에 따르면, 어머니가 아동에게 새로운 사물의 속성을 설명할 때 어머니의 제스처와 동작은 아동과 더 가까이에서 일어났으며, 더 열성적이고 반복적이며 더 크고 단순하였다(Brand, Baldwin, & Ashburn, 2002). [그림 6-4] 참조. 이러한 행동 방식은 동작어라고 불린다. 이는 아동의 관심을 끌고 새로운 정보의 중요한 구조적 특징을 강조하는 특징 행동 변화가 말소리뿐만 아니라 다른 상호작용 영역에서도 발견될 수 있음을 보여 준다.

동작어(motionese): 아동에게 새로운 사물의 속성을 설명할 때 어머니가 보여 주는 행동 방식. 열성적이고 반복적이며 상대적으로 규모가 크고 아동과 가까이에서 보이는 제스처와 움직임이 특징임.

동작어는 사물의 속성을 보여 주기 위해 사용된 과장된 제스처를 포함한다. 그러나 보통의 담화에서는 화자가 말하는 동안 다양한 제스처를 일상적으로 사용한다. 이러한 제스처는 구체적 상징 제스처, 추상적 상징 제스처, 가리키기 제스처뿐만 아

그림 6-4 아동에게 말할 때 양육자는 종종 과장된 손 동작과 얼굴 표정을 통해 자신의 열의를 전달한다.

출처: © mangostock. Shutterstock의 라이센스 사용 허락.

니라 강조, 중단, 율동으로 불리는 제스처로 구분된다(영아의 제스처 발달에 대한 설명은 3장 참조). 말소리에 동반되는 제스처는 인간 의사소통의 보편적인 특징이지만, 활용 정도는 문화권마다 다르다. 예를 들어, 손을 사용하여 사물의 형태(예: 영국의 해안선)를 그릴 때 제스처를 사용하지 않고는 설명하기 어려운 음성 정보를 제스처가 보충한다(Goldin-Meadow, 1999). CDS에서 운율이 과장된다고 가정할 때, 아동 중심 의사소통에서 과장된 제스처가 사용되는 것은 이치에 맞다. 그러나 CDS에 동반되는 제스처를 조사한 일부 연구에서는 과장의 증거를 발견하지 못하였다. 예를 들어, 이탈리아 어머니는 이탈리아 문화에서 흔히 볼 수 있는 많은 양의 제스처보다 훨씬 적고 단순한 제스처를 보여 주었다(Iverson, Capirci, Longobardi, & Caselli, 1999). 더욱이 제스처는 발화의 음성 내용을 보충하기보다는 강화하는 경향이 있었고, 제스처를 사용한 시간은 대부분 음성 발화와 시간적으로 일치하였다. 이러한 시간적 동시 발생은 CDS와 함께 제공되는 제스처의 중요한 특징이다. 여러 연구에 따르면, 어머니는 영아와 이야기할 때 자발적으로 장난감을 움직이는 경향을 보였다(예: Messer, 1978; Zukow-Goldring, 1997). 영아에게 친숙하지 않은 행동에 대한 새로운 동사와 친숙하지 않은 사물에 대한 새로운 명사를 가르쳐 달라고 어머니에게 요청한 경우, 관련된 제스처는 새로운 단어를 포함하는 발화와 일시적으로 일치하였다(Gogate, Bahrick, & Watson, 2000). 따라서 어머니는 사물을 움직이면서 동시에 사물을 명명하였고, 새로운 행동을 시연함과 동시에 새로운 동사를 산출하였다. 명명하기와 동시에 움직이는 경향은 5~8개월 영아에게서 가장 강하게 나타났으며, 21~30개월 영아에게서는 덜 두드러졌다.

특히 어린 영아의 경우, 제스처와 말소리 사이의 시간적 동시성이 갖는 이점은 무엇인가? 사람들이 말을 할 때, 얼굴 표정과 말이 상호 보완적으로 정보를 제공하도록 관절의 움직임은 산출하는 소리와 시간적으로 일치한다. 4개월 영아는 이미 감각을 통합한 시간적 동시성을 선호한다. 그들은 입 모양과 일치하지 않는 모음에 비해 제시된 입 모양과 일치하는 모음을 선호한다(Kuhl & Meltzoff, 1988). 때때로 TV에서 입술의 움직임과 말소리가 맞지 않을 때 화가 나는 상황을 떠올려 보면 이러한 상황을 쉽게 이해할 수 있다. 어린 나이부터 영아는 손짓과 말소리 사이의 시간적 동시성에 민감하다. 4장에서 살펴본 바와 같이, 6개월 영아는 새로운 사물 명명하기가 움직임과 시간적 동시성을 가질 경우에만 음절-사물의 임의적 관계를 쉽게 학습한다(Gogate, 2010). 어머니의 제스처는 단어-의미 관계에 주의를 끌기 위해 특히 영아가 아직 그 관계를 스스로 감지할 수 없는 시기에 제스처와 말소리의 시간적 동시성에 대한 영아의 선호도를 활용하는 것으로 보인다. 아동 대상 제스처는 시간적 동시성을 통해 명칭과 지시물 사이의 관계를 강조함으로써 단어가 표상하는 지시물과 유사하지 않다는 기호의 임의성을 영아가 이해하도록 돕는다(Gogate & Hollich, 2010).

6.2 아동–대상 발화의 기능은 무엇인가

진화론적 관점에서 볼 때 CDS는 인간이 후손의 생존을 보장하기 위해 참여하는 일련의 자녀 양육 행동에 해당한다(Falk, 2004). 그러나 궁극적인 적응 기능 이외에도, 양육 행동은 사회적 · 환경적 유발 요인 또는 근본적인 정서적 · 인지적 · 신경생리학적 또는 호르몬 과정과 같은 다양한 내부 및 외부의 근본 원인으로 설명될 수 있다. 여기에서는 CDS의 세 가지 기능이 어떻게 영아의 안녕에 기여하는지 살펴본다. 그러나 이러한 기능을 논의하기 전에 CDS가 얼마나 널리 보급되어 있는지 살펴본다.

6.2.1 아동–대상 발화의 관련성

어머니 외에 아버지, 조부모(Shut & Weldall, 2001), 나이 많은 형제자매(Hoff-Ginsberg & Krueger, 1991)도 CDS에 관여한다는 증거가 있다. 어머니의 CDS는 이들 집단의 CDS와 유사성에서 일부 차이가 있다. 예를 들어, 아버지에게서도 음높이와 음높이 범위의 증가가 관찰되었지만, 어머니보다는 제한적이다(Fernald et al., 1989). 아마도 남성은 매우 높은 음높이를 만들어 내기가 어려울 수 있고, 사회적으로 받아들여지기 어렵기 때문일 것이다(Kempe, 2009). 또한 아버지는 아동의 나이가 어린 경우 운율 변화를 줄이는 경향이 있다. 즉, 어머니와 달리 아버지는 5세와 성인에게 유사한 방식으로 발화하는 경향이 있다(Warren-Leubecker & Bohannon, 1984). 아동이 자신보다 어린 아동과 대화할 때 어떻게 말소리를 조절하는지 살펴본 연구에 따르면, CDS의 전형적인 조정을 배우는 데는 시간이 걸린다. 따라서 5세 아동은 영아에게 말할 때 음높이와 음높이 범위가 꾸준히 증가하지는 않지만, 느리게 말한다(Weppelman, Bostow, Schiffer, Elbert-Perez, & Newman, 2003). 아마도 음높이를 조정하기보다는 말소리 속도를 조절하는 것이 더 쉽기 때문일 것이다. 더욱이 CDS는 친척에게만 국한되지는 않는다. 친척이 아닌 청소년 및 성인은 실제로 아동이 없는 가상 상황에서도 CDS의 특징을 많이 보인다(Jacobson, Boersma, Fields, & Olson, 1983; Penton-Voak, Cahill, Pound, Kempe, Schaeffler, & Schaeffler, 2007). CDS의 광범위한 사용은 다양한 친척과 친족이 대리부모의 역할을 맡아 양육에 기여한다는 사실을 보여 준다(Hrdy, 1999; 1장 참조).

6.1절에서 살펴본 CDS의 기능은 미국, 호주 및 영국 영어, 독일어, 프랑스어, 스페인어, 히브리어, 일본어, 중국어, 태국어, 러시아어, 폴란드어, 세르비아어, 리투아니아어의 경우에도 입증되었다. 이 모든 언어의 관찰 결과를 종합해 볼 때, 일부 연구자는 CDS를 인간 보편적 특징으로 제안하였다(Falk, 2004; Fernald, 1992). 그러나 이들 언어는 7,000여 개의 인간 언어 중 아주 작은 표본일 뿐이며, 산업사회에서 주로 사용되는 언어이다. 다른 사회, 특히 전통적인 비산업사회의 아동에게 투입되는 CDS에 대해서는 거의 알려져 있지 않으므로 모든 일반화는 잠정적이다. 인류학자들은 자녀 양육의 실제가 사회마다 매우 다르며(Lancy, 2009), 일부 사회에서는 CDS의 전체 기록이나 그 특징이 없다고 보고한다. 예를 들어, 마야 문명의 키체족(Quiche Mayan)은 어머니가 자녀와 대화할 때 말소리의 음높이나 음높이 범위를 증가시키지 않는다(Pye, 1986). 호주의 왈피리족(Warlpiri)은 영아를 적절한 대화 상대로 간주하지 않는다(Bavin, 1992). 즉, 언어 발달 이전의 영아를 쓰다듬어 주고 함께 놀아 주지만 말은 거의 하지 않는다. 파푸아 뉴기니의 카룰리족(Kaluli)은 자녀를 양육할 때 언어 발달 이전 시기에는 영아 대상 대화의 양을 제한한다(Schieffelin, 1985). 미국 남부의 농촌 지역에서도 영아가 이해하지 못하기 때문에 영아와 대화하는 것은 쓸데없는 일이라고 강력하게 믿었다(Heath, 1983). 비록 비교문화적 증거는 부족하지만, 산업사회의 CDS를 표준으로 보지 말고 이러한 보고를 일화적 증거로 간주하는 것이 중요하다. 아직까지는 아동-대상 상호작용의 비교문화적 변동성을 설명하는 데 필요한 데이터가 충분하지 않다. 적응 압력은 환경과 사회에 따라 다를 수 있으며, 인간의 행동은 이를 수용할 수 있을 만큼 유연하다. CDS의 다른

기능이 다른 연령대의 아동뿐만 아니라 다른 사회에서도 지배적일 수 있다. 아마도 CDS가 존재하지 않는 것처럼 보이는 사회에서는 다른 자녀 양육 행동이 CDS의 기능 중 일부를 대신할 것이다. 그렇다면 영아의 생존을 촉진하는 데 궁극적으로 기여하는 CDS의 기능은 무엇인가?

6.2.2 정서적 유대

예를 들어, 북미 지역에서처럼 사람들이 정서를 공개적으로 표현하도록 권장되는 문화권에서는 CDS의 운율적 특징이 더 과장되는 경향을 보인다(Fernald et al., 1989). 이는 CDS가 자녀에 대한 양육자의 긍정적인 정서 표현을 지원한다는 점을 시사한다. 뇌 영상 연구들은 영아의 모습이 어머니의 기분을 매우 긍정적으로 유도한다는 사실을 보여 주었는데, 이는 정서 처리에 관여하는 뇌 영역인 안와 전두 피질(orbitofrontal cortex)의 활성화를 통해 확인할 수 있다(Bartels & Zeki, 2004; Nitschke, Nelson, Rusch, Fox, Oakes, & Davidson, 2004). 어머니가 자기 아기의 사진을 볼 때 이러한 활성화가 가장 강렬하게 일어난다. 양육자의 긍정적인 관심은 아동과의 안정 애착을 촉진한다(Locke, 2001). 1개월 영아는 ADS보다 CDS 듣기를 선호한다고 알려져 있다(Cooper & Aslin, 1990). 그러나 6개월 영아를 기분 좋은 ADS와 기분 좋은 CDS에 노출시켜 긍정적 정서 표현 정도를 살펴본 연구자들은 CDS에 대한 선호가 사라졌음을 발견하였다(Sing, Morgan, & Best, 2002). 실제로 음향 측정 결과, 정서적 ADS와 CDS의 음높이 및 음높이 범위와 같은 특징은 사실상 구별할 수 없는 것으로 나타났다(Trainer, Austin, & Desjardins, 2000). 이는 CDS의 고유한 운율이 양육자의 개방적인 정서 표현에서 비롯됨을 시사한다.

운율 수단 외에 애정, 친밀감, 정서 표현 단어에 의한 어휘 수단으로 긍정적인 정서가 표현된다. 앞서 언급한 지소사는 하나의 사례일 뿐이다. 언어마다 긍정적 정서를 표현하는 운율 수단과 어휘 수단 사이에 균형적 관계가 있다. 성조 언어는 이와 관련하여 흥미로운 사례를 제시한다. 음높이의 변화로 단어나 굴절을 구별하는 중국어 및 태국어와 같은 언어에서는 큰 음높이 변화가 어휘 성조가 지닌 의미를 모호하게 만들어 영아의 단어 학습을 더 어렵게 할 수 있다. 흥미롭게도, 태국어를 사용하는 어머니는 비교집단인 호주 어머

> 성조 언어(tonal languages): 단어의 의미를 구별하기 위해 음조를 사용하는 언어(예: 만다린 중국어).

니보다 목소리의 음높이를 조금씩 변화시키는 경향이 있지만, 정서 표현은 더 많이 사용한다(Kitamura, Thanavishuth, Burnham, & Lusaneeyanawin, 2002).

6.2.3 자녀 훈육

우는 영아를 달래 본 사람이라면 누구나 긍정적인 정서 표현이 CDS의 유일한 기능은 아니라는 사실을 알게 된다. CDS의 또 다른 중요하고 보편적인 자극은 아동의 각성 상태와 행동을 통제하는 것이다. 이러한 기능이 CDS의 전형적 특징 중 많은 부분을 설명한다. 신생아와 아주 어린 영아의 울음소리가 절정에 달할 때, 이를 달래고 편안하게 만드는 억양 패턴이 영아-대상 발화에서 우세하게 나타난다. 영아가 약 3개월이 되어 더 큰 사회적 반응을 보일 때 주의를 끌고 지지하고 억제하는 억양 패턴의 빈도가 증가한다. 이 시기부터 CDS는 점차 아동의 관심을 유도하고 위험한 활동 참여를 금지하는 역할을 한다(Fernald, 1992). 아동의 언어 능력이 향상됨에 따라, 성인이 설득력 있고 지시적인 메시지를 사용하여 아동의 행동을 관리함에 따라 통제 기능이 운율에서 언어 메시지의 내용으로 전환된다.

6.2.4 언어와 사회적 행동 학습

언어는 인간 사회에 참여하는 데 필수적인 능력이므로 부모는 CDS를 사용하여 아동에게 이 중요한 기술을 가르치려고 한다. 6.1.4절에 설명된 감각 통합 아기말투 현상(Gogate et al., 2000; Gogate, 2010)은 어머니가 어떻게 영아에게 사물의 명칭을 가르치는지를 보여 주는 훌륭한 사례이다. 언어의 명시적 가르침은 어느 정도인가? 성인은 아동이 모든 종류의 유용한 기술을 배우도록 돕는 데 큰 관심이 있는데, 이는 인간에게만 해당되는 것은 아니다. 최근 연구에 따르면, 짧은 꼬리 원숭이 어미가 아기 원숭이에게 어떻게 치실 기법을 가르치는지 밝혀졌다. 여성의 머리에서 긴 머리카락을 뽑은 후, 어미 원숭이는 아기 원숭이 가까이에 다가가서 얼굴을 마주 보고 치실 행동을 하다가 쉬다가를 반복하면서 치실 행동을 과장하였다(Masataka, Koda, Urasopon, & Watanabe, 2009). 물론 자녀 양육에 소요하는 시간과 노력을 인간과 비교할 수 있는 종은 없다.

많은 사회에서 자녀에게 직접적으로 가르쳐야 하는 것은 언어의 구조보다는 언어의 적절한 사용이다. 예를 들어, 일단 자녀가 대화를 시작하면 카룰리족은 종종 자녀의 발화를 모델링한 다음 자녀에게 이를 반복하도록 요청한다(Schieffelin, 1985). 영어를 사용하는 가정에서 아동은 공손하게 행동하는 경향이 있다(예: please, thank you, sorry). 양육자는 공손한 담화의 모델을 자녀에게 제공하고, 아동이 공손한 단어를 생략할 경우 "What's the magic word?"라고 말하면서 이를 사용하도록 요청한다(Becker, 1994a; Ely & Gleason, 2006; Gleason, Perlmann, & Greif, 1984; Greif & Gleason, 1980). 부모는 자녀의 말이 무례하거나 부적절할 때 이러한 표현을 사용해서는 안 된다는 사실을 직접적으로 알린다(Snow, Perlmann, Gleason, & Hooshyar, 1990). CDS는 다양한 사회적 상황에서 언어 사용에 대한 특정 관례를 가르친다. 예를 들어, 문화권마다 구어 화법에 대한 가치와 이야기가 구성되는 방식이 다르다. 많은 문화권에서 CDS는 아동에게 예의 바르게 이야기하는 방식을 가르치는 데 사용된다(Minami & McCabe, 1995). 이러한 관찰 결과는 문화적 차이에도 불구하고, CDS가 언어를 적절하게 사용하는 방법을 배우는 데 도움이 되는 풍부한 언어적 및 사회적 정보원이 된다는 견해를 지지한다.

또한 CDS는 아동에게 사회적 가치와 사회적 역할에 대해 가르친다. 이는 아동이 방언의 특징에 노출되면서 시작되는데, 부모의 사회경제적 지위와 아동의 성별에 따라 달라진다. 예를 들어, 영국 뉴캐슬 지역의 노동자 계층 어머니는 딸보다 아들과 대화하는 경우에 /t/(bottle과 같은 단어의 중간에 /t/가 들어가면 입안 뒤쪽에서 발생하는 소리)를 발음할 때 성문음을 더 자주 변화시켰다(Foulkes, Docherty, & Watt, 2005). 이러한 특정 말소리는 이 공동체의 지역 방언과 관련이 있고, 남아에게는 방언을 과도하게 사용하여 공동체와의 동질성을 장려하는 반면, 여아에게는 표준 변종 /t/를 더 빈번하게 사용하여 잠재적으로 더 큰 사회적 이동성에 대한 다른 기대를 반영한다. 따라서 양육자는 그들의 발화에서 관례적 말하기 방식의 모델을 제공할 뿐만 아니라 언어의 사회적 변형 및 사용 상황에 대한 정보도 아동에게 제공한다. 양육자와 아동 간 상호작용의 다른 측면은 사회적 역할 및 성 역할에 대한 기대를 전달하는 것이다. 예를 들어, 과학박물관을 방문한 부모는 아들과 딸이 전시회에 함께 참여했지만, 전시회를 보고 나서 딸보다 아들에게 과학적 원리에 대해 설명할 가능성이 3배 이상 높은 것으로 확인되었다(Crowley, Callanan, Tenenbaum, & Allen,

2001). 부모는 대화를 통해 아들과 딸에게 다소 다르게 학업 및 진로를 장려하는 것으로 보인다(Tenenbaum & Leaper, 2003; Tenenbaum, 2009).

적절한 언어 사용과 관련 사회적 행동을 가르치려는 부모의 시도는 다양한 방식으로 입증되었지만, 자녀가 문법 오류와 같이 언어 구조와 관련된 오류를 보일 때 부모가 피드백을 제공하는 정도에 대해서는 논란이 존재한다. 4장과 5장에서는 swam을 swimmed, better를 gooder라고 말하는 것과 같이 아동이 만드는 형태론적 과잉 일반화 오류의 예를 살펴보았다. 또한 아동은 많은 다른 종류의 오류(음운, 어휘, 통사)도 산출한다. 부모는 외국어 교사처럼 자녀의 오류를 정정하는가? 이 질문에 대한 첫 번째 연구에서 Brown과 Hanlon(1970)은 부모가 자녀의 문법 오류를 정정하지 않으며, 그들이 제안한 다음 두 가지 사례와 같이 진술의 진실성에 훨씬 더 관심이 있다고 주장하였다.

(a) Eve: Mama isn't boy, he a girl.
Eve의 엄마: That's right.
(b) Adam: And Walt Disney comes on Tuesday.
Adam의 엄마: No, he does not.

또한 다음과 같은 사례에서 알 수 있듯이, 부모가 자녀의 오류를 명확하게 수정하는 경우에도, 자녀가 이를 받아들이지 않는 경향이 나타났다.

Erica(4;0): Please I can have some cake?
Erica의 아빠(Erica의 오류를 수정하면서): Please can I have some cake?
Erica: Please can I can have some cake?

간접적 부정성 증거(indirect negative evidence): 아동이 산출한 형식이 문법에 맞지 않음을 잠재적으로 나타내는, 입력에서 이용 가능한 정보. 예를 들어, 양육자가 자녀의 말을 반복하지만 정확한 문법 구조를 사용하여 발화를 재구성할 때.

그러나 문법적 오류에 대한 피드백을 아동에게 전달하는 다른 방법이 있다. 오류로 인해 자녀의 말을 이해하지 못하는 경우 성인은 설명을 요구할 수 있다. 또한 성인은 대화의 흐름을 유지하기 위해 수정된 방식으로 아동의 발화를 재구성한다. 이는 간접적 부정성 증거로 여겨진다. 재구성된 내용이 문법 오류를 따르는 경우 다음 사례와 같이 오류를 수정하고 발화를 올바른 형태로 제시한다.

Erica(3;6): I want fish fingers over my dinner.

Erica의 엄마: Yes, let's have fish fingers for dinner.

이러한 재구성 과정을 거친 이후에 아동이 문법 오류로부터 빨리 벗어난다는 증거가 있다(Saxton, 2000; Saxton, Houston-Price, & Dawson, 2005). 그러나 영어를 사용하는 부모가 아닌 경우, CDS의 재구성과 다른 형식의 간접적 부정성 증거가 얼마나 널리 확산되어 있는지는 알려져 있지 않다. 비교문화적 데이터가 부족하다는 점을 감안한다면, 현 시점에서 간접적 부정성 피드백이 아동의 언어 발달에서 담당하는 역할을 확신할 수는 없다.

6.2.5 아동-대상 발화의 다양한 기능

CDS의 다른 기능은 때때로 상충된다. 아동 중심적인 서양 문화권의 어머니가 보이는 CDS에서도 언어 발달의 각 시점에서 일부 기능이 아동의 요구와 반드시 일치하지는 않는다. 예를 들어, 어떤 상황에서는 어머니가 발음을 신중하게 하기보다 정서적 유대감을 강조한다. 이는 모음 구별을 방해하지만 높은 음높이가 유지되는 이유를 설명하며(Trainer & Desjardins, 2002), 문법 구조와 관련하여 음높이의 최고점 및 잠시 쉬기가 잘못 위치될 수 있는 이유에 대해 설명한다(Kempe et al., 2010). 정서적 기능과 교수적 기능 간 경쟁의 또 다른 예는 아동-대상 수어에서 비롯된다. 걸음마기 아동에게 수어를 사용하는 청각장애 어머니는 wh-의문문을 표현하는 데 사용되는 얼굴 표정을 회피하는 경향이 있는데(who, what, where, when, why로 시작하는 의문문), 이는 이러한 수어가 부정적으로 해석되는 얼굴 표정을 필요로 하기 때문이다(Reilly & Bellugi, 1996). 따라서 긍정적인 영향을 표현하려는 어머니는 이러한 표현이 미국 수어 문법의 필수 요소라는 사실에도 불구하고 이를 회피하는 경향이 있다.

CDS는 사람들이 반려동물(Hirsh-Pasek & Treiman, 1982), 외국인(Knoll & Uther, 2004), 연인 및 노인(Kemper, 1994)과 대화하는 방식 중 일부 기능을 공유한다는 점

에 주목할 필요가 있다. 반려동물-대상 발화와 CDS의 유사점은 주로 운율에 있다. 말소리의 과잉 조음과 같이 언어 학습에 유익한 기능은 반려동물-대상 발화에는 없지만(Burnham, Kitamura, & Vollmer-Conna, 2002), 외국인-대상 발화에는 존재한다(Knoll & Uther, 2004). 이는 CDS의 기능 중 일부가 다른 발화 사용역에서도 중요함을 보여 준다. 반려동물 소유자와 연인은 긍정적인 정서를 표현하는 반면, 외국인과 노인에게 말하는 화자는 대화 상대방의 이해를 돕기 위해 정확성에 초점을 맞춘다.

서구 산업사회와 같은 특정 환경에서 아동이 듣는 언어 입력의 일부는 언어 학습을 돕기 위해 특정 기능이 강조되는 풍부한 정보원이 된다. 그러나 이처럼 풍부한 입력이 모든 문화권과 초기 발달 시기 동안 항상 이용 가능한 것은 아니다. 이는 CDS 자체가 언어 학습을 위한 필수 전제 조건이 아님을 시사한다. 이러한 관점에서 볼 때, 아동이 듣는 언어 중 얼마가 실제로 아동에게 입력되는지에 대한 정량적 추정치를 참고하는 것이 도움이 된다. 그러나 그러한 추정치는 안타깝게도 현재까지 단 하나의 연구에서 이용 가능하다(van de Weijer, 2002). 이 연구에서 네덜란드어 학습 유아의 총 언어 입력량의 15%만이 CDS였으며, 그 시간은 하루 약 20분에 불과하였다. 영아를 둘러싼 환경의 많은 언어가 영아를 대상으로 하고 있지 않다면, 영아는 어떻게 언어를 배우는가? Akhtar(2005)는 2세 영아가 성인들 간의 대화를 우연히 들음으로써 단어를 쉽게 배우고 있음을 보여 주었다. 심지어 장난감을 가지고 노는 것과 같은 산만한 활동에 참여하거나, 새로운 단어가 발화 중간의 중요하지 않은 위치에 있을 때에도 마찬가지였다. 이는 적어도 2세가 되면 아동이 제3자의 상호작용을 면밀히 모니터링한다는 사실을 시사한다([그림 6-5] 참조). 다음에서 살펴보겠지만, 부모와 손위 형제 간 대화를 지속적으로 듣는 둘째 자녀의 언어 발달에서 우연히 듣기는 더 많은 역할을 한다(Oshima-Takane, Goodz, & Deverensky, 1996). 이는 아동이 집단의 보살핌을 받고 관찰을 통해 학습하기를 기대하는 전통사회에서 특히 중요하다(Rogoff, 2003).

그림 6-5 둘째 자녀에게 제공되는 언어는 첫째 자녀에게 제공되는 언어와 상당히 다르다. 어린 아동은 종종 양육자와 나이 많은 아동 사이의 대화를 우연히 들음으로써 언어를 배운다.
출처: © Losevsky Pavel. Shutterstock의 라이센스 사용 허락.

6.3 언어 입력의 차이는 언어 발달에 영향을 주는가

여기서는 아동에게 제공되는 입력의 특징을 자세하게 설명하면서 CDS의 가변성이 언어 학습 결과에 어떤 영향을 미치는지 살펴본다.

6.3.1 문화적 영향

앞에서 설명한 CDS 양의 비교문화적 차이는 언어 습득 속도의 차이와 관련이 있는가? 이 질문에 대답하기는 쉽지 않다. 언어 간 구조적 차이로 인해 언어 습득 속도의 비교문화적 차이를 입증하기는 어렵다. 또한 얼마나 많은 아동이 공동체 활동에 참여하는지에 따라 다른 입력 정보원에 변동이 있을 수 있다. 마지막으로, 아이들이 얼마나 많은 대화를 할 것으로 기대되는지는 사회에 따라 다르다. 아이들이 말하는 양은 단지 그들의 언어 능력뿐만 아니라 문화적 기대에 의해서도 결정된다. 아마도 연령대가 다른 아동의 이해 능력에 대한 추후의 비교문화적 비교는 다른 사회에서 언어 발달이 느린지 빠른지를 어느 정도 밝혀 줄 수 있을 것이다(Hoff, 2006).

그러나 학습 결과에 대한 비교문화적 차이의 영향력은 일부 설명되었다. 아동에게 직접적으로 말을 걸지 않는 문화에서는 **다원적 상호작용**에 아동이 포함되는 경향이 있다([그림 6-6] 참조). 앞서 살펴본 것처럼 아동에게 직접 하는 말소리는 단어를 따로따로 아동에게 제시하는 경향이 있고(예: 사물 명명하기 맥락에서), 단어 분절을 위한 단서를 많이 포함하고 있다. 그 결과, 아동은 많은 단일어 발화를 산출하기 시작하고, 점점 더 복잡한 발화로 정교화된다(5장 참조). 의미를 전달하기 위해 단일어 발화를 많이 사용하는 것을 **분석적 전략**이라고 한다(Bretherton, McNew, Snyder, & Bates, 1983). 반면에 다원적 상호작용을 강조하는 사회의 아동, 즉 주로 다른 사람들 간의 대화를 듣고 관찰함으로써 언어를 학습하는 아동은 'You-do-it' 또는 'gimme-dat'과 같이 분석되지 않은 구를 포함한 말소리를 더 길게 산출하는데, 이를 **총체적 전략**이라고 한다. 이러한 총체적 발화의 확장은 눈에 띄는 운율 윤곽선으로 만들어지며, 이후에는 구성 단어로 분할된다(Lieven, 1994). 영어를 사용하는 아동들 사이에서도 분석적 발화 산출

> 다원적 상호작용(polyadic interactions): 2명 이상의 개인이 참여하는 의사소통적 상호작용.

> 분석적 전략(analytic strategy): 아동이 의미를 전달하기 위해 높은 비율의 사물 명칭과 개별 단어를 사용하는 초기 언어 산출 양식. 총체적 전략과 비교.

> 총체적 전략(holistic strategy): 영아가 단일어 발화처럼 분석되지 않은 총체적 구를 높은 비율로 사용하는 초기 발화 산출 양식(예: here-you-are, what's-dat?). 분석적 전략과 비교.

그림 6-6 영아는 1명 이상의 의사소통 상대방과 함께 다원적 상호작용에 참여한다.
출처: © Rob Marmion. Shutterstock의 라이센스 사용 허락.

vs. 총체적 발화 산출의 차이가 발견되지만(Bretherton et al., 1983; Peters, 1983; Pine, Lieven, & Rowland, 1994), 언어 산출에서 하나의 또는 다른 경로의 우세는 문화적 요인에 의해 상당한 영향을 받는다. 또한 문화는 예를 들어, 아동과의 상호작용에서 사물이나 활동에 관심을 집중하는 것처럼 양육자가 아동에게 무엇에 대해 말할지를 선택하도록 결정한다. 4장에서 살펴본 바와 같이, 부모-자녀 활동에서의 문화적 차이, 일상적 명명하기 및 언어의 문법적 특징은 아동의 초기 어휘에서 명사 편향의 강도에 영향을 미친다(Childers, Vaughan, & Burquest, 2007; Choi, 2000; Choi & Gopnik, 1995; Tardif, 1996; Tardif, Gelman, & Xu, 1999).

6.3.2 사회경제적 및 인구통계학적 영향

서구사회에서 아동이 듣는 대화의 양은 어머니의 교육 수준 및 가정의 소득 수준으로 측정되는 아동의 사회경제적 지위(SES)에 따라 증가하는 경향이 있다(Hoff, 2003, 2006; Huttenlocher, Vasilyeva, Waterfall, Vevea, & Hedges, 2007). 대졸 학력의 어머니는 노동자 계층의 어머니보다 자녀와의 대화량이 약 2배 이상 많았고, 노동자 계층의 어머니는 공적 부조를 받는 어머니보다 대화량이 거의 2배나 많았다(Hart & Risley, 1995). SES가 더 높은 어머니는 자녀와 더 많은 대화를 할 뿐만 아니라 다양한 단어와 복잡한 문법 구조를 산출한다. 또한 SES가 높은 어머니는 SES가 낮은 어머니와는 다른 언어를 사용하는 경향이 있다. 자녀의 행동을 금지하고 통제하는 데 사용되는 지시적 언어는 그들의 대화 중 적은 양이며, 상황을 분석, 반영, 추론하는 대화를 더 많이 사용하고, 자녀들도 그렇게 하도록 격려한다. SES와 관계없이 연령이 어머니의 CDS에 영향을 미친다는 증거가 있다. SES가 낮은 10대 어머니는 지시적 언어를 더 많이 사용하는 경향이 있지만(예: 명령), 일반적으로 SES가 낮은 20대 어머니보다 자녀에게 말을 더 적게 한다(Culp, Osofski, & O'Brien, 1996). 전반적으로 말은 적게 하지만 명령은 더 많이 하는 유사한 상호작용 방식이 케냐의 시골에서 유모로 일하는 8~12세 아동에게서도 관찰되었다(Nwokah, 1987).

SES가 CDS의 양과 복잡성에 미치는 영향에 대한 양적 통계 자료는 연구 대상마다 다르다는 점을 명심해야 한다(Hoff, 2006). 그러나 CDS의 차이는 학습 결과의 차이와 관련이 있다. 가장 일관되게 관찰되는 관계는 어머니의 CDS 양과 아동 어휘 크기의 관계이다(Hoff, 2003). Hart와 Risley(1995)는 높은 SES 가정의 3세 아동은 약 1,000개의 단어를 알고 있는 반면, 낮은 SES 가정의 3세 아동은 약 500개 단어만 알고 있음을 보여 주었다. 그러나 중요한 것은 단순히 양이 아니다. 어휘 크기에 영향을 미치는 또 다른 중요한 요인은 어머니가 사용하는 낮은 빈도 단어의 수이다(Weizman & Snow, 2001). SES에 따른 어머니 발화의 차이는 문법 발달에도 영향을 미친다. 높은 SES 가정의 자녀는 낮은 SES 가정의 또래보다 문법적으로 더 복잡하고 긴 발화를 산출하는 경향을 보인다(Huttenlocher, Vasilyeva, Cymerman, & Levine, 2002). 저소득층 가정에서 성장한 미국 아동의 경우 언어지체의 비율이 매우 높게 보고되었는데, 저소득층 가정의 아동 3명 중 2명은 표현 어휘, 문법, 문장 모방 영역에서 임상적으로 심각한 언어장애를 보였다(Nelson, Welsh, Vance Trup, & Greenberg, 2011). Nelson과 동료들의 연구에 참여한 언어지체 아동 중 50%는 검사 결과 비언어적 지능은 정상 범주 안에 포함되어 있었는데, 이는 이러한 장애가 언어-특정적임을 시사한다. 그럼에도 불구하고, 낮은 언어 능력은 기초 수학, 인쇄물 지식 및 정서 인식을 포함하여 이후의 학업 및 사회정서적 능력을 강력하게 예측하였다.

부모의 발화와 아동의 언어 능력 사이의 관계는 여러 가지 이유로 존재한다. ① 아동은 부모가 산출한 복잡한 발화를 단순화시켜 반복하고, ② 아동은 부모로부터 언어에 대한 적성을 물려받으며, ③ 풍부하고 복잡한 입력은 학습 과정 자체를 촉진한다. Huttenlocher와 동료들(2002)은 처음 두 가지 설명이 부모 발화의 양과 복잡성이 그들의 연구에서 언어 발달의 이득과 왜 연관되어 있는지 완전히 설명할 수 없다는 증거를 제시하였다. 부모 발화의 복잡성은 부모가 없는 학교에서 아동 발화의 복잡성과 정적 상관관계가 있는 것으로 나타났고, 복잡한 문장을 이해하는 능력과도 정적 관련이 있었다. 또한 학령기 아동의 문법 능력 성장은 교사 언어의 복잡성과 관련이 있는데, 이는 잠재적인 유전적 설명 외에 입력이 독립적인 영향을 미친다는 점을 시사하며, 언어 입력이 학습을 형성한다는 결론을 지지한다.

6.1.3절에서 CDS는 ADS보다 문법적으로 더 간단한 경향이 있다고 언급하였다. CDS의 문법적 복잡성이 언어 발달에 도움이 된다는 결과와 어떻게 양립할 수 있는가? 한 가지 대답은 문법적으로 복잡한 CDS는 여전히 대부분의 ADS보다 덜 복잡하다는 것이다. 아동의 입력에서 문법적 복잡성은 아동에 의해 처리되어야 하고, 너무

복잡한 입력은 단순하게 조정된다. 그러나 너무 복잡한 언어를 조정하는 것은 누락된 복잡성을 보충하기 위해 노력하는 것보다는 더 쉽다.

6.3.3 부모 의사소통 양식의 영향

심지어 동일한 문화와 동일한 사회집단 내에서도 아동의 언어 발달 속도는 다르다. 10장에서는 언어 발달 속도와 성인 언어 능력의 개인차가 어느 정도까지 유전될 수 있는지 살펴본다. 그러나 유전은 언어 발달 변화의 한 부분만을 설명하기 때문에 다른 부분은 입력의 영향으로 설명해야 한다. 부모가 자녀에게 투입하는 시간에는 차이가 있다. 이미 2장에서 반응의 유관성, 3장에서 공동 주의, 이 장의 앞부분에서 어머니 발화 명확성의 중요성에 대해 논의하였다.

어머니의 반응성은 어휘 및 문법 발달과 관련하여 아동이 언어 발달의 기본 이정표를 얼마나 빨리 달성하는지를 예측한다(Tamis-LeMonda, Bornstein, & Baumwell, 2001). 어머니의 반응성은 어머니가 자녀의 발화에 관련 반응을 보이는 정도뿐만 아니라 일반적으로 어머니가 자녀에게 얼마나 정서적으로 반응하는지를 포함한다(Nicely, Tamis-LeMonda, & Bornstein, 1999). 정서적 반응성은 언어 학습을 촉진하는데, 이는 자녀에게 의사소통의 가장 기본적인 기능, 즉 내적 상태 공유를 설명하기 때문이다.

또한 양육자와 아동이 함께 활동에 참여하는 시간의 양은 어휘 발달의 중요한 예측치이다. 3장에서 살펴본 바와 같이, 영아는 이미 생각하고 있는 것과 관련된 단어를 가장 쉽게 배운다. 양육자와 영아가 공동으로 같은 활동에 참여할 때, 영아는 양육자의 말을 더 쉽게 이해한다. 특히 아동의 주의를 돌리기 위한 시도와는 달리, 어머니가 아동의 주의를 뒤따르는 정도는 어휘 성장을 촉진하는 것으로 나타났다(Akhtar, Dunham, & Dunham, 1991; Dunham, Dunham, & Curwin, 1993). 앞의 절에서 10대 어머니가 정교한 의사소통 양식이 아닌 지시적 의사소통 양식을 사용하는 경향이 있다고 언급하였다. 이는 여러 가지 이유로 언어 발달에 부정적인 영향을 줄 수 있다. 아동의 주의를 돌리는 것과 마찬가지로 지시어도 도움이 되지 않는다. 또한 지시어는 단순하고, 새로운 단어나 다양한 구문을 소개하지 않는다. 보다 일반적으로, 지시어는 언어적 상호작용에 아동을 참여시키지 않는 의사소통 양식을 나타낸다(Hoff-Ginsberg, 1991; Hoff, 2006).

여러 연구에 따르면, CDS의 명확성은 음소와 단어를 구별하는 아동의 능력에 영향을 미친다. 예를 들어, Liu와 동료들(2003)은 만약 중국인 어머니가 CDS에서 모음의 과잉 조음 현상을 보인다면 영아가 자음 변별을 더 잘한다고 보고하였다. 그러나 이 연구는 언어 능력이 우수한 어머니의 자녀가 언어적으로 더 발달된 경향을 보인다는 유전적 가설을 뒷받침하는 것으로 해석될 수 있다. 그러나 Pine, Lieven과 Rowland(1997)는 분리된 단어를 사용하거나 약간 수정하여 반복 문구를 사용하는 등 어머니의 매우 구체적인 의사소통 방식이 영아의 더 나은 단어 분절 능력과 관련이 있음을 보여 주었다. 이러한 결과는 부모의 의사소통 방식이 아동의 언어 발달과 인과관계가 있다는 직접적인 증거를 제공한다.

출생순위가 언어 발달에 미치는 영향에 대한 연구에서 더 강력한 증거를 찾을 수 있다(Hoff-Ginsberg, 1998; Hoff, 2006). 많은 산업사회에서 외동이와 첫째 자녀는 일반적으로 어머니로부터 더욱 개별화된 관심을 받고 결과적으로 더 많은 발화를 듣는다. 반면에 출생순위가 늦은 아동은 나이 많은 형제들과 상호작용하거나, 6.2.5절에 언급된 것처럼 나이 많은 형제자매와 부모 사이의 상호작용을 목격한다(Oshima-Takane et al., 1996). 결과적으로, 나이 많은 형제자매와 첫째 자녀의 어휘 목록은 더 크고, 나이 어린 형제자매는 대화를 시작하고 발언권을 유지하기 위해 열심히 노력해야 하기 때문에 정교한 대화 기술을 갖는 경향이 있다(Hoff, 2006). 형제자매가 다원적 상호작용에 많이 참여할수록 미분화된 말소리 뭉치의 총체적 산출을 선호하고(Lieven, 1994), 인칭대명사의 습득을 촉진한다(Oshima-Takane et al., 1996). 이는 아마도 you 또는 he와 같은 대명사가 다른 상황에서 다른 사람을 언급한다는 것을 관찰할 기회가 더 많기 때문이다. 형제자매 간 언어 발달 궤적의 차이는 부모가 자녀에게 말하는 방식이 유전적 영향 이상으로 언어 발달에 영향을 미친다는 점을 확인시켜 준다.

종합하면, 연구 결과는 투입의 양과 질이 중요함을 시사한다. 아동 언어 발달의 성공은 부모의 투입에만 의존하는 것은 아니다. 교사, 형제자매, 기타 가족 및 공동체 구성원도 중요한 정보원이다. 학습 결과는 입력의 총량과 복잡성의 영향을 받는다. 언어 입력에서 가변성의 가장 큰 영향은 아동이 언어를 사용하는 방식, 즉 아동이 이야기를 구성하고 다른 사회적 상황에서 말하는 방식에서 찾을 수 있다. 그러나 입력의 변동성은 어휘와 문법의 발달에도 영향을 미치지만 이러한 영향의 크기에 대한 양적 추정치는 다양하다(Hoff-Ginsberg, 1998). 더 많은 발화를 듣는 아동은 더 많은 단어를 배우고, 언어의 형태소 및 통사 패턴을 더 많이 발견한다. 따라서 언어 입력은 두 가지 방식으로 학습 과정에 영향을 미친다. 아동에게 의사소통이 어떻게 이루어지는지 보여 주고, 아동이 단어의 의미와 단어의 의미에 대한 지식을 추출할 수 있는 데이터베이스를 제공한다.

요약

- 대부분의 성인과 나이 많은 아동은 영유아에게 말을 할 때 특별한 언어 사용역에 해당하는 아동-대상 발화(CDS)를 사용한다.
- CDS의 특징은 운율, 음운, 문법, 어휘의 수정이다.
  - 운율 수정은 더 높은 음높이, 과장된 음높이 범위 및 더 느린 말소리 속도를 포함한다. 이러한 수정은 아동의 주의를 끌고 단어 분절, 일부 상황에서는 문법 구성요소의 식별을 돕는다.
  - 화자는 어린 아동에게 말을 할 때 모음을 과도하게 표현하는 경향이 있어 음소의 식별에 도움이 된다.
  - CDS는 독창적인 단어를 따로 표현하거나 단어 끝부분의 두드러진 위치에 놓이는 경향이 있어 어휘 학습에 도움이 된다.
  - 지소사와 같은 일부 형식은 애정과 작음을 표현하는 데 사용되지만, 단어 분절 및 형태론 학습을 용이하게 한다.
  - 새로운 사물의 사용을 보여 주는 제스처는 CDS와 시간적으로 일치되는 경향이 있다.
- CDS는 친족과 비친족 화자 모두가 사용하지만, 문화마다 다소 차이가 있다. CDS는 모든 문화와 사회에서 동일한 정도로 사용되지는 않는다.
- CDS는 아동과의 정서적 유대를 촉진하고, 아동의 각성 상태와 행동을 통제하며, 적절한 언어 사용을 가르치는 역할을 한다. 이 기능들은 때때로 서로 경쟁한다.

- CDS는 어머니의 사회경제적 지위와 연령에 따라 양과 복잡성이 다르다. 이러한 차이점은 패턴을 추출할 정보원을 수정하여 언어 발달에 영향을 준다. 일반적으로 양육자와의 대화가 많을수록, 언어가 복잡하고 반응이 빠를수록 자녀가 언어 발달의 주요 이정표에 더 빨리 도달한다.
- CDS는 아동이 만나는 언어 입력의 일부일 뿐이다. 또한 아동은 다른 사람의 대화를 듣고 언어를 배운다.

더 읽을거리

주요 연구

언어 투입이 언어 발달에 미치는 영향에 관한 읽을거리

Huttenlocher, J., Vasilyeva, M., Cymerman, E., & Levine, S. (2002). Language input at home and at school: Relation to child syntax. *Cognitive Psychology, 45*, 337-374.

논문

영아의 언어 투입에 관한 읽을거리

Soderstrom, M. (2007). Beyond babytalk: Re-evaluating the nature and content of speech input to preverbal infants. *Developmental Review, 27*, 501-532.

사회경제적 및 인구통계학적 변인이 언어 발달에 미치는 영향에 관한 읽을거리

Hoff, E. (2006). How social contexts support and shape language development. *Developmental Review, 26*, 55-88.

7 아동은 언어를 어떻게 사용하는가

핵심 용어

• 친화적 발화 • 독단적 발화 • 대화의 함의 • 담화 • 그리스의 격언 • 힌트 • 과장 • 관용구 • 아이러니
• 말 늦은 아동 • 어휘 목록 • 평균 발화 길이 • 메타분석 • 은유 • 화용론 • 참조적 의사소통 과제
• 풍자 • 비계설정 • 수량의 함의 • 의미적 • 단순언어장애(SLI) • 수다스러움 • 마음 이론
• 말하기를 위한 사고 • 과소평가

개요

유아기 동안 자신의 모국어를 기본적으로 이해하는 정상 발달 아동이 약 5,000개의 단어를 습득하고, 문법에 맞는 문장을 산출했을 때 언어 발달이 완성되었다고 설명하는 것은 잘못된 해석이다. 언어를 음운, 문법, 어휘에 대한 지식을 사용하여 정보를 전달하는 체계로 간주하는 것은 인간 의사소통 기술의 목적과 유창성을 공정하게 대하는 방식은 아니다. 의사소통은 근본적으로 특정한 사회적 및 상황적 맥락에서 의도를 표현하고 인식하는 것을 의미한다(Wilson & Sperber, 2004). 아동은 설득, 요청, 공유, 놀림 및 정보 숨기기와 같은 '언어로 소통하는 법'을 배워야 한다. 대화를 시작하여 유지하고, 일관된 이야기를 만들고, 예의를 지키고, 유머 · 풍자 · 아이러니 및 기타 문맥상 언어를 사용하는 방법을 배워야 한다. 아동은 다른 사회적 상황, 다른 대화 상대방과 함께 언어를 적절하게 사용하는 법을 배워야 한다. 언어 발달의 이러한 측면을 화용론이라고 한다.

화용론(pragmatics): 사회적 맥락에서 언어를 사용하는 것과 관련된 언어학의 하위 분야.

화용적 역량을 달성하기 위해 아동은 종종 방언, 비표준 은어 및 다른 언어 사용역과 변형을 습득해야 한다. 또한 많은 사회에서 아동은 기도와 같이 종교적 · 의례적 목적으로 언어를 사용하는 법을 배운다. 아동은 성별, 연령, 사회적 지위가 반영된 언어 사용 방법을 배운다. 사회적 맥락에서 적절하게 언어를 사용하는 법을 배우는 것은 아동의 사회적 · 정서적 · 인지적 발달과 밀접한 관련이 있으므로, 이 장에서는 아동이 개인적인 이야기를 말할 수 있는 의사소통 능력을 습득하는 데 관련된 측면을 살펴본다. 이 장의 마지막 부분에서는 남아와 여아의 의사소통 방식이 어떻게 다르게 발달하는지에 대해 살펴본다.

7.1 아동은 어떻게 의사소통 능력을 발달시키는가

다른 사람들과 효과적으로 의사소통하기 위해 아동은 차례 바꾸기 관례를 따르고, 적절한 양의 관련 정보를 제공하고, 대화 내용을 대화 상대방의 지식 수준에 맞추고, 대화가 중단될 때 대화를 복구하고, 일관된 이야기를 제공하는 방법을 배워야 한다(Ninio & Snow, 1996). 이러한 기술의 기초는 아동이 어머니-자녀 상호작용에서 전형적인 활동과 비활동 패턴에 참여하는 생애 첫해에 나타난다(Kay, 1977; 3장 참조). 생애 첫해가 끝날 무렵 아동은 성인의 관심을 끌면서 대화 상호작용을 시작한다. 그들은 시선을 번갈아 가며 사물과 성인을 쳐다보면서 무언가를 가리키고, 자신이 원하는 성인의 반응을 지속적으로 기다릴 수 있다(Carpenter, Nagell, & Tomasello, 1998; Pan & Snow, 1999; Tomasello, Carpenter, & Liszkowski, 2007). 그러나 다른 사람과 공동 참여를 시작하는 것은 필요한 기술 중 하나일 뿐이다. 현재의 주제와 관련이 있고 대화 상대방에게 유익한 방식으로 대화를 유지하는 능력은 습득하는 데 몇 년이 걸리는 또 다른 기술이다. Sehley와 Snow(1992)가 7~12세 아동에게 성인을 인터뷰하는 토크쇼 사회자를 맡아 달라고 요청했을 때, 일부 아동은 요청받은 4분 동안의 대화를 유지하지 못하였다. 이들은 아직 서로 관심 있는 주제를 제공하고 대화 흐름을 유지하는 데 능숙하지 않았다. 이 기술을 습득하는 데는 몇 년이 더 걸릴 수 있다.

어머니가 자녀를 양육할 때 영아를 진정한 대화 상대로 대우하도록 권장하는 문화권에서는 어머니가 영아의 투덜거림, 트림, 미소를 의도적인 대화 차례로 해석하는 경향이 있다(Snow, 1977). 일반적으로 양육자는 2세 미만의 아동과 대화를 나눌 때 대화의 각 지점에 관련된 정보를 제공하도록 아동을 격려하면서 대화 주고받기에 대한 비계설정을 한다([그림 7-1] 참조). 이 시기에 주로 대화의 성공을 승인하

그림 7-1 아동은 대화 주고받기, 교대하기, 관련 대답하기 방법을 자신에게 가르치는 양육자에게 의존한다.

출처: © Miramiska. Shutterstock의 라이센스 사용 허락.

는 사람은 성인이며, 이는 걸음마기 아동이 또래와 형제자매에게 대화를 시도하는 모습을 관찰할 때 분명하게 드러난다(Ervin-Tripp, 1974). 이 경우 '대화'는 종종 다른 사람들이 있는 곳에서 산출하는 독백이 된다. 그럼에도 불구하고, 또래 및 형제자매와의 상호작용은 아동이 발언권을 유지하기 위해 'and then…'과 같은 표현을 배우면서 더 정교한 대화 기술을 습득하도록 돕는다(Jisa, 1985; Peterson & McCabe, 1988). 결과적으로, 6장에서 살펴본 바와 같이 아동-아동 상호작용에 더 많이 참여하는 어린 형제자매는 대화 기술이 향상된다(Hoff, 2006).

7.1.1 조망 수용

대화를 유지하는 것은 무엇보다도 주어진 담화와 새로운 담화의 실체를 구별하고, 상대방의 관점을 고려하고, 대화의 공통점을 식별하며, 대화에서 자신의 차례를 사용하여 일치된 의견을 추가할 수 있는 화자의 능력에 의존한다. 이러한 능력에는 적절한 언어적 표지의 사용이 필요하다. 예를 들어, 대화에서 주어진 내용과 새로운 내용을 구별하여 표시하는 한 가지 방법은 새로운 사물에는 부정관사(a, an)를 사용하고, 이미 알고 있는 실체에는 정관사(the) 또는 대명사(his, her, its)를 사용하는 것이다. 따라서 "Yesterday I saw a famous actor checking into the Ritz but I forgot his/the actor's name."이라는 문장에서 대명사 또는 정관사는 두 번째 언급된 actor를 가리킨다. 이 형식은 actor가 이제 주어진 실체임을 나타낸다. "Yesterday I saw a famous actor checking into the Ritz but I forgot an actor's name."이라는 문장은 부적절하다. 왜냐하면 두 번째 언급에서 주어진 실체로 actor를 표시하지 않기 때문이다. 1세 영아는 환경의 사물이 대화 상대방에게 친숙한지 또는 새로운지를 이해한다(Tomasello & Haberl, 2003). 문제는 이러한 이해 능력이 언어적 표지의 적절한 사용에서 언제, 그리고 어떻게 나타나는가이다. 비록 아동이 2세에 정관사와 대명사를 산출하기 시작하지만, 그들의 사용을 지배하는 화용적 관례를 언제 습득하는지는 명확하지 않다. 예를 들어, 아동은 공유 지식, 일반 세상 지식 또는 맥락에 근거하여 담화에서 일부 실체가 공통적인지를 식별할 수 있는가? 그렇다면 새로운 것으로 표시될 필요는 없는가?

비록 아동이 약 3세까지 담화에 나오는 지시물을 나타내기 위해 대명사를 사용할 수 있지만(Cambridge, Brooks, & Tomasello, 2000; Matthews, Lieven, Theakston, & Tomasello, 2006), 여전히 화자의 지식 수준을 과대평가하는 경향이 있고, 담화에 새로 등장한 지시물에 정관사 또는 대명사를 사용한다(Hickman, 2003). 더구나 3세 아동은 공통점이 있는 담화의 새로운 실체에 적절한 표지(예: 정관사)를 사용하는 데 여전히 어려움을 겪는다(Rozendaal & Baker, 2010). 3세 아동이 주어진 것과 새로운 것을 구별하는 이러한 표지를 사용할 수 있음에도, 무엇이 공통적이고 무엇이 공통적이지 않은지를 구별하지 못한다는 것은 현재 시점에서 조망 수용 능력이 아직 완전히 발달하지 않았음을 시사한다. 이는 3세 아동의 경우 아직 마음 이론이 완전히 발달하지 못했다는 증거와 일치한다(Wellman & Cross, 2001; Wimmer & Perner, 1983).

> 마음 이론(Theory of Mind): 사람들이 자신과 다른 마음 상태(지식, 신념, 욕구 및 의도와 같은)를 가지고 있다는 인식.

대화에서 조망 수용 능력을 연구하는 또 다른 방법은 참조적 의사소통 과제를 사용하는 것이다. 이 과제에서는 의사소통에서 참조해야 하는 몇 개의 사물을 2명의 참여자 앞에 제시한다. 지시자 역할의 참여자는 다른 참여자에게 배열된 사물들을 가지고 활동을 수행하도록 지시해야 한다. 결정적으로, 관점의 차이를 유도하기 위해 참여자 중 1명의 관점에서 일부 사물이 가려져 있다([그림 7-2] 참조).

> 참조적 의사소통 과제(referential communication task): 복잡한 사물 배치에 관해 서로 소통해야 하는 2명의 참여자를 포함한 조망 수용 과제. 이 과제의 중요한 특징은 참여자가 배치된 사물의 반대쪽에 앉고 배치된 사물의 일부가 한쪽에서는 가려지는 것임.

참여자의 관점 지시자의 관점

그림 7-2 지시자(오른쪽 배열)와 다른 참여자(왼쪽 배열)의 관점에서 가려지거나 서로 볼 수 있는 사물

출처: Epley, N., Morewede, C. K., Keysar, B. (2004). Perspective taking in children and adults: Equivalent egocentrism but differential correction. *Journal of Experimental Social Psychology, 40*, 760–768, figure 1. © 2004, Elsevier의 사용 허락. Epley, Morewedge와 Keysar의 사진 제공.

[그림 7-2]에 제시된 배열 참조. 지시자가 작은 트럭을 옮기도록 요청했을 때, 4~12세 아동의 절반 이상이 가장 작은 트럭으로 손을 뻗었다. 지시자의 관점에서는 가려져 있어서 아마도 지시자가 요청한 지시물이 아니었을 수도 있다 (Epley, Morewedge, & Keysar, 2004). 따라서 아동은 강한 자기중심적 편향을 보였다 (Glucksberg, Krauss, & Weisberger, 1966; Krauss & Glucksberg, 1969 참조). 이러한 결과는 Nadig와 Sedivy(2002)의 연구 결과와는 달랐는데, 이들의 연구에서는 6세 아동에게 훨씬 더 단순하지만 유사한 배열을 제공하고 트럭을 옮기도록 요청하였다. 그 결과, 아동은 눈에 보이는 사물을 매우 빠르게 쳐다보고 움직여서 상대방의 관점을 수용하는 능력을 보였다. 두 연구의 차이점은 가려진 사물이 요구 사항에 적합한 방식에 있다. 작은 트럭(the small truck)을 움직일 것을 요청하면 가려진 트럭이 가장 작고 요청에 가장 적합하므로 자기중심적 편향을 극복하기가 더 어렵다. 반면에 트럭(the truck)을 움직여 달라고 요청하면 두 사물 모두 설명에 똑같이 잘 맞아 지시자의 관점을 더 쉽게 고려할 수 있다. 그래도 민감한 온라인 측정 결과는 자기중심적 편향이 지배적임을 보여 준다: Epley와 동료들(2004)은 성인에게 작은 트럭을 옮기라고 요청했을 때 가려진 작은 트럭에 손을 뻗는 빈도가 아동만큼 많지 않

았다(제한시간의 단지 22%). 그러나 지시자의 관점에는 보이지 않지만, 처음에는 그것이 잠재적인 지시물이라고 생각하고 제한시간의 80% 이상을 응시하였다(아동처럼). 주요 발달상의 차이는 아동이 아닌 대다수의 성인이 이러한 초기 편향을 억제하고 담화와 상황적 맥락에 맞는 해석에 정착했다는 점이다. 대부분의 성인이 작은 트럭을 가장 먼저 본다는 사실은 성인이 자기중심적 편향을 완전히 극복할 수는 없지만(Birch & Bloom, 2007), 이를 해결하는 방법을 알게 된다는 점이다. 따라서 5장에서 살펴본 문장 처리 연구 결과(예: Trueswell, Sekerina, Hill, & Logrip, 1999; Kidd, Stewart, & Serratrice, 2011)와 유사하게, 성인들은 문장의 초기 해석을 재분석하여 상황에 맞게 해석한다. 반면에 아동은 일반적으로 그들의 초기 해석을 고수하고, 여전히 참조적 의사소통 과제에서 자기중심적인 경향을 보인다.

의사소통 기술을 평가하는 또 다른 방법은 참여자가 게임에서 이기기 위해 정보를 교환해야 하는 협동 게임을 사용하는 것이다(예: Garrod & Anderson, 1987). 예를 들어, 협동 미로 게임에서는 2명의 참여자가 각각 미로를 탐색하지만, 장애물(차단된 경로)과 스위치(차단된 경로를 여는)의 위치는 상대방에게만 표시된다. 동시에 자신의 미로에서 참여자의 위치는 해당 참여자에게만 보인다. 따라서 미로에서 목표를 달성하기 위해서는 각 참여자가 자신의 위치를 알려 주어야 상대방이 근처 장애물과 스위치의 위치를 알 수 있다. Garrod와 Clark(1993)는 이러한 과제를 사용하여 학령기 아동(7~12세)이 대화에서 어휘 사용을 조정하는 방법을 연구하였다. 그들은 여러 연령대의 아동이 공통 어휘를 사용하여 각자의 미로에서 자신의 위치를 알리는 것을 발견하였다. 예를 들어, 일부 아동은 행 설명(예: 세 번째 행 아래)을 사용하여 위치를 참조한 반면, 다른 아동은 경로 설명(예: 왼쪽 상단에서 두 줄 아래)을 사용하고, 다른 일부는 매트릭스 설명(예: 네 번째 상자 아래, 네 번째 상자 안)을 사용하였다. 아동들 간의 다양한 설명에도 불구하고, 아동은 상대방과 같은 용어를 사용하는 경향이 있었다. 연령에 따라 다른 점은 의사소통이 중단될 때 아동이 위치에 대한 설명을 세부적으로 조정한 정도이다. 상대방이 잘 이해하지 못했을 때 9~12세(7~8세가 아닌) 아동은 그들의 설명을 새로운 용어로 정교화하여 추가 정보를 제공하는 경향을 보였다. 이러한 결과는 어린 아동이 대화 내에서 다른 사람들과 같은 단어를 사용할 준비가 되어 있지만, 자신의 단어 선택이 충분한 정보를 제공하지 못한다고 인식하지 못하는 경우가 있음을 시사한다. 따라서 필요시 새로운 용어를 사용하여 설명을 수정할 가능성이 낮다.

7.1.2 대화의 화용적 원리

대화 기술이 발달하는 데 오랜 시간이 걸리는 이유 중 하나는 아동이 이러한 기술의 기초가 되는 화용적 지식을 습득해야 하기 때문이다. 대화는 2명의 대화 상대방이 서로 협력할 때만 가능하다. 철학자 Paul Grice(1975)는 협동적 언어 교환을 지배하는 일련의 격언을 공식화하였다. 이러한 그리스의 격언에 따르면, 대화 상대방은 진실하고(Maxim of Quality), 필요한 만큼의 정보를 제공하고(Maxim of Quantity), 적절하고(Maxim of Relation), 명확해야 한다(Maxim of Manner). 예를 들어, "How are you?"라는 간단한 인사 후 그 사람의 건강 상태에 대해 자세하게 설명하기 시작한다면, 이는 그리스가 제시한 수량의 격언을 위반하는 것이다. 이러한 격언이 규범적인지(how should one talk to be cooperative?) 또는 서술적인지(how does one talk when one is being cooperative?)에 관해서는 논란의 여지가 있다. 그럼에도 불구하고 화용적 역량의 습득이라는 관점에서는 아동이 언제, 어떻게 이러한 대화의 격언을 이해하고 사용하기 시작하는지 고려하는 것이 중요하다.

그리스의 격언(Gricean maxims): 언어적 정보 교환을 지배하는 일련의 원칙.

그리스의 격언에 대한 초기 이해는 유아기에 나타난다. 그리스의 격언을 준수하는 것이 아동의 행동을 암묵적으로 안내하는 상황에서는 3세 아동도 그리스 격언의 민감성을 감지할 수 있다. 상위언어 차원에서 아동에게 발화의 적절성을 평가하도록 요구하는 경우에는 이러한 격언을 감지하기 어렵다. 한 연구(Eskritt, Whalen, & Lee, 2008)에서 과제 해결을 위해 조언을 제공하는 2개의 손인형 조언자, 즉 항상 그리스 격언을 따르는 손인형과 일관되게 이를 무시하는 손인형 중에서 선택하여 조언을 요청하도록 3~5세 아동에게 안내하였다. 예를 들어, 아동이 네 가지 색깔의 컵 중 하나에 숨겨진 스티커를 찾는 데 도움을 받기 위해 손인형에게 물어보도록 요청했을 때, 3세 아동은 연습 단계에서는 "The sticker is under the blue cup."이라고 정직하게 말하는 손인형의 조언을 선호했고, "These are pretty cups."(관계의 격언 무시)라고 말하는 손인형의 조언은 선호하지 않았다. 반면에 두 번째 손인형이 스티커가 컵 중 하나 아래에 있다고 말하는 경우(수량의 격언 무시), 3세 아동은 우연히 손인형 조언자를 선택했고, 4세와 5세 아동만이 정보가 정확한 손인형을 선호하였다. 이는 관계의 격언이 수량의 격언보다 먼저 습득된다는 것을 암시하며, 관련성이 정보 제공보다 협력적 의사소통에 있어 보다 근본적인 측면일 수 있음을 시사한다(Wilson & Sperber, 2004). 일반적으로, 이 연구가 의미하는 바는 유아기가 끝날 때까지 아동이 협력적 언어 교환을 지배하는 그리스의 격언에 대해 완전히 이해하지 못한다는 점이다.

7.1.3 언어의 비문자적 사용

상황에 따라 화자가 특정한 의사소통을 위해 대화의 격언을 위반하는 경우가 있다. 예를 들어, "Shall I switch on the TV?"라는 질문에 대해 "The baby is sleeping."이라고 대답하는 경우이다. 이러한 의도된 위반을 대화의 함의라고 하며, 이는 의사소통 상대방과의 협력을 가정하기 때문에 가능하다. 그들은 질문과 대답의 의미적 영역 사이의 불일치를 쉽게 인식하고, 의도된 의사소통 문제를 해결한다. 표면상으로는 "The baby is sleeping."이라는 대답이 관계의 격언을 위반한 것으로 보인다. 그러나 질문자는 문자적 의미(아기가 자고 있다는 사실 진술)로부터 의도된 의미(아니요, TV를 켜지 마세요)를 추론하기 위해 두 가지 의미적 영역이 어떻게 연결될 수 있는지(TV는 시끄럽다, 소음은 아기를 깨운다, 아기가 깨면 주의를 기울여야 한다)에 대한 공유 지식을 사용할 수 있다. 따라서 대화의 의미를 이해하고 산출하기 위해서는 상당한 인지적 및 사회적 추론 능력이 필요하다(Hilton, 1995). 아동은 5~6세에 의미적 불일치를 감지하는 데 필요한 대화의 함의를 이해하기 시작한다(Bernicot, Laval, & Chaminaud, 2007).

> 대화의 함의(conversational implicatures): 화자가 의도적으로 그리스의 격언 중 하나를 위반하여 특정 의사소통 문제를 만드는 발화(즉, 문자 그대로가 아닌 의미를 표현하기 위해).

> 의미적(semantic): 언어 단위의 의미에 관한 것.

대화의 함의 중 광범위하게 연구된 형식은 수량의 함의이다. 이는 "Some of the students did really well on the exam."과 같은 문장에서 발견된다. 청자는 some이 not all을 의미한다고 해석하고, 다른 학생들이 시험을 잘 보지 못했다고 가정한다. 수량사 some은 all의 적절한 부분 집합을 나타내기 때문에 all과 논리적으로 일치한다는 점에 유의해야 한다. 따라서 일부(some) 학생이 잘했다면 모든

> 수량의 함의(scalar implicature): 수량사(예: all, some, many)를 포함하는 대화형 함의의 형태. 약한 용어가 사용될 때, 청자는 화자가 더 강한 용어를 사용하지 않는 이유를 가졌다고 가정함(예: *some* leads to the inference not *all*).

(all) 학생이 잘했을 가능성을 논리적으로 배제하지는 않는다. 이와 동일하게 "Half of the students did really well on the exam."에서도, 청자는 나머지 절반의 학생이 시험을 잘 보지 못했다고 생각한다. 수량의 함의는 정보 제공의 측면에서 약한 진술로서, 대개 논리적으로는 부정확하지만, 화용적으로는 정확한 추론을 청자가 하도록 유도한다. 화자가 필요한 만큼의 정보를 얻도록 요구하는 수량에 대한 그리스의 격언을 이해하기 때문에 수량의 함의가 작동한다. 이는 화자가 더 강한 진술("All of the students did really well on the exam.")을 사용하지 않은 이유가 있다고 청자가 가정하도록 만든다. 따라서 더 강한 진술을 해서는 안 된다.

다수의 증거에 따르면, 아동은 아직 수량에 대한 격언을 완전히 이해하지 못하거나, 주어진 수량 규모에 대한 강력한 대안(예: some에 대한 대안으로서의 all)을 식별할 수 없기 때문에 약 7세까지 수량의 함의를 이해하는 데 어려움을 보인다(Barner, Brooks, & Bale, 2011). 결과적으로, 아동이 "Some elephants have trunks."와 같이 정보는 부족하지만 논리적으로 정확한 진술을 거부할 가능성은 낮다(Katsos & Bishop, 2011; Noveck, 2001). 또한 아동이 단순히 화용적 부적절성을 참고, 명백한 거부를 보장할 만큼 화용적 위반을 심각하게 고려하지 않는다는 증거도 있다. 최근 연구(Katsos & Bishop, 2011)에서 5~6세 아동에게 만화영화 시나리오를 보여 주고, 서술적 진술의 적절성을 등급별로 판단하도록 요청하였다. 예를 들어, 하나의 시나리오에서는 코끼리 한 마리가 여러 개의 트럭과 버스와 나란히 있는 것을 보여 주었다. 실제로는 코끼리가 각각의 트럭을 밀쳤으나, 버스는 하나도 밀치지 않았다. "The elephant pushed some of the trucks."와 같이 정보가 부족한 진술을 판단하도록 아동에게 요청했을 때, 그들은 올바른 진술("The elephant pushed all of the trucks.")보다 낮은 등급을 매겼는데, 이는 정보 제공에 대한 민감성을 나타낸다. 그러나 잘못된 진술("The elephant pushed some of the buses.")보다는 높은 등급을 매겼는데, 이는 실제 화용적 위반에 대한 인내를 보여 준다. 그럼에도 불구하고, 수량의 함의를 완전히 이해하기 위해 아동은 해당 진술에 정보가 부족한지를 결정할 필요가 있을 뿐만 아니라 화자가 더 강한 진술에 대한 거부로 그 진술을 의도했다고 추론해야 한다. 이러한 추론은 상당한 인지적 요구를 부과하므로 습득하는 데 오랜 시간이 소요된다.

대화 및 수량의 함의 외에도 말과 의미 사이에 차이를 만드는 다양한 비문자적 표현이 있다. 이러한 모든 비문자적 표현은 복잡한 인지적 및 사회적 추론을 요구한다. 따라서 비문자적 표현의 발달은 일반적인 인지적 · 사회적 발달에 의존한다. 예를 들어, 힌트는 발화가 간단한 진술("It is quite drafty in here.")이 아니라 간접적인 요청(예: to close the window)을 의미하도록 설정해야 한다. 여기서 대화의 함의로 발생하는 의미적 영역에서의 불일치를 감지하는 것만으로는 비문자적 의미를 복구하기에 충분하지 않다. 그 대신, 청자는 그 진술이 만들어진 사회적 맥락과 힌트를 정확하게 해석하기 위해 화자의 잠재적 의도를 고려해야 한다. 상황적 맥락이 비문자적 해석을 뒷받침한다면 5세 아동은 힌트를 이해하였다(Bernicot et al., 2007). 그러나 맥락적 지원이 적을 때는 더 많은 어려움이 있다.

힌트(hints): 발화가 하나의 진술이 아닌 간접적 요청이라고 추론하도록 청자에게 요구하는 발화 행위.

상황적 · 사회적 맥락을 고려하는 것만으로는 언어적 관례에 의존하는 다른 유형의 비문자적 표현인 관용구를 이해하기에 충분하지 않다. pass the buck과 pass the hat의 의미가 완전히 다르다는 것(다른 사람을 비난하여 책임을 묻지 않는 것 vs. 돈을 요구하는 것)을 이해하기 위해서는 문자적 의미가 문제가 아니라는 점을 인지할 필요가 있다. buck과 hat이라는 단어의 의미를 아는 것은 여기서 부분적인 도움을 제공할 뿐이다. 사실상 관용구의 명료성이 낮을수록 청자는 개별 단어의 의미에 근거하여 추론하지 않는다. 4장에서 살펴본 바와 같이, 관용구는 어휘 목록의 일부이며(Di Sciullo & Williams, 1987), 일반적인 단어 학습 기제를 사용하여 개별 단어 및 단어 조합(예: hairdresser와 같은 복합어, dress up과 같은 동사-전치사 조합)과 함께 습득된다. 학습자는 사용 맥락에 따라 관용구를 복잡한 어휘 단위로 습득하고, 자주 등장하는 명료한 관용구를 등장 빈도가 낮고 불명확한 관용구보다 더 쉽게 이해한다(Bernicot et al., 2007). 다른 어휘뿐만 아니라 관용구에 대한 지식은 아동의 문해 습득(9장 참조)과 더불어 학령기에 급속히 확장되고, 성인기까지 지속된다.

아동은 어려서부터 풍자와 아이러니를 이해하는 법을 배운다. 풍자와 아이러니의 차이점에 대해서는 상당한 논쟁이 있지만, 교통 체증에 갇혀 있는 운전자가 교통 체증이 하루를 시작하는 훌륭한 방법이라고 말하는 것처럼, 풍자와 아이러니는 화자의 말과 반대되는 의미를 갖는 의도된 표현이다(Dews, Winner, Kaplan, Rosenblatt, Hunt, Lim, et al., 1996). A: "Shall I switch on the heating?" B: "No, I love to freeze to death."와 같은 대화의 내용을 정확하게 해석하려면 모순적인 용어인 love와 freeze

풍자(sarcasm): 화자가 말하는 것과 반대되는 것을 의미하는 표현. 다른 사람을 조롱하거나 조롱할 의도로 산출된 자발적인 말.

아이러니(irony): 화자가 말한 것과 정확히 반대되는 것을 의미하는 의도된 비문자적 표현.

를 인식하고, 일반적인 지식을 바탕으로 freeze to death의 불쾌한 영향을 고려해야 한다. 이는 상당히 복잡한 추론으로, 아동의 인지 능력에 부담을 주고 학습하는 데 시간이 걸린다. 특히 문자적 의미가 운율이나 비문자적 단서를 동반하지 않는 경우에는 추론하기가 더 어렵다(Bernicot et al., 2007). 초기에 아동은 비문자적 방식으로 이해해야 하는 진술이 두드러진 운율 단서를 동반할 때만 아이러니하고 냉소적인 진술로 이해할 수 있다. 8~9세 아동조차도 운율 또는 비언어적 단서의 도움 없이 상황적 단서에만 기초하여 탐색할 경우에는 풍자를 잘 이해하지 못한다(Capelli, Nakagawa, & Madden, 1990). 아동은 풍자 및 아이러니의 사회적 기능을 점진적으로 습득한다. 예를 들어, 아동은 "Your haircut looks great!"(실제로는 최악의 모습으로 보일 때)와 같은 냉소적 표현이 비판을 완화시키는 방법이라는 사실을 알게 된다. 아이러니한 의견이 종종 유머를 포함한다는 사실을 아동이 깨닫는 데는 시간이 더 오래 걸린다(Dews & Winner, 1995; Harris & Pexman, 2003; Pexman, Glenwright, Krol, & James, 2005).

은유(metaphor): 하나 이상의 중요한 특성을 공유하는 것과 다른 두 가지를 암시적으로 비교하는 비문자적 언어 사용.

과소평가(understatement): 예를 들어, 상황을 실제보다 덜 중요하거나 심각하게 전달함으로써 상황을 설명할 때 금지를 사용하는 비문자적 언어.

과장(hyperbole): 과장된 진술 또는 주장으로 구성된 비문자적 언어 사용.

아동은 어려서부터 은유, 과소평가, 과장 같은 다른 형태의 비문자적 언어 사용법을 배운다(Demorest, Silberman, Gardner, & Winner, 1983). 이 모든 유형의 비문자적 언어 사용은 아동의 사회인지 발달과 밀접한 관련이 있다. 아동은 상황을 파악하고, 대담자의 관점을 고려하고, 대담자의 의도에 대한 사회적 단서를 처리하고, 표현의 문자적 의미와 비문자적 의미 사이의 연관성에 대해 추론하는 법을 배워야 한다. 비문자적 표현이 요구하는 보다 복잡한 사회적 · 인지적 추론은 이후에 습득된다.

7.1.4 유머와 놀리기

아동은 영아기부터 양육자 및 형제자매와 함께 익살 부리기를 즐기고 다른 사람의 반응을 유도하기 위해 다양한 행동을 한다. 영아는 재미있는 얼굴 표정, 소리 및 제스처를 만들고, 온갖 종류의 엉뚱한 행동을 하고(예: 가상 놀이에서 스펀지로 모자 흉내 내기), '장난스러운' 행동에 의도적으로 참여하고(예: 자신을 잡으려는 양육자로부터 도망치기), 이러한 행동을 반복하여 유머 감각을 보여 준다(Loizou, 2005; Reddy,

2001). 3세가 되면 걸음마기 아동은 웃음을 의도의 단서로 사용하여 다른 사람의 실수와 농담을 구분할 수 있다(Hoicka & Gattis, 2008). 부모는 믿지 못하겠다고 표현함으로써 자녀가 유머를 이해하도록 지원한다. 예를 들어, 부모와 걸음마기 아동의 이야기책 읽기에 관한 최근 연구(Hoicka, Jutsum, & Gattis, 2008)에서 부모는 규범 위반을 지적함으로써 유머러스한 이야기 사건에 대해 언급하였다(예: "Ducks don't say moo. That's silly!"). 유머러스하지 않은 사건보다 유머러스한 사건에서 부모가 원래 이야기에 대해 추가 의견을 더 자주 제공하였다. 취학 전 아동은 바나나를 전화기로 사용하는 유머처럼 행위와 사물 사이의 불일치를 인식하게 된다. 유치원 시기의 아동은 남성이 옷을 입고 욕조에 들어가 있는 유머러스한 그림을 보고 해당 그림이 왜 재미있는지 설명할 수 있다(Loizou, 2006).

북미와 서유럽을 포함한 많은 문화권에서 부모는 농담처럼 자녀를 놀린다(Eisenberg, 1986; Miller, 1986; Schieffelin, 1986). 놀리기에는 두 가지 요소가 있는데, 하나는 행동 반응의 의도적 자극이고, 다른 하나는 말로 표현된 문자적 의미와 실제 의사소통된 의미를 구별하는 비언어적 표지(얼굴 표정, 웃음)이다(Keltner, Capps, Kring, Young, & Heerey, 2001). 어린 아동을 놀리면서 부모는 긴장과 갈등을 유발한다. 이러한 경험은 아동이 유머나 웃음을 사용하여 긴장을 해소하는 것처럼 간접적

그림 7-3 양육자는 자녀에게 언어를 효과적인 갈등 해결 수단으로 사용하도록 가르친다.
출처: © Dubova, Shutterstock의 라이센스 사용 허락.

이거나 유쾌하게 갈등을 해결하도록 돕는다([그림 7-3] 참조). 서로 장난치면서 농담을 하고 나면, 유발된 갈등과 긴장이 해결되어 부모-자녀, 형제자매 및 또래 간 유대가 촉진된다. 물론 놀리기에는 싸움, 괴롭힘과 같은 다양한 공격 행동이 포함된다([그림 7-4] 참조). 생후 2년 동안 형제자매 간 경쟁이 증가하고, 걸음마기 아동은 나이 많은 형제자매와 서로 놀리고 싸운다(Dunn & Munn, 1985). 유아기가 되면 성격과 사회적 경험의 차이로 인해 아동은 형제자매 및 또래 상호작용에서 언어를 다른 방식으로 사용한다. 아동기 중기에는 가족 및 또래와 유머를 사용할 때 개인적 양식(예: 자기향상, 자기비난, 제휴, 우호적 또는 공격적)이 발달한다(Klein & Kuiper, 2006). 10~12세 아동은 누가 '고의로 누구를 다치게 하기 위해 놀리는 것'과 '단순히 농담하는 것'을 쉽게 구별하며, 남아가 여아보다 공격적인 형태의 놀림에 참여할 가능성이 높다고 평가한다(Barnett, Burns, Sanborn, Bartel, & Wilds, 2004). 이 관찰 연구는 7.2절에서 자세히 살펴본다. 실제로 Führ(2002)는 스트레스에 대처하기 위해 유머를 사용하는 남아와 여아(11세, 14세)를 대상으로 연구한 결과, 남아는 공격적인 유머(다른 사람 놀리기)를 사용하는 경우가 더 많은 반면에 여아는 기분이 좋아지도록 유머를 사용한다고 보고하였다(기분이 좋아지도록 재미있게 말하기).

그림 7-4 아동은 또래를 괴롭히거나 위협하기 위해 언어를 사용한다.
출처: © Mandy Godbehear. Shutterstock의 라이센스 사용 허락.

학령기 아동은 비문자적 언어에 대한 이해 능력이 발달한다. 이를 통해 농담을 이해하고 다양한 언어적 모호성이 포함된 수수께끼를 풀 수 있다(Shultz, 1974). 예를 들어, Shultz와 Pilon(1973)은 아동에게 음운적(예: "Why did the cookie cry?" "Because its mother had been a wafer so long!"), 어휘적(예: "Why did the farmer name his hog Ink?" "Because he kept running out of the pen!"), 통사적 모호성(예: "What animals can jump as high as a tree?" "All animals-trees cannot jump!")이 포함된 농담을 제시하였다. 그 결과, 음운적 모호성을 가장 쉽게 이해하였고, 어휘적 모호성은 중간 정도로 이해하기 쉬워하였고, 통사적 모호성은 가장 이해하기 어려워하였다. 따라서 아동의 사회적 유능성 발달과 비문자적 언어 처리 능력의 발달은 유머 발달의 기초를 형성한다.

7.1.5 이야기하기

주제를 유지하는 방법에는 대화를 지속하거나 독백으로 시작하는 두 가지 방법이 있다. 영아나 걸음마기 아동과 성인 간의 대화는 대부분 지금 존재하는 사물과 사람에 대한 지속적인 활동이나 토론에 대한 협상이다(Nelson & Gruendel, 1986; Nelson, 2007). 이러한 대화는 짧고 빈번한 대화 주고받기로 특징지어진다. 그러나 아동이 성장하면서 부모는 그리 멀지 않은 과거 사건을 이야기하도록 유도한다. 따라서 대화는 이야기 기술의 발달을 위한 토대를 마련하는데, 여기에는 이야기를 일관되게 말하고 이야기를 일관되게 쓸 수 있는 능력이 포함된다.

이야기는 인과적으로 구성된 목표 지향적 사건에 대한 설명이다. 유아가 산출하는 가장 초기의 이야기는 자서전적 내용이고, 발생한 사건에 대한 설명이며, "오늘 점심은 무얼 먹었니?"와 같은 성인의 질문으로 시작된다. 이러한 1인칭 설명은 자서전적 에피소드 기억, 성인 양육자의 비계설정 및 힌트와 개방적 자극 촉진("생선 스틱 먹었니? 또는 오늘 푸딩 먹었니?")에 의존한다. 성인이 자신의 관점에서 정보를 제공하기 위해 정교한 격려를 더 많이 사용할수록, 아동의 초기 자서전적 기억은 더 정교해진다(Nelson & Fivush, 2004). 그러한 결과는 8장에서 살펴본다.

아동은 3인칭 설명을 중계하는 법을 점차 배운다. 이야기를 잘 말하려면 절정에 이르는 일관된 줄거리를 유지하고, 하위 주제를 추적하며, 이야기한 내용에 대해 평가해야 한다. 이야기 발달은 스페인어, 폴란드어, 히브리어, 터키어, 영어와 같은 언어를 포함한 교차언어 연구에서 폭넓게 조사되었다(Berman & Slobin, 1994). 아동과 성인에게 『Frog, where are you?』(Mayer, 1969)라는 글 없는 그림책을 보여 주고, 잃어버린 개구리를 찾는 남아의 이야기를 들려 달라고 요청하였다(〈방법론 상자 7-1〉 참조). 이 연구의 몇 가지 흥미로운 결과에 주목해 보자. 첫째, 이야기하기는 탈맥락적 언어 사용을 의미한다. 즉, 현재를 벗어난 사건에 대해 말하는 것이다. 이야기 발달을 위해서는 현재와 구별하기 위해 사건의 시제, 법 등 다른 측면을 표시하는 문법 장치를 이해해야 한다(Tomasello, 2008). 예를 들어, 과거 또는 미래에 대해 말하기 위해 아동은 모국어의 시제 표지를 통제할 수 있어야 한다. 이와 유사하게, 상상의 세계 또는 가설적 사건에 대해 말하기 위해 아동은 가정문 if 또는 종속절과 같은 언어 표지를 사용하여 하나의 관점에서 다른 관점으로의 전환을 적절하게 표시해야 한다(Kuczaj & Daly, 1979). 그러나 사건의 특징을 표시하는 방식은 언어마다 다르다. 예를 들어, 폴란드어나 러시아어의 경우에는 동사 굴절이 사건이나 행위의 시작, 진행, 완료를 표시한다. 독일어의 경우에는 이 정보가 생략되거나 어휘 수단을 통해 선택적으로 제공된다. 따라서 아동은 모국어가 필수 형태소를 통해 세상의 어떤 측면을 부호화하는지 배울 필요가 있다. 이는 Slobin(1996)이 **말하기를 위한 사고**라고 명명한 과정이다.

> 말하기를 위한 사고(thinking for speaking): 언어마다 고유한 언어별 사고방식이 필요하다는 생각. 언어를 사용하는 사람은 반드시 언어의 문법으로 부호화된 세계의 여러 측면에 주의를 기울여야 함.

둘째, 이야기하기에서는 이야기하는 사람이 일관적이어야 한다. 시제 접속사 또는 대명사 및 관계절과 같은 응집 장치를 통해 일관성이 유지된다. [그림 7-5a]와 [그림 7-5b]에서 3세와 5세 아동이 만든 두 이야기를 비교해 보자(CHILDES 아카이브 파일 03b.cha 및 05k.cha에서 채택됨). 이 예들은 아동이 단순히 개별 사건을 언급하는 것에서 지시적 일관성을 위해 종속절 시제 접속사(예: cause, when, and then)와 같은 적절한 언어 장치를 사용하는 것으로 어떻게 변화하는지를 보여 준다.

방법론 상자 7-1 개구리 이야기로 이야기하기 유도하기

50개 이상의 언어를 연구하는 아동 언어 연구자들은 Mercer Mayer의 개구리 이야기 시리즈를 사용하여 이야기 기술의 발달을 연구하였다. 이 글 없는 그림책은 소년과 소년이 기르는 개구리의 모험과 관계의 변화를 따라가는 이야기이다. 지금까지 진행된 대다수의 연구에서는 두 번째 개구리 이야기 『Frog, where are you?』를 사용하였다. 이야기 구조와 내용 방식의 교차언어적 차이를 탐구하여 아동이 이야기에서 사건을 포착하고 전달하는 능력을 어떻게 발달시키고, 언어 구조를 어떤 방식으로 반영하는지 조사하였다(Berman & Slobin, 1994). 최근에 연구자들(Aldrich et al., 2011)은 질투라는 복잡한 정서에 관한 이야기를 유도하기 위해 『One frog too many』라는 개구리 이야기를 사용하기 시작하였다. 각 개구리 이야기와 주요 주제에 대한 간략한 설명은 다음에 제시되어 있다. 개구리 이야기로 이야기하기를 유도하는 전형적인 절차는 아동이 각 그림에 주의를 기울이면서 그림책 전체를 살펴보도록 하는 것이다. 그런 다음 이야기하는 동안 책을 다시 한번 살펴보도록 아동에게 요청한다.

개구리 이야기의 예(8개 언어)는 CHILDES 데이터베이스를 통해 다운로드 받을 수 있다.

남자아이와 강아지가 연못에서 개구리를 잡으려고 한다. 개구리를 잡지 못한 채 쫓기만 하는 모험의 하루를 보낸 후, 남자아이와 강아지는 걸어서 집에 돌아온다. 개구리는 남자아이와 강아지를 따라 집에 와서 목욕을 한다.	Mayer, M. (1967). *A boy, a dog, and a frog*. New York: Dial Press.
남자아이의 새로운 개구리가 항아리에서 탈출한 후, 남자아이와 강아지는 개구리를 찾아 숲으로 간다. 남자아이와 강아지는 개구리와 다시 만나기 전에 길을 걸으면서 많은 모험과 고난을 경험한다.	Mayer, M. (1969). *Frog, where are you?* New York: Dial Press.
남자아이, 강아지, 개구리가 낚시하러 가서 거북이를 잡는다. 강아지와 싸운 후 거북이가 죽은 척한다. 남자아이와 개구리는 강아지에게 화를 내며 거북이를 묻을 준비를 한다. 거북이가 깨어나서 모두 친구가 된다.	Mayer, M., & Mayer, M. (1971). *A boy, a dog, a frog and a friend*. New York: Dial Press.
남자아이는 자신의 강아지와 개구리를 공원에 데려가고, 우연히 개구리만 혼자 남겨진다. 개구리는 남자아이와 다시 만나기 전에 온갖 문제에 휘말리고 많은 모험을 한다.	Mayer, M. (1973). *Frog on his own*. New York: Dial Press.
개구리는 남자아이의 가족과 함께 멋진 레스토랑에 몰래 가서 모든 것을 엉망으로 만든다. 가족들이 식당에서 안내받는 동안 남자아이와 개구리는 심하게 꾸중을 듣는다. 남자아이와 개구리는 그들의 방에서 함께 웃는다.	Mayer, M. (1974). *Frog goes to dinner*. New York: Dial Press.
남자아이가 새로운 반려동물 개구리를 선물 받자 원래 있던 개구리가 질투를 한다. 새로 온 개구리를 잃어버릴 때까지 원래 있던 개구리는 새로운 개구리를 굉장히 괴롭힌다. 여러 번의 탐색이 실패로 돌아간 후에 새로운 개구리는 집으로 돌아가는 길을 찾고 가족은 영원히 행복하게 산다.	Mayer, M., & Mayer, M. (1975). *One frog too many*. New York: Dial Press.

그림 7-5a 아동(5;11): 남자아이와 강아지가 잠들었을 때(when), 개구리가 항아리 밖으로 뛰어나왔어요. 그러고 나서(And then) 남자아이와 강아지가 일어났어요.

출처: Mayer (1969)에 근거한 Robert Powers의 삽화 원본.

그림 7-5b 아동(3;4): 그들은 그것을 보고 있고, 거기에 개구리가 있어요. 그는 항아리를 보고 있어요. 개구리가 거기 없어서요…….

출처: Mayer (1969)에 근거한 Robert Powers의 삽화 원본.

또한 마음의 틀(he thought……, they were upset……, she wanted……), 이야기 주인공의 언어(the turtle said 'yikes'……), 대비책(by the way……, you may not realise that……), 부정적 상태와 행위(they couldn't find the little frog……) 및 인과적 연결고리(the little frog fell into the water because the big frog kicked him)와 같은 평가 장치를 통해 표현됨으로써 이야기에 대한 화자 자신의 관점, 감정 및 의견의 일관성이 유지된다(Aldrich, Tenenbaum, Brooks, Harrison, & Sines, 2011). Bamberg와 Damrad-Frye(1991)는 이야기에서 아동이 중요한 주제를 발전시키는지를 판단하기 위해 여러 이야기 사건에 대한 평가 의견을 조사하였다. 5세 아동은 이야기의 세부 사항에 대해 평가 의견을 제시한 반면, 9세 아동과 성인은 이야기의 핵심 요점을 강조하는 평가 의견을 제시하였다. 마찬가지로, 질투에 관한 개구리 이야기(『One frog too many』; Mayer & Mayer, 1975)에서도 7~8세 아동이 5~6세 아동보다 이야기의 정서 주제를 더 자주 표현한다고 Aldrich와 동료들(2011)이 보고하였다. 종합해 보면, 이 연구들은 이야기하기를 통해 일관성을 유지하고, 주인공의 관점을 연관시키며, 줄거리를 발전시키고, 정서 주제를 표현하는 데 필요한 기술이 학령기 동안 점진적으로 발달한다는 사실을 시사한다.

7.2 남아와 여아는 언어를 배우고 사용하는 방법에 차이가 있는가

많은 사람이 남성과 여성의 의사소통 방식이 다르다는 강한 믿음을 가지고 있다. 이러한 견해는 문자 그대로 천문학적 비율의 성차를 암시하는 대중적인 은유로 표현되어 왔다(Gray, 1992; Tannen, 1990). 언어 발달 과정에서 이러한 차이가 어떻게 발생하는지에 대한 문제를 다루지 않고서는 의사소통 역량의 발달에 대해 완전히 설명할 수 없다.

7.2.1 일반적 언어 발달에서의 성차

여아가 알기 쉬운 발화를 산출하고, 남아보다 빠른 속도로 어휘 목록에 단어를 축적하기 시작한다는 것은 일반적인 생각이다. 걸음마기(대략 8~20개월) 동안, 맥아더-베이츠 아동 발달 척도와 같은 평가 도구를 사용한 여러 연구에서 여아가 남아보다 어휘 목록이 더 크고, 단어 학습 속도가 더 빠르다는 사실이 입증되었다(예: Bauer, Goldfield, & Reznick, 2002; Bornstein & Haynes, 1998; Fenson, Dale, Reznick, Bates, Thal, & Pethick, 1994; Huttenlocher, Haight, Bryk, Seltzer, & Lyons, 1991). 보다 최근에는 4건의 종단연구 결과, 다양한 언어 발달 척도(표현 및 수용 어휘 크기, 평균 발화 길이, 표현 및 수용 의사소통 기술)에서 2~5세 여아가 남아를 능가하였다. 그러나 이보다 더 어리거나 더 나이가 많은 경우에는 이러한 차이가 나타나지 않았다(Bornstein, Hahn, & Haynes, 2004). 여러 연구의 결과에 일부 차이가 있었음에도 불구하고, 초기 언어 발달에서 유의한 성차를 보여 준 대부분의 연구에서 여아가 남아를 능가하였다. 또한 10장에서 살펴보겠지만, 영아기 동안 남아는 말 늦은 아동으로 특징지어질 가능성이 높고, 단순언어장애(SLI)로 진단되는 경우가 많다(예: Broomfield & Dodd, 2004; Preston et al., 2010; Shriberg, Tomblin, & McSweeny, 1999).

말 늦은 아동(late talkers): 표현 어휘 수가 50단어 미만이고, 아직 여러 단어를 발화하지 못하는 24개월 영아.

단순언어장애(Specific Language Impairment: SLI): 지적장애, 뇌손상 또는 뇌질환이 없는 경우에도 언어 발달이 임상적으로 유의하게 지체되는 것을 특징으로 하는 발달장애.

메타분석(meta-analysis): 연구의 전반적인 경향을 조사하고, 연구 전반에 걸쳐 효과 크기의 가능한 중재변인을 확인하기 위해 사용되는 통계 기법.

행동이나 능력의 성차를 확인하는 데 관심을 가진 많은 연구에서 남성과 여성뿐만 아니라 남아와 여아의 언어 기술과 의사소통 양식을 비교하였다. 연구자들은 메타분석이라는 통계 기법을 사용하여 전반적인 연구 경향을 조사하고, 연구 전반에 걸쳐 중재변인의 효과 크기를 확인하였다. 일반적인 언어 능력에 대한 초기 메타분석에서는 모든 연령대에서 성차를 조사하였고(Hyde & Linn, 1988), 다양한 언어 능력을 측정한 165건의 연구에서 여성이 좀 더 유리하다는 사실을 발견하였다. 읽기 이해력, 어휘 크기, 에세이 쓰기, 철자 바꾸기 및 언어 유추에서의 성별 효과는 무시할 만한 크기였지만, 발화 산출의 경우에는 다소 큰 효과가 관찰되었다. 언어 유추를 제외하고 모든 효과는 여성에게 유리했으며, 연령집단별(5세 이하, 6~10세, 11~10세, 19~25세, 26세 이상) 효과 크기에는 거의 차이가 없었다. 흥미롭게도, 1973년 이전 발표된 연구의 효과 크기는 1973년 이후 발표된 연구의 효과 크기보다 훨씬 더 컸는데, Hyde와 Linn은 시간이 지남에 따라 효과 없음을 입증한 연구의 출판을 장려하여 나타난 출판 편향 때문으로 이를 해석하였다. 즉, 언어 능력에서 유의한 성차를 발견하지 못하였다.

7.2.2 의사소통 양식 발달에서의 성차

언어 능력의 일반 척도에서 성차가 무시할 정도로 작더라도, 다른 활동 및 사회 생활 방식과 관련된 언어의 사용 방식에는 성차가 있을 수 있다. 실제로 남아와 여아는 세 가지 측면, 즉 수다스러움, 친화적 발화, 독단적 발화와 관련하여 언어 사용 패턴이 다르다(Gleason & Ely, 2002; Leaper & Smith, 2004). 언어 능력의 일반 지표인 수다스러움은 발화의 양으로 측정된다. 친화적 발화는 다른 사람의 발화를 지원, 정교화 및 확인하는 협력적 또는 의무적 발화 행위를 통해 다른 사람과의 관계를 형성하고 유지하는 수단으로 사용되는 언어이다. 독단적 발화는 다른 사람에게 영향을 미치고 자신의 독립성을 주장하는 데 사용된다. 이 범주는 지시적 진술, 의견 불일치, 중단, 실용적 목표의 달성에 사용되는 발화와 같이 통제적이거나 부정적인 발화 행위로 구성된다.

수다스러움(talkativeness): 종종 단위 시간당 산출되는 언어의 양으로 측정되는 언어 능력의 일반적인 지표.

친화적 발화(affiliative speech): 타인의 발언을 뒷받침하거나 정교화시키거나 확인하는 협력적 또는 의무적 발화 행위를 통해 타인과의 관계를 확립하고 유지하기 위한 수단으로서의 언어 사용.

독단적 발화(assertive speech): 자신의 독립성을 주장하고, 타인에게 영향을 미치기 위한 언어 사용.

언어 능력의 성차가 말소리 산출에서 가장 강하게 나타난다는 Hyde와 Linn의 연구를 토대로, 몇몇 메타분석 연구에서는 아동 발화(Leper & Smith, 2004), 아동-대상 발화(Leaper, Anderson, & Sanders, 1998), 성인 발화(Anderson & Leaper, 1998; Leaper & Ayers, 2007)의 성차를 보여 준 연구를 재검토하였다. 수다스러움과 관련한 메타분석의 결과는 연령에 따라 큰 차이를 보였다. 특히 어릴 때는 여아가 남아보다 말을 더 많이 하는 경향이 있다. 73개의 독립 표본이 포함된 61건의 연구에 대한 메타분석에서 성별 효과는 36개월 이상의 아동보다 12~35개월 아동에게 더 현저하게 나타났다(Leaper & Smith, 2004). 또한 아동의 대화 상대방은 관찰된 성별 효과를 중재하여 또래 상호작용에서보다 아동-성인 상호작용에서 수다스러움의 성차가 더 컸다.

어쩌면 아동의 어휘 발달과 수다스러움에서 관찰된 성차 중 일부는 아동-대상 발화의 양과 질에서 나타난 성차 때문일 수 있다. 아동-대상 발화 연구에서 어머니는 아버지보다 더 말이 많고(18건의 연구), 아들보다 딸과 대화를 더 많이 한다(25건의 연구)(Leaper et al., 1998). 아동-대상 발화 샘플에서 관찰된 여성의 수다스러움이 성인-대상 발화로 일반화되지 않는다는 점에 유의해야 한다. 실제로 남성은 친숙성 수준이 다른 사람들 집단에서 배우자/파트너와 대화할 때, 그리고 낯선 사람과 대화할 때 여성보다 대화의 양이 더 많은 것으로 관찰되었다(70개의 독립 표본을 포함한 63건의 연구; Leper & Ayers, 2007). 따라서 의사소통 상황은 아동뿐만 아니라 성인에게도 성별이 수다스러움에 미치는 영향을 강하게 조절한다.

여성은 남성보다 공손하고, 다른 사람과 교류할 때 포용, 협력, 긍정적 라포에 더 중점을 둔다는 견해가 강하게 제기되었다(Gleason & Ely, 2002). 동료와의 사회적 상호작용에서 여성은 남성보다 다른 사람의 기여를 인정하거나 부연 설명할 가능성이 더 크다. 여성은 의견이 충돌할 때 도움을 요청하고 타협할 가능성이 더 크다(예: Kyratzis, Ross, & Koymen, 2010; Leaper, 1991; Leman, Ahmed, & Ozarow, 2005; Miller, Danaher, & Forbes, 1986; Thompson, 1999). 아동 발화, 아동-대상 발화 및 성인 발화에 대한 메타분석에서 친화적 발화의 성차를 뒷받침하는 증거가 발견되었다. 46개의 독립적인 아동 표본을 대상으로 한 35건의 연구에서 여아는 남아보다 친화적 발화를 유의하게 많이 산출하는 것으로 관찰되었다(Leaper & Smith, 2004). [그림 7-6] 참조. 칭찬, 승인, 동의의 측정치보다 반응적 언어의 측정치(예: 다른 사람의 의견에 대한 정교화)에 대한 성별 효과가 더 큰 것으로 나타나서 친화적 발화 유형의 중재 효과를 발견하였다. 게다가 아동은 비구조화된 활동에서 친화적 발화의 성차가 더

그림 7-6 성 고정관념은 여아가 남아보다 언어를 사용하여 친화적 유대를 형성할 가능성이 더 높다는 사실을 시사한다.

출처: © ARENA Creative. Shutterstock의 라이센스 사용 허락.

크게 나타났다.

아동-대상 발화 연구에서 어머니는 아버지보다 더 많은 지지적 발화(예: 칭찬, 승인, 협력)를 사용하고(10건의 연구), 아들보다 딸을 더 지지하는 것으로 관찰되었다(11건의 연구)(Leaper et al., 1998). 마찬가지로, 독립적인 성인 발화 표본 54개를 사용한 47건의 연구에서 여성은 남성보다 친화적 발화를 더 많이 사용하는 것으로 관찰되었다. 성별 효과는 적극적인 이해(반성적 의견과 조사 질문), 사회정서적 발화(결속과 애정 표현), 지지적 발화에서 더 강하게 나타났다. 성인은 배우자/파트너, 친한 친구보다 낯선 사람과 상호작용할 때 성별 효과가 더 컸다. 흥미롭게도, Hyde와 Linn의 메타분석(1988)에서 발견된 바와 같이, 출판 연도는 그 결과에 유의한 영향을 미쳤다. 1985년 이전에 발표된 연구는 최근에 발표된 연구보다 더 큰 성차를 보고하는 경향이 있었다. 다시 말하지만, 이러한 결과가 언어 행동이나 출판 편향의 규준 변화를 반영한 것인지는 확인하기 어렵다.

세 번째 고정관념은 남아가 여아보다 더 독단적이고 명령조의 의사소통 양식을 가진다는 것이다. 남아는 사회적 상호작용에서 더 경쟁적이거나 적대적인 존재로 여겨진다. 다른 사람을 방해하거나 모욕 또는 위협을 가하고, 허풍을 떨며, 통제적이거나 지시적인 언어를 사용할 가능성이 높다(예: Leaper, 1991; Leman, Ahmed, & Ozarow, 2005; McCloskey, 1996; Miller et al., 1986; Sheldon, 1990). 75개의 독립 표본을 사용한 59건의 연구에 대한 메타분석에서 남아는 여아보다 더 독단적 언어를 산출했지만(Leaper & Smith, 2004), 전체적인 효과는 무시할 정도로 아주 작았다. 그럼에도 불구하고, 독단적 언어의 일반 측정치와 지시적 발화(명령어 및 직접 제안)의 경우 성별 효과는 전체 효과보다 상당히 컸으며, 부정적 발화(비판 또는 비승인) 또는 정보 제공(의견, 설명 또는 기술적 정보)의 측정치보다 유의하게 컸다. 더욱이 이성과의 상호작용이 아닌 동성 간 상호작용에 아동이 참여할 때 성별 효과가 더 강하게 나타났다. 따라서 남아와 관련된 보다 독단적인 의사소통 양식이 모든 남성 집단에서 분명하게 드러났다.

아동-대상 발화 연구(Leaper et al., 1998)에서 아버지는 어머니보다 지시적 발화(12건의 연구)를 더 많이 사용하고, 정보(12건의 연구)를 더 많이 제공하였다. 이와 달리, 어머니는 아버지보다 부정적 발화(비판, 비난 또는 불인정)를 더 많이 사용하였다(16건의 연구). 불행히도, 어머니와 아버지가 아들과 딸에게 독단적 언어를 다르게 사용하는지를 판단할 증거는 충분하지 않다. 성인의 독단적 발화에 대한 메타분석(Leaper & Ayers, 2007)에서 50개의 독립 표본을 포함한 39건의 연구를 살펴본 결과, 성별의 전체적인 영향은 무시해도 될 정도였다. 그러나 일반적인 과제 지향적 발화(제안, 의견, 지시의 조합)와 의견 제공 같은 특정 유형의 독단적 언어의 경우 남성에게 유리한 강한 효과가 있었다. 유의한 성별 효과는 또래 또는 가족과의 상호작용보다 낯선 사람과의 상호작용에서 훨씬 강력하게 나타났다. 아동의 경우와 유사하게, 성별 효과는 이성과의 상호작용보다 동성 간 상호작용에서 더 컸다. 따라서 남성은 낯선 남성과 대화할 때 독단적 발화를 산출할 가능성이 더 높았다.

언어 사용의 세 가지 측면(수다스러움, 친화적 발화, 독단적 발화) 각각에 대해 메타분석의 전체적인 효과는 무시해도 될 만큼 작았다. 전체적인 효과가 작기 때문에 의사소통 양식의 개인차의 근원에 대한 초점이 아동에서 활동으로 이동하였다(예: Leoper, 2000). Gleason과 Ely(2002, p. 138)가 언급한 대로, 높은 수준의 적극적이고 경쟁적인 놀이(예: running and roughhousing)와 함께 사용되는 언어는 더 조용하고 사교적인 놀이(예: dressing up, make believe)와 함께 사용되는 언어와 매우 다르다. 따라서 부모와 자녀가 성별에 따라 다양한 활동을 선택하고, 역할 모델링을 위한 차별화된 기회를 제공하는 한 의사소통 양식에서의 성차는 지속될 것으로 예상된다.

요약

- 의사소통 역량을 습득하기 위해서는 정보를 전달하기보다는 다양한 사회적 상황에서 의도를 표현하고 해독해야 한다. 이를 위해서는 이야기 주인공의 내적 상태를 조명하면서 조망 수용, 화용적 관례에 대한 이해, 비문자적 언어 사용의 해독, 이야기하기의 일관성 유지와 같은 기술이 필요하다. 이러한 기술은 아동의 사회인지 발달과 밀접한 관련이 있다.
  - 아동은 대담자의 관점을 고려하는 법을 배워야 한다. 조망 수용은 마음 이론의 발달과 관련이 있으며, 인지적 노력이 필요하다. 아동은 의사소통에서 자기중심적 편향을 완전히 극복할 수는 없지만, 점진적으로 이 편향을 보완하는 법을 배운다.

- 또한 아동은 화자가 진실하고, 적절하고, 정보를 제공하고, 명확하도록 요구하는(그리스의 격언) 협력적 언어 교환의 기초가 되는 화용적 원리를 배워야 한다. 아동은 약 3세부터 그리스의 격언에 일부 민감성을 보이지만, 완전히 이해하는 데는 상당히 오래 걸린다.
- 비문자적 언어의 발달은 그리스의 격언에 대한 이해에 의존하며, 유머와 놀리기의 기초를 형성한다. 상황과 맥락의 단서를 처리하고, 문자적 의미와 비문자적 의미 사이의 연관성을 유추해야 한다. 아동의 비문자적 언어 사용은 아동기 중기 및 청소년기 동안 완전히 발달한다.
- 이야기하기 발달은 언어의 탈맥락적 사용을 촉진하기 때문에 추가적인 문법 발달과 상호작용한다. 이야기하기의 발달에는 일관성을 유지하고, 주인공의 내적 상태를 전달하며, 주제에 관한 화자의 입장을 표현하는 언어 장치의 습득도 포함된다.

- 일반적인 언어 능력의 성차는 일반인들이 예상하는 것보다 훨씬 작으며, 주로 대화 양식의 구체적 차이와 관련이 있는데, 이는 일반적으로 남아와 여아가 전형적으로 참여하는 다양한 활동과 관련이 있다.

더 읽을거리

주요 연구

비문자적 언어 사용에 필요한 화용적 지식 및 인지 능력에 관한 연구

Katsos, N., & Bishop, D. V. M. (2011). Pragmatic tolerance: Implications for the acquisition of informativeness and implicature. *Cognition, 120*, 67-81.

언어 능력의 성차에 관한 메타분석

Hyde, J. S., & Linn, M. C. (1988). Gender differences in verbal ability: A meta-analysis. *Psychological Bulletin, 107*, 139-155.

논문

인간의 언어 교환에 토대가 되는 화용론에 관한 읽을거리

Wilson, D., & Sperber, D. (2004). Relevance theory. In G. Ward & L. Horn (eds.), *Handbook of pragmatics* (pp. 607-632). Oxford: Blackwell Publishing.

저서

화용론 기술의 발달에 관한 읽을거리

Ninio, A., & Snow, E. C. (1996). *Pragmatic development*. Boulder, CO: Westview Press.

사회적 상호작용에 내제된 언어 발달에 관한 읽을거리

Nelson, K. (2007). *Young minds in social worlds: Experience, meaning and memory*. Boston, MA: Harvard University Press.

8 언어 발달은 어떻게 인지에 영향을 주는가

핵심 용어

• 자서전적 기억 • 이중 언어 • 기수 단어 원리 • 아동기 기억 상실 • 숫자 폭
• 차원 변경 카드 분류(DCCS) 과제 • 실행 기능 • 홈 사인 • 무주의 맹시 • 어휘 목록
• 언어 상대주의 • 상위언어 인식 • 숫자 인지 • 사피어-워프 가설 • 비계설정 • 구조적 정렬
• 마음 이론 • 설단 현상

개요

이전 장에서는 언어 발달의 인지적 · 사회적 기초를 살펴보았다. 영아가 다른 사람과 상호작용하고 사회적으로 참여하는 방법과 모방, 감각운동 및 연결 학습 기제가 영아가 언어 입력에서 규칙을 추출하여 환경의 지시물과 어떻게 연결하는지에 대해 살펴보았다. 여기서는 아동의 언어 발달이 인지 능력에 미치는 영향을 고려한다.

언어는 인간의 인지에 단순히 추가되는 기술이 아니다. 언어는 심오한 방식으로 인지를 형성한다. 그래서 몇몇 연구자는 언어가 기억과 사고를 포함한 다양한 인지 능력의 토대가 된다고 제안하였다(Vygotsky, 1934, 1987; Nelson, 1996, 2007). 먼저, 대화와 이야기하기 기술의 발달이 자서전적 기억 및 마음 이론의 출현과 통합에 미치는 영향에 대해 살펴본다. 그런 다음 언어 습득이 추상 개념, 주의, 지각 및 인지적 통제의 발달에 어떤 영향을 미치는지 살펴본다.

8.1 언어 사용은 인지 발달을 어떻게 지원하는가

이야기하기와 대화 기술이 발달함에 따라 아동은 자신의 과거 사건을 전달할 수 있다. 흥미로운 질문 중 하나는 아동의 언어 능력이 단순히 과거 사건을 회상하기 위한 수단으로 작용하는지, 아니면 과거 사건에 대한 기억 형성에 기여하는지이다.

8.1.1 기억 부호화 및 인출

Simcock과 Hayne(2002)의 연구에서는 축소기에서 여러 개의 큰 장난감이 작은 장난감으로 바뀌는 독특하고 기억에 남는 장면을 2세 및 3세 아동에게 제시하였다. 영아의 절반에게는 6개월이 지난 후 이 사건을 회상하도록 요청하였고, 나머지 절반에게는 12개월이 지난 후 회상하도록 요청하였다. 걸음마기 아동은 축소기에 노출된 시점에는 모든 장난감의 이름을 알지 못했지만, 검사 시점에는 장난감의 이름을 알았다. 아동의 수용 및 표현 어휘는 축소기에 노출된 시점과 검사 시점에서 각각 측정되었다. 연구자는 아동이 노출 시점에 단어를 알지 못했던 사건의 세부 사항을 나중에 기억하는지를 확인하고자 하였다. 흥미롭게도, 이 사건에 대한 아동의 언어적 회상은 그들의 초기 어휘를 반영하여 그 시기에 고정된 것처럼 보였다. 즉, 아동은 노출 시점에 산출 어휘 목록에 포함된 단어의 경우 축소 사건에 대한 정보만 언어로 회상할 수 있었다. 축소 사건에 대한 많은 세부 사항을 언어로 기억하지는 못했지만, 장난감 사진을 재인하고 축소기의 작동을 행동으로 재연하는 데 더 정확하였다. 따라서 재인이나 재연과는 달리 의식적인 언어적 회상을 위해서는 사건의 특정 측면을 사건 당시에 언어로 부호화해야 한다.

이러한 결과는 자서전적 기억의 형성과 아동기 기억 상실에서 언어가 담당하는 역할을 보여 준다. 자서전적 기억은 자신의 삶에서 개인적으로 경험한 특정 사건이나 순간에 대한 기억의 조합을 의미한다. 자서전적 기억을 떠올리는 것은 과거의 순간을 다시 경험하게 만든다(Tulving, 1985, 2002). 아동기 기억 상실은 성인이 영아기 및 유아기에 개인적으로 경험한 사건을 기억하지 못하는 경우를 말한다. 회상할 수 없는 기간은 개인 간 차이가 크다. 어떤 사람은 3세경에 발생한 사건을 회상할 수 있지만, 다른 사람은 8세 이후의 사건만 회상할 수 있다(White & Pillemer, 1979). 아동이 언어 이전의 기억을 언어로 '번역'할 수 없다는 연구 결과는 언어가 기억의 부호화 및 이후 언어적 회상을 제공함으로써 아동의 기억 상실 상쇄에 기여함을 시사한다.

아동기 기억 상실(childhood amnesia): 성인이 영아기 및 유아기에 개인적으로 경험한 사건을 회상할 수 없음.

언어의 중요성은 입증되었지만, 아동기 기억 상실의 상쇄와 자서전적 기억의 출현은 갑작스러운 질적 변화와는 관련이 없다. Simcock과 Hayne(2002)의 연구에서 27개월에 축소 사건을 목격한 아동은 39개월에 이 사건을 목격한 아동보다 언어적으로, 비언어적으로 회상하는 정도가 유의미하게 더 적었다. 이는 아동이 정보를 언어적으로, 비언어적으로 부호화, 저장, 인출하는 기술을 영아기 동안 습득함을 시사한다. 아동은 시각, 청각, 후각, 미각, 촉각 및 고유 정보를 사건의 기억에 통합시키는 데 점점 능숙해진다. 대부분의 경우, 감각운동 정보의 부호화, 보유, 인출의 일반적인 향상은 안정된 자서전적 기억의 출현을 촉진하기 위해 서로 협력한다. 그럼에도 불구하고, 기억을 언어-기반 형식으로 부호화하고 언어-기반 인출 단서를 사용하는 아동의 능력이 향상되어 자서전적 기억의 질과 내구성이 향상된다(Hayne, 2004). 이는 아동의 사적 기억이 단편적 장면에서 보다 일관된 에피소드로 발달하도록 돕는다.

8.1.2 개인의 과거, 현재, 미래 발달

영아기 및 유아기 동안 개인적으로 경험한 사건에 대한 아동의 회상은 양육자의 사회적 상호작용 맥락에서 시작되고 실행된다. 어린 아동은 자신의 과거 사건을 기억하기 위해 양육자에게 의존한다. 양육자는 가족과 공동체의 가치 있는 대화 주제와 형식을 자녀에게 소개하고, 문화적으로 적절한 방식으로 과거의 개인적 경험을 회상하도록 자극한다(Nelson & Fivush, 2004). [그림 8-1] 참조. Haden, Ornstein, Eckerman과 Didow(2001)는 걸음마기 아동이 양육자의 외적 비계설정 없이 사건에 대한 기억을 회상하지 못하는 경향이 있음을 보여 주었다. 즉, 30~42개월 아동은 다른 사람과 이야기한 새로운 사건의 측면만 회상하는 경향을 보였다.

과거 사건에 대한 걸음마기 아동의 기억에서 양육자의 역할이 중요하므로 양육자가 걸음마기 아동과의 과거 사건을 회상하는 방식이 어떻게 다른지 살펴볼 필요가 있다. 어머니-아동 상호작용을 관찰한 결과, 어머니의 회상 양식이 다르다는 사실을 확인하였다. 정교한 회상 양식을 사용하는 어머니는 자녀에게 과거 사건의 특정 세부 사항에 대해 질문하고, 자녀가 세부 사항을 인출할 수 없을 경우, 예를 들어 "Remember when we took a walk? Where did we walk? Remember, when we walked on the beach? And what did we pick up? We picked up sea…… shells.

그림 8-1 다른 사람들과 기억을 공유하는 것은 아동의 자서전적 기억 발달을 지원한다.
출처: © Blend Images. Shutterstock의 라이센스 사용 허락.

Remember all the seashells?"라고 말하면서 세부 사항을 점진적으로 제공하는 경향을 보였다. 반면에 정교하지 않은 회상 양식을 사용하는 어머니는, 예를 들어 "Tell me about that. How did you do that? Who was there? Who else was there?"라고 말하면서 대화의 내용은 일반적이고, 대화량은 적고, 중복 질문은 더 많이 하는 경향을 보였다(Nelson & Fivush, 2004에서 수정한 사례임). 어머니의 회상 양식은 단순한 대화와는 다르고(Haden & Fivush, 1996), 어머니가 자녀와 회상하는 방식은 시간이 지나도 일관된 경향이 있다(Harley & Reese, 1999). 몇몇 종단연구는 아동이 이전 사건을 회상하는 데 기여하는 새로운 정보의 양을 측정함으로써(Reese, Haden, & Fivush, 1993; Harley & Reese, 1999), 어머니의 초기 회상 양식이 이후 아동의 자서전적 기억 기술을 예측한다는 사실을 보여 주었다.

회상 양식은 정확히 자서전적 기억 형성에 어떻게 기여하는가? 첫째, 정교한 회상 양식은 인출을 위한 상세한 언어적 단서를 제공하는데, 이는 아동이 언어를 사용하여 기억에 쉽게 접근하는 데 도움을 준다. 둘째, 정교한 회상은 아동이 과거의 사건에 대한 구체적인 세부 사항을 일정표에 배치하도록 도와줌으로써 시간 감각을 촉진한다. 아동은 대화를 통해 어제, 내일, 화요일, 7월, 자정, 조만간, 오늘 오후, 몇 년 전과 같은 시간의 특정 시점에 대한 용어를 습득한다. 이러한 용어는 아동이 과거에 대해 생각하고, 미래에 대한 계획을 세우는 데 도움이 되는 관습적인 시간 패턴(예: 하루의 시간, 일주일의 요일, 일 년의 개월)을 구성한다(Friedman, 2004, 2005). 특정 시간을 표현하는 명확한 용어는 아주 먼 과거와 미래(예: 유인원 조상의 삶, 태양의 궁극적 폭발과 죽음)를 인간이 예측하도록 돕는다.

셋째, 공동 회상에 참여할 때 협상이 필요할 만큼 과거 사건의 세부 사항에 대해 의견이 일치하지 않을 수 있다. 이러한 협상은 다른 사람이 서로 다른 방식으로 공유된 경험을 기억하고, 과거 사건에 대한 기억의 세부 사항이 부정확할 수 있다는 사실을 아동이 이해하도록 돕는다. 이러한 공동 회상의 효과는 자서전적 기억의 발달과 마음 이론의 발달을 연결하여 아동이 인간의 정신적 삶을 이해하도록 돕는다(Carpendale & Lewis, 2004; Nelson, Plesa, & Henseler, 1998; Nelson, Plesa Skwerer, Goldman, Henseler, Presler, & Walkenfeld, 2003). 다양한 마음 이론 과제의 수행(예: 잘못된 신념 이해, 현실과 외형 구별, 조망 수용, 정서 이해)은 아동의 어휘 크기, 의미 발달 및 통사 복잡성(예: Cutting & Dunn, 1999; Slade & Ruffman, 2005)과 같은 언어 발달의 다양한 지표와 관련이 있다. 마음 상태 어휘, 대화 및 화용론 기술의 습득, 그리고 마음의 내용 표현에 사용되는 보어 구문("Mary thought that Fred went to the movies.")과 같은 특정 통사 구조의 숙달과 관련이 있다(Astington & Baird, 2005; Bartsch & Wellman, 1995; deVilliers, 2000). 선천적 청각장애로 인해 영아기에 언어 자극이 매우 제한적이었던 아동을 대상으로 한 연구를 통해 우리는 마음 이론의 발달을 촉진하는 언어 발달의 역할을 확인할 수 있다. 이러한 연구는 11장에서 살펴본다.

어머니의 회상 양식은 자서전적 기억과 아동기 기억 상실에서의 성차와 관련되어 있다. 여성은 남성보다 자서전적 기억이 더 일찍 발달하며, 더 정교하고 빈번하게 기억하는 경향이 있다(Pillemer, 1998). 이러한 자서전적 기억의 밀도나 상세함 수준의 성차는 어머니가 딸, 아들과 함께 회상하는 방식의 차이와 관련되어 있다. 몇몇 연구에 따르면, 아들과의 상호작용보다 딸과의 상호작용에서 어머니가 과거를 더 정교하게 회상하였다(Fivush, 1998). 이는 부분적으로는 딸이 사회적 상호작용에 더 관심이 많아서 과거를 회상하는 부모에게 더 호의적인 맥락을 제공해 주기 때문이다(Connellan, Baron-Cohen, Wheelwright, Bataki, & Ahluwalia, 2000; Maccoby & Jacklin, 1989). 이러한 상호작용은 딸의 사회적 성향에 대한 부모의 기대를 강화하여 딸과의 정교한 회상이 더욱 견고한 의사소통 양식이 된다.

또한 어머니의 회상 양식은 자서전적 기억의 문화적 차이에 기여한다. 서구 문화권의 개인은 아시아 문화권의 개인보다 더 일찍, 그리고 더 상세하게 사적 기억을 가지는 경향이 있다(Leichtman, Wang, & Pillemer, 2003). 이러한 차이는 어머니 회상 양식의 문화적 차이와 연결되는데, 한국과 중국의 어머니가 유럽계 미국인 어머니보다 회상 양식이 덜 정교한 경향이 있다(Mullen & Yi, 1995; Wang, Leichtman, & Davies, 2000). 회상 양식의 차이는 문화적 가치의 차이를 반영할 가능성이 있다. 즉, 서양인은 자신의 인생 경험에서 개인의 역할을 강조하지만, 아시아인은 개인보다 공동체의 과거를 더 강조하는 상호 의존적 자아의식을 선호한다. 따라서 회상 양식은 과거 기억에 관한 문화적 가치와 아동의 자서전적 기억 발달 사이에서 중재자 역할을 담당한다.

어머니의 회상 양식과 아동의 자서전적 기억의 관계는 인지 발달이 양육자와의 사회적 상호작용을 통해 나타난다는 견해를 지지한다(Lock, 1991; Nelson, 2007; Racine & Carpendale, 2007). 활발하고 정교한 양육자는 자녀의 이야기하기 기술 발달의 비계를 설정한다. 아동은 사적 이야기하기를 통해 과거의 경험을 이해하고, 삶의 중요한 사건을 추적하는 데 도움이 되는 유기적 구조를 창조한다. 시간이 지남에 따라 아동 자신의 이야기하기는 양육자의 외적 비계설정에 의해 이미 충족된 역할을 수행한다. 어린 시절과 성인기에 걸쳐 향상되는 이야기하기 기술은 개인이 자신의 기억을 보다 풍부하고 세밀하게 구성해 나가도록 계속 지원한다(Kleinknecht & Beike, 2001). 더욱이 아동이 언어를 능숙하게 사용할수록 과거 경험에 대한 대화의 기회가 많아진다. 개인적인 사건에 대한 회상은 과거 사건의 표상을 통합하는 데 도움이 된다. 따라서 부모-자녀의 대화 패턴은 정보의 부호화 및 인출을 위한 형식을 제공할 뿐만 아니라 자서전적 기억의 조직 및 지속성에도 영향을 준다. 아동이 언어로 중재된 사회적 상호작용에 참여함으로써 이야기하기 기술이 발달하고 이를 통해 개인의 과거를 기억하고 미래에 대해 심사숙고하는 능력이 확립된다.

8.2 아동이 어떤 언어를 학습하는지가 중요한가

지금까지는 언어를 포괄적 의미에서 살펴보았다. 물론 이전 장에서 반복적으로 살펴본 것처럼 개인은 특정 언어를 배우고, 언어는 개인의 속성과 관계뿐만 아니라 음소 목록, 운율과 리듬, 통사론 및 형태론, 그리고 개별 단어가 세상의 실체, 속성, 관계를 명명하는 방식에서 차이를 보인다(Evans & Levinson, 2009). 어떤 언어의 단어는 다른 언어로 번역하기가 어려울 수 있다. 예를 들어, '다른 사람의 불행에서 파생된 즐거움'이라는 의미의 독일어 단어 Schadenfreude는 영어에 대응 단어가 없다. 이제부터 우리는 언어가 세상을 표상하는 방식이 아동이 세상의 정보를 처리하는 능력을 조성하는지 확인하고자 한다. 20세기 초 언어학자 Edward Sapir와 그의 제자 Benjamin Lee Whorf는 세상 언어의 다양한 기능이 세상에 대해 서로 다른 방식으로 인식하고 사고하도록 촉진한다고 추측하였다. 이는 사피어-워프 가설 또는 언어 상대주의로 알려졌다(Sapir, 1921; Whorf, 1956). 여전히 논란의 여지가 있지만, 이 가설은 새로운 관심과 경험적 지지를 얻었다. 이 주제에 대해 관심 있는 독자는 마지막 장에서 그 내용을 확인할 수 있다. 여기서는 아동이 습득하는 특정 언어에 의한 인지적 영향이 발달 과정에서 어떻게 발생하는지 살펴본다. 이 과정을 설명하기 위해 현재 충분한 발달적 증거가 확보된 인지 영역으로 논의를 제한한다.

사피어-워프 가설(Sapir-Whorf hypothesis): 언어 상대주의라고도 함. 세상 언어의 다양한 특징이 세상에 대해 다양한 방식으로 지각하고 사고하게 만든다는 견해.

8.2.1 언어 및 색상 인지

색상 인지는 언어가 인지에 미치는 영향을 연구하기 위한 이상적인 영역으로 간주된다. 인간은 전자기 스펙트럼의 제한된 범위에서 시각적 감도를 가지고 있다. 스펙트럼의 가시 영역 내에서 시각 체계는 가시광 주파수(파장)의 상이한 조합을 서로 다른 색으로 인지한다. 그러나 언어는 사용 가능한 색상 용어의 수와 이러한 용어가 가시 스펙트럼을 구성하는 방식 모두에서 색상을 참조하는 방식이 엄청나게 다양하다(Kay & Regier, 2006). 단일 주파수(파장)의 빛으로 구성된 순수한 색상 스펙트럼의 경우에도 언어에 따라 다른 경계가 적용된다. 예를 들어, 베트남어, 줄루어 같은 언어에는 blue와 green에 해당하는 고유한 색상 단어가 없으며, 영어의 pink-red 대비를 표시하지 않는다. 반면, 러시아어에는 light blue와 dark blue를 구별하는 두 가지 기본 색상 용어가 있다. 파푸아 뉴기니에서 사용되는 언어인 베린모(Berinmo)에는 기본 색상 용어가 5개뿐이며, 영어에서 사용되는 용어와는 매우 다르다(Roberson, Davies, & Davidoff, 2000). Roberson과 동료들은 베린모 화자가 그들

언어의 색 경계에 대해 범주적 지각 효과를 보였다고 설명하였다. 범주 경계에 걸쳐 있는 자극은 동일한 범주 내에서 발생하는 자극보다 더 뚜렷하게 인식된다. 모든 자극이 색 공간에서 동일한 물리적 거리를 가질 때에도 마찬가지이다. 특히 베린모 화자는 해당 언어에는 존재하지 않는 green과 blue를 구분하는 데 어려움이 있지만, 기본 단어인 nol(영어의 yellow, orange, brown을 포함하는 범주) 및 wor(영어의 green, blue, purple을 포함하는 범주)에 해당하는 색상은 더 잘 구분한다.

색상 지각에 대한 어휘의 영향은 지각 과제를 수행하는 동안 자발적 어휘 표현(예: 범주 이름)으로 나타난다. 12장에서 살펴보겠지만, 언어를 담당하는 신경망은 좌반구 대뇌 피질에 위치한다. 색상 지각에 대한 언어의 영향이 대뇌 좌반구의 신경 활동에 의한 것인지를 검증하기 위해 Gilbert, Regier, Kay와 Ivry(2005)는 영어 사용자에게 화면 중앙에 시선을 고정하도록 요청하였다. 그런 다음 중앙 고정점의 왼쪽 또는 오른쪽(왼쪽 시야 vs. 오른쪽 시야)에 한 쌍의 색상 칩을 보여 주었다. 신경 조직의 특수성으로 인해 중앙의 오른쪽 또는 왼쪽에 표시되는 시각적 자극은 처음에는 반대쪽 뇌 반구로 투영된다. 오른쪽 시야에서의 구별을 위해 색상 칩을 등거리에 제시할 때(언어 처리에 관련된 대뇌 좌반구에 먼저 투영) 동일한 색상 범주(blue의 다른 음영)에서 시작된 경우보다 다른 범주(예: blue vs. green)에서 시작된 경우 색상을 더 빠르게 식별하였다. 왼쪽 시야(대뇌 우반구에 먼저 투영)에 제시된 경우에는 이러한 차이가 발견되지 않았다. 더욱이 참여자들이 언어 작업 기억에 부과된 과제를 동시에 수행해야 했을 때(여덟 자리 숫자 암송), 편재화 효과는 사라졌다. 이것은 언어 자원이 다른 과제에 사용될 때 좌반구에서의 색상 범주 지각이 방해받는다는 사실을 시사한다.

이러한 결과를 감안할 때, 발달의 어느 시점에 언어가 아동의 색상 인지를 조성하는지 의문이 생긴다. 언어가 색 공간의 분할에 중요한 역할을 담당한다면, 언어 이전 시기 영아는 색상에 대한 범주적 지각을 하지 못할 것으로 예상되는데, 범주적 지각은 아동이 색상의 명칭을 학습하는 시기에 나타난다. 그러나 일련의 연구에 따르면, 4개월 영아는 이미 색상에 대한 범주적 지각을 보였다(Franklin & Davies, 2004). 성인의 경우 좌반구에 편재된 색상에 대한 범주적 지각이 놀랍게도 영아의 경우에는 우반구에 편재된 것으로 보인다(Franklin, Drivonikou, Bevis, Davies, Kay, & Regier, 2008). 이러한 당혹스러운 결과는 언어의 영향을 받지 않는 범주적 색상 지각이 별도로 존재한다는 증거로 해석된다.

색상에 대한 범주적 지각이 생애 초기에 대뇌 우반구에 편재되어 있다면, 생애 후반부에는 왜 좌반구에 편재되는가? 이 질문에 대답하기 위해 Franklin, Drivonikou, Clifford, Kay, Regier와 Davies(2008)는 아직 색상 blue와 green을 확실하게 구별하고 명칭을 지정하지 못하는 걸음마기 아동집단(평균 32개월)과 명칭을 지정할 수 있는 조금 나이 많은 아동집단(평균 46개월)을 구분하였다. 두 집단 모두 색상 칩이 일련의 배경 칩과 다른지를 구별하는 과제를 수행하였다. 성인을 대상으로 한 Gilbert와 동료들(2005)의 연구에서는 색상 칩이 등거리 색상을 나타냈는데, 그중 일부는 blue와 green의 경계를 가로지르고, 일부는 그렇지 않았으며, 왼쪽과 오른쪽 시야에 제시되었다. 예상대로 두 집단의 아동은 색상에 대한 범주적 지각을 보였다(고정점에서 주변 색상 칩과 다른 하나의 색상 칩으로 시선을 이동하는 데 걸린 시간으로 측정됨). 그러나 그 효과는 아동이 알고 있는 색상 단어 어휘와 일치하는 시야의 함수에 따라 달라졌다. blue와 green이라는 용어를 아는 아동의 경우, 적절한 시야에 자극이 제시된 경우에만 범주적 지각이 발견되었다. 이 아동의 경우 색상에 대한 범주적 지각은 성인과 마찬가지로 좌반구에 편재되었다. 대조적으로, 아직 색상 용어를 배우고 있는 걸음마기 아동은 왼쪽 시야에 제시된 색상 자극에 대한 범주적 지각을 보였다. 이는 언어 이전 시기 영아에게서 발견되는 우반구의 범주적 지각 패턴을 반영한다. 이러한 결과는 언어가 세상을 지각하는 방식을 형성함을 분명히 보여 준다. 색상 용어를 알면 걸음마기 아동이 적절한 색상 용어를 배울 때 신경의 재구조화가 발생하면서 관련된 지각 범주의 편재화 패턴이 변화된다.

이러한 결과를 고려할 때, 언어 이전 시기에 우반구의 범주적 색상 지각을 지배하는 색상 범주를 결정하는 것이 무엇인지 다음과 같이 질문할 수 있다. 언어 이전 시기의 색상 범주는 보편적인가? 그렇다면 색상 용어의 다양성은 어디에서 오는가? 흥미롭게도, 색상 용어는 언어마다 다르지만 이 언어 간 차이는 전적으로 임의적이지는 않다. 전 세계 언어에서 색상 명칭은 색상 공간의 최적 지점을 분할하는 방식으로 색상 스펙트럼의 특정 지점에 모이는 경향이 있다(Kay & Regier, 2003). 따라서 언어 간 차이는 초점 색상의 위치(각 색상 범주의 가장 좋은 예)보다 색상 범주 간 경계의 위치와 더 관련된다(Regier, Kay, & Khetarpal, 2008; Regier & Kay, 2009). 이는 어느 정도는 색상 지각에 보편적 원리가 있음을 시사한다. 동시에 인지 체계가 색상을 처리하는 방식에 영향을 주는 교차언어적 다양성의 여지가 존재한다.

언어는 색상에 대한 지각뿐만 아니라 색상에 대한 기억에도 영향을 미친다. Roberson, Davidoff, Davies와 Shapiro(2004)는 힘바(Himba, 북나미비아에 사는 반유목 민족의 언어)와 영어를 사용하는 아동을 대상으로 초점 색상에 대한 기억을 비교하였다. 힘바에는 5개의 기본 색상 용어(serandu: red/orange/pink, dumbu: beige/yellow/light green, zoozu: dark/black, vapa: light/white, burou: green/blue/purple)만 있기 때문에 힘바와 영어의 색상 어휘는 매우 다르다. 영어에는 11개(red, blue, yellow, green, orange, brown, purple, pink, white, black, grey)의 기본 색상 용어뿐만 아니라 magenta, beige, teal, aquamarine과 같은 기본 색상 이외의 색상 용어가 있다. 아동에게 색상 칩을 5초 동안 보여 준 다음 22개의 다른 색상 칩 세트에서 식별하도록 요청하였다. 색상 용어를 아직 모르는 영어 사용 아동과 힘바 사용 아동은 칩이 영어의 초점 색상인지 힘바의 초점 색상인지에 관계없이 초점이 아닌 색상보다 초점 색상을 더 정확하게 기억하였다. 이는 색상에 대한 기억이 처음에는 지각적으로 작동한다는 사실을 보여 준다. 그러나 일단 아동이 자신의 언어에서 일부 색상 용어를 습득할 경우, 힘바 사용 아동은 힘바 초점 색상을, 영어 사용 아동은 영어 초점 색상을 더 잘 지각하였다.

언어마다 색상 용어가 색상 공간을 분할하는 방법은 해당 언어의 음소가 음향 공간을 생성하는 방법을 연상시킨다는 점에 주목할 필요가 있다. 2장에서 살펴본 바와 같이 스페인어와 영어에서 /b/와 /p/의 경계를 구분하는 서로 다른 음성 개시 시간을 기억하자. 음소의 범주적 지각에 관한 연구를 통해 생애 첫해 후반부 동안 주변 언어에 노출됨으로써 모국어 음소 범주가 확고해진다는 사실을 발견하였다. 여기서 살펴본 색상의 범주적 지각에 대한 모국어의 영향은 언어를 습득함에 따라 지각과 기억을 형성하기 시작한다는 견해를 뒷받침한다.

8.2.2 언어 및 공간 인지

공간 및 시간과 관련된 개념을 전달하는 방식은 언어마다 차이가 있다([그림 8-2] 참조). 공간에서 사물의 위치를 설명하려면 참조 틀이 필요하다. 인간은 자신의 신체를 참조 틀로 사용할 수 있다(예: to my right, behind me). 신체에 대한 대안으로 사물 자체(예: in front of the house) 또는 고정된 위치의 절대 체계(예: North, South, East, West)를 사용할 수 있다. 이러한 참조 틀 중 어떤 것을 사용하는지는 언어마다 다르다. 영어 화자는 예를 들어, "싱크대가 스토브의 오른쪽(the right)에 위치한다."라는 상대적이고 자기중심적인 참조 틀을 사용한다. 여기서 오른쪽은 싱크대를 바라보는 화자의 관점에서 결정된다. "The car is in front of the house."와 같이 사물의 다양한 특정 부분(예: the front, back, sides of the house)을 결정해야 하는 고유의 사물 중심 참조 틀을 사용한다. 영어 사용자는 지리적 공간을 말할 때만 절대적인 참조 틀을 사용한다(예: "The harbour is to the west of town."). 그러나 호주 언어인 구구 이미티르(Guugu Yimithir)와 같은 언어에서는 "You have an ant on your south leg." 같이 신체 부위를 언급할 때도 절대적인 참조 틀을 사용하며, 상대적인 공간 위치를 부호화하는 right 또는 left와 같은 단어는 없다(Majid, Bowerman, Kita, Haun, & Levinson, 2004).

흥미롭게도, 비언어적 공간 과제를 수행할 때도 성인은 자신의 언어에 공통적인 참조 틀을 사용하는 경향이 있다(Peterson, Danziger, Wilkins, Levinson, Kita, & Senft, 1998). 한 연구에서 네덜란드어(상대적 참조 틀을 가진 인도-유럽어)와 첼탈(Tzeltal, 절대적 참조 틀을 가진 마야어)의 성인 화자에게 일련의 사물을 보여 준 후 그들이 앉은

그림 8-2 언어는 지도와 같이 위치를 표상하는 체계를 제공한다. 공간 용어 체계가 구성되는 방식에 따라 사용되는 언어는 상당히 다르다.

출처: © Wessel du Plooy. Shutterstock의 라이센스 사용 허락.

의자를 180° 회전시켰다. 이후 180° 회전하기 전에 보았던 배열과 일치하는 공간을 4개의 공간 구성 중에서 선택하도록 두 집단에게 요청하였다. 하나는 사물의 절대적 구성을 유지하고, 다른 하나는 참여자의 새로운 위치와 관련하여 사물의 상대적 위치를 유지하기 위해 회전시키고, 나머지 2개는 사물 구성과 수직으로 배치된 주의 분산 구성을 제시하였다([그림 8-3] 참조). 네덜란드어 화자는 주로 상대적 해결책을 선택했지만, 첼탈 화자는 해당 언어의 공간 참조 체계에 따라 절대적 해결책을 선호하였다(Levinson, 2003).

또한 공간 참조 체계에서의 언어적 차이는 사람들이 제스처를 사용하여 공간 및 시간 의미를 표현하는 방법에 영향을 미친다(Kita, 2009). 한 연구에서는 공간 참조 체계가 다른 2개의 마야어인 유카텍(Yucatec)과 모판(Mopan) 화자를 비교하였다. 유카텍은 상대적 참조 틀을 사용하는 반면, 모판은 절대적 참조 틀을 사용하며, left와 right에 해당하는 단어가 없다. 사건을 설명하라는 요청을 받으면 유카텍 화자는 측면 손동작(왼쪽에서 오른쪽으로, 오른쪽에서 왼쪽으로)을 사용하며, 사건을 시간 순으로 배열할 때 이 제스처를 은유적으로 확장하였다. 반대로, 모판 화자는 측

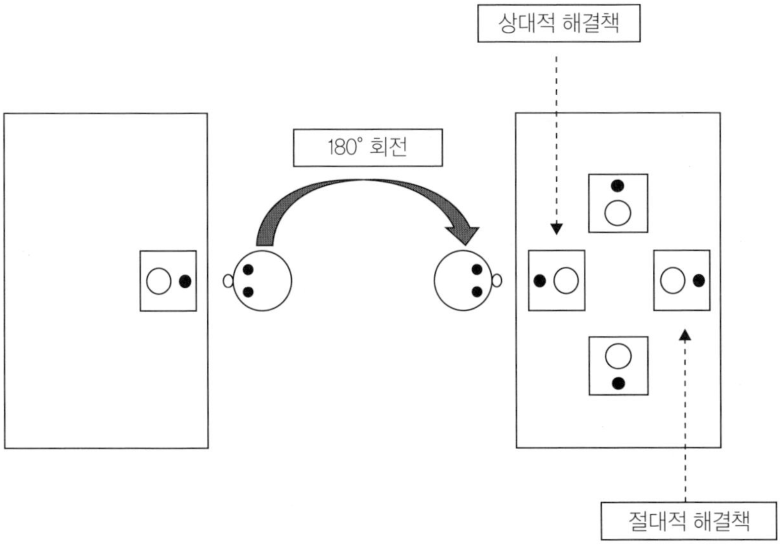

그림 8-3 공간 구성의 기억: 참여자를 테이블 앞에 앉히고(왼쪽), 하나의 원과 하나의 점으로 구성된 카드를 보여 주었다. 30초 후에 4개의 카드가 놓인 다른 테이블(오른쪽)을 향해 180° 회전시켰고, 이전에 본 것과 동일한 카드를 선택하도록 요청하였다. 거의 모든 네덜란드어 화자가 상대적 해결책을 선택한 반면, 첼탈 화자는 약 2/3가 절대적 해결책을 선택하였다.

출처: Elsevier의 허락하에 Majid, Bowerman, Kita, Haun, & Levinson (2004), 그림 2(p. 110)에서 인용.

면 손동작을 거의 사용하지 않으며, 대신 화살 모양의 축(front-back)을 사용하여 사물의 위치나 동작에 대한 제스처를 취하거나 사건을 시간 순으로 배열하였다(Kita, Danziger, & Stolz, 2001).

발달적 관점에서 중요한 문제는 한 유형의 기준 체계가 다른 유형보다 더 자연스럽고 배우기가 더 쉬운지이다. 영어, 이탈리아어, 터키어 같이 상대적 참조 틀이 있는 언어의 경우, 아동은 4세경에 고유한 사물 중심 참조 틀(예: "The ball is in front of the house.")을 습득하고, 약 1년 후에 자기중심적 참조 틀(예: "The ball is in front of the box.")을 습득한다(Johnston, 1988). 마찬가지로, 첼탈, 초칠(Tzotzil), 발리어(Balinese) 같이 절대적 참조 틀이 있는 언어의 경우에도 아동은 4세경에 절대적 공간 용어를 습득한다(Brown & Levinson, 2000; De Léon, 1994; Wassmann & Dasen, 1998). 따라서 선천적으로 가지고 있는 참조 틀에 대한 증거는 없는 것으로 보인다. 오히려 공간 지각을 안내하는 선호 요인을 언어 노출이 결정하는 것으로 보인다.

공간 참조 틀의 차이 외에도 어떤 종류의 공간 관계가 명시적으로 대비되는지는 언어마다 다르다. 기본 색상 용어와 마찬가지로 공간 용어의 언어 간 차이가 전적으로 임의적이지는 않지만, 공간 관계에서 유사한 공간을 최적으로 분할한 것으로 보인다(Khetarpal, Majid, & Regier, 2009). 그럼에도 불구하고, 이러한 일반적 제약 내에서 상당한 교차언어적 다양성이 존재한다. 예를 들어, 영어 전치사 in과 on은 포함과 지지의 공간 관계를 구별한다. 따라서 사과를 그릇에 넣거나 조각을 퍼즐 판에 넣는 것과 같은 포함 관계는 테이블에 컵을 놓거나 레고 블록 조각을 레고 블록 더미에 부착하는 것과 같은 지지 관계와는 매우 다르다. 한국어는 공간적 의미를 다른 방식으로 분할하는데, 동사를 사용하여 꽉 끼기(kkita: 계란 컵에 계란 넣기 및 레고 블록 더미에 레고 블록 맞추기)와 느슨한 끼기(nohta: 접시에 달걀 놓기; nehta: 그릇 안에 달걀 넣기)의 다양한 관계 간 차이를 구분한다([그림 8-4] 참조). 공간 관계를 표시하는 아동의 언어 방식이 초기 공간 범주화를 조성하는가? 이 질문에 답하기 위해 McDonough, Choi와 Mandler(2003)는 9~14개월 영어 사용 영아에게 한국어 kkita와 nohta의 관계에 관한 비디오를 보여 주었다. 선호적 보기 과제를 사용한 결과, 영어로 표시되어 있지 않더라도 영아는 꽉 끼기와 느슨한 끼기 간 대비를 배울 수 있었다. 그러나 영어 사용 성인은 영어가 공간 관계를 구별하는 tight와 loose라는 단어를 가지고 있음에도 불구하고 한국어의 대비를 배우지 못하였다. 성인은 공

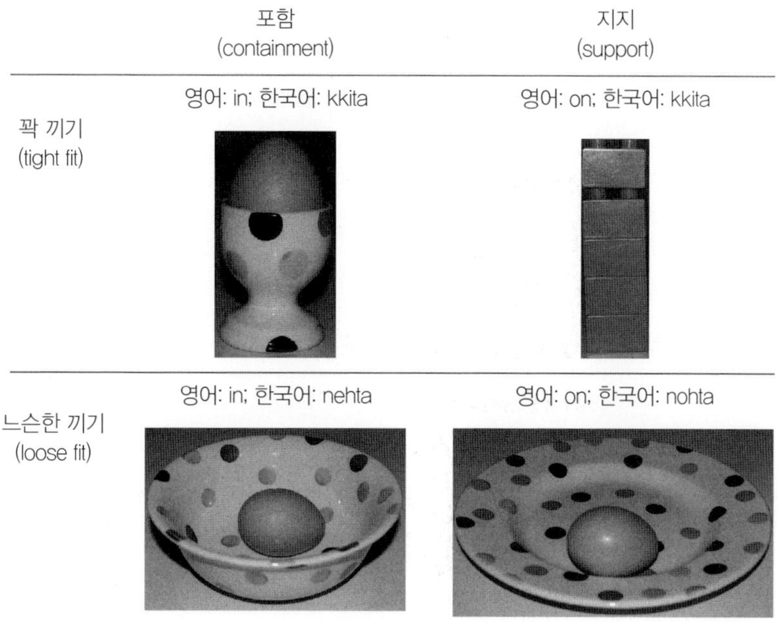

그림 8-4 영어와 한국어의 서로 다른 공간 용어에 대한 사례
출처: Patricia Brooks와 Vera Kempe의 사진 제공.

간 범주화에서 포함(in) 및 지지(on) 개념에 지나치게 의존한 결과, 무주의 맹시를 경험한 것으로 보인다(Mack & Rock, 1998). 2장에서 살펴본 비모국어의 음소 대비를 구별하는 능력이 상실되는 것과 유사하게, 하나의 언어를 배우는 것은 공간 관계의 다양성을 알아차리는 능력의 상실을 가져오는 것으로 보인다.

무주의 맹시(inattentional blindness): 보통 시력으로 무언가를 인식하지 못하는 것.

공간 지각에 대한 언어의 차이는 언제 나타나는가? 이 문제를 해결하기 위해 Bowerman과 Choi(Bowerman, 1996; Choi, 1997)는 영어, 네덜란드어, 한국어를 사용하는 아동이 서로 다른 공간 구성에 명칭을 부여하는 방식을 조사하기 위해 유도된 산출 과제를 사용하였다. 아동이 2개 이상의 공간 구성을 동일한 방식으로 기술한다면(예: 동일한 영어 전치사를 사용하여), 이러한 구성을 유사하게 지각한 것으로 해석된다. 2세 때 아동이 보여 준 공간 구성 배치는 모국어를 사용하는 성인 사용자와 상당히 중복되었으며, 다른 언어를 사용하는 동일 연령의 아동과는 중복 정도가 낮았다. 선호적 보기 연구는 아동이 공간 용어를 이해할 수는 있지만, 아직 산출하지는 못하는 18개월부터 모국어 공간 관계에 대한 민감성이 나타남을 보여 주었다(Choi, McDonough, Bowerman, & Mandler, 1999). 이는 앞서 살펴본 바와 같이 3세와 4세에 나타나는 색상 지각에 대한 언어-특정적 영향의 출현보다 다소 빠르다(Franklin et al., 2008; Roberson et al., 2004). 한 가지 가능성은 언어적 및 지각적 요인이 색상 용어보다 공간 용어의 조기 습득을 선호하여 색상 지각보다 공간 지각에서 언어-특정적 효과가 더 일찍 나타난다는 것이다.

8.2.3 언어 및 숫자 인지

교차언어적 차이가 나타나는 또 다른 지각 영역은 숫자 영역이다. 다른 동물(예: 쥐, 비둘기, 원숭이)과 같이 인간 영아는 숫자를 대강 짐작으로 헤아리는 원시 체계를 가지나, 정확도는 제한적이다. 그러나 이를 통해 환경에 있는 사물의 수를 판단할 수 있다. 또한 인간 영아는 최대 3개의 항목 집합에 대해서만 정확한 숫자를 셀 수 있는 두 번째 체계에 접근할 수 있다(Feigenson, Dehaene, & Spelke, 2004). 이 두 체계 중 어느 체계도 더 큰 집합을 정확하게 계산할 수 없는데, 이 능력은 생애 후반부에 습득되고, 언어에 의존하는 것으로 보인다. 실제로 대부분의 4세 아동은 큰 집합의 기수를 나타내는 자연수 개념을 습득한다. 아동은 처음에 순서를 세는 일련의 숫자 단어(one, two, three, four, etc.)를 세어야 하는 항목과 일대일로 대응시키는 수 세기 순서를 배운다. 나중에 아동은 기수 단어 원리를 발견한다(Wynn, 1992). 실제로 5는 5개 항목이 포함된 집합을 나타내고, 10은 10개 항목이 포함된 집합을 나타내고, 정확한 숫자를 결정하기 위해 어떤 집합도 계산 가능하다는 사실을 알게 된다. 아동은 일련의 숫자 단어가 무한히 확장될 수 있다는 것을 배우고, 원칙적으로 정확한 숫자를 결정하기 위해 아무리 큰 사물의 집합이라도 계산할 수 있다.

> 기수 단어 원리(cardinal word principle): 항목을 계산할 때 마지막으로 도달한 수를 의미하는 기본 계산 원리는 전체 집합의 항목 수를 나타냄.

그러나 모든 아동이 정확한 숫자를 계산하는 수 세기 순서를 배우는 것은 아니다. 색상과 공간 용어의 교차언어적 다양성과 관련하여 살펴본 바와 같이, 아동이 숫자에 관해 말할 수 있는 어휘는 언어마다 다르다. 아마존 언어인 피라하(Pirahã)는 단지 몇 개의 숫자 단어, 대략 one, two, few, many에 해당하는 단어만 가지고 있다(Gordon, 2004). 또한 피라하 단어는 정확한 숫자가 아닌 대략적인 숫자를 의미하는 경향이 있다. 예를 들어, two에 대한 피라하 단어는 "I watched the game last night with a couple of friends."에서처럼 영어 단어 couple과 유사하다. 또 다른 아마존 언어인 문두루쿠(Mundurukú)는 최대 3까지의 정확한 숫자와 최대 5까지의 어림값 단어를 포함한다(Pica, Lemer, Izard, & Dehaene, 2004). 마찬가지로, 호주 북부 지역에서 사용되는 왈피리(Warlpiri)는 one, two, greater than two에 해당하는 숫자 단어만 가지고 있다. 호주의 지방에서 사용되는 아닌딜야크와(Anindilyakwa)도 one, two, three, more than three에 해당하는 숫자 범주만 표현한다(Butterworth, Reeve, Reynolds, & Lloyd, 2008).

언어마다 다른 숫자 어휘의 다양성으로 인해 여러 연구자는 3보다 큰 수량에 대한 정확한 수 개념 발달이 해당 단어를 아는 것에 의존하는지를 질문하게 되었다. 만약 그렇다면, 숫자 어휘가 많지 않은 언어를 습득하는 아동은 사용 가능한 숫자 단어를 초과하는 양을 정확하게 열거하는 법을 배우기가 어려울 것으로 예상된다. 이는 더 큰 항목 집합을 계산할 수 없을 뿐만 아니라 정확한 숫자 개념이 필요한 다른 인지 과제를 수행할 수 없다는 점에서 드러난다. 불행히도, 이러한 언어를 사용하는 아동에 대한 증거는 많지 않다. Gordon(2004)은 피라하를 사용하는 성인 화자가 일대일 대응에서 3보다 큰 항목의 집합을 배치하는 데 어려움이 있음을 발견하였다. 이와 유사하게, Pica와 동료들(2004)은 문두루쿠를 사용하는 성인 및 아동 화자가 수치 근사치를 요구하는 과제에서는 프랑스어를 사용하는 비교집단과 유사하게 수행하지만, 더 큰 집합을 정확하게 세도록 요구하는 과제에서는 수행 결과가 상당히 나쁘다는 것을 발견하였다. 반면, Butterworth와 동료들(2008)은 왈피리, 아닌딜야크와, 영어를 사용하는 4~7세 화자에게 최대 10개 항목을 정확하게 열거하는 과제를 시행하고, 그 결과를 비교하였다. 수량을 기억하고, 항목 집합의 수와 나무 블록을 두드리는 횟수와 맞추고, 항목이 추가된 후 집합의 크기를 계산하도록 아동에게 요청하였다. 피라하와 문두루쿠에 대한 연구 결과와는 달리, 일부 왈피리와 아닌딜야크와 화자는 정확한 열거가 필요한 과제에서 영어 사용 집단보다 높은 수준의 성취 수준을 보였다. 피라하와 문두루쿠보다 우수한 성취가 과제 차이 때문일 수도 있지만, 호주 참여자의 문화적 관례가 아마존 참여자의 문화적 관례보다 수 개념 사용을 더 장려한다고 추측할 수 있다.

언어와 문화의 영향을 확인하기 위해 Spaepen과 동료들은 니카라과 수어를 습득하지 못해서 숫자 단어와 수 세기 순서를 습득하지 못한 니카라과 청각장애 청년을 대상으로 연구를 진행하였다(Spaepen, Coppola, Spelke, Carey, & Goldin-Meadow, 2010). 이들은 주변 사람들과 의사소통하기 위해 홈 사인이라는 제스처에 의존하였다(홈 사인에 대한 자세한 설명은 11장 참조). 그들은 일상생활에서 돈을 사용한 경험이 있었고, 정확한 숫자를 전달하기 위해 사인이 사용된다는 사실을 이해하고 있었다. 그럼에도 불구하고 3보다 큰 집합 크기에 대해 의사소통할 때 손가락 숫자를 항상 올바르게 펴지는 못했고, 집합 크기와 항상 정확하게 일치하지는 않았다. 니카라과 수어를 사용하는 청각장애인과 달리 홈 사인을 사용하는 청각장애인은 숫자에 해당하는 제스처를 정확하게, 안정적으로 사용하지 못하였다. 이러한 결과는 언어가 수 세기를 위한 어휘를 제공하는 정도가 개인이 정확한 숫자 개념을 얼마나 잘 표현하고 사용할 수 있는지에 영향을 미친다는 사실을 시사한다. 그러나 왈피리, 아닌딜야크와를 사용하는 아동이 수 세기 과제에서 영어를 사용하는 아동과 유사한 성취를 보인다는 점에 비추어 볼 때, 언어 사용의 다른 측면이 숫자 개념의 발달에 영향을 줄 수 있다(Butterworth et al., 2008). 예를 들어, 화자가 정확한 수량을 나타내기 위해 사용 가능한 숫자 표현을 일관적이고 안정적으로 사용하는 방법이다.

홈 사인(home sign): 수어에 노출되지 않은 고립된 청각장애 아동에 의해 만들어진 제스처 의사소통 체계.

숫자 인지에서 언어의 역할은 10보다 큰 수량에 대한 숫자 용어의 명료성이 다른 언어를 사용하는 화자와의 비교를 통해 입증되었다. 십진수 체계는 10의 거듭 제곱을 기반으로 하며, 십진수 체계가 숫자의 명칭에 얼마나 명료하게 반영되는지는 언어마다 다르다. 예를 들어, 중국어, 일본어, 한국어에서는 숫자 11, 12, 13이 'ten-one' 'ten-two' 'ten-three'라고 불리는 단순하고 예측 가능한 체계를 사용하고, 20, 30, 40은 'two-ten' 'three-ten' 'four-ten'으로 표시되므로, 아동은 숫자 0에서 9, 100, 1,000, 10,000에 대해서만 특별한 용어를 배우면 된다. 반면, 영어는 0~12까지 특별한 용어를 사용한다. 13~19까지 teen으로 끝나는 특이한 복합어 집합은 20보다 큰 숫자의 경우에는 매우 명료한 체계로 진행되지만, 여전히 twenty, thirty, fifty와 같은 특별한 용어를 배워야 한다(two-ty, three-ty, five-ty가 아니라). 이보다 복잡한 체계를 배워야 했기 때문에 영어를 사용하는 아동은 중국어를 사용하는 아동보다 10명 이상을 계산하는 데 더 많은 어려움을 겪는다(Miller & Stigler, 1987). 영어와 비슷한 숫자 체계를 가진 이탈리아어 사용 아동에게서도 이와 유사한 어려움이 관찰되었다(Agnoli & Zhu, 1989). 아시아 언어 사용자

숫자 인지(numerical cognition): 숫자 개념과 수학의 인지적 토대.

의 경우 기본 표지 10의 명료성은 수학 개념의 초기 출현과 관련이 있다. 예를 들어, 일본어, 중국어, 한국어 사용 아동은 영어, 스웨덴어, 프랑스어 사용 아동보다 자릿값(place value) 개념을 더 일찍 이해한다(Miura, Okamoto, Kim, Steere, & Fayol, 1993; Miura, Okamoto, Kim, Chang, Steere, & Fayol, 1994). 심지어 아시아계 학생이 미국 학생보다 수학적 성취 수준이 높은 이유가 부분적으로 숫자 명명 체계의 교차언어적 차이에 기인한다는 주장까지 제기되었다(McNight et al., 1987; Miller, Smith, Zhu, & Zhang, 1995).

숫자 폭(digit span): 개인이 마지막 숫자를 제시한 직후에 올바른 순서를 다시 반복할 수 있는 가장 긴 숫자 목록의 길이.

언어가 숫자 인지에 미치는 다양한 다른 영향이 연구되었다. 초기 연구에서 Ellis와 Hennelly(1980)는 영어보다 웨일스어의 숫자 목록을 회상할 때 영어-웨일스어 이중 언어 사용 아동의 숫자 폭이 더 짧다는 사실을 확인하였다. 그들은 화자가 영어보다 웨일스어 숫자 단어를 표현하는 데 더 오랜 시간이 걸린다고 보고하였다. 따라서 음운 단기 기억으로 부호화할 수 있는 자료가 적을 경우, 웨일스어 숫자의 지속시간이 길수록 웨일스어로 수행되는 암산의 효율성에 악영향을 미칠 수 있다. 이와 유사하게, 영어보다 만다린어의 숫자 명칭 조음시간이 짧다는 것은 영어 사용자보다 중국어 사용자가 숫자의 앞뒤 자릿수 측정에 유리하다는 것을 설명한다(Chen, Cowell, Varley, & Wang, 2009).

언어의 또 다른 영향은 큰 숫자에 대한 크기 추정에서 찾을 수 있다. 일반적으로, 절대 거리(예: 15)가 동일한 경우에도 십 자리(4<6)와 일 자리(7>2)를 각각 비교할 수 없는 쌍(예: 47 vs. 62)은, 십 자리(4<5)와 일 자리(2<7)를 각각 비교할 수 있는 쌍(예: 42 vs. 57)보다 크기 비교에 시간이 더 걸린다. 이는 10보다 큰 수를 분해하여 처리한다는 증거로 여겨져 왔다(Pixner, Moeller, Hermanova, Nuerk, & Kaufmann, 2011). 그러나 이러한 영향의 정도는 언어가 십 자리와 일 자리를 부호화하는 순서에 따라 다르다. 영어에서는 twenty-one, 중국어에서는 er-shi-yi(two-ten-one)와 같이 일부 언어는 숫자 정보를 십 자리와 일 자리로 정렬한다. 이러한 언어에서는 호환성의 영향이 상대적으로 적다. 독일어와 같은 언어는 einundzwanzig(twenty-one)에서처럼 십 자리와 일 자리의 순서를 반대로 바꾼다. 이러한 언어에서 호환성 영향이 훨씬 더 뚜렷하다. 아마도 일 자리가 앞에 오면 십 자리 크기와의 비호환성이 더욱 두드러져서 오해하기 쉽기 때문이다. 흥미롭게도, 체코어와 같이 dvadset jeden(twenty-one)과 jeden advadset(one and twenty)을 모두 허용하는 숫자 단어

형성의 원리를 가진 언어를 사용하는 화자의 경우 호환성의 영향은 중간 크기이다(Pixner et al., 2011). 마지막으로, 최근 연구에서는 숫자 단어가 10이 아닌 20의 배수를 기반으로 하는 언어인 바스크(Basque) 사용 화자를 대상으로 암산 속도를 조사함으로써 언어의 숫자 명명 체계가 숫자 인지에 미치는 영향에 대한 추가적인 증거를 제공하였다(Colomé, Laka, & Sebastián-Gallés, 2010). 여러 실험에서 바스크 사용 화자는 모든 덧셈 문제가 아라비아 숫자로 제시되고, 응답이 컴퓨터로 입력되었음에도 불구하고, 언어 구조와 일치하는 덧셈 문제(예: 20 + 15)를 그렇지 않은 문제(예: 10 + 25)보다 더 빠르게 해결하였다. 따라서 명백한 숫자 명칭이 필요 없는 과제에서도 숫자 명명 체계가 수학적 처리에 영향을 미친다.

8.2.4 인지에 대한 언어의 영향 메커니즘

언어가 인지 처리에 미치는 영향에 대한 설명으로 몇 가지 기제가 제안되었다(Majid et al., 2004). 첫째, 어떤 언어라도 환경의 일부 특징에 선택적으로 주의를 집중시킬 수 있지만, 다른 특징은 그렇지 않다. 따라서 언어 학습은 선택적 주의 집중의 습관화 패턴을 생성한다(예: 두 사물 간 끼임의 정도 또는 큰 집합에서 항목의 정확한 숫자). 시간이 지남에 따라 지각적 조율이 이루어져 언어에서 체계적으로 표시되지 않아 주의가 집중되지 못한 특징이 지각적 현저성을 상실하고 무시되는 경향이 있다.

둘째, 초보자가 특정 분야에서 많은 경험을 쌓아 전문가가 되면 표상을 재부호화하는 것처럼 언어 사용은 초기에 습득한 범주를 재기술하거나 재부호화할 수 있다(Karmiloff-Smith, 1992). 예를 들어, 아동은 사물의 다른 숫자(예: 1 vs. 2 vs. 3)를 지각적으로 구별할 수 있지만, 어떤 사물의 집합이 수 세기를 위한 숫자 단어 체계에 노출될 때만 정확한 다수성을 갖는다는 개념을 이해한다. 따라서 비언어적으로 설정된 범주의 경우 언어는 어떤 특징이 언어적 명칭을 가지는지 그렇지 않은지에 따라 범주를 재기술하는 수단의 역할을 한다.

셋째, 많은 인지 작업에는 구조적 정렬이 필요하다. 즉, 서로 다른 개념 영역에 걸쳐 대응을 설정하기 위해 고차적 유사성을 사용한다(Gentner & Namy, 2006). 예를 들어, "Lawyers are sharks."와 같은 은유를 사용하려면 변호사와 상어의 개념 사이에 유사성(예: aggressive, thick skinned)을 찾아야 한다([그림 8-5] 참조). 언어를 배우

그림 8-5 은유의 이해는 변호사와 같은 한 개체의 특징과 상어와 같은 다른 개체의 특징을 일렬로 세우는 구조적 정렬 과정을 이용한다.

출처: © HitToon.com. Shutterstock의 라이센스 사용 허락.

면서 아동은 동일한 단어가 여러 상황에서 어떻게 사용되는지 알게 된다. 이는 고차적 관계의 추출을 돕는 비교를 유도한다. 예를 들어, 계란 컵에 계란 넣기와 레고 블록 더미에 레고 블록 조각 맞추기를 설명하기 위해 한국어 단어 kkita를 사용하면 물체가 서로 잘 맞는 방식의 유사성을 발견할 수 있다. 이는 다른 언어를 사용하는 사람들에게는 쉽게 떠오르지 않는다.

마지막으로, 언어가 세상의 여러 측면을 부호화하는 방식에 따라 유사한 조작을 위한 계산 비용에 차이가 발생한다. 예를 들어, 상대적 참조 틀을 가진 영어 화자는 운전 방향을 설명할 때 절대 방위를 완벽하게 표현한다(예: drive north on the M1 for 10km, then east for 6km). 그러나 런던에서 길을 걸을 때 북쪽이 어디인지 계산하기 위해 영어 사용자는 좌회전과 우회전을 몇 번 해야 하는지 기억해야 한다(예: 절대적 참조 틀을 결정하기 위해 상대적 참조 틀을 사용하기). 이는 작업 기억을 요구하는 상당한 처리 비용을 발생시킨다. 이와 대조적으로, 절대적 참조 틀을 가진 모판(Mopan) 화자는 일상 환경에 최적화된 지리적 특징에 기초하여 다른 계산 방식에 의존한다.

8.3 아동이 얼마나 많은 언어를 학습하는지가 중요한가

지금까지 다양한 언어의 특정한 특징이 인지, 기억, 범주화에 미치는 영향에 대해 살펴보았다. 이 절에서는 여러 언어의 습득이 인지 발달에 어떤 영향을 미치는지 살펴본다. 전 세계 여러 지역에서 아동은 하나보다 많은 언어에 노출되어 성장한다. 실제로 교차문화적 관점에서 보면, 단일 언어 사용은 표준이라기보다는 예외에 해당한다(Tucker, 2003). 아동은 상황에 따라 여러 언어를 습득하는데, 일부 아동은 아버지와 어머니가 사용하는 서로 다른 언어를 듣고, 일부 아동은 가정에서 하나의 언어를, 가정 밖에서 또 다른 언어를 듣는다. 다른 아동은 이중 언어 공동체나 이중 언어 부모와 함께 성장하며 동일한 화자가 말하는 두 가지 언어를 듣는다. 두 가지 이상의 언어를 습득하는 이 모든 상황은 일반적으로 이중 언어 사용이라는 용어에 포함되지만, 제2언어에 처음 노출되는 연령과 두 언어에 노출되는 양은 매우 다르다. 단일 언어 발달과 가장 대비되는 상황은 아동이 출생 후 두 가지 언어의 입력을 받고, 두 가지의 제1언어를 습득하는 균형적 또는 동시적 언어 사용 상황이다.

이중 언어(bilingualism): 두 언어의 습득 및 사용.

8.3.1 이중 언어 발달의 속도

아동이 두 가지 이상의 언어에 노출되는 상황에서 두 가지 언어를 구별하는 능력은 이중 언어 발달을 위한 중요한 전제 조건이다. 이중 언어 환경의 영아는 어떻게 두 가지 언어를 구별하는 방법을 배우는가? 2장에서는 단일 언어 환경에서 태어난 신생아가 영어와 일본어 같이 리듬이 다른 언어를 구별하는 능력을 강조하였다(Nazzi et al., 1998). 영어와 일본어는 영어와 네덜란드어 같이 리듬이 동일한 언어는 아니다(Christophe & Morton, 1998). 후자의 능력은 몇 달이 지나서야 등장하지만, 주변 언어와 낯선 언어의 구별에 한정된다. 어린 영아는 동일한 리듬의 두 가지 낯선 언어를 구별할 수 없다(Nazzi et al., 2000). 그렇다면 두 가지 언어 사용 환경의 아동이 이를 구별하기 위해서는 친숙한 두 가지 언어가 얼마나 달라야 하는가? Bosch와 Sebastián-Gallés(2001)는 생후 4개월의 이중 언어 사용 영아가 동일한 리듬의 두 가지 언어인 스페인어와 카탈로니아어(Catalan)를 구별하는지를 연구하였다. 그 결과, 이중 언어 환경의 영아가 두 가지 언어를 구별하였는데, 이는 그들이 두 가지 언어의 운율과 음운에서 미묘한 차이에 민감함을 보여 주었다. 이중 언어 영아는 청각 정보뿐만 아니라 시각적 단서, 즉 다른 주변 언어와 관련된 조음 움직임에 대해 민감하다. 예를 들어, 생후 8개월의 이중 언어 영아는 단일 언어 또래가 이미 이 능력을 상실했을 때 영어와 프랑스어 발화의 무성 비디오를 구별할 수 있었다(Weikum, Vouloumanos, Navarro, Soto-Faraco, Sebastián-Gallés, & Werker, 2007). 따라서 입력의 다양성이 증가하면 초기 변별 능력이 나타나고 이미 습득된 민감성이 더 오래 지속된다.

이중 언어 영아의 음소 변별 능력은 어떠한가? 2장에서는 생애 첫해 후반에 단일 언어 영아의 비모국어 음소 대비 변별 능력이 감소함을 확인하였다(Werker & Tees, 1984). 이중 언어 환경에서 성장한 영아는 더 큰 음소 대비 목록에 대한 민감성을 유지하는가? 안구 운동 예측 패러다임을 사용한 최근의 연구 결과는 이에 대한 긍정적인 답변을 제시한다. 이 패러다임에서 영아는 언어 자극의 변화에 따라 장난감의 예상 위치(left vs. right)를 응시한다. 카탈로니아어만 사용하는 영아와 마찬가지로, 카탈로니아어와 스페인어를 모두 사용하는 영아는 7~8개월에 카탈로니아어에 고유한 /e/와 /ɛ/ 사이의 음소 대비를 구별하는 능력을 유지하였다(Albareda-Castellot, Pons, & Sebastián-Gallés, 2011). 이러한 초기 지각적 민감성은 우세한 언어의 영향을 받는다. 이중 언어 영아는 자신의 환경에서 우세한 언어를 더 잘 구별한다(Sebastián-Gallés & Bosch, 2002). 이는 두 가지 이상의 음운 체계에 대한 조기 노출이 언어-특정적 음운 조율을 약화시켜서 보다 유연한 체계를 만든다는 사실을 시사한다(Kaushanskaya & Marian, 2009).

지각적 민감성은 이중 언어 아동이 이중 언어 입력에서 소리를 변별하고, 단어를 분절하도록 도와주지만, 가장 큰 도전은 서로 다른 음운론적 · 의미론적 · 문법적 정보를 포함하는 두 가지 마음 상태 어휘 목록을 구축하는 것이다(Werker & Byers-Heinlein, 2008). 예를 들어, 러시아어-영어 이중 언어의 경우, 러시아어 명사 kniga의 어휘 입력에는 영어 명사 book과는 다른 음운 형식 이외에 여성 명사를 나타내는 다른 문법 정보가 포함되어야 한다. 이중 언어와 단일 언어의 단어 학습에 어떤 차이가 있는지를 살펴볼 연구는 많지 않다. 그러나 이중 언어 영아는 단일 언어 영아보다 더 늦게(단일 언어 영아의 경우 17개월, 이중 언어 영아의 경우 20개월) 최소로 다른 비음절(예: bih, dih)을 다른 의미와 연결하는 방법을 배운다는 증거가 있다. 이중 언어에서의 이러한 지연이 나타난 것은 두 가지 어휘 목록을 만들기 위한 인지적 부담이 증가하였기 때문이다(Fennell, Byers-Heinlein, & Werker, 2007).

두 가지 언어에 노출된 영아가 다양한 단어 형식과 의미에 더 많이 노출되어 인지적 부담이 증가한다는 점을 고려할 때, 이중 언어의 음성 발달이 단일 언어와 동일한 일정표에 따라 진행된다는 사실은 초기 학습의 놀라운 가소성을 보여 주는 증거이다(Oller, Eilers, Urbano, & Cobo-Lewis, 1997). 이중 언어 아동이 사용하는 두 가지 언어 공통 어휘를 단일 언어를 사용하는 동일 연령 아동의 어휘와 비교할 때, 이중 언어 아동의 단어 학습은 지연되지 않는다(Pearson, Fernandéz, & Oller, 1993). 그러나 이중 언어를 학습하려면 2배의 단어를 습득하고, 각 언어에 대한 노출량이 감소하는 경향이 있으므로, 이중 언어 아동은 단일 언어 아동에 비해 각 언어의 수용 어휘가 조금 더 적다(Mahon & Crutchley, 2006; Oller & Eilers, 2002). 성인 이중 언어 사용자의 경우 언어 산출의 심리언어적 척도 수행에서 어휘 지식의 이러한 불리함이 드러났다. 이중 언어 성인은 어휘 인출 속도가 느린데, 이는 말하기 위해 올바른 단어를 찾는 데 시간이 더 걸리기 때문이다(Roberts, Garcia, Desrochers, & Hernandez, 2002; Gollan, Montoya, Fennema-Notestine, & Morris, 2005). 예를 들어, 언어 유창성 과제에서 글자 f로 시작하는 단어를 1분 안에 최대한 많이 산출하도록 요청할 경우, 특히 이중 언어 사용자가 제1언어 이후에 습득한 언어로 과제에 참여할 경우, 이중 언어 사용자는 단일 언어 사용자보다 적은 단어를 산출하였다(Gollan, Montoya, & Werner, 2002; Portocarrero, Burright, & Donovick, 2007). 이중 언어 사용자는 단일 언어 사용자보다 설단 현상을 더 자주 경험한다(Gollan & Acenas, 2004). 종합해 보면, 이들 연구는 각 언어의 단어를 인출하는 데 조금 더 어려움이 있다는 점에서 이중 언어와 관련된 처리 비용을 보여 준다.

설단 현상(tip-of-the-tongue): 단어 인출에 실패하는 현상. 즉, 각적 인출의 강한 느낌을 동반하고, 해당 단어를 알고 있지만 그 단어를 기억할 수는 없음.

8.3.2 이중 언어 학습의 인지적 영향

각 언어의 어휘 지식에 접근할 때 이중 언어 사용자가 경험하는 미묘한 어려움에도 불구하고, 연구자들은 이중 언어의 이점에 대해 오랫동안 궁금해하였다. 처음에는 이러한 이점이 언어 영역에 존재한다고 가정하였다. 이중 언어의 이점 중 하나는 상위언어 인식이다. 이중 언어의 이점을 검증하기 위해 Bialystok(1986, 1988)는 아동에게 문장이 '올바른지' 또는 '잘 틀렸는지'를 질문하여 문법 판단을 수행하도록 요구하였다. "Apples growed on trees."와 같이 의미론적으로 그럴듯한 문장을 제시하여 아동이 문법 오류를 식별하기 위해 문장의 의미를 무시하도록 요구하였다(growed는 grew로 제시되어야 문법적으로 올바른 문장임). 반면에 "Apples grow on noses."와 같이 의미론적으로 믿기 어려운 문장을 제시하여 아동이 문법적으로 올바른 문장을 식별하기 위해 문장의 믿기 어려운 의미를 무시하도록 요구하였다. Bialystok의 연구 결과에 따르면, 이중 언어 아동은 문장이 제대로 구성되어 있는지 판단할 때 관련 없는 의미 정보를 더 잘 억제할 수 있었다.

상위언어 인식(metalinguistic awareness): 언어의 구조와 속성에 대한 명확한 인식이나 지식.

흥미로운 질문은 주의를 통제하고 관련 없는 정보를 억제하는 이중 언어 아동의 뛰어난 능력이 비언어적 과제에도 일반화되는가이다. 이 질문에 답하기 위한 초기 연구 중 하나에서는 수 세기 과제에서 단일 언어 아동과 이중 언어 아동의 주의력 통제를 조사하였다. 레고 블록과 듀플로 블록으로 탑을 쌓고, 각 탑의 블록 수를 세어 달라고 요청했을 때, 스페인어와 영어를 사용하는 4세 아동은 레고 탑의 블록 수가 더 많았지만 듀플로 탑보다 더 낮았을 때, 즉 탑의 높이와 블록 수 간 불일치가 발생했을 때 더 정확하게 수를 세었다. 따라서 이중 언어 아동은 블록 수를 세는 데 더 집중하였고, 높이 정보와 블록의 수가 불일치하더라도 덜 산만하였다(Bialystok & Codd, 1997).

취학 전 아동의 주의력 실행 통제를 측정하는 고전적인 검사는 차원 변경 카드 분류(DCCS) 과제(Zelazo, Frye, & Rapus, 1996)이다. 이 실행 기능 과제에서는 한 차원(예: colour)에 따라 일련의 그림 카드(예: red boats, blue trucks)를 분류한 다음, 다른 차원(예: shape)으로 전환하도록 아동에게 요청한다. 취학 전 아동은 하나의 차원에서 다른 차원(예: to shape)으로 규칙을 변경하기가 어려워 처음 규칙(예: sort by colour)에 따라 계속해서 카드를 분류한다. 참여자가 변경 이후 단계에서도 새로운 차원으로 변경하는 데 성공한다면, 주의력 통제 능력이 뛰어나다는 증거로 볼 수 있다. Bialystok(1999)은 DCCS 과제를 3~6세 영어 사용 아동과 영어-중국어 사용 아동

차원 변경 카드 분류 과제[dimensional change card sorting (DCCS) task]: 취학 이전 아동의 주의력 실행 통제를 측정하는 데 널리 사용되는 측정 도구. 카드를 먼저 하나의 차원(예: 모양)으로 분류한 다음 다른 차원(예: 색상)으로 분류해야 함.

에게 시행하였다. 5~6세 아동은 변경 이후 단계에서 3~4세 아동보다 실수가 적어서 취학 전 아동의 주의 집중력이 향상되었음을 알 수 있다(Tipper, 1992). 결정적으로 이중 언어 아동은 단일 언어 또래보다 더 뛰어난 기량을 보였는데, 이는 이중 언어 사용 아동이 주의 집중력이 뛰어나고, 관련 없는 정보(예: the colour of the cards when sorting by shape)를 더 잘 억제할 수 있음을 시사한다. 카드 분류 과제에서 이중 언어 사용자의 이점은 지각 차원과 관련된 규칙(예: sort by colour, shape contour)에서는 발견되었으나, 의미론적 범주에서는 발견되지 않았다('sort the toys' vs. 'clothes' 또는 'thing used inside the house' vs. 'things used outside the house'). 이는 이중 언어 사용이 의미를 표현하는 데는 도움이 되지 않지만 사물의 현저한 지각적 특징에 대한 주의력 억제에는 도움이 된다는 사실을 시사한다(Bialystok & Martin, 2004). 이중 언어 아동의 우수한 억제 통제 능력은 다른 과제에서도 입증되었다. 예를 들어, 6세 이중 언어 아동은 모호한 그림에 숨겨진 대안적 이미지를 잘 구별하였고(Bialystok & Shapero, 2005), 3~6세 이중 언어 아동은 대화 규칙의 위반을 감지하는 데 더 능숙하였다(Siegal, Iozzi, & Surian, 2009).

이중 언어와 단일 언어는 언어 지식에서 차이가 있을 뿐만 아니라 사회경제적 지위와 문화적 가치 같은 다른 차원에서도 차이가 있다. 사회경제적 및 문화적 차이가 이중 언어 사용의 이점에 원인이 되는가? Morton과 Harper(2007)는 6~7세 영어 사용 아동과 영어-프랑스어 사용 아동 간에 억제 통제의 차이를 발견하지 못하였다. 대신 사회경제적 지위는 억제 통제와 정적 상관이 있었다. 마찬가지로, 문화적 가치도 실행 기능에 영향을 준다. 실험 결과, 단일 언어를 사용하는 미취학 중국 아동은 미국 아동보다 실행 기능 수준이 더 높았다(Sabbagh, Xu, Carlson, Moses, & Lee, 2006). 4학년 중국어 사용 아동과 중국어-한국어 사용 아동을 비교했을 때, 이중 언어 아동은 선택적 주의 집중 능력이 더 뛰어난 것으로 나타났다(Choi, Won, & Lee, 2003).

억제 통제에서 이중 언어의 이점이 아동기를 넘어선 현상임을 보여 주는 증거는 더 많다(Bialystok, Martin, & Viswanathan, 2005). Bialystok(2007)는 현재 사용하지 않는 언어에 대한 간섭을 억제하는 이중 언어의 지속적인 연습이 이점이라고 제안하였다. 이중 언어 사용자가 의사소통할 때, 어느 언어도 '완전히 꺼져' 있지는 않다. 두 가지 언어의 가용성은 이중 언어 사용자가 필요에 따라 신속하게 언어를 전환하도록 하며, 일부 언어는 한 문장 내에서 부호 전환을 통해 "Give me a kiss *o te pego*(번역: or I hit you)."와 같이 전환된다(Zentella, 1997, p. 112). 이전 절에서 살펴본 것처럼, 이중 언어 사용자가 말소리 산출을 위해 단어에 접근할 때 처리 비용이 발생한다. 이중 언어 사용자의 경우 하나의 언어에서 단어를 성공적으로 인출하려면, 다른 언어의 단어를 억제해야 한다. 시간이 지남에 따라 현재 사용하지 않는 언어의 단어를 억제하는 연습은 주의력을 억제하는 통제 능력을 개선하여 다른 비언어적 과제에도 적용한다. 이중 언어 사용의 이점에 대한 이러한 설명은 이중 언어 사용자가 비언어적 과제를 위해 언어 통제에 관여하는 뇌 영역을 모집한다는 사실을 보여 주는 최근의 신경 영상 연구 결과에 의해 뒷받침된다(Garbin, Sanjuan, Forn, Bustamante, Rodriguez-Pujadas, Belloch, et al., 2010).

두 가지 언어에 대한 초기 경험은 매우 특정한 방식으로 인지 통제에 영향을 미친다. 이중 언어 아동은 주의를 집중하여 충돌하는 요구를 관리해야 하는 과제에서는 이점이 있지만, 나중에 더 큰 보상을 받는 충동 통제를 필요로 하는 과제에서는 그렇지 않다(Carlson & Meltzoff, 2008). 이중 언어의 이점은 사건을 예측하는 능력으로 확장된다는 증거도 있다. 6~12세 단일 언어와 이중 언어 사용 이탈리아 아동에게 일련의 색상을 알려 주고 순서에 따라 다음 색상을 예측하도록 요청했을 때, 이중 언어 아동이 단일 언어 아동보다 뛰어난 능력을 보였다(Bonifacci, Giombini, Bellocchi, & Contendo, 2010). 예측은 정상적인 언어 사용의 일부이다. 사람들은 맥락에 따라 다음에 나올 단어와 이전에 말한 단어를 지속적으로 예측한다. 두 언어를 모두 사용할 때 2배나 많은 예측 작업을 하는 이중 언어 사용자에게서 예측의 이점이 나타난다.

이러한 발견은 이중 언어의 이점을 얻기 위해 두 언어에 대한 얼마나 많은 노출과 사용이 필요한지 궁금하게 만든다. 이 질문에 대답하기 위해 Kovacs와 Mehler(2009)는 7개월 영아에게 하나의 반응에서 다른 반응으로 전환해야 하는 실행 기능 과제를 제시하였다. 전환 이전 단계에서는 영아에게 말소리(예: le-le-mo)를 화면의 한쪽에 지속적으로 나타나는 보상과 연결하도록 훈련시켰다. 예상대로, 단일 언어 영아와 이중 언어 영아는 보상받는 쪽을 동일한 속도로 바라보는 법을 학습하였다. 전환 이후 단계에서는 다른 말소리(예: le-mo-mo)가 화면 반대편에 나타나는 보상과 연결하도록 훈련시켰다. 여기에서 영아는 새로운 위치로 자신의 시선을 돌리는 법을 학습하였다. 흥미롭게도, 이중 언어 환경에서 성장한 영아는 화면의 이전 방향에서 시선을 돌려 새로운 위치에서 보상을 기대하는 법을 배웠다. 반면, 단일 언어 환경에서 성장한 영아는 시선 방향에 변화가 없었다. DCCS 카드 분류 과제를 사용하여 연구한 취학 전 아동과 마찬가지로, 영아의 이중 언어 사용 이점은 자극이 시각적 그림의 순서인 비언어적 과제로 이어졌다. 이러한 발견은 아동의 첫 단어 산출 이전에도 이중 언어 사용의 이점이 나타난다는 사실을 보여 준다. 분명히 어린 영아는 두 가지 언어를 처리하여 향상된 실행 기능의 이점을 확보하였다. 태어날 때부터 두 가지 언어에 노출되면 처음부터 주의에 대한 인지적 통제력이 향상된다. 이는 교수자에게 중요한 결과이자, 이중 언어 가정을 안심시키는 결과이다.

요약

- 대화 및 이야기하기 기술과 관련된 의사소통 능력은 자서전적 기억의 발달을 촉진하고, 아동에게 기억의 부호화 및 인출 형식을 제공함으로써 아동기 기억 상실의 상쇄에 기여한다. 양육자와의 공동 회상은 과거에 대한 표상을 조직하기 위한 비계 역할을 담당한다.
- 특정 언어 사용 아동은 비언어적 영역에서의 모양 인지와 함께 성장한다.
  - 기본 색상 용어의 수와 유형은 언어마다 다르다. 아동이 기본 색상 용어를 습득하면 이 용어에 따라 색상의 범주적 지각이 가능하다. 이 효과는 오른쪽 시야에서 훨씬 더 강력하여 좌반구 대뇌 피질의 언어 처리 영역이 관여함을 나타낸다.
  - 공간 참조 틀과 공간 용어는 언어마다 다르다. 아동은 4세에 모국어의 참조 틀을 습득하고, 18개월에 이미 모국어의 공간 용어에 민감성을 보인다. 모국어의 공간 용어에 따라 공간 구성을 분류하는 초기 능력은 모국어로 표시되지 않는 공간 구성을 학습하는 능력을 상실하게 만든다.
  - 마지막으로, 숫자 표현 방식과 자릿값 개념도 언어마다 다르다. 이는 자릿값에 대한 이해뿐만 아니라 아동이 3보다 큰 수량에 대한 정확한 계산과 비교를 얼마나 잘하는지에 영향을 준다.
- 하나보다 많은 언어를 배우는 것은 언어 발달에 나쁜 영향을 주지 않으며, 언어적 · 인지적 이점을 제공한다.

- 단일 언어 영아가 비모국어의 음소 대비에 대한 민감성을 상실할 때 이중 언어 영아는 두 가지 언어의 음소 대비에 대한 민감성을 유지한다.
- 이중 언어 아동의 어휘 크기는 단일 언어 아동의 어휘 크기보다 다소 작은 경향이 있지만, 두 가지 언어의 어휘에 대한 종합적인 지식을 고려할 때 언어 발달이 지연되지는 않는다.
- 이중 언어 아동은 상위언어 인지가 향상되어 발화의 다른 측면(예: 문법)을 고려하는 동안 발화의 한 측면(예: 의미)을 무시하도록 허용한다.
- 두 가지 언어 사용은 향상된 인지 통제와 관련이 있다. 구체적으로, 관련 없는 정보를 억제하고 다음 사건을 예측하는 기능이다. 이러한 이점은 비언어적 영역에서 발견되며, 이미 7개월에 나타난다.

더 읽을거리

주요 연구

언어 능력이 기억에 미치는 영향에 관한 연구

Simcock, G., & Hayne, H. (2002). Breaking the barrier? Children fail to translate their preverbal memories into language. *Psychological Science, 13*, 225-231.

언어가 색상 인지에 미치는 영향에 관한 읽을거리

Franklin, A., Drivonikou, G. V., Clifford, A., Kay, P., Regier, T., & Davies, I. R. L. (2008). Lateralization of categorical perception of color changes with color term acquisition. *Proceedings of the National Academy of Sciences USA, 105*, 18221-18225.

언어가 공간 인지에 미치는 영향에 관한 읽을거리

McDonough, L., Choi, S., & Mandler, J. (2003). Understanding spatial relations: Flexible infants, lexical adults. *Cognitive Psychology, 46*, 229-259.

인지가 영아의 이중 언어 발달에 미치는 영향에 관한 읽을거리

Kovacs, A. M., & Mehler, J. (2009). Cognitive gains in 7-month-old bilingual infants.

Proceedings of the National Academy of Sciences, 106, 6556-6560.

논문

색상 인지와 워프 가설의 영향에 관한 읽을거리

Regier, T., & Kay, P. (2009). Language, thought and color: Whorf was half right. *Trends in Cognitive Sciences, 13*, 439-446.

공간 인지와 워프 가설의 영향에 관한 읽을거리

Majid, A., Bowerman, M., Kita, S., Haun, D., & Levinson, S. (2004). Can language restructure cognition? The case for space. *Trends in Cognitive Sciences, 8*, 108-114.

실행 통제에서 이중 언어의 이점에 관한 읽을거리

Bialystok, E. (2009). Bilingualism: The good, the bad, and the indifferent. *Bilingualism: Language and Cognition, 12*, 3-11.

저서

언어가 공간 인지를 구조화하는 다양한 방법에 관한 읽을거리

Levinson, S. C. (2003). *Space in language and cognition: Explorations in cognitive diversity*. Cambridge: Cambridge University Press.

언어 발달과 자서전적 기억의 관계에 관한 읽을거리

Nelson, K. (2007). *Young minds in social worlds: Experience, meaning and memory*. Boston, MA: Harvard University Press.

9 언어 발달에서 문해의 역할은 무엇인가

핵심 용어

• 자음문자(아브자드) • 알파벳 • 분석적 발음 중심 교수법 • 구문 • 심층 표기법 • 발달적 난독증 • 이중자 • 이중어 • 어원 • 유전자 연관 • 문자소–음소 변환 규칙 • 문자소 • 가정 문해 환경 • 동음이자 • 잠재 의미론 분석(LSA) • 어휘 경로 • 어휘 목록 • 표의문자 스크립트 • 단음절 • 형태소 • 형태소 인식 • 맞춤법 • 음소 인식 • 발음 중심 접근법 • 음운 인식 • 음운 해독 • 음운 재부호화 • 음운 경로 • 의미적 • 표층 표기법 • 느린 매핑 • 단순언어장애(SLI) • 통계 학습 • 음절문자 스크립트 • 종합적 발음 중심 교수법 • 총체적 언어 접근법 • 총체적 단어 접근법

개요

많은 사회에서 문해력은 아동이 공동체 생활에 완전히 참여하기 위해 숙달해야 하는 가치 있는 기술이다. 이러한 사회에서 성장하면서 걸음마기 아동은 매일 그림책을 접하고, 다른 사람들과 함께 그림책을 읽는다([그림 9-1] 참조). 공식적인 문해교육이 시작되는 4~6세보다 훨씬 이전에 걸음마기 아동은 그림책의 사물을 가리키고, 명칭을 지정하는 일상을 통해 책에 대한 관심을 발달시키고, 다른 사람이 책을 읽어 줄 때 주의 깊게 듣는 법을 배운다(Fletcher & Reese, 2005; Ninio & Bruner, 1978). 이러한 문해 발달 이전 기술, 즉 책에 대한 관심, 그리고 다른 사람이 큰 소리로 읽는 동안 주의를 유지하고 반응적으로 참여하는 능력은 학교에서의 긍정적인 문해 발달 및 언어 발달 성취와 관련이 있다(Deckner, Adamson, & Bakeman, 2006; Saracho & Spodek, 2010; Sénéchal & LeFevre, 2002; Snow & Ninio, 1985). 가정 문해 환경의 질적 차이는 어휘 크기와 이야기하기 기술(Hart, Petrill, DeThorne, Deater-Deckard, Thompson, Schatschneider, et al., 2009; Payne, Whitehurst, & Angell, 1994; Rodriguez, Tamis-LeMonda, Spellman, Pan, Raikes, Lugo-Gil, et al., 2009; Sénéchal, Pagan, Lever, & Ouellette, 2008)과 같은 언어 발달의 다른 측면뿐만 아니라 문해 발

> 가정 문해 환경(home literacy environment): 가정환경이 아동의 문해 발달을 지원하는 정도. 여기에는 가정에서 보유하고 있는 책과 기타 인쇄물의 수, 아동이 양육자와 함께 읽는 빈도와 시간 같은 요소가 포함됨.

그림 9-1 문해력은 아동이 책과 다른 인쇄 매체에 접근할 수 있는 지지적 가정환경에서 발달한다.
출처: © William Ju. Shutterstock의 라이센스 사용 허락.

달(Burgess, Hecht, & Lonigan, 2002; Foy & Mann, 2003; Griffin & Morrison, 1997; Hood, Conlon, & Andrews, 2008; Sénéchal, 2006; Weigel, Martin, & Bennett, 2006)에 강력한 영향을 미친다. 따라서 문해에 대한 지원은 양육자가 자녀의 언어 발달에 입력 정보를 제공하는 방법에 따라 달라지는 또 다른 차원이다(아동-대상 발화의 개인차가 언어 학습 성취에 미치는 영향에 대한 논의는 6장 참조).

물론 모든 아동이 글자를 읽는 법을 배우는 것은 아니다. 문해교육이 불가능하거나 생애 후반부에 이루어지는 사회가 여전히 많이 있으며, 가정에서 사용하는 언어가 아닌 다른 언어로 문해교육이 진행되기도 한다. 유네스코 통계에 따르면, 세계 인구의 약 20%인 12억 5천만 명이 문자 없이 소수 언어(minority languages)라고 불리는 말을 사용한다. 이들 중 2/3 이상이 모국어의 쓰기 체계가 존재하지 않거나 문해 습득을 위한 자원을 이용할 수 없어서 여전히 글자를 읽고 쓰지 못한다. 따라서 이 장에서 설명하는 문해 습득 과정이 보편적인 현상이 아니라는 사실을 명심해야 한다. 하지만 아동이 읽기와 쓰기를 배우는 사회에서는 문해력이 어휘와 문법 지식을 확장하고, 상위언어 인지를 증가시키고, 아동이 인쇄 매체의 세계를 탐색할 때 새로운 사고방식을 제공한다(Olson, 1994, 1996, 2002). 이 장에서는 아동의 문해 습득 과정과 인지 발달의 역할에 대해 살펴본다.

9.1 아동은 어떻게 읽고 쓰는 방법을 배우는가

아동이 유창하고 독립적인 독자가 되기 위해서는 수년간의 정규 학교교육과 상당한 시간의 연습이 필요하다. 정확한 철자 또는 설명적·창의적 쓰기 기술과 같은 문해의 다른 측면은 숙달하는 데 시간이 더 오래 걸린다. 그리고 기본적인 독해와 맞춤법 습득에 영향을 미치는 요인은 무엇인가? 이 질문에 답하기 위해 언어의 쓰기 체계가 어떻게 구성되는지, 그리고 문자언어와 음성언어의 관계가 문해 습득에 어떤 영향을 미치는지 살펴보는 것에서 출발한다.

9.1.1 쓰기 체계의 구조

문자소(graphemes): 소리 또는 의미의 측면을 부호화하는 쓰기 체계에 사용되는 시각적 상징(예: 글자).

자음문자(아브자드, abjads): 상징(문자소)이 모음을 제외한 자음만을 부호화하는 쓰기 체계.

수학 또는 음악과 달리 언어를 부호화하는 쓰기 체계는 문자소로 구성된다. 현재 전 세계적으로 약 60개의 다른 쓰기 체계가 사용되고 있다. 역사적으로 소멸된 일부 쓰기 체계[예: 루닉(runic) 알파벳]도 있다. 쓰기 체계는 두 가지 차원, 즉 문자소로 부호화된 단위의 크기와 문자소가 음소에 매핑되는 일관성 또는 투명도에 따라 다르다. 음소를 표상하는 최초의 쓰기 체계인 자음문자(아브자드)는 히브리어와 아랍어에서 여전히 사용되고 있다. 이것은 어근이 자음 집합으로 구성되어 있고, 문법 정보를 전달하는 자음 사이에 모음이 들어가는, 히브리어와 아랍어 같은 셈어(Semitic languages)의 형식 구조에 잘 맞는다. 이러한 쓰기 체계의 경우, 아동용 도서와 종교 서적에서처럼 모음을 표시하기 위해 발음 기호를 사용하는 것이 음운의 명확성을 향상시킬 수 있으나, 문자소와 음소의 일대일 변환을 통해 단어의 발음에 접근하는 것은 충분하지 않다(Frost, Katz, & Bentin, 1987).

알파벳(alphabets): 자음과 모음을 모두 부호화하는 쓰기 체계.

그리스어, 라틴어, 키릴 자모 알파벳과 같은 알파벳은 자음과 모음을 모두 부호화하므로 철자-소리의 일관성이 향상된다. 알파벳 쓰기 체계는 서로 다른 문자소가 음소와 관련되는 방식인 맞춤법에 차이가 있다. 문자소와 음소 매핑의 일관성은 쓰기 체계가 언어의 글자 수와 음소 수의 불일치를 처리하는 방법에 따라 문자마다 큰 차이를 보인다. 이러한 불일치는 알파벳, 특히 라틴어 알파벳이 쓰기를위해 설계되지 않은 언어를 쓰는 데 사용되기 때문에 발생한다. 그리스어(그리스어 알파벳 사용), 이탈리아어(라틴어 알파벳 사용), 세르비아어(키릴 문자 또는 라틴어 알파벳 사용)의 맞춤법은 매우 일관된 철자-소리 대응을 특징으로 한다. 이들 언어는 표층 표기법이라고 불린다. 예를 들어, 그리스어는 5개의 모음 소리와 7개의 모음 글자로 말소리를 전달한다. 21개의 모음 소리가 있는 그리스어는 모음 문자(a, e, i, o, u)가 5개만 있는 영국 영어와 현저한 대조를 이룬다(Nunes & Bryant, 2009; O'Connor, 1982). 표층 표기 언어를 사용하는 독자는 해당 언어의 음소 목록과 알파벳 글자 수가 거의 일치하는 이점이 있다. 이러한 일치를 통해 독자는 일관된 문자소-음소 변환 규칙을 사용하여 단어의 친숙성에 관계없이 모든 단어를 어림잡아 발음할 수 있다.

맞춤법(orthography): 언어의 쓰기 체계.

표층 표기법(shallow orthography): 각 글자가 하나의 음소에 대응하고, 각 음소가 일반적으로 하나의 글자로 표현되는 투명한 쓰기 체계(예: 핀란드어).

그러나 모든 독자가 운이 좋은 건 아니다. 영어는 단어의 위치와 맥락에 따라 다른 글자 또는 글자 조합이 다른 음소에 매핑되는 일관성 없는 철자 체계로 악명이 높다. 예를 들어, 글자 c는 cat 또는 immaculate와 같은 단어에서는 /k/로 발음되지만, cerebral 또는 lace와 같은 다른 단어에서는 /s/로 발음된다. 앞에서 살펴본 바와 같이 음소 /f/는 face에서는 글자 f로, stiff나 gaffe에서는 글자 조합 ff로 표현되고, 고립된 글자 g, h, p는 완전히 다른 음소에 매핑되더라도 gh는 laugh나 rough에서, ph는 phoneme나 graph에서와 같이 표현된다. 게다가 음소와 문자소의 매핑에는 불일치가 존재한다. 예를 들어, 같은 음소 /i:/는 me, sea, see, key, peace, piece, ceiling, quay에서와 같이 아주 다른 방식의 철자로 구성된다. 따라서 알파벳 언어 내에서 영어는 심층 표기법의 극단적인 사례이며, 영어의 음소 수(42~47자, 종류에 따라 다름)는 라틴어 알파벳의 26자보다 훨씬 많다. 단어 발음이 역사적으로 변화하고 철자법이 개선되지 않아서 시간이 흐를수록 이러한 불일치가 심화되었다. 다른 알파벳 문자 체계는 발음 소리와 글자 수 사이의 불일치를 극복하기 위해 발음 기호(diacritic symbol)를 사용한다. 예를 들어, 라틴어 알파벳을 사용하는 독일어는 변모음 ä, ö, ü를 사용하여 추가 모음을 제공하므로 철자와 소리의 투명도가 향상된다. 마찬가지로, 세르비아어는 키릴 문

심층 표기법(deep orthography): 알파벳의 글자와 언어의 음소 사이에 단순한 일대일 대응이 성립하지 않는 쓰기 체계(예: 영어).

자가 아닌 라틴어 알파벳으로 쓰일 때, s, c를 š, č와 구별하기 위해 발음 기호(예: 하체크 기호)를 사용하여 표기의 일관성을 용이하게 한다. 영어의 경우 소리에 불충분한 글자 수를 해결하는 방법으로 이중자라고 불리는 글자 조합을 사용한다. 모음의 경우 pal, secret, kit, rot, cut와 같은 단어의 모음을 식별하기 위해 a_e, e_e, i_e, o_e, u_e(밑줄 표시는 자음을 나타냄)와 같은 분할 이중자(split digraphs)를 사용하고, pale, secrete, kite, rote, cute와 같은 단어에서 이를 분할한다. 글자 수 부족에 대처하기 위해 영어에서 사용하는 또 다른 전략은 super-supper, biding-bidding, mate-matte 등과 같은 단어 쌍에서처럼 자음을 2배로 하여 이전 모음의 발음을 변경하는 것이다. 다양한 영어 이중자는 영어 철자 체계에 상당한 복잡성을 추가하고, 결과적으로 아동은 이러한 세부 사항을 습득하는 데 시간이 오래 걸린다(Ehri & Soffer, 1993; Nunes & Bryant, 2009; Treiman, 1993).

이중자(digraphs): thing, chair, shingle에서 ng, th, sh 또는 ch와 같이 음소를 표상하기 위해 사용되는 글자 조합.

문자소는 음절이나 형태소와 같이 음소보다 큰 단위를 나타낸다. 일본어의 가나(Kana) 음절 문자표는 각각의 문자소가 자음과 모음으로 구성된 음절을 나타내는 음절문자 스크립트의 한 예이다. 중국어와 같은 표의문자 스크립트는 전체 형태소를 부호화하므로 수천 개의 문자소를 기억해야 한다. 표의 체계의 장점은 발음에 의존하지 않고 의미를 표현할 수 있어 언어의 다른 방언, 심지어 다른 언어 사용자가 필기 스크립트를 읽을 수 있다는 점이다. 이는 일본어(Kanji)와 한국어(Hanja)를 쓸 때 한자를 사용하는 것으로 증명된다.

음절문자 스크립트(syllabic script): 기호(문자소)가 음절을 부호화하는 쓰기 체계의 한 유형.

표의문자 스크립트(logographic scripts): 기호(문자소)가 전체 형태소를 부호화하는 쓰기 체계.

언어의 쓰기 체계는 단어의 소리 패턴을 반영할 뿐만 아니라 단어와 의미의 관련성을 나타낸다. 4장에서 살펴본 바와 같이, 많은 영어 단어에는 2개 이상의 형태소가 포함되어 있다. walked, magician, action, partial과 같은 단어의 철자는 아동이 기본적인 형태소 구조(walk+ed, magic+ian, act+ion, part+ial)를 알고 있는 경우에는 어느 정도 예측할 수 있지만, 글자와 음소를 매핑하여 철자를 말하려고 할 경우에는 불규칙성으로 인해 예측하기가 어렵다. 예를 들어, 단어 magician을 발음하는 전략은 철자 majishen을 만드는 것이다. 형태소는 어근과 접사에 익숙한 아동이 다중 형태소 단어의 의미를 유추하도록 도움으로써 읽기에서 매우 중요한 역할을 한다(Bower, Kirby, & Deacon, 2010). 단어 magician의 경우, 아동이 여전히 magic의 c가 magician의 c와 다르게 발음된다는 사실을 알아야 하지만 그 의미는 곧바로 파악할 수 있다.

단어가 글자로 쓰이는 방식은 그 단어의 기원이나 어원을 반영한다. 이탈리아어(예: gnocchi, broccoli) 또는 일본어(예: tsunami, karaoke)와 같이 다른 언어에서 차용한 영어 단어는 영어에서는 전형적이지 않지만, 원래 언어에서는 전형적 철자 패턴을 유지한다. light, daughter와 같은 단어에서 음소 /t/에 해당하는 ght 같은 특이한 철자는 고대 영어의 기원을 보여 준다. 따라서 영어 단어를 정확하게 읽고 쓰려면 아동이 이중자, 굴절 및 파생 형태소, 외래어의 비전형적 철자 패턴뿐만 아니라 개별 글자를 포함하는 글자와 소리의 일대일 대응을 배워야 한다(Nunes & Bryant, 2009; Verhoeven & Perfetti, 2003; Ziegler & Goswami, 2005). 대부분의 문자소는 다른 단어에서 다른 방식으로 발음되기 때문에(rough, through, dough, cough 같은 단어의 ough 발음 비교), 문자소-음소 대응 규칙을 배우는 것은 복잡하다. 대부분의 음소는 단어가 다를 경우 음소의 철자도 다르므로, 단어에서의 음소 위치와 인접한 음소에 따라 발음의 예측 정도가 다르다(예: hektic, kick, cackle, character에서 /k/ 소리의 철자 비교).

어원(etymology): 단어의 역사적 기원.

일단 문자소의 순서가 처리되면, 단어의 발음과 의미에 문자소를 연결할 수 있다. 신경 영상 연구(Marinkovic, Dhond, Dale, Glessner, Carr, & Halgren, 2003)에 따르면, 글자 배열의 시각적 처리에 약 250ms(성인의 경우)가 소요되었다. 그 이후, 단어 형식 정보는 읽기가 진행되는 동안 작동하는 2개의 처리 경로에 대응하는 2개의 주요 경로를 따라 처리된다([그림 9-2] 참조). 음운 경로는 소리를 통해 단어의 의미에 접근한다. 문자소-음소 변환 규칙을 사용하여 문자소(글자 또는 글자 조합)가 해당 음소로 재부호화되고, 단어의 소리가 조합된다. 예를 들어, 영어 문자소 f, ff, ph, gh(예: fuss, stuff, phone, laugh)는 음소 /f/에 연결된다. 그런 다음 단어의 발음을 산출하기 위해 단어의 다른 음소와 혼합된다. 어휘 경로는 개별 형태소를 처리하고 어휘 목록과 함께 저장된 발음 명령에 접근하여 인쇄물에서 어휘 목록으로 직접 이동한다. 이 경로는 yacht, aisle, quay 같이 특이한 철자 패턴을 가진 단어의 발음 인출에 필요하고(Rayner, Foorman, Perfetti, Pesetsky, & Seidenberg, 2001), 본 적 있는 친숙한 단어가 총체적 단위로 재인될 때 사용된다(Ehri, 2005).

음운 경로(phonological route): 읽기와 관련된 두 가지 처리 경로 중 하나. 독자는 글자와 글자 조합을 음성으로 변환하여 단어의 의미에 접근함.

문자소-음소 변환 규칙(grapheme-to-phoneme conversion rules): 인쇄된 기호(예: 개별 글자 및 글자 조합)를 음성 소리와 연결하는 확률 규칙으로, 새로 접하는 단어를 그 의미와 상관없이 발음할 수 있음.

어휘 경로(lexical route): 읽기와 관련된 두 가지 처리 과정 중 하나. 독자는 음운 해독과는 반대로 총체적 단어 인식을 사용하여 철자에서 직접 단어의 의미와 발음에 접근함.

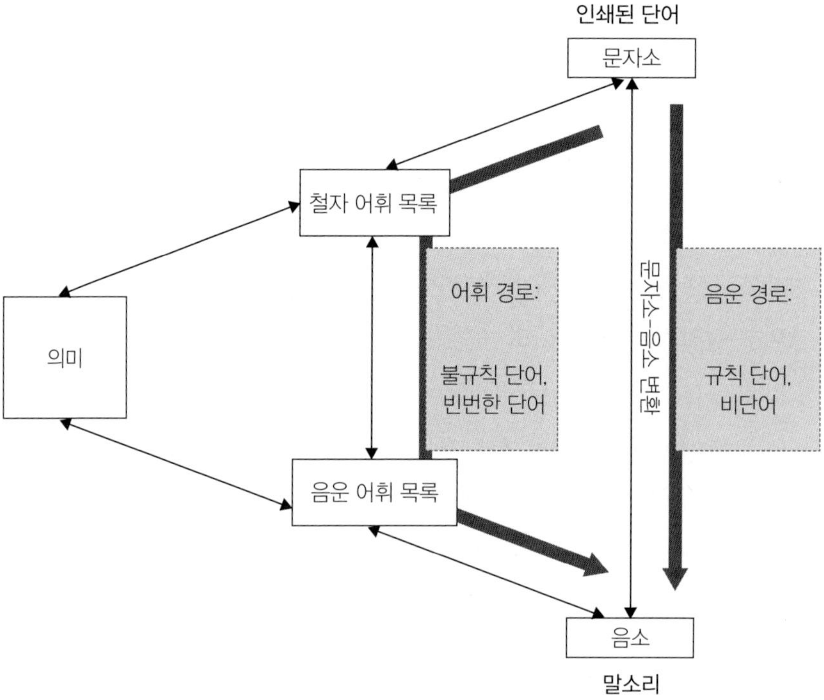

그림 9-2 읽기와 단어 재인의 이중 경로 모델
출처: APA의 허락하에 Coltheart, Rastle, Perry, Langdon, & Ziegler (2001). *Psychological Science, 108*, 204-256, 그림 7에서 인용.

일관된 문자소-음소 매핑을 사용하는 쓰기 체계에서는 읽기가 음운 경로를 통해 처리된다고 가정하는 것이 합리적인 반면, 일관되지 않은 알파벳 체계 또는 표의 체계에서는 읽기가 어휘 경로에 의존한다고 가정하는 것이 합리적이다. 그러나 사실은 그렇지 않다. 두 경로 모두 읽기 발달에 관여한다는 사실에는 동의하지만, 능숙한 읽기의 상대적 중요성에 대해서는 의견이 일치하지 않는다. 소리 중재 또는 의미에 직접 접근하는 상호작용은 처리되는 단어 유형과 언어에 따라 다르다. 음운 경로는 독자가 이전에 보지 못했던 단어나 문자열을 발견할 때마다 독자를 구출한다. 일반적으로 island, sword, pint 같이 특이한 철자가 포함된 단어에서도 대부분의 글자는 예측 가능한 방식으로 음소에 연결될 가능성이 높다(예: pint의 p, n, t). 따라서 음운 경로는 처음 접하는 거의 모든 단어를 해독하는 데 관여한다(Ehri & Rosenthal, 2007; Rack, Hulme, Snowling, & Wightman, 1994). 문자소를 말소리로 변환하고, 이 소리를 연속적으로 조합하는 것은 moop, tavicate와 같이 새로운 또는 창조된 단어를 읽도록 돕는다. 심지어 한자조차도 단어 발음에 관한 정보를 제공하는 음운 표지를 포함하고 있어 중국어를 읽는 성인 독자가 음운 경로를 어느 정도 활용한다는 증거가 있다(Perfetti & Zhang, 1995). 그러나 단어의 철자가 일관된 방식으로 소리와 연결되든 안 되든 간에 단어의 형식이 친숙할수록 음운 경로를 우회하는 경우가 많다. 따라서 연습을 많이 해서 매우 친숙한 단어를 읽을 때마다 어휘 경로는 그러한 처리를 지배한다(Ehri, 2005). 이해하려고 읽을 때(대충 읽는 것과 반대로), 영어를 능숙하게 사용하는 성인 독자는 분당 평균 200~400단어를 처리한다. 12세 아동은 분당 200단어의 읽기 속도를 달성한다(Carver, 1990). 상대적으로 쉬운 읽기 자료를 읽을 때 문자소-음소 대응 규칙을 사용하지 않은 채, 대부분 총체적 단위로 단어에 접근한다. 아주 친숙한 단어의 의미와 발음에 접근하는 방식인 이러한 자동성은 1년의 읽기교육 이후에 달성되는데(Guttentag & Haith, 1978), 미국 아동은 초등학교 1학년 말에 해당 학년 교과서 기준으로 분당 약 60단어의 읽기 유창성을 달성한다(Skinner, Fearrington, & Sorrell, 2010).

9.1.2 읽기와 쓰기 학습

읽기 학습을 위해서는 시각적 처리와 언어적 처리를 연결하여 단어와 텍스트의 의미에 접근해야 한다. 마찬가지로, 단어 철자를 배우고 단어와 문장 쓰기를 배우려면 의미를 도식적 표상과 연결해야 한다. 알파벳 쓰기 체계에서 아동은 문자소가 말소리에 해당한다는 사실을 이해해야 한다. 따라서 시각 및 언어 처리에 전념하는 뇌 회로는 읽기를 지원하도록 변경되어야 한다(Dehaene, 2010).

알파벳 문자를 배울 때, 일반적으로 아동은 단어 맞춤법 표상의 일부와 해당 명칭 사이에 특유의 연관성을 형성하기 시작한다(Frith, 1985). 예를 들어, 아동은 첫 글자의 모양에 따라 dog와 cat을 구별할 수 있다. 이는 dog와 doll 간의 차이를 더 정밀하게 구별하려고 시도할 경우에는 실패하는 전략이다. 이중 z와 같은 두드러진 특징으로 다른 단어(예: pizza)를 인식할 수 있다. 특유의 단서를 사용한 결과, 아동은 시각적 어휘에서 상당한 차이를 보일 것이다. 아동이 접하는 수많은 단어를 고려할 때 아동이 선택하는 시각적 단서가 무엇이든, 결국 이러한 그림 또는 연관 접근법은 기억 자원에 부담을 준다. 단어의 이미지와 명칭 사이의 연관성이 점점 차별화됨에 따라, 직접 읽기 교수법에서 아동은 개별 글자를 소리로 부호화하는 법을 배운다. 이 단계에서 초보 독자에게 전형적으로 나타나는 단어 소리 내어 읽기를 관찰할 수 있다. 알파벳을 외우고 글자 이름을 아는 것이 얼마나 도움이 되는지에 관해서는 논란이 있다. Ehri(1980, 1991)는 글자 이름이 단어 식별의 단서가 될 수 있다고 제안하였다. 예를 들어, 글자 j(jay)는 단어 jail을 재인하는 데 단서 역할을 한다. 다른 연구자는 글자 이름이 음소의 단서로 글자를 사용하는 것을 방해할 수 있기 때문에 b 또는 f와 같은 글자 이름을 배우는 것이 역효과를 가져온다고 주장하였다(Snow, 2004). 예를 들어, bee, tepee, I(Treiman, Tincoff, & Richmond-Welty, 1996)와 같은 일부 단어에 대한 재인은 글자 이름이 도움이 될 수 있지만, 글자 이름은 일반적으로 아동이 cat과 같은 단어를 cee-ay-tee라고 발음하거나, seat를 ct로, cake를 kak와 같은 철자로 쓰려고 할 때 문자소와 음소의 관계를 모호하게 만드는 경향이 있다. 미국 부모와 교사는 글자 이름을 배우는 것이 문해교육의 중요한 기초라고 생각하지만, 영국 유아교육에서는 글자 이름보다는 소리를 강조한다. 흥미롭게도, 생애 초기에는 영국 아동이 미국 아동보다 글자 소리 대응 규칙을 빨리 배우지만, 연령이 증가함에 따라 이러한 이점은 감소한다(Ellefson, Treiman, & Kessler, 2009).

맞춤법에서 알파벳 원리에 대한 아동의 초기 이해는 said에 대한 sed, car에 대한 kr 같은 단어 표현을 산출하기 위해 아동이 글자 소리에 대한 자신의 지식을 사용할 때 분명하게 드러난다(Treiman & Cassar, 1997). 많은 알파벳 언어에서 소리-철자 매핑은 철자-소리 매핑보다 일관성이 떨어지는 경향이 있다. 예를 들어, 독일어에서 모음 /a:/는 a 또는 aa 또는 ah로 철자를 지정할 수 있다. 이와 유사하게 영어에서 단어의 소리 /ki:/는 kea 또는 kee를 key라는 철자로 표시하는 단서 역할을 하지 않는다. 이 때문에, 그리고 철자가 단어 형식의 재인보다는 산출을 요구하기 때문에, 철자 능력은 표층 표기법에서도 읽기 능력과 반드시 관련 있지는 않다(Rayner et al., 2001).

아동이 읽기를 연습함에 따라 글자를 소리로 변환하는 과정이 점점 자동화되어 철자 표상을 해당 단어 명칭과 의미에 빠르게 매핑할 수 있다. 친숙한 단어를 시각적으로 자동 인식하게 되면 아동은 유창성을 습득하기 위해 어휘 경로를 사용할 수 있다(명백한 글자-소리 재부호화를 무시한다). 그러나 이전 절에서 살펴본 바와 같이, 음운 경로는 새로운 단어를 만날 때마다 여전히 중요하다. 또한 어휘가 늘어나면서 새로운 단어와 의미를 식별하기 위해 아동은 형태소 지식에 더 의존한다. 아동은 글자 배열과 형태소 사이의 대응 규칙, 예를 들어 과거 시제 활용 어미 -ed와 파생 활용 어미 -ion, -ian 같은 규칙을 배운다(Nunes & Bryant, 2009). 반복되는 단어 어미를 알게 되면 이는 형태소 인식으로 이어진다. 글자 배열은 서로 다른 단어(과거에 발생한 사건이나 행동과 같은)에 동일한 의미를 전달할 수 있다. 형태소의 일관된 철자는 여러 단어의 발음이 다양한 상황에서 의미의 일관성을 강조한다(talked, towed, folded의 과거 시제 형식과 같이). 마찬가지로, 형태소 -ion과 -ian의 다른 철자는 이러한 접미사가 동일하게 발음됨에도 불구하고 다른 의미를 전달한다는 아동의 인식을 증가시킨다.

여기에서 연구자들은 단어 명칭 연결, 음운 부호화, 형태소 분석 및 직접적 어휘 접근과 같이 읽기 습득의 다른 구성 요소가 기본 능력의 질적 변화를 특징으로 하는 뚜렷한 단계가 있는 것인지(Frith, 1985; Stuart & Coltheart, 1988; Ehri, 1991), 아니면 절차 입력과 언어 출력의 관계를 특징짓는 다양한 요소에 대한 지식의 점진적 증가인 것인지(Perfetti, 1992)에 대해 이론적 접근 방식이 다르다는 점에 주목한다. 단계 이론과 점진적 발달 이론 사이의 논쟁은 다양한 인지 발달 영역에 걸쳐 이론적 측면에서 주목할 필요가 있다(Munakata, McClelland, Johnson, & Siegler, 1997; van der Maas & Raijmakers, 2009). 철자와 관련한 많은 연구에 따르면, 성인뿐만 아니라 아동도 단어 철자, 그리고 음운론, 형태론 및 직접적 어휘 접근과 관련된 다양한 맞춤법 전략의 자기보고식 사용에 변화가 나타남을 보여 주었다(Farrington-Flint, Stash, & Stiller, 2008; Holmes & Malone, 2004; Sénéchal, Basque, & Leclaire, 2006). 개별 아동에 대해 맞춤법 성취 수준을 평가할 때 단어 맞춤법의 변동성은 여전히 높다. 맞춤법 능력의 점진적 변화와, 속도 및 정확성과 같은 요인에 근거한 다른 맞춤법 전략의 적응적 사용의 맥락에서 관찰된 이러한 변동성은 단계 발달 설명과 양립하지 않는 것으로 보인다(Rittle-Johnson & Siegler, 1999).

철자-소리의 일관성과 음절의 복잡성은 언어마다 다르기 때문에 아동이 읽기를 배우는 데 걸리는 시간에도 차이가 있다. 1년의 학교교육 이후 13개 유럽어 학습자의 읽기 능력을 대규모로 비교한 결과, 표층 표기법과 간단한 CV(C) 음절 구조를 가진 언어에서 심층 표기법과 복잡한 음절 구조를 가진 언어보다 읽기 습득이 더 빨랐다(Seymour, Aro, & Erskine, 2003). 예를 들어, 1년의 학교교육 이후 핀란드 아동은 2%,

프랑스 아동은 21%, 스코틀랜드 아동은 66%의 단어 읽기 오류를 보였다. 영어의 경우 핀란드어, 그리스어, 이탈리아어에 비해 같은 수준의 읽기 능력을 습득하는 데 2~3년이 더 걸린다. 일부 연구자는 영어 읽기 학습이 수년 동안의 연습이 필요할 뿐만 아니라 표층 표기 언어의 읽기 학습과는 질적으로 다르다고 제안하였다(Seymour et al., 2003; Ziegler & Goswami, 2005). 맞춤법의 불일치는 영어를 사용하는 아동이 개별 글자(f, s, t), 이중자(th, ck, a_e), 접두사 및 접미사(co-, -ive, -al), 각운(-oap, -one, -ight) 및 총체적 단어(eye, eight, said) 같이 다양한 크기의 다양한 철자법 단위를 활용하도록 요구한다. 동시 발생 패턴에 대한 통계 학습을 통해 아동은 문자소-음소 대응 규칙이 상황에 따라 다르다는 사실을 암묵적으로 학습한다. 예를 들어, 글자 c는 글자 a, o, u 앞에 있을 때(cat, cot, cut)와, 글자 e, i 앞에 있을 때(cell, cite) 다르게 발음된다. 비록 이중자 ea는 cheap, dream, neat에서 음소 /iː/를 나타내지만, thread, dead, head, spread, bread에서와 같이 뒤에 d가 올 경우에는 음소 /e/를 나타낸다. 분할 이중자 e_e와 같은 일부 글자 조합은 athlete, serene, extreme 같이 다음절 단어에서 발생하지만, 단음절 단어에서는 거의 발생하지 않는다. 아동이 시각 어휘에 단어를 축적하면서 이와 같은 동시 발생 패턴을 선택한다. 4장과 5장에서 살펴본 바와 같이, 단어 어미의 주목할 만한 일관성은 굴절 및 파생 접미사 습득에 중요한 역할을 하며, 단어 어미의 일관된 철자는 기본 단어 형성 과정에 추가적인 단서를 제공한다.

9.1.3 문해 교수법

아동에게 단어 읽기와 쓰기를 가르치는 가장 좋은 방법은 무엇인가? 말하기 학습과 달리 읽기 학습은 아동이 자연스럽게 성취하기가 어렵다. 특히 일관성 없는 맞춤법에 직면할 때 더욱 그렇다. 알파벳 쓰기 체계에서 학습자는 철자, 소리, 의미 사이의 매핑을 이해해야 한다. 영어 읽기를 배우는 아동은 인쇄물에 충분히 노출되기만 해도 알파벳 원리와 철자 변환 규칙을 스스로 발견할 수 있다. 다음에서는 주요 교수법을 간단히 살펴본다.

총체적 단어 접근법(whole-word approach): 아동에게 전반적인 모양(시력)을 기반으로 단어를 인식하도록 가르치는 읽기 교수법.

총체적 단어 접근법에서 아동은 단어의 전반적인 모양에 따라 해당 단어를 인식하도록 배운다. 아동은 단어의 윤곽에 초점을 맞추고,

심지어 그 윤곽을 따라가며 단어 형태를 의미와 직접 연결하도록 요청받는다. 앞에서 언급했듯이, 형태에서 직접 의미에 접근하려는 시도는 스크립트에 관계없이 독자가 친숙하지 않은 단어를 읽으려 할 때 의미를 파악할 수 없게 만든다. 총체적 단어 접근법은 중국어와 같이 수천 개의 다른 형식 기호를 기억해야 하는 표의 스크립트 습득에 가장 적합한 것으로 보인다. 흥미롭게도, 20세기에 중국은 문해교육의 초기 단계에서 아동이 철자-소리 변환을 사용하여 책을 스스로 읽도록 병음(Pinyin)이라는 음소 기반 스크립트를 도입하였다.

관련 접근법은 총체적 언어 접근법이다. 이 접근법의 잘못된 이론적 근거는 아동에게 텍스트에 대한 충분한 접근 권한과 즐거운 읽기 기회가 주어진다면 읽기 학습이 자연스럽게 이루어진다는 것이다. 철자와 소리 대응이 별다른 노력 없이 우연히 발견된다고 가정하였다. 이러한 접근법 뒤에는 아동에게 글자-소리 매핑 연습의 지루함을 제거하고, 의미를 파악하는 읽기 목표에 초점을 맞추도록 만드는 강력한 이데올로기가 반영되어 있다. 총체적 언어 접근법의 직관적인 호소력과 교사가 자신의 교육과정을 구성할 자유가 강조되면서 1987년 캘리포니아주에서는 총체적 언어 접근법이 의무교육 표준이 되었다. 몇 년 후, 캘리포니아주 아동의 읽기 능력은 눈에 띄게 떨어졌다(Ehri, Nunes, Stahl, & Willows, 2001).

총체적 언어 접근법(whole-language approach): 아동이 텍스트에 직접 참여하고 상황에 따라 단어의 의미를 추측하도록 격려하는 읽기 교수법.

마지막으로, 발음 중심 접근법은 어떤 단어의 발음을 알 수 있도록 글자를 소리에 매핑하는 방법을 직접적이고 체계적인 방식으로 아동에게 가르친다. 발음 중심 접근법은 승인된 활동—예를 들어, 소리를 내고 혼합하는 활동(종합적 발음 중심 교수법) vs. 소리-글자 관계를 추론하는 활동(분석적 발음 중심 교수법)—뿐만 아니라 글자-소리 대응 교수를 위한 단위의 크기(beak-peak, single letters vs. rimes; Goswami, 1986)에 차이가 있다. 예를 들어, 아동에게 최선의 단어 철자를 가르치는 것과 같은 활동(창안적 철자)은 분석적 접근법을 장려하기 위해 사용되었다(Ouellette & Sénéchal, 2008). 음운 해독은 읽기 습득의 기초가 되는 가장 성공적인 원리로 밝혀졌다(Share & Stanovich, 1995). 읽기의 정확성에 대한 서로 다른 교수법의 효과를 비교한 소수의 실험연구를 메타분석한 결과, 총체적 단어 접근법과 총체적 언어 접

발음 중심 접근법(phonics approach): 아동에게 말소리와 글자 및 문자 조합을 연결하도록 가르치는 읽기 교수법.

종합적 발음 중심 교수법(synthetic phonics): 소리와 소리의 혼합을 강조하는 문해 교수법.

분석적 발음 중심 교수법(analytic phonics): 학습자가 글자를 해당 소리와 연결하도록 하는 문해 교수법.

음운 해독(phonological decoding): 음운 재부호화로도 불림. 인쇄된 기호를 단어의 소리 패턴으로 전환하기 위한 읽기에서의 문자소-음소 전환 규칙 사용.

근법에 비해 발음 중심 교수법의 이점이 드러났지만, 발음 중심 교수법의 여러 변형된 유형 사이에 유의한 차이는 없었다(Ehri et al., 2001; Torgerson, Brooks, & Hall, 2006). [그림 9-3] 참조. 이러한 결과는 영어에 대한 실험 결과라는 점을 명심해야 한다. 철자와 소리의 일관성이 높은 철자법의 경우 교수법은 별로 중요하지 않은 것으로 보인다. 총체적 언어 접근법을 사용하더라도 핀란드어, 그리스어 같은 일관된 철자법을 배우는 아동에게는 이점이 지속된다(Ziegler & Goswami, 2005). 즉, 표층 표시를 습득할 때 아동은 일관된 철자-소리 대응을 스스로 발견할 가능성이 더 높다.

유능한 독자가 단어를 글자보다 더 빨리 인식한다는 사실에 비추어 볼 때, 영어에 대한 발음 중심 접근법의 교육적 이점은 처음에는 역설적으로 느껴진다(Cattell, 1886). 그러나 세밀한 실험 결과, 유능한 독자가 단어의 발음에 쉽게 접근할 수 있었다. 예를 들어, "Is it a flower?"와 같이 다음에 제시될 단어가 무엇인지 질문할 경우, 유능한 독자는 rose와 같은 단어에 긍정적으로 반응할 뿐만 아니라 때때로 **동음이자**, 즉 rows와 같이 동일한 발음의 단어에도 반응한다(Van Orden, Johnston, & Hale, 1988). 이는 고도로 숙련된 읽기에서도

동음이자(homophones): 다른 단어와 발음은 동일하지만, 의미는 다른 단어[예: bank(of a river)와 bank(financial institution)].

그림 9-3 아동은 특히 발음과 철자의 매핑이 일치하지 않을 때 명시적인 발음 중심 교수법에 의해 이점을 얻는다.

출처: © zulufoto, Shutterstock의 라이센스 사용 허락.

음운 경로가 일부 관련이 있음을 보여 주는 명백한 증거이자, 발음 중심 교수법 사용의 중요성을 강조하는 결과이다. 글자를 소리로 재부호화하는 기본 원리를 이해하지 못하면 독자는 희소하고 새로운 단어를 처리하는 데 어려움을 겪게 된다.

발음 중심 교수법은 읽기 수업에 도움이 되지만, 아동이 정확한 철자를 사용하도록 돕는 데는 충분하지 않다. 글자 이름을 모음과 자음에 연결한 결과 중 하나는 많은 영어 사용 아동이 영어 모음이 a, e, i, o, u라는 잘못된 인식을 갖게 되고, 영국 영어의 21개 모음 소리(미국 영어의 15개 정도의 모음 소리)에 대한 상위인지 인식이 거의 없다는 점이다. 이로 인해 아동은 분할 이중자(hope에서 o_e)인 e가 이전 모음의 발음에 영향을 미치는 방식을 고려하지 않고, e를 발음되지 않는 묵음으로 간주한다(Nunes & Bryant, 2009). 마찬가지로, 이중어가 이전 모음의 발음에 어떤 영향을 미치는지 고려하지 않고, ff 또는 tt와 같은 이중어를 자음의 대안적 철자로 보는 경향이 있다. 흥미롭게도, 아동은 이중어의 기능을 습득하기 이전에 단어에서 이중어의 분포를 배운다. Treiman(1993)은 초등학교 입학 첫해 말에 아동이 이중어가 단어의 시작 부분(bbotle, ffus)이 아닌 단어의 가운데 또는 끝 부분에 있으며(예: bottle, fuss), 특정 자음은 이중어로 표시되지만(예: f, l, m, p, r, s, t) 다른 자음은 그렇지 않다는 사실을 이해하였음(예: h, j, k, v, x, y)을 발견하였다. 아동의 맞춤법 제한에 대한 인식은 통계 학습 과정을 통해 시각적 어휘를 구축할 때 허용되는 글자 배열을 아동이 학습한다는 사실을 시사한다.

이중어(doublets): 중복된 글자(예: dress에서 ss).

맞춤법 규칙에 대한 빠른 학습과는 달리, 아동은 이중어가 이전 모음의 발음에 영향을 미친다는 사실을 11세 이전에는 거의 인식하지 못한다(Cassar & Treiman, 1997). 아동이 맥락에 따라 달라지는 조건부 철자법 규칙을 배우려면 명시적 교수법이 필요하다. 예를 들어, 아동은 hop → hopping, hope → hoping과 같은 굴절 패턴을 배운다. 그리고 begging, sitting, riding과 같이 다른 동사 형식의 이중 자음 분포를 예측해야 한다. 아동은 형태론이 주는 명시적 교수법의 혜택을 받는다(Bower et al., 2010; Deacon, Kirby, & Casselman-Bell, 2009; Nunes & Bryant, 2006). 접두사와 접미사는 단어 철자, 발음, 음운 인식, 어휘 크기 및 비언어적 지능과 같은 다른 변인의 효과를 뛰어넘어 맞춤법의 성취를 향상시킨다. 다른 접미사(예: vegetable, vegetation, vegetarian)의 대조적인 의미적 효과에 아동의 주의를 유도하고, 조건부 철자 규칙을 아동에게 가르치는 구조화된 활동을 통해 아동은 형태소 인식을 발달 형태소 인식(morphological awareness): 언어의 형태론에 대한 명백한 인식 또는 지식(접두사와 접미사가 새로운 단어 형식을 수정하고 만드는 데 사용되는 방법에 대한 인식).

시킨다[예: 접미사를 추가할 때 y를 i로 바꾸기(silly → silliness, silliest), 접미사가 모음으로 시작할 때 e만 삭제하기(excite → exciting, excitable, excitement)].

9.2 문해는 언어 발달에 어떤 영향을 미치는가

9.2.1 문해와 음운 인식

아동은 읽기를 배우는 시점에 여전히 언어도 배우고 있으므로 읽기는 그 자체로 언어 발달을 조성하는 잠재력을 가진다. 언어 발달과 읽기가 서로 영향을 미치는 분야 중 하나는 음운론이다. 2장에서는 영아가 모국어의 음운 차이를 발견하는 방법에 대해 살펴보았다. 그 후, 아동의 어휘가 확장됨에 따라 단어의 소리 패턴 사이에 더 미묘한 차이를 식별하는 법을 배운다(Jusczyk, 1992). 결과적으로, 아동의 음운 인식 능력이 발달한다. 아동에게 단어의 음절 구조에 손뼉을 치거나 손가락을 두드리도록 요청함으로써(Liberman, Shankweiler, Fischer, & Carter, 1974), 또는 doll, hop, pop과 같은 세 단어를 제시하고 아동에게 어떤 단어가 이상한지 질문함으로써(Bradley & Bryant, 1983) 음운 인식 실험을 진행하였다. 아동은 먼저 음절과 두운 및 각운 같은 음절의 구성 요소 또는 일본어의 단음절과 같은 소리의 큰 단위 내에서 차이를 인식하였다(2장 참조). 일부 연구자는 다르게 주장했지만(Duncan, Seymour, & Hill, 1997), 아동의 음운 인식을 지배하는 소리의 단위는 언어의 구조에 의존한다.

음운 인식(phonological awareness): 단어가 더 작은 소리 단위로 구성되어 있다는 명시적 인식 또는 지식.

대부분의 5세 또는 6세 아동은 아직 음소 인식을 하지 못한다. 예를 들어, 아동에게 lapsed 또는 faxed 같은 단어의 네 번째 소리(두 경우 모두 s)를 삭제하도록 요청하거나, rich 또는 pitch 같은 단어에 얼마나 많은 소리가 포함되어 있는지(각각 3개)를 질문함으로써 음소 인식 실험을 진행하였다. 영아가 /ba/ 및 /pa/와 같은 음소를 구별하는 것(Eimas, Siqueland, Jusczyk, & Vigorito, 1971)이 개별 음소를 인식할 수 있다는 의미는 아니다. 오히려 글자를 읽고 쓰지 못하는 개인이 소리 삭제와 같은 음소 인식 과제에 실패한다는 사

음소 인식(phonemic awareness): 의미를 전달하는 가장 작은 소리 단위에 대한 명시적 인식 또는 지식.

실에서 알 수 있듯이, 음소 인식은 읽기 학습의 결과로만 출현한다(Castro-Caldas, Miranda, Carmo, Reis, Leote, Ribeiro, et al., 1999; Lukatela, Carello, Shankweiler, & Liberman, 1995; Morais, Cary, Alegria, & Bertelson, 1979). 음운 인식과 읽기 습득은 서로 영향을 미친다. 알파벳 원리를 이해하려면 음운 인식이 일부 필요한 반면, 읽기 습득은 소리의 단위, 특히 음소에 대한 인식을 증가시킨다(Scribner & Cole, 1981). 이러한 상호 관계 때문에 읽기교육 시작 이전의 음운 인식은 읽기 성취를 예측한다(예: Bradley & Bryant, 1983; Stuart & Masterson, 1992). 핀란드어, 그리스어와 같이 일관된 표층 표기 언어에서 읽기를 배우는 아동은 음소 인식이 빠르게 발달한다(Goswami, 2002). 결과적으로, 읽기교육 시작 이전의 음소 인식은 영어와 같이 일관성이 없는 심층 표기 언어에서 읽기를 배우는 아동의 읽기 속도와 정확성을 훨씬 더 강력하게 예측하였고(Ziegler, Bertrand, Tóth, Csépe, Reis, Faísca, et al., 2010a), 중국어 표의문자 스크립트의 읽기 성취를 예측하였다(McBride-Chang & Kail, 2002). 요약하면, 읽기는 언어의 소리 패턴 인식에 의존하고 이를 더욱 발달시킨다.

9.2.2 문해와 문법 발달

문자언어는 풍부한 어휘(사용하지 않는 단어의 수가 더 많음)와 복잡한 문법 구문을 포함한다는 점에서 음성언어와 매우 다르다(Cunningham & Stanovich, 1998). 결과적으로, 텍스트에 대한 노출은 문법 발달에 도움이 된다. 아동의 이야기책에서도 문장은 구어에서 보다 더 길고, 더 많은 절을 포함하고, 완전 수동태와 같은 구문 유형(예: "His arms and legs were jointed and joined by wire so that his china elbows and china knees could be bent, giving him much freedom of movement."; Dicamillo, 2006, p. 1)은 드물게 나타난다. 성인을 대상으로 한 최근의 연구에 따르면, 교육 수준이 높은 성인이 교육 수준이 낮은 성인보다 희귀한 구문 유형에 대한 이해력이 더 우수한 것으로 밝혀졌다(Dabrowska & Street, 2006; Street & Dabrowska, 2010). 이 연구에서 발견된 중요한 사실은 자기보고식으로 응답한 여가용 읽기에 소비한 시간이 가역적 수동태 문장(예: "The girl was hugged by the boy.")과 보편적 수량사 포함 문장(예: "Every dog is in a basket.")의 이해와 밀접한 관련이 있었다는 점이다. 5장 참조. 이러한 이점은 형태론에도 적용된다. 폴란드어, 러시아어, 리투아니아어와 같이 어미 활용이 풍성한 언어 텍스트에는 구어보다 다양한 변형이 포함된다. 따라서 어휘가 풍부한 폴란드어의 경우 교육 수준이 높은 성인이 교육 수준이 낮은 성인보다 새로운 명사에 활용 패턴을 더 정확하게 일반화하였다(Dabrowska, 2008). 이러한 결과는 평생의 읽기 습관이 성인의 모국어 성취에서 실질적인 개인차에 기여한다는 점을 시사한다(Chipere, 2003 참조). 문법 지식의 이러한 개인차는 어린 시절부터 나타나며, 아동의 글쓰기 능력을 예측한다(Beers & Nagy, 2011).

9.2.3 문해와 어휘 발달

미국 아동은 약 5,000단어의 어휘를 가지고 정규 학교교육을 시작한다(〈표 9-1〉; Anglin, 1993; Beck & McKeown, 1991). 학교교육이 끝나는 시점에서는 이 숫자가 4~10만 단어로 늘어나는데(Nagy & Anderson, 1984), 이는 주로 읽기에 의한 증가이다(단어 지식의 개별 차이를 평가하는 데 사용되는 기술은 〈방법론 상자 9-1〉 참조). 18세에 이러한 단어 크기를 달성하기 위해 아동은 학교교육 기간 동안 매일 8~22개의 새로운 단어를 습득해야 한다! 아동은 읽기를 통해 하루에 22개 또는 8개의 새로운 단어를 어떻게 배울 수 있는가? Anglin(1993)은 모국어에서 사용되는 단어 형성의 형태소 패턴을 아동이 더 많이 알수록 아동의 어휘가 증가한다고 제안하였다(예: swim → swimmer, mind → mindful; 추가 논의는 4장 참조). 형태소 습득은 아동이 텍스트에서 형태소가 복잡한 단어(예: instructive, lengthened, unbearable)를 처음 접하고 그 단어의 의미를 유추하는 데 도움이 된다. 따라서 아동이 자신의 어휘력을 키우는 동안 읽기 이해 능력과 읽기 유창성도 향상된다(Deacon & Kirby, 2004; Nagy, Berninger, & Abbott, 2006). 음운론 규칙에 대한 음운 인식과 지식이 초기 읽기 발달을 촉진한다는 점에 주목해야 한다. 굴절 및 파생 패턴에 대한 형태소 인식은 아동기 중기와 청소년기에 점점 더 중요한 요소가 되며, 이러한 다른 요인들의 영향을 넘어선다(Berninger, Abbott, Nagy, & Carlisle, 2010; Nagy et al., 2006; Roman, Kirby, Parrila, Wade-Woolley, & Deacon, 2009). 형태소 인식은 문자소-음소의 대응 규칙을 무시하는 walked, magician 같은 다중 형태소 단어에 대한 맞춤법 전략을 제공함으로써 아동의 맞춤법 향상에 직접적으로 기여한다(Deacon et al., 2009; Nagy et al., 2006). 철자 패턴에 대한 지식은 연상 기억 효과를 통해 어휘를 증가시킨다. 단어의 맞춤

방법론 상자 9-1 성인의 어휘 지식 측정하기

생애 초기 이후 개인의 어휘 크기를 정확하게 결정하는 것은 불가능하다. 그러나 축약되지 않은 사전에서 대표 단어 샘플을 선택하고, 이 샘플로 개인에게 검사를 실시한 다음, 알려진 단어의 비율에 사전의 총 단어 수를 곱하여 추정값을 얻을 수 있다. 이것이 이 장에서 언급된 4~10만 단어의 추정치에 도달한 방법이다. 그러나 이러한 추정치는 단어로 간주되는 항목의 정의에 따라 크게 달라진다. 또한 실험 결과는 편향될 수 있다. 참여자는 자신이 알고 있는 단어를 과장할 수도 있고, 반대로 지나치게 보수적일 수도 있다.

이 문제를 극복하기 위해 일부 연구자는 참여자들에게 단어 목록과 비단어 목록을 만들고, 그들이 아는 단어를 식별하도록 요청한다. 이 방법은 다른 사람들의 상대적(절대적이지 않은) 어휘 크기에 대한 추정치를 제공한다. 다음 목록에 예가 제시되어 있다(West, Stanovich, & Mitchell, 1993). 목록을 검토하고 여러분이 알고 있는 단어를 확인해 보자(해답은 이 상자의 끝에 제시되어 있다).

1. *inflect*	15. *optimise*	29. *arrate*
2. *eventuate*	16. *purview*	30. *metenetion*
3. *audible*	17. *gustation*	31. *reportage*
4. *concurrent*	18. *sheal*	32. *disconcert*
5. *litany*	19. *nuance*	33. *neotatin*
6. *ceiloplaty*	20. *fusigenic*	34. *epicurean*
7. *suffuse*	21. *comectial*	35. *nitrous*
8. *waterfowl*	22. *asinine*	36. *substratum*
9. *connote*	23. *reverent*	37. *confluence*
10. *sparkhouse*	24. *tradured*	38. *denotation*
11. *ubiquitous*	25. *rochead*	39. *unction*
12. *absolution*	26. *nonquasity*	40. *wanderlust*
13. *ineffity*	27. *irksome*	
14. *polarity*	28. *hyplexion*	

정확하게 식별한 단어의 단순 비율이 편향될 수 있기 때문에(당신이 보수적인 사람이라면 단어를 적절하게 사용할 수 있지만 완전한 정의를 제공할 수 있는 단어만 체크할 것이다), 또한 편향되지 않은 단어 지식을 측정하기 위해서는 잘못된 경고의 수를 고려하고 판별성 지수(d') 또는 비모수적 아날로그(A')와 같은 민감도 측정값을 계산하는 것이 가장 좋다[이러한 측정값에 대한 자세한 설명은 신호 탐지 이론(Signal Detection Theory)에서 찾을 수 있다]. 물론 이것은 어휘 크기를 추정하는 것이 아니라 어휘 지식을 다른 사람들의 어휘와 비교할 수 있게 해 준다. 정답인 비단어는 6, 10, 13, 18, 20, 21, 24, 25, 26, 28, 29, 30 및 33이다.

〈표 9-1〉 읽기는 희소한 단어에 노출되어 어휘가 쌓인다. 텍스트와 말소리를 비교하면 텍스트에 훨씬 더 다양한 어휘가 포함되어 있다.

	희소한 단어 백분율 (가장 일반적인 영어 단어 유형 1만 개 목록 이외)	일반적 단어 백분율 (가장 일반적인 영어 단어 유형 5,000개 목록 이내)
텍스트		
논문 초록	12.8	70.3
신문	6.8	84.3
대중잡지	6.6	85.0
성인용 책	5.3	88.4
만화책	5.4	88.6
아동용 책	3.1	92.3
유아용 책	1.6	94.1
TV		
시청률 높은 시간대의 성인용 프로그램	2.3	94.0
시청률 높은 시간대의 아동용 프로그램	2.0	93.3
성인 말소리		
전문가 증언	2.8	89.9
대학생의 친구/가족과의 대화	1.7	93.9

출처: Cambridge University Press의 허락하에 Hayes, D. P., & Ahrens, M. G. (1988). Vocabulary simplification for children: A special case of 'motherese'? *Journal of Child Language, 15*, 395-410에서 인용.

법을 기억하는 것은 그 의미와 발음에 대한 기억력을 증진시킨다(Ehri & Rosenthal, 2007; Rosenthal & Ehri, 2008).

아동은 책을 읽는 동안 처음으로 접한 단어의 의미를 바로 이해하지는 못한다. 오히려 아동이 다양한 사용 맥락에서 여러 번 단어를 접하면서 단어에 대한 이해가 점차 발달한다. 이는 4장에서 설명한 느린 매핑 과정이다. 몇몇 연구자는 텍스트에서 단어의 동시 발생 패턴을 탐색함으로써 새로운 단어와 그 의미를 암묵적으로 학습하는 과정을 모델링하려고 시도하였다(Landauer & Dumais, 1997; Lund & Burgess, 1996). Landauer와 Dumais(1997)는 잠재 의미론 분석(LSA)이라는 수학적 모델을 도입하여 인쇄물에서 대량의 입력으로 작동하는 통계 학습 기제가 독자의 어휘를 어떻게 확장시킬 수 있는지를 설명하였다. LSA에서 행렬은 맥락을 나타내는 열(텍스트의 줄)과 개별 단어를 나타내는 행으로 구성된다. 특정 텍스트 구절에서 특정 단어의 발생

잠재 의미론 분석(latent semamtic analysis: LSA): 많은 양의 텍스트에서 작동하는 통계 학습 기제가 어휘를 배우는 방법을 설명하는 데 사용되는 수학적 모델. 근본적인 가정은 밀접한 관련이 있는 단어가 텍스트에서 서로 가깝게 발생한다는 것.

빈도에 대한 정보가 행렬의 각 셀에 포함되며, 시간이 지남에 따라 누적된다. 이러한 정보는 어떤 측면에서 단어의 의미를 추론하는 데 유용한가? 동일한 텍스트 구절에서의 단어 발생 빈도가 의미의 관련성을 반영한다는 의도이다. 예를 들어, salt, pepper와 같이 의미상 밀접한 단어는 동일한 문장(예: cookbook)에서 나타날 가능성이 높지만, 의미상 전혀 관련이 없거나(예: theorem, butter) 거의 동의어(예: couch, sofa)에 해당하는 단어는 그렇지 않다. 모든 단어의 의미 유사성에 대한 올바른 추정치에 도달하려면 단어가 원래 행렬(단어 수, 구절 수)에 표시되는 공간 차원을 줄여야 한다. 차원 축소에 사용된 특정 수학적 방법은 지금의 주장과는 관련이 없다. 중요한 것은 이 과정의 결과로 단어가 k차원 공간에서 벡터로 표현되고, 이들 벡터 사이의 유사성이 계산될 수 있다는 것이다. 동일한 공간 차원에 모든 단어를 표현하면 LSA가 공간의 동시 발생 정보에서 단어의 전체 의미 관계를 추론할 수 있다. 결정적으로, 의미 표상(예: Collins & Quillian, 1969)을 위한 의미적 특성(예: Colins & Quillian, 1969)의 선험적(선천적) 집합을 가정하는 이론과 달리, LSA에서는 단어가 표현되는 차원이 통계 학습의 결과로 나타난다.

텍스트의 동시 발생에서 단어 의미를 습득하는 데 기초가 되는 암묵적 학습 과정은 명시적 교육으로 촉진될 수 있다. Clarke, Snowling, Truelove와 Hulme(2010)은 무선 통제 실험을 통해 단어가 여러 맥락에서 소개되고 실행되는 경우, 새로운 단어를 명시적으로 가르칠 때 읽기 수준이 낮은 독자의 읽기 이해 능력이 향상되었음을 보여 주었다. 이러한 결과는 명시적 교육이 음향학, 형태론, 어휘 및 읽기 이해 능력이 낮은 독자에게 도움이 된다는 사실을 보여 주는 다른 연구를 뒷받침한다(예: Coyne, Simmons, Kame'enui, & Stoolmiller, 2004; Foorman, Francis, Fletcher, Schatschneider, & Mehta, 1998; Tsesmeli & Seymour, 2009). 독립적 읽기가 어려운 대다수의 아동에게는 명시적 학습이 매우 중요한데, 이들에게는 스스로 새로운 어휘를 습득하고 문해 기술을 키울 수 있는 기회가 별로 없다.

9.2.4 문해의 개인차 확대

영어 읽기를 배우는 아동의 읽기 능력은 학교 입학 첫해에 극적인 차이가 나타난다. 예를 들어, 2개월의 읽기 교수 후에 읽기 이해 능력이 가장 높은 아동은 읽기 회기당 평균 12개 단어를 읽는 반면, 읽기 이해 능력이 가장 낮은 아동은 단어를 전혀 읽지 못한다. 8개월의 읽기 교수 후에 읽기 능력이 높은 집단은 회기당 평균 81개 단어를 읽는 반면, 읽기 능력이 낮은 집단은 32개 단어만 읽는다(Biemiller, 1977/1978). 읽기 유창성의 개인차로 인해 학교에서 아동에게 노출되는 텍스트의 양에는 엄청난 차이가 있다. Nagy와 Anderson(1984)은 평균적인 중학교 독자가 100일 동안 50~100만 단어에 이르는 텍스트를 접하는 반면, 열성적인 독자는 이 기간 동안 1,000만 단어에 이를 수 있다고 추정하였다. 결과적으로, 독서량에는 상당한 개인차가 있다. 아동의 독서량을 측정하기 위해 많은 연구에서 제목 재인 검사(Title Recognition Test; Cunningham & Stanovich, 1990)를 이용했는데, 이 검사에서는 아동이 동일한 수의 제목이 포함된 제목 목록에서 아동용 책의 제목을 선택해야 한다. 이러한 측정을 통해 연구자들은 특정 아동의 인쇄물 노출의 상대적인 양(다른 아동 대비)을 추정할 수 있지만, 실제 독서량에 대한 추정치는 제공하지 못하였다.

초기 읽기의 성공은 분명히 읽기에 대한 동기 부여에 영향을 미친다. 만약 읽기가 느리고 힘들다면, 아동은 의미와 즐거움을 위해 읽기를 하려는 경향이 줄어들 것이고, 결과적으로 아동의 인쇄물에 대한 노출을 제한할 것이다. 게다가 즐거움을 위해 더 많은 시간을 소비하는 사람들은 그렇지 않은 사람들보다 어휘가 더 증가하고(West, Stanovich, & Mitchell, 1993), 더 많은 양의 백과사전적 또는 사실적 지식을 습득한다(Stanovich & Cunningham, 1993). 불행하게도, 아동이 학교 밖에서 책을 읽는 데 보내는 실제 시간의 추정치는 다소 암울하다(Dreher & Baker, 2003). 예를 들어, 여름휴가 기간에는 많은 아동이 학교 밖에서 책을 거의 읽지 않는다. 따라서 읽기 유창성, 어휘 크기, 읽기 동기 간의 상호 관계는 일부 아동에게는 유익하고 전문적인 지식의 습득으로 이어지고, 다른 아동에게는 학업 성취로 이어진다(Reschly, 2010; Stanovich, 1986; Walberg & Tsai, 1983).

초기 읽기 교수에서의 작은 능력 차이가 시간이 지나면서 증폭되는 경향이 있다. 이것은 '빈익빈 부익부 효과(Rich-Get-Richer effect)'(Stanovich, 1986)로 설명된다. 빈익빈 부익부 효과는 어휘 지식, 음운 인식 및 읽기 기술 간의 상호 관계로 인해 발생한다. 유아기부터 어휘가 더 많은 아동은 다양한 수준의 음운 정보를 추출할 수 있는 더 큰 데이터베이스를 가진다. 예를 들어, cat, fat, mat, bat, rat, sat, hat, flat, gnat 같이 -at로 끝나는 많은 단어를 알면 기본적인 각운 구조를 쉽게 찾을 수 있다. 따라서 읽기 초기의 어휘 크기는 음운 인식을 촉진함으로써 읽기 기술에 영향을 미친다. 결국 단어를 해독하는 기술은 어휘 크기를 증가시킨다. 어휘 지식이 증가하면 읽기에 더 많은 영향을 미친다. 아동의 어휘가 클수록 부분적으로 해독된 단어를 추측하고, 문맥을 사용하여 도전적인 텍스트에서 단어의 의미를 유추하는 데 성공할 가능성이 크다(Nagy, 1988; Stanovich, 1986). 이 효과는 영어와 같이 일관성이 낮은 철자법에서 훨씬 크게 나타나는데, 영어의 경우 문자소-음소 재부호화의 기본 원리를 습득하는 데 몇 년이 걸린다(Hanley, Masterson, Spencer, & Evans, 2004). 또한 읽기가 유창해지면 어휘 지식이 더욱 중요해진다. 결국, 어휘 경로를 통해 의미에 직접 접근하는 것은 친숙한 단어에만 효과가 있다.

독서량의 개인차가 인지 영역과 학문 영역에 걸쳐 폭넓은 영향을 미친다는 증거가 최근 들어 많이 제시되었다. 최근 99건의 연구를 메타분석한 결과(Mol & Bus, 2011), 인쇄물 노출이 읽기 이해, 기술적 읽기 및 맞춤법, 학업 성취도에 중간 정도에서 강한 정도까지 영향을 미치는 것으로 나타났다(독립적인 여가용 읽기뿐만 아니라 부모-자녀 이야기책 읽기까지 포함). 흥미롭게도, 미국의 초등학교 1학년생의 경우 일반 지능은 읽기 능력과 약한 상관관계가 있었는데, 이는 지능이 아동이 얼마나 빨리 읽기를 배우는지를 잘 예측할 수 없음을 시사한다. 그러나 5년이 지나서 6학년 시기에 읽기 능력과 지능의 상관관계가 훨씬 강해진다는 사실은 아동기 중기의 읽기가 다른 인지 능력을 조성한다는 점을 시사한다(Stanovich, Cunningham, & Feeman, 1984).

9.3 일부 아동이 읽기에 어려움을 겪는 이유는 무엇인가

9.3.1 발달적 난독증

산업사회에서 읽기 능력의 차이는 학업 성취에 중요한 영향을 미치지만, 문해 습득 초기에 나타나는 개인차는, 이전 절에서 살펴본 바와 같이, 인지 발달과 학업 성취에 대한 영향으로 증폭되는 경향이 있다. 이는 특히 적절한 교육과 정상 범위에 속하는 지능 점수에도 불구하고, 읽기 학습에 지속적인 문제가 있는 아동에게는 특히 치명적이다. 이러한 상태를 **발달적 난독증**이라고 하는데, 이는 뇌 손상으로 인한 후천적 난독증과는 다르다. 국제난독증협회(International Dyslexia Association)에서는 난독증을 특정 언어 기반 학습장애로 정의하는데, 이는 신경생물학적으로 일반적인 학습장애와 대조를 이룬다. 정확하거나 유창한 단어 인식(읽기)에 어려움이 있고, 철자법 및 해독 능력이 뒤떨어지는 점이 발달적 난독증의 특징이다. 이러한 결함은 다른 인지 능력, 효과적인 교수법 제공, 동기 부여와 관련하여 예상치 못한 것이다. 이차적 결과에는 어휘 발달 및 배경지식의 성장을 방해하는 읽기 이해의 어려움 및 읽기 경험의 부족이 포함된다(Lyons, Shaywitz, & Shaywitz, 2003). 발달적 난독증은 가족력에 의해 발생하며(Raskind, Hus, Berniger, Thomson, & Wijsman, 2000; Scarborough, 1990b), **유전자 연관** 연구는 장애와 관련된 게놈의 특정 영역을 규명하기 시작하였다(Grigorenko, 2001). 영어 사용 아동의 난독증 유병률 추정치는 6~9%(Shaywitz, Shaywitz, Fletcher, & Escobar, 1990)에서 10~15%까지 다양하다(Vellutino, Fletcher, Snowling, & Scanlong, 2004). 10장에서 살펴보겠지만, 약 7%의 아동이 언어 발달에서 임상적으로 심각한 장애를 보이며, 지적장애, 뇌 손상 또는 뇌질환의 증거가 없는 경우에는 **단순언어장애(SLI)**로 진단받는다. SLI와 난독증은 유사한 패턴의 가족력을 보이며, SLI 아동의 약 50%가 난독증을 앓고 있다(McArthur, Hogben, Edwards, Heath, & Mengler, 2000; Tomblin, Zhang, Buckwalter, & Catts, 2000). 읽기를 위해서는 해독 기술과 언어 이해력이 모두 필요하다는 점을 고려할 때, SLI 아동의 경우 해독 기술은 문제가 없더라도 읽기 이해력이 낮을 수 있다(Hulme & Snowling, 2011). 최근 연구에 따르면, 읽기 이해력이 낮은 아동의 35%가 기본적으로 언어장애를 가지고 있었다(Nation, Clark, Marshall, & Durand, 2004; Nation, Cocksey, Taylor, & Bishop, 2010).

> 발달적 난독증(developmental dyslexia): 정상 범주 내의 적절한 교육과 지능 점수에도 불구하고 읽기와 쓰기를 배우는 데 지속적인 문제가 있는 상태.

> 유전자 연관(genetic linkage): 동일한 염색체에서 서로 가까이 위치한 유전자가 함께 유전되는 경향. 연결된 유전자 세트의 확인은 종종 특정 발달장애 및 질병과 관련된 개별 유전자를 찾는 데 중요한 단계임.

9.3.2 발달적 난독증의 가능한 원인

Samuel Orton(1925)은 읽기장애에 대한 선구자적 연구에서 난독증의 원인이 반구 지배력의 부족, 즉 좌반구가 언어 처리에 지배적이지 못하기 때문이라고 제안하였다(언어 처리의 신경 기반에 관한 자세한 내용은 12장, SLI의 신경 기반에 대한 자세한 내용은 10장 참조). 비정상적인 신경 조직 때문에 난독증 독자가 b와 d 같은 대칭 글자를 혼동하고, 단어에서 글자 순서의 위치를 바꾼다고 주장하였다. 또한 다른 가설은 난독증이 언어 처리의 맥락 내에서 또는 맥락 외에서 짧은 지속시간의 청각 자극 처리에 어려움을 겪는다는 것이다(Tallal, 1980). 따라서 난독증 아동은 음성 신호에 포함된 빠르게 변화하는 청각 신호에 응답하지 못하는데, 이는 음운 표상의 발달에 부정적인 영향을 미친다. 보다 최근에 Goswami와 동료들(Goswami, Thomson, Richardson, Stainthorp, Hughes, Rosen, et al., 2002)은 난독증 아동이 언어에서 리듬과 음절을 감지하는 데 중요한 빠른 진폭 변동(음향의 변화가 얼마나 빨리 일어나는지)의 탐지에 어려움을 보인다는 사실을 발견하였다. Tallal과 Piercy(1973a, 1973b, 1974, 1975)는 난독증 아동과 일반적인 언어장애가 있는 아동의 중복 증상을 초기에 인식하고, 발달적 실어증(SLI를 1970년대에 부르던 명칭)의 원인으로 청각 처리의 근본적인 결함을 제안하였다. 이에 대한 자세한 내용은 10장 참조.

오늘날 난독증에 대해 가장 널리 알려진 견해는 난독증이 음운 처리의 결함, 즉 단어를 구성 요소인 소리로 분절하는 능력과 문자소를 음소에 매핑하는 기능이 손상되었다는 주장이다(Grigorenko, 2001; Mody, Studdert-Kennedy, & Brady, 1997; Shaywitz & Shaywitz, 2005; Vellutino et al., 2004; Ziegler, Pech-Georgel, Defau, & Grainger, 2010b). 음운 처리의 결함은 심층 표기를 사용하여 언어 읽기를 배우는 아동에게 더 문제가 된다. 문자소와 음소 사이의 일관된 매핑이 없으면, 기본 소리 단위의 발견이 모호해진다. 놀랍게도, 난독증의 유병률은 언어마다 크게 다르며, 핀란드어, 그리스어, 이탈리아어와 같이 표층 표기를 사용하는 언어를 배우는 아동에게서는 거의 보고되지 않았다. 이로 인해 많은 학자와 교육자는 난독증이 영어와 같이 일관되지 않은 철자-소리 대응의 쓰기 체계에 유일한 것인지, 그리고 난독증이 그러한 쓰기 체계의 복잡성에 대처하기 위해 고군분투하는 아동을 위한 의학적 진단명인지에 대해 의문을 제기하였다. 그러나 이탈리아 성인의 대규모 표본을 대상으로 연구한 결과, 프랑스어나 영어 난독증처럼 읽기 능력이 손상되지는 않았지만, 정상적인 이탈리아 독자와는 현저히 다른 소규모 하위집단이 존재하는 것으로 나타났다(Paulesu, Demonet, Fazio, McCrory, Chanoine, Brunswick, et al., 2001). 또한 이들을 대상으로 실시한 fMRI 검사 결과, 프랑스어 및 영어 난독증과 유사하게 좌반구 측두엽에서의 활동이 감소하는 패턴을 보여 주었다. 이러한 결과는 난독증의 신경생리학적 기초가 문화와 쓰기 체계에 걸쳐 동일하게 나타나지만, 일관되지 않은 철자법을 가진 언어에서는 그 결함이 더 심각하게 드러난다는 사실을 시사한다. SLI처럼 난독증(10장 참조)이 이질적인 질환임을 지적하는 것이 중요하다(Reid, Szczerbinski, Iskierka-Kasperek, & Hansen, 2007; Ramus, Rosen, Dakin, Day, Castellote, White, et al., 2003). 난독증이 있는 일부 개인은 시각 처리에 결함이 있는(Eden, Van Meter, Rumsey, Maisog, Woods, & Zeffiro, 1996) 반면, 다른 사람들은 음운 처리의 결함뿐만 아니라 운동 기술 학습 및 균형에도 결함이 있다(Brookes, Tinkler, Nicolsort, & Fawcett, 2010; Stoodley, Harrison, & Stein, 2006). 후속 연구에서는 의심할 여지 없이 이러한 질환의 핵심에 있는 다양한 원인이 다양한 쓰기 체계의 특징과 어떻게 상호작용하는지에 대한 통찰력을 확인할 수 있다.

요약

- 문자 사용 사회에서 공동체 생활에 참여하려면 읽고 쓰는 능력이 필요하다. 문해 습득을 지원하는 가정 문해 환경은 양육자에 따라 다양하게 제공된다.
- 읽기 속도는 언어의 철자 패턴이 언어의 소리 패턴에 얼마나 일관되게 매핑되는지에 달려 있다. 문해 습득은 이탈리아어와 같이 문자소와 음소가 대응하는 표층 표기법에서는 더 빠르며, 영어와 같이 철자와 소리 사이에 투명하지 않은 관계를 가진 심층 표기법에서는 더 느리다.
- 읽기 학습은 음운 경로를 통해 의미에 접근하기 위해 글자를 소리로 재부호화하는 법을 배우는 것이다. 이 과정이 자동 처리됨에 따라 어휘 경로를 통해 단어의 의미에 직접 접근할 수 있다. 단어의 형태소 구조를 아는 것은, 굴절과 파생 형식이 문자소-음소 대응 규칙을 벗어난 영어와 같은 언어에서 아동이 읽기와 쓰기를 배우는 데 도움이 된다.

- 철자와 소리의 관계를 명확하게 제시하는 교수법(예: 발음 중심 교수법)은 영어와 같은 일관되지 않은 철자법을 가진 언어에서 다른 교수법보다 더 성공적인 것으로 나타났다. 또한 아동은 형태론의 명백한 가르침으로부터 큰 혜택을 얻는다.
- 유아의 어휘 규모와 음운 인식은 읽기 성취를 예측하는 강력한 요인이며, 초기 읽기의 개인차는 아동의 읽기 동기에 영향을 미치기 때문에 시간이 지남에 따라 영향력은 더 증폭된다. 읽기 성취는 어휘 크기, 문법 기술, 음소 인식과 상호 관련하여 인지 발달과 학업 성취에 영향을 미친다.
- 발달적 난독증은 일반적인 인지 결함이 없는 상태에서 지속적인 읽기 문제를 수반한다. 일관되지 않은 심층 표기에 직면한 개인의 유병률이 더 높다. 음운을 처리하지 않고 음소를 분리하는 데 어려움이 있어 음운 처리에 결함이 있을 수 있다. 또한 일부 난독증은 시각 처리 또는 운동 기술 학습 및 균형의 문제에 의해 영향받을 수 있다.

더 읽을거리

주요 연구

Ziegler, J. C., Bertrand, D., Toth, D., Csepe, V., Reis, A., Faisca, L., Saine, N., Lyytinen, H., Vaessen, A., & Blomert, L. (2010). Orthographic depth and its impact on universal predictors of reading: A cross-language investigation. *Psychological Science, 21*, 551-559.

논문

읽기 습득 연구의 전반적인 개요에 관한 읽을거리

Rayner, K., Foorman, B. R., Perfetti, C. A., Pesetsky, D., & Seidenberg, M. S. (2001). How psychological science informs the teaching of reading. *Psychological Science in the Public Interest, 2*, 31-74.

읽기에서 빈익빈 부익부 효과의 전통적 설명에 관한 읽을거리

Stanovich, K. E. (1986). Matthew effects in reading: Some consequences of individual differences in the acquisition of literacy. *Reading Research Quarterly, 21*, 360–407.

저서

영어 사용 아동의 읽기와 쓰기 학습에 관한 읽을거리

Nunes, T., & Bryant, P. (2009). *Children's reading and spelling: Beyond the first steps*. Chichester: Wiley-Blackwell.

읽기의 신경과학에 관한 읽을거리

Dehaene, S. (2010). *Reading in the brain*. New York: Viking.

10 언어장애의 원인은 무엇인가

핵심 용어

• 호응 • 이전 단어 공동 참조 • 인공 문법 • 인공 언어 • 자폐스펙트럼장애(ASD) • AXB 설계 • 기저핵
• 꼬리핵 • 소뇌 • 아동언어장애 • 일치율 • 구문 • 발달적 실어증 • 담화 압력 • 통합운동장애
• 사건 유발 전위(ERP) • 신속한 매핑 • 유한-상태 문법 • 전두엽 • 유전자 연관 • 산출 구문 색인(IPSyn)
• 공동 주의 • 대기만성형 아동 • 말 늦은 아동 • 어휘 자동 처리 • 어휘 목록 • 자기 공명 영상(MRI)
• 평균 발화 길이(MLU) • 형태소 • 비단어 반복 과제 • 페리실비안 영역 • 음소 인식 • 음운 인식
• 음운 단기 기억 • 음소 배열 확률 • 측두평면 • 화용론 • 주요언어장애 • 절차 학습 • 절차 기억
• 의미 특징 • 의미론 • 단순언어장애(SLI) • 통계 학습 • 통사 자동 처리 • 측두엽 • 마음 이론
• 설단 현상 • 쌍생아 연구 • 언어성 통합운동장애 • 언어성 작업 기억 • 시각적 세계 패러다임

개요

청력, 비언어적 지능 및 언어 입력이 정상임에도 불구하고, 약 7%의 아동은 정상적인 언어 발달에 실패한다. 이 아동은 뇌 손상 또는 질병(예: 뇌경색 또는 뇌출혈, 간질), 지적장애 또는 발달장애[자폐스펙트럼장애(ASD), 다운증후군, 취약X증후군, 윌리엄스증후군]의 증거가 없는 경우 단순언어장애(SLI)로 진단된다(Tomblin, Records, Buckwalter, Zhang, Smith, & O'Brien, 1997). SLI를 가진 대부분의 사람은 평생 듣기 및 말하기 기술에 제약을 받으며, 약 50%는 문해 습득에 어려움을 겪는다(난독증에 관한 내용은 9장 참조; McArthur, Hogben, Edwards, Heath, & Mengler, 2000; Tomblin, Zhang, Buckwalter, & Catts, 2000). 이 장에서는 SLI 아동에게 나타나는 증상의 범위와 언어장애의 원인을 살펴본다. 우리는 연구 결과를 조사할 때 SLI라는 명칭에도 불구하고 SLI가 언어에만 국한되지 않는다는 가능성을 고려한다. 오히려 최근의 연구에 따르면, SLI의 근본 원인은 언어뿐만 아니라 운동 통제, 과제 기억 및 주의력에 대한 억제 통제와 같이 발달의 다른 측면에 영향을 주는 상당히 일반적인 원인일 수 있다. SLI라는 용어는 이와 관련하여 오해의 소지가 있지만, 여전히 이 분야에서 가장 널리 사용되는 용어이다. 그러나 주요언어장애 또는 아동언어장애와 같은 다른 명칭이 이러한 아동

주요언어장애, 아동언어장애(primary language impairment, child language impairment): 단순언어장애(SLI)의 대안적 명칭. 정상 언어 발달의 장애 또는 지체.

을 지칭하는 대안으로 활용되고 있어 결국에는 SLI라는 용어를 대체할 것이다.

10.1 단순언어장애의 증상은 무엇인가

SLI 아동은 청각, 음운, 어휘 및 문법 영역에서 장애를 보이는 임상적으로 다양한 집단이다(Bishop, 1997; Leonard, 1998; Schwartz, 2009). 예를 들어, 수용-표현 SLI 아동과 표현 SLI 아동을 비교함으로써 SLI 아동을 하위 범주로 분류하기 위한 다양한 노력이 있었다. 그러나 이러한 하위 범주 분류는 신경생물학적 또는 유전적 기초의 차이와 달리 언어장애의 심각성 정도를 반영한다. 현 시점에서 SLI 아동의 이종 집단을 어떻게 하위 범주로 분류하는가에 대한 합의는 아직 이루어지지 않았다(McArthur & Bishop, 2004). SLI 아동의 언어 처리 결함을 설명할 때 개별 아동의 결함 정도는 다양하고, 일부 결함은 연령이 증가하면서 감소한다는 점을 기억해야 한다(Conti-Ramsden & Botting, 1999). 실제로 언어 능력 분포에서 평균 아래 범주에 위치한 아동 간 차이는 정상 범주 내 아동 간 차이보다 더 크다.

10.1.1 청각 처리의 결함

Tallal과 Piercy(1973a, 1973b, 1974, 1975)는 1970년대에 SLI를 표현하는 용어로 사용된 발달적 실어증을 가진 아동의 청각 처리 이상을 처음으로 입증하였다. 지속시간과 주파수가 다양한 음조를 쌍으로 제시했을 때 두번째 음조가 첫번째보다 길거나 높은지를 판단하는 데 있어서 SLI 아동(6~9세)은 비교집단 아동보다 더 좋지 않은 결과를 보였다(Tallal & Piercy, 1973a). 청각과 시각 양상을 비교할 때, 청각 영역(Talal & Piercy, 1973b)과 지속기간(Tallal & Piercy, 1974, 1975)이 짧은 자극 요소에 결함이 주로 나타났다. 또한 SLI와 문해 습득의 어려움 사이의 연관성을 인정하면서, 이러한 청각 처리 결함이 발달적 난독증의 기초가 된다고 가정하였다(9장 참조). Tallal(1980)은 난독증 아동의 청각 판별과 시간적 순서 과제 결과를 비교한 결과, 읽기장애 아동의 경우 청각 자극이 빠르게 제시되었을 때는 또래보다 점수가

발달적 실어증(developmental aphasia): 1970년대에 사용된 단순언어장애(SLI)를 나타내는 용어. 명백한 뇌 손상, 지적장애가 없거나 정신 증후군이 발병하지 않은 경우 제1언어 습득의 지연을 의미함.

낮았지만, 느린 속도로 제시되었을 때는 그렇지 않았다는 사실을 발견하였다. 또한 친숙하지 않은 단어 형식을 해독해야 하는 비단어 읽기 검사의 성취는 청각 과제에서 빠르게 제시되는 자극에 정확하게 응답하는 능력과 밀접한 관련이 있었다. Goswami(2002)의 최근 연구에서는 말소리의 리듬 및 음절 시작을 감지하기 위해 소리 크기의 급격한 변화가 담당하는 역할을 확인하였다(9장 참조). 이러한 다양한 결과는 SLI와 난독증 아동이 짧은 청각 정보를 처리할 때 일반적인 비언어적 장애가 나타날 수 있음을 시사한다. SLI와 난독증 아동이 정상 속도의 말소리를 제대로 인식하지 못한다고 주장한 Tallal은 아동의 말소리 지각 능력을 향상시키기 위해 패스트 포워드 랭귀지(Fast ForWord Language; Scientific Learning Corporation, 1998)라는 교육용 소프트웨어를 개발하여 특정 말소리의 시간적 특징 변화율을 선택적으로 변경하였다. 불행히도, 패스트 포워드 랭귀지 프로그램이 SLI 아동의 언어 성취를 향상시킨다는 증거는 현재까지 혼재되어 있다(Cohen, Hodson, O'Hare, Boyle, Durrani, McCartney, et al., 2005; Gilliam, Loeb, Hoffman, Bohman, Champlin, Thibodeau, et al., 2008; Merzenich, Jenkins, Johnston, Schreiner, Miller, & Tallal, 1996; Tallal, Miller, Bedi, Wang, & Nagarajan, 1996).

Bishop과 동료들은 청각 처리 결함 문제를 재검토한 결과, 많은 SLI와 난독증 아동이 음높이 인식 능력이 손상되어 간단한 음향 정보 처리에 지속적인 어려움을 보인다고 제안하였다(Bishop & McArthur, 2004; McArthur & Bishop, 2004; Mengler, Hogben, Michie, & Bishop, 2005). Mengler와 동료들은 아동에게 세 가지 음조 배열 과제에서 중간 음조가 이전 또는 이후 음조(AXB 설계)와 같은지를 결정해야 하는 청각 변별 과제를 제시하였다. 음높이 변별 임계값을 결정하기 위해 아동이 우연히 수행할 때까지 음조 주파수를 점차 더 가깝게 변화시켰다. SLI 아동과 정상 또래를 비교하는 임계값을 보여 준 강도(음량) 판단과는 달리, SLI 아동의 경우에는 음조 임계값이 상당히 높았으며, 음조를 구별하기 위한 음높이 차이가 더 컸다. 또한 언어 기초 능력 임상 평가 검사(Clinical Evaluation of Language Fundamentals test; 〈방법론 상자 10-1〉 참조)를 사용하여 측정한 언어 능력은 SLI 아동집단 내에서 음높이 변별과 유의한 상관관계를 보였다. 다른 연구에 따르면, SLI 노인은 음높이 변별 과제에서 정상 범위 내 점수를 습득하지만, 음조 순서를 처리할 때는 여전히 비정상적인 피질 반응을 보였다

AXB 설계(AXB design): 청각 변별 과제 참여자가 세 가지 음조 순서의 중간 음조가 그 음조의 앞 또는 뒤에 오는 음조와 같은지를 결정해야 하는 청각 변별 과제.

(Bishop & McArthur, 2004; McArthur & Bishop, 2004). 사건 유발 전위(ERPs)를 이용하여 대뇌 피질 활동(〈방법론 상자 12-1〉 참조)을 측정한 McArthur와 Bishop(2004)의 연구 결과에 따르면, 행동 수행 과제의 성취 수준이 낮은 SLI 개인과 정상 성취 수준의 개인 간에 차이가 나타나지 않았다. 동일 연령의 대조집단과 비교할 때 SLI 하위 집단 모두 비정상적인 ERPs를 보였다. 게다가 SLI 개인의 피질 활동 패턴을 나이 어린 정상 아동과 비교했을 때도 유사한 경향을 보였다(Bishop & McArthur, 2004).

방법론 상자 10-1 표준화된 언어 능력 검사도구

조음		
GFTA-2 표준 미국 영어의 자음 조음을 평가한다. 자발적 소리와 모방 소리 산출. 2~21세 대상 규준.	Goldman, R., & Fristoe, M. (2000). *Goldman–Fristoe test of articulation*, 2nd edn. Circle Pines, MN: American Guidance Service.	
청각 처리 기술		
TAPS-3 음운 분절과 혼합, 청각 이해와 추론을 측정한다. 4~18세 대상 규준.	Martin, N., & Brownell, R. (2005). *Test of auditory processing skills*. Novato, CA: Academic Therapy Publications.	
종합 언어 평가		
RDLS III 이해 척도(10개 영역) 및 표현 척도(7개 영역). 62개 항목은 구조적 특성에 초점을 맞춘다. 1;3~7;6 대상 영국 규준.	Edwards, S., Fletcher, P., Garman, M., Hughes, A., Letts, C., & Sinka, I. (1997). *Reynell developmental language scales*, 3rd edn. London: Nelson.	
CELF-4 핵심 하위 검사는 통사론, 의미론, 형태론, 상위언어를 평가한다. 추가 하위 검사는 작업 기억, 음운 인식, 사전 문해, 화용론, 사회적 상호작용을 평가한다. 5~21세 대상 규준.	Semel, E., Wiig, E. H., & Secord, W. (2003). *Clinical evaluation of language fundamentals*, 4th edn. San Antonio, TX: Pearson.	**의미론**(semantics): 의미와 관련된 언어학의 하위 분야. 언어학적 단위와 그것이 표상하는 바의 관계에 초점을 둠.
CELF Preschool-2 광범위한 언어 기술을 측정한다. 3~6세 대상 규준.	Wiig, E. H., Secord, W., & Semel, E. (2005). *Clinical evaluation of language fundamentals: Preschool–2*. San Antonio, TX: Pearson.	
렌프루어 언어 척도 동작 그림 검사는 정보 내용과 문법 사용을 평가하고, 버스 이야기 검사는 이야기 능력을 평가하며, 단어 찾기 검사는 표현 어휘를 평가한다. 3~8세 대상 규준.	Renfrew, C. (2004). *Renfrew language scales*. Milton Keynes: Speechmark Publishing Ltd.	

TELD-3 수용 언어 및 표현 언어 기술을 평가한다. 2;0~7;11 대상 규준.	Hresko, W. P., Reid, K., & Hammill, D. D. (1999). *Test of early language development*, 3rd edn. Austin, TX: PRO-ED.
TOLD-P4 구어의 다양한 구성 요소(그림 어휘, 관계 어휘, 구두 어휘, 구문 이해, 문장 모방, 형태소 완성, 단어 변별, 단어 분석, 단어 조음)를 측정하는 아홉 가지 하위 검사를 제공한다. 4;0~8;11 대상 규준.	Hammill, D. D., & Newcomer, P. L. (1997). *Test of language development–primary*, 4th edn. Austin, TX: PRO-ED.
TOLD-I4 구어의 다양한 구성 요소(문장 조합, 그림 어휘, 단어 순서, 관계 어휘, 형태론 이해, 다중 의미)를 측정하는 여섯 가지 하위 검사를 제공한다. 8;0~17;11 대상 규준.	Hammill, D. D., & Newcomer, P. L. (1997). *Test of language development–intermediate*. Austin, TX: PRO-ED.
TOAL-4 청소년과 성인의 구어 및 문어 능력(반대 단어, 파생 단어, 구어 은유, 단어 유사성, 문장 조합, 또는 맞춤법 사용)을 평가하는 여섯 가지 하위 검사를 제공한다. 12;0~24;11 대상 규준.	Hammill, D. D., Brown, V. L., Larsen, S. C., & Wiederholt, J. L. (2007). *Test of adolescent and adult language*. Austin, TX: PRO-ED.
초기 언어 평가	
CDI-I: 단어 및 제스처(8~16개월) CDI-II: 단어 및 문장(16~30개월) CDI-III: 연장(30~37개월) 초기 어휘 발달을 위한 부모용 체크리스트. 영아의 이해 능력, 영아의 말하기 능력, 걸음마기 아동의 말하기 능력. 영어 및 스페인어 규준. CDI는 약 50개의 다른 언어로 번역되어 사용된다.	Fenson, L., Marchman, V. A., Thal, D., Dale, P. S., Bates, E., & Reznick, J. S. (2007). *The MacArthur–Bates Communicative Development Inventories:* User's guide and technical manual. Baltimore, MD: Paul H. Brookes.
로세티 영아-걸음마기 아동 언어 척도 출생부터 3세까지 의사소통과 상호작용의 언어 이전 및 언어 영역을 평가한다. 직접적인 관찰과 양육자 보고를 사용하여 애착, 화용론, 제스처, 놀이, 언어 이해 및 표현과 같은 상호작용을 평가한다. 이용 가능한 규준 없음.	Rossetti, L. (1990). *Rossetti Infant–Toddler Language Scale: A measure of communication and interaction*. East Moline, IL: LinguiSystems.
문법	
TROG-2 문법 대비에 대한 이해도를 측정한다. 어휘 및 문법 오류에 대한 4개의 다중 대안 선택 검사. 4~16세 영국 규준.	Bishop, D. V. M. (2003). *Test for reception of grammar* (*TROG-2*). Oxford: Pearson.

라이스/웩슬러 초기 문법 손상 검사 특정 동사 형식의 문법과 오용에 대한 특정 규칙에 초점을 둔다. 3~8세 대상 기준 참조 검사.	Rice, M. L., & Wexler, K. (2001). *Rice/Wexler Test of Early Grammatical Impairment.* San Antonio, TX: Pearson.
음운 단기 기억	
CN REP 단기 기억에 대한 믿을 만한 지표로 아동이 반복해야 하는 낯선 구어 항목을 사용한다. 4~8세 대상 영국 규준.	Gathercole, S. E., & Baddeley, A. D. (1996). *The Children's test of non-word repetition.* London: Psychology Corporation.
읽기	
WRMT-III 읽기 준비도, 기본 읽기 기술 및 이해도에 대해 종합적으로 평가한다. 5~75세 이상 대상 규준.	Woodcock, R. N. (2011). *Woodcock reading mastery tests,* 3rd edn. San Antonio, TX: Pearson.
마틴과 프랫 비단어 읽기 검사 난이도별 52개 비단어의 음운론적 재부호화를 검사한다. 6~16세 대상 규준.	Martin, F., & Pratt, C. (2001). *Martin and Pratt Nonword Reading Test.* Melbourne: ACER Press.
질적 읽기 목록-5 서술적 및 표현적 구절, 이해 질문 및 단어 목록을 사용하여 초보 수준부터 고등학교 수준까지의 읽기 능력을 평가한다. 이용 가능한 규준 없음.	Leslie, L., & Caldwell, J. (2010). *Qualitative reading inventory,* 5th edn. London: Pearson Education.
비단어 읽기 등급 검사 단어와 비단어 읽기 간 불일치를 평가한다. 5~11세 대상 영국 규준.	Snowling, M., Stothard, S., & McLean, J. (1996). *The Graded Non-word Reading Test.* Bury St. Edmunds: Thames Valley Test Publishers.
의미론	
TOWK 비유 언어, 다의어, 접속사, 수용 어휘, 표현 어휘 지식을 평가한다. 5~17세 대상 규준.	Wiig, E. H., & Secord, W. (1992). *Test of word knowledge.* San Antonio, TX: Psychological Corporation.
표현 어휘	
EVT 38개 이름 붙이기 항목과 152개 동의어 항목으로 표준 미국 영어의 표현 어휘를 측정한다. 2;6~90세 이상 PPVT-4와 동일 모집단의 표준.	Williams, K. T. (2007). *Expressive vocabulary test.* San Antonio, TX: Pearson.
TWF-2 단어 찾기 기술을 평가한다. 명사, 동사 및 범주의 그림 명명, 문장 완성, 설명 이름. 12~80세 대상 규준.	German, D. J. (2000). *Test of word finding,* 2nd edn. Austin, TX: PRO-ED.

TAWF 단어 찾기 기술, 명사, 동사 및 범주의 그림 이름 말하기, 문장 완성, 설명 이름 말하기. 12~80년 동안의 규준.	German, D. J. (1990). *Test of adolescent/adult word finding*. Austin, TX: PRO-ED.
수용 어휘	
PPVT-4 2;6~90세 이상 규준의 표준 미국 영어 수용 어휘를 측정한다. 다양한 난이도 수준의 228개 항목(명사, 동사, 형용사)으로 구성된 4개 대안 그림 선택 과제.	Dunn, L. M., & Dunn, D. M. (2007). *Peabody picture vocabulary test*, 4th edn. San Antonio, TX: Pearson.
BPVS3 3~16세 대상 규준으로 영국 영어의 수용 어휘를 측정한다. PPVT와 유사한 4개의 대안 그림 선택 과제.	Dunn, L. M., Dunn, L. M., Styles, B., & Sewell, J. (2009). *The British picture vocabulary scale*, 3rd edn. London: GL Assessments.

10.1.2 음운 처리의 결함

앞서 살펴본 바와 같이, 종종 동일한 아동에게서 발생하는 SLI와 난독증은 유전적 토대가 동일하다(Bishop, 2001). SLI와 난독증 모두 음운 처리의 결함이 특징이다(Kamhi & Catts, 1986). SLI 아동은 미성숙한 말소리를 산출하고, 단어를 잘못 발음하며, 소리 패턴이 유사한 단어를 혼동한다. 음운 처리 측정에 자주 사용되는 방법은 비단어 반복 과제이다(Gathercole, Willis, Baddeley, & Emslie, 1994). 많은 연구 결과에 따르면, SLI 아동은 비단어의 길이가 3음절 이상인 경우 비단어 반복 능력이 매우 낮은 것으로 나타났다(Botting & Conti-Ramsden, 2001; Dollaghan & Campbell, 1998). 음소 배열 확률은 정상 아동보다 SLI 아동의 비단어 반복에 더 큰 영향을 미치며(Munson et al., 2005b), 흥미롭게도 친숙한 동사의 과거 시제 활용 능력에도 영향을 미친다(Leonard, Davis, & Deevy, 2007). 이러한 결과는 SLI 아동이 자신의 언어에서는 비교적 드문 말소리 순서를 재생하는 데 더 큰 어려움이 있음을 시사한다.

비단어 반복 과제(non-word repetition task): 음운 단기 기억의 척도. 개인은 길이가 다양한 amberillock 또는 frovilankus와 같은 의미 없는 음절 순서를 반복하도록 요청받음(음절 수).

음소 배열 확률(phonotactic probability): 주어진 언어에서 다른 음소 순서가 발생할 확률을 의미함.

비단어 반복 과제는 음운 단기 기억의 척도로 널리 활용된다. 새롭게 입력된 어휘가 자리 잡기 이전에 새로운 단어 형식이 무너질 수 있기 때문에 음운 단기 기억의 결핍은 어휘 습득에 직접적인 영향

음운 단기 기억(phonological short-term memory): 일련의 말소리를 짧은 시간 동안 기억할 수 있는 능력.

을 미치는 것으로 간주된다(Baddeley, Gathercole, & Papagno, 1998). 불행하게도, 비단어 반복 과제는 음운 단기 기억만을 순수하게 측정하는 방법은 아니며, 기존 단어와 유사한 비단어는 반복하기가 더 쉽기 때문에 아동의 기존 어휘 크기와 음운 다양성이 과제 수행에 영향을 미친다(Snowling, Chiat, & Hulme, 1991). 비단어 반복은 음운 단기 기억의 용량과 어휘 지식을 모두 반영하지만, 문장 반복(Conti-Ramsden, Botting, & Faragher, 2001)과 함께 SLI의 임상 표지(Montgomery, 2002)로 유용하게 사용된다. 비단어 반복의 정확성은 어휘 및 문법 처리를 모두 예측하고(Montgomery, 1995; Munson, Edwards, & Beckman, 2005a; Rispens & Been, 2007), 최근에는 특정 유전자 표지와 연결되어 있음이 드러났다(Newbury, Bishop, & Monaco, 2005).

음운 처리의 또 다른 임상 관련 측면은 소리 패턴이 유사한 다른 단어에 대해 어휘 목록에서 해당 단어를 아동이 얼마나 쉽게 선택하는지에 관한 것이다. 최근의 여러 연구에 따르면, SLI 아동은 소리가 중복되는 단어들에 대해 더 혼동하였다(Mainela-Arnold, Evans, & Coady, 2008; Seiger-Gardner & Brooks, 2008). Mainela-Arnold와 동료들은 게이트 과제(gating task)를 사용하여 SLI 아동(8~12세)의 음성 단어 인식에 얼마나 큰 음향 뭉치가 필요한지를 일반 또래와 비교하였다. 게이트 과제에서 아동은 단어의 시작 시점에 측정되는 점점 더 긴 뭉치를 듣는다. 각 음향 뭉치를 들은 후에는 단어의 끝에 도달할 때까지 그 단어가 무엇인지 추측한다. 놀랍게도, SLI 아동이 단어 인식에 성공하기 위해 긴 음향 뭉치가 필요하지는 않았지만, 정답과 오답(음운론적 관련 단어) 사이에서 머뭇거릴 가능성은 더 컸다. 즉, 정상 아동은 단어를 처음 변별한 시점부터 모든 연속적인 긴 음향 뭉치에 대해 올바르게 반응하는 경향을 보인 반면, SLI 아동은 이전에 올바른 반응을 보였다가도 다시 잘못된 반응을 보였다. 이는 SLI 아동의 경우 음운론적으로 관련된 대안 단어들이 목표어와 더 오랜 시간 동안 경쟁하고 있음을 시사한다.

7~11세 아동을 대상으로 한 감각 통합 그림-단어 간섭 연구에서도 비슷한 결론이 도출되었다(Seiger-Gardner & Brooks, 2008). 아동은 헤드폰을 통해 청각적 오답과 짝지어 제시된 그림의 사물 명칭을 말하였다. 주요 실험에서 오답은 그림의 명칭과 시작이 같거나(예: the word 'bed' paired with a picture of a bell; [그림 10-1] 참조) 관련이 없었다(예: the word 'sock' paired with a bell). 정상 아동은 음운 점화(phonological priming)—단어의 시작이 정답과 관련된 오답과 함께 제시된 그림의

그림 10-1 Seiger-Gardner와 Brooks(2008)의 연구에서 사용된 그림-단어 간섭 패러다임의 자극. 목표 그림과 음운이 비슷하거나(왼쪽 패널) 목표 그림과 관련이 없는(오른쪽 패널) 다른 단어를 들으면서 사물의 명칭을 말하도록 참여자에게 요청한다.

빠른 명칭 말하기—를 보인 반면, SLI 아동은 다른 패턴을 보였다. SLI 아동은 오답이 그림보다 먼저 나왔을 때, 음운 간섭(phonological interference)—단어의 시작이 정답과 관련된 오답과 함께 제시된 그림의 느린 명칭 말하기—을 경험했고, 그림이 먼저 나왔을 때는 음운 점화를 경험하였다. 음운 간섭 효과는 소리 패턴이 겹치는 단어 간의 경쟁을 시사한다. 이 경쟁은 상황에 맞지 않는 단어를 억제할 능력이 없는 아동의 어휘 접근을 방해한다.

SLI의 음운론적 어려움을 나타내는 또 다른 지표는 낮은 음운 인식 능력이다(Catts, Adlof, Hogan, & Weismer, 2005). 음운 인식 과제는 아동이 단어의 음절 수를 세거나, 목표 단어와 운율이 같은 단어를 구성하거나, 단어를 구성하는 소리로 분절하는 것과 같이 단어의 소리를 조작하도록 요청한다. 음운 인식의 발달에 대해서는 9장의 문해 습득에서 더 자세하게 살펴보았다. SLI 아동의 낮은 음운 인식 능력은 읽기와 쓰기 학습에서 이들이 경험하는 어려움의 원인이 된다. 그러나 이러한 영향은 의미를 지니는 가장 작은 소리 단위인 음소 인식이 문해 습득을 통해 나타나기 때문에 양방향으로 나타난다(Wagner, Torgesen, & Rashotte, 1994).

10.1.3 어휘 처리의 결함

SLI 아동은 또래보다 수용 어휘와 표현 어휘가 다양하지 않다(Leonard, 1998;

Oetting, Rice, & Swank, 1995; Rice, Buhr, & Nemeth, 1990; Stokes & Fletcher, 2000; Watkins, Kelly, Harbers, & Hollis, 1995). SLI 아동은 단어 학습 속도가 느리고, 새로 습득한 단어를 아주 빨리 잊어버린다(Riches, Tomasello, & Conti-Ramsden, 2005). 아동에게 지시물과 짝지은 새로운 단어를 간단히 소개하는 신속한 매핑 과제의 경우, SLI 아동은 이해 능력에서는 또래와 유사한 성취를 거두지만, 이후 그 단어를 말할 때는 또래보다 성취 수준이 훨씬 낮다(Dollaghan, 1987; Rice et al., 1990). 이는 SLI 아동이 표현 어휘를 성공적으로 추가하기 위해서는 단어에 더 빈번하게 노출되어야 한다는 사실을 시사한다(Windfuhr, Faragher, & Conti-Ramsden, 2002). 어휘 목록에서의 단어 검색과 관련하여 많은 SLI 아동은 자발적인 대화와 그림 명명하기와 같은 단일어 명칭 지정 과제에서 단어 찾기에 만성적인 어려움을 경험한다(German, 1984; German & Simon, 1991; Leonard, Nippold, Kail, & Hale, 1983). 그들은 목표 단어를 인출하는 데는 실패하지만, 그 단어를 금방 알 수 있다고 인식하는 설단 현상을 자주 경험한다(Faust, Dimitrovsky, & Davidi, 1997). 이들은 불특정 단어(예: stuff, thing)에 대해 반복, 대체, 재구성, 일시 정지 및 과잉 의존과 같은 특징을 보인다(German, 1987; McGregor & Leonard, 1989)

SLI 아동은 언어 발달이 정상인 또래보다 그림의 명칭을 느리게 말하고(Lahey & Edwards, 1996; Seiger-Gardner & Brooks, 2008; Seiger-Gardner & Schwartz, 2008), 목표와 의미상 관련된 오류를 산출한다[예: 책상(a dask) 그림의 명칭을 말할 때 'table'이라고 말하는 것; Lahey & Edwards, 1999; McGregor, 1997]. 이러한 오류는 아동의 어휘 목록 격차(단순히 목표 단어를 알지 못함), 개념에 대한 세부 정보 부족으로 인한 어휘 표상 결핍이나 인출 실패의 결과일 수 있다(McGregor, 1997; McGregor, Newman, Reilly, & Capone, 2002; Messer & Dockrell, 2006). McGregor와 Waxman(1998)은 단어 찾기에 어려움을 겪는 아동에게 상위, 기본, 하위 수준의 명사를 인출하도록 요청하였다. 아동에게 그림(예: a rose)을 보여 주고, 예를 들어, "Is this a dandelion?"이라고 질문하였다. 언어장애 아동은 질문에 적절하게 대답하는 경향이 있었지만(예: "No, it's a flower that's red and thorny."), 정상 발달 또래보다 올바른 명사의 검색에 성공할 확률은 낮았다. 단어의 개념을 정의하라는 요청을 받으면 언어장애 아동은 정상 아동보다 부정확한 개념을 산출한다(Dockrell, Messer, George, & Ralli, 2003). McGregor와 동료들(2002)은 그림과 개념 정의 과제를 사용하여 아동에게 사물의 이름을 정확하게 명명하는 능력과 적절한 의미 특징을 제공하는 능력 사이의 밀접한 관계를 발견하였다. 즉, 이름을 명명할 수 없는 사물의 경우 사물의 기능, 물리적 특징 또는 상위 범주와 같은 적절한 의미 특징을 제공하지 못하였다. 따라서 McGregor와 동료들은 단어 찾기 어려움의 원인이 아동의 제한된 의미론적 지식이라고 결론지었다.

최근 진행된 3건의 연구(Brooks, Seiger-Gardner, & Sailor, 심사 중; Hennessey, Leitão, & Mucciarone, 2010; Velez & Schwartz, 2010)에서는 SLI 아동의 의미 점화 효과에 대해 연구하였는데, SLI 아동은 의미적 맥락의 이점을 정상 발달 또래만큼 얻지 못한다고 보고하였다. Brooks와 동료들(심사 중)은 감각 통합 그림-단어 간섭 과제를 사용하였다(10.1.2절의 과제 설명 참조). 일부 실험에서 청각적 오답은 목표 그림의 명칭과 의미상 연관되어 있었으며(예: the word princess paired with a picture of a castle), 다른 실험에서는 관련이 없었다(예: milk paired with a castle). 일반적으로 그림과 의미상 관련 있는 오답의 경우 그림 명칭 말하기가 더 빠르지만, SLI 아동의 경우에는 의미 점화 효과가 매우 약했고, 언어 능력과 유의한 관련이 있었다. Hennessey와 동료들(2010)은 주요 단어 반복 과제에서 medicine-cure 및 quiet-whisper와 같은 기본-목표 쌍(prime-target pairs)을 제시하였다. 그들은 SLI 아동이 의미 점화를 할 때 다른 또래와 달리 목표 단어를 더 빠르게 반복하지 못한다는 사실을 발견하였다. Velez와 Schwartz(2010)는 아동이 각 단어의 활동성을 판단해야 하는 단어 인식 과제에서 연관된 기본-목표 쌍을 사용하였다(예: cat-dog, moon-sun). Hennessey와 동료들처럼 그들의 연구에서도 일반 아동의 경우 유의한 의미 점화가 나타났으나, SLI 아동의 경우 유의한 영향이 발견되지 않았다. 이러한 결과는 SLI 아동의 경우 어휘 체계 내에서 의미 연결이 약하다는 사실을 시사한다.

SLI 아동은 명사보다 동사 습득이 더 어려우며(Windfuhr et al., 2002), 언어 능력이 유사한 나이 어린 아동보다 명명하기 과제에서의 정확성이 더 낮았다(Loeb, Pye, Redmond, & Richardson, 1996). 동사 학습의 어려움에 기여하는 한 가지 원인은 통사 자동 처리를 단어 학습 전략으로 사용하지 못한다는 점이다(Shulman & Guberman, 2007; van der Lely, 1994). SLI 아동은 문장에서 통사 단서를 사용하여 새로운 동사의 의미를 추론하는 능력이 떨어진다. 한 연구에서 6세 SLI 아동은 새로운 동사가 포함된 통사 구문에 기초하여 새로운 동사의 의미를 구연하는 데 있어서 정상 발달 또래보다 성공할 확률이 더 낮았다(van der Lely, 1994). 다른 연구에서는 아동에게 두 장면을 보여 주었는데, 하나는 행위자가 다른 사람에게 행동을 수행하는 장면이고, 다른 하나는 두 사람이 반복적인 행동을 동시에 수행하는 장면이다. 정상 발달 유아는 타동사 구문(예: "Look the rabbit is gorping the duck.")에서 새로운 동사를 원인이 되는 행동과 연결하고, 자동사 구문(예: "Look the rabbit and duck are gorping.")에서 새로운 동사를 반복적인 움직임과 연결하려는 편향을 강하게 보였다. 반면, 동일한 언어를 사용하는 5세 SLI 아동은 이를 우연 수준에서 수행하였다(Shulman & Guberman, 2007).

10.1.4 문법 처리의 결함

SLI 아동은 통사론 습득과 처리에 심각한 문제가 있다. 9세 이상의 SLI 아동은 통사론적 문제가 오래 지속되고, 치료도 어렵다(van der Lely, 2005). 이 아동은 문법 요소의 정확한 기능을 수행하기 어려우며, 새로운 단어에 대한 통사론적 패턴의 일반화가 지체되어 있다(Conti-Ramsden & Windfuhr, 2002; Fletcher, Stokes, & Wong, 2005; Riches, Faracher, & Conti-Ramsden, 2006; Shulman & Guberman, 2007; van der Lely, 1994). SLI 아동의 자발적 발화의 경우, 평균 발화 길이(MLU)가 일치하는 나이 어린 정상 발달 아동보다 한정사(예: a, the), 보조동사(예: is, are), 지시어(예: that, which) 및 굴절 어미(-ed, -s, -'s)와 같은 기능적 형태소의 산출에서 빈도와 일관성이 낮다(Leonard, 1995; Miller & Leonard, 1998). 그들은 -ing와 같은 현재 진행형의 높은-음성적-실체 굴절 어미와 비교하여 -ed와 같은 과거 시제의 낮은-음성적-실체 굴절 어미를 처리하는 데 더 큰 어려움을 겪는다(Montgomery & Leonard, 1998). 놀랍게도, 영어 사용 SLI 아동은 "The dogs barks at the girl."과 같이 호응 오류를 보이는 경우가 거의 없다(Rice, Wexler, & Cleave, 1995). 실제로 SLI 아동이 보이는 주요한 오류는 필수 기능 단어와 문법 형태소를 생략하는 것이다. 반대로 SLI 아동이 스페인어, 이탈리아어와 같이 어미 활용이 풍부한 언어를 구사할 때는 문법 활용으로 인한 오류가 감소한다. 더욱이, 그들은 어미 활용을 하지 않거나 부정사 형식의 동사를 거의 산출하지 않기 때문에 어미 활용을 생략하기보다는 대체 오류를 보이는 경향이 있다(Bedore & Leonard, 2001; Bortolini, Caselli, & Leonard, 1997). 그러나 영어 사용 SLI

아동과 마찬가지로 기능 단어(예: 한정사, 조동사, 보문자)를 반드시 사용해야 하는 상황에서 생략할 가능성이 일반 또래보다 높다(Leonard, 2009).

SLI 아동은 다른 구문에서 동사를 융통성 있게 사용하지 못하는 보수적인 통사론 학습자이다. 구체적으로 SLI 아동이 다른 유형의 유도 질문에 어떻게 반응하는지를 조사한 연구가 있다(Loeb, Pye, Richardson, & Redmond, 1998). 실험자는 먼저 사건을 실행한 다음 아동에게 유도 질문을 하였다. 예를 들어, 아기를 재운 후에 아동에게 "What did I do to the baby?"라고 질문하거나 공을 던진 후에 "What did the ball do?"라고 질문하였다. Loeb과 동료들은 5~6세 SLI 아동의 응답이 언어 능력이 유사한 일반 아동보다 덜 정교한 것으로 보고하였다. 특히 SLI 아동은 완곡한 사역동사 구문(예: "You made the baby sleep.") 또는 수동태 구문(예: "It was thrown.")을 사용할 가능성이 낮았다. 이는 유도 질문의 담화 압력에 응답하기 위해 SLI 아동이 영어 동사를 사용하여 구문을 변화시키는 능력이 떨어진다는 사실을 보여 준다.

담화 압력(discourse pressure): 선행 발화가 대화 내 후속 발화의 형식을 제한하는 경향성.

이해력과 관련하여 Evans와 MacWhinney(1999)는 영어 사용 SLI 아동이 일반 또래보다 문장 해석의 단서로 단어 순서를 사용할 가능성이 훨씬 낮다고 보고하였다. "Chair chases horse."와 같은 문장을 제시할 경우, 7세 SLI 아동은 명사 유생성에 대한 해석을 바탕으로 chasing을 하는 주체로 horse를 선택하였다. 문장 해석의 단서로 사용되는 단어 순서에 대한 의존은 다른 수용 언어 능력과 밀접한 관련이 있었다. 다른 연구에서도 SLI 아동은 복잡한 구문을 해석할 때 어휘 및 주제 정보에 지나치게 의존하는 것으로 나타났다(Marnis & van der Lely, 2007; van der Lely & Harris, 1990; van der Lely & Stollwerck, 1997). 예를 들어, 이전 단어 공동 참조가 포함된 문장은 공동 참조 관계를 제한하기 위해 상세한 통사론 분석이 필요하다. "Elmo says Oscar was tickling himself."라는 문장에서 재귀대명사 himself는 Oscar를 가리키지만, "Elmo says Oscar is tickling him."이라는 문장에서 대명사 him은 Oscar를 가리키지 않고, Elmo 또는 그 문장에서 언급되지 않은 다른 실체를 가리킨다. SLI 아동은 통사론적 정보에 의존하여 문장을 해석할 때는 우연히 성공했지만, 문장 해석을 제한하기 위해 대명사의 성별(herself=female)과 같은 의미 단서를 능숙하게 활용하였다(van der Lely & Stollwerck, 1997).

이전 단어 공동 참조(anaphoric co-reference): 대명사 공동 참조(pronominal co-reference)라고도 불림. 이전에 담화에서 언급된 실체를 다시 언급하기 위해 앞에 나온 어구를 가리키는 장치(일반적으로 대명사)의 사용.

SLI 아동은 문장을 해석할 때 의미론 및 맥락 단서에 대한 의존도가 높으므로 가역적 문장에 대해 오류를 범한다(van der Lely & Harris, 1990). 가역적 문장에서 의미론 정보(예: 명사의 유생성)는 누가 누구에게 무엇을 했는지에 관한 정보를 제공하지 않는다. 예를 들어, "The boy pushed the girl."이라는 문장에서는 소년이나 소녀가 상대방을 밀 수 있다. "The boy pushed the chair."라는 비가역적 문장에서는 단지 소년만이 유생명사에 해당하므로 소년이 미는 행동을 하고 있음을 암시한다. 정확한 해석을 위해서는 단어 순서에 의존해야 하므로 SLI 아동에게는 가역적 문장이 어렵다. SLI 아동은 다양한 복문 구조를 처리하는 데 어려움이 있다: "The boy was chased by the dog." 같은 수동태 문장(Leonard, Wong, Deevy, Stokes, & Fletcher, 2006; van der Lely, 1996), "Who did the dog chase down the street?" 같은 wh-의문문(Deevy & Leonard, 2004; Marinis & van der Lely, 2007; van der Lely & Battell, 2003), "The boy who is sitting behind the girl is very tall." 같은 관계절(Friedmann & Novogrodsky, 2004; Hestvik, Schwartz, & Tornyova, 2010), "Big Bird knew that Elmo fed the dog." 또는 "Big Bird knew to feed the dog." 같은 유한 및 무한 보어절(Owen & Leonard, 2006). "The little old blue car is going to hit the great big fast speeding train." 같이 단어는 많이 포함되어 있지만 비교적 간단한 통사론 문장조차도 처리하기 어려울 수 있다.

10.1.5 전반적인 영향

많은 경우 SLI 아동의 언어 결핍은 대화를 유지하거나 대화 상호작용에 전적으로 참여하는 능력에 영향을 미친다. 즉, SLI 아동은 화용론 영역에서 어려움을 보인다(Conti-Ramsden & Friel-Patti, 1984; Craig & Evans, 1993). SLI 아동은 또래와 사회적 상호작용을 시작하거나, 이미 형성된 또래 상호작용에 참여하는 데 어려움을 겪는다(Craig & Washington, 1993; Rice, Sell, & Hadley, 1991). 그들은 다른 아동의 의사소통 시도에 제대로 반응하지 못하고, 그로 인해 또래에게 무시당하기도 한다(Hadley & Rice, 1991). 유아기부터 아동은 의사소통 능력이 뛰어난 아동과 친구가 되고 싶어 한다(Gertner, Rice, & Hadley, 1994). 따라서 SLI 아동이 또래와 대화를 시작하고 지속하는 데 어려움을 겪게 되면 사회적 고립으로 이어질 수 있다. 한 연구에서 SLI 아동은 일반 또래보다 사회적 철회 항목의 점수가 높고, 사교성 항목의 점수가 낮은 것으로 나타났다(Hart, Fujiki, Brinton, & Hart, 2004). 또 다른 연구에서는 SLI 아동의 사회적 유능성이 낮아서 학교에서 괴롭힘을 당할 위험이 더 높다는 사실을 발견하였다(Conti-Ramsden & Botting, 2004). 청소년기 이전까지 SLI 아동은 또래보다 자존감과 학업 능력이 낮고, 사회적 기술과 행동에 대한 부정적 견해가 더 많으며(Jerome, Fujiki, Brinton, & James, 2002), 우울과 불안의 위험에 처해 있다(Conti-Ramsden & Botting, 2008).

많은 SLI 청소년은 일상적 상호작용에서 언어장애를 관리하는 방법을 배웠지만, 구어를 사용해야 하는 상황에서는 여전히 불리한 입장에 있다. 예를 들어, 최근의 한 연구(Wetherell, Botting, & Conti-Ramsden, 2007)에서 SLI 청소년은 대화보다 이야기하기에 더 문제가 있는 것으로 밝혀졌다. SLI 아동의 이야기는 정상 또래에 비해 구조적으로 덜 복잡하고 일관성이 낮은 것으로 나타났다. 그들의 이야기는 정보의 잘못된 배열, 문법 오류, 줄거리의 세부 사항 누락으로 특징지어진다(Liles, 1985; Norbury & Bishop, 2003). 7장에서 살펴본 바와 같이, 이야기 발달은 정서 이해와 마음 이론 발달을 포함하여 인지 발달의 다양한 측면에 영향을 미친다. 현재까지 수집된 증거는 제한적이지만, 언어장애 아동은 이러한 각 영역에서 지체될 수 있다(Dimitrovsky, Spector, Levy-Shiff, & Vakil, 1998; Farrant, Fletcher, & Maybery, 2006; Farrar, Johnson, Tompkins, Easters, Zelisis-Medus, & Benigno, 2009; Ford & Milosky, 2008; Trauner, Ballantyne, Chase, & Tallal, 1993).

10.2 어떤 아동이 단순언어장애의 위험에 처해 있는가

10.2.1 언어장애의 유전적 기초

언어장애는 가족력이 있다(Ingram, 1959; Stromswold, 1998; Tallal, Hirsch, Realpe-Bonilla, Brzustowicz, Bartlett, & Flax, 2001; Tomblin, 1989). SLI가 있는 개인과 일촌 관계인 경우 SLI 발생 확률이 4배 증가한다(Tomblin, 2009). SLI의 높은 가족 응집 비율은 주로 유전적 요인에 기인하고, 이로 인해 대뇌 피질의 발달 이상을 초래한

다(Tropper & Schwartz, 2009). SLI의 유전 관련 증거는 쌍생아 연구(Bishop, North, & Donlan, 1995; Lewis & Thompson, 1992; Tomblin & Buckwalter, 1998)와 유전자 연관 연구(Marcus & Fisher, 2003; Newbury, Bishop, & Monaco, 2005)에서 비롯된다. 쌍생아 연구에서는 유전자의 50%만 공유하는 이란성 쌍생아보다 모든 유전자를 공유하는 일란성 쌍생아의 경우 유의하게 높은 일치율(SLI와 같은 동일한 특성을 가진 쌍생아의 비율)을 보여 주었다. 연구 전반에 걸쳐 이란성 쌍생아의 일치율이 .46에서 .69인 것과 비교하여 일란성 쌍생아의 경우 일치율이 .70에서 .96의 범위에 해당한다(Tomblin, 2009). 최근 몇 년 동안 SLI와 관련된 유전자 표지 조사에 상당한 진전이 있었다. 후보 유전자 중 하나인 FOXP2의 돌연변이(12장 참조)는 영국의 대가족(Vargha-Khadem, Watkins, Price, Ashburner, Alcock, Connelly, et al., 1998)뿐만 아니라 몇몇 다른 가족(Feuk, Kalervo, Lipsanen-Nyman, Skaug, Nakabayashi, Finucane, et al., 2006; MacDermot, Bonora, Sykes, Coupe, Lai, Vernes, et al., 2004; Tomblin, Shriberg, Murray, Patil, & Williams, 2004)의 경우에도 언어장애와 관련이 있었다. 이러한 돌연변이는 말소리-운동 문제(언어성 통합운동장애라고도 불림)를 강력하게 예측한다. 그러나 SLI 개인 및 가족에 관한 연구에서는 FOXP2 돌연변이를 발견하지 못하였다(Meaburn, Dale, Craig, & Plomin, 2002; O'Brien, Zhang, Nishimura, Tomblin, & Murray, 2003). 이는 FOXP2가 언어장애의 유일한 유전적 원인이 아니며, SLI의 원인이 아닐 가능성이 높음을 보여 준다. 이 분야의 연구자들이 SLI와 관련된 다른 유전자 표지를 조사하고 있어 SLI와 관련 유전자에 대한 연구가 빠른 속도로 진행되고 있다. 최근 몇 년 동안 염색체 139, 160 및 19의 여러 부분이 SLI 개인에게서 특징적으로 나타나는 음운 단기 기억 결핍과 관련이 있었다(Newbury et al., 2005). 또한 SLI는 유전적 요인이 있는 것으로 널리 알려져 있으나, 영아를 언어장애 위험에 처하게 만드는 다른 임신 이전 및 분만 전후 요인이 있다는 점에도 주목할 필요가 있다. 특히 눈에 띄는 뇌 손상이나 일반적인 인지적 지체가 없는 경우에도 미숙아는 만숙아보다 언어 학습 결과가 좋지 않았다(Guarini, Sansavini, Fabbri, Alessandroni, Faldella, & Karmiloff-Smith, 2009).

쌍생아 연구(twin studies): 형질과 행동에 대한 유전자와 환경의 영향을 결정하는 데 사용되는 연구 방법론. 주어진 형질에 대한 일란성 쌍생아와 이란성 쌍생아의 일치율 비교를 포함함.

일치율(concordance rates): 동일한 형질을 가진 쌍생아의 비율. 일란성 쌍생아와 이란성 쌍생아의 일치율 비교는 유전학자가 형질의 유전적 토대 여부를 결정하는 데 도움이 됨.

언어성 통합운동장애(verbal dyspraxia): 언어성 운동신경장애(verbal apraxia) 또는 말소리 운동신경장애(apraxia of speech)로도 불림. 말소리를 계획하고 발음하는 데 어려움이 있는 말소리 운동장애.

10.2.2 언어장애의 신경 표지

전두엽(frontal lobe): 인간의 뇌 영역 중 각 뇌 반구 앞에 위치한 부분.

측두엽(temporal lobe): 인간의 뇌 영역 중 각 뇌 반구의 실비우스 틈새 아래에 위치한 부분.

측두평면(planum temporale): 청각 피질에 인접한 측두엽에서 실비우스 틈새 근처에 위치한 피질의 영역. 왼쪽 측두엽은 말소리 패턴의 고차 배열 통합에 관여함.

SLI는 뇌가 언어를 처리하는 방식에서의 비정상적 발달과 관련이 있지만, 진단 기준에 따르면 뇌의 특정 부위에 대한 국소 병변이나 손상과는 관련이 없다. 12장에서는 언어 발달의 신경 기반에 대해 살펴본다. 여기서는 SLI의 신경생물학에 대해 간단한 설명만 제공한다. 실비우스 틈새(Sylvian fissure; 뇌의 전두엽과 측두엽을 분리하는 깊은 홈)의 양쪽에 위치한 신경해부학 영역은 언어 처리에 중요한 역할을 담당하며, SLI를 가진 개인의 경우 이 영역이 비정상적으로 발달하는 것으로 보인다([그림 10-2] 참조). 측두평면(측두엽에 해당하는 청각피질)이라고 불리는 측두엽 영역은 언어 발달이 정상인 경우 우반구보다 좌반구에서 더 크다(Geschwind & Levitsky, 1968). 이는 좌반구가 음성 처리에서 지배적인 역할을 담당하는 것과 관련이 있다. 측두평면 길이의 이러한 비대칭성은 임신 기간의 세 번째 3개월부터 명백하게 나타나고(Chi, Dooling, & Gilles, 1977; Wada, Clark, & Hamm, 1975; Witelson & Pallie, 1973; Witelson, 1977), 흥미롭게도 난독증 또는 SLI 개인에 대한 사후 연구에서는 측두평면 길이에서 비대칭성이 낮다는 사실을 발견하였다(Cohen, Campbell, & Yaghmai, 1989; Galaburda, Sherman, Rosen, Aboitiz,

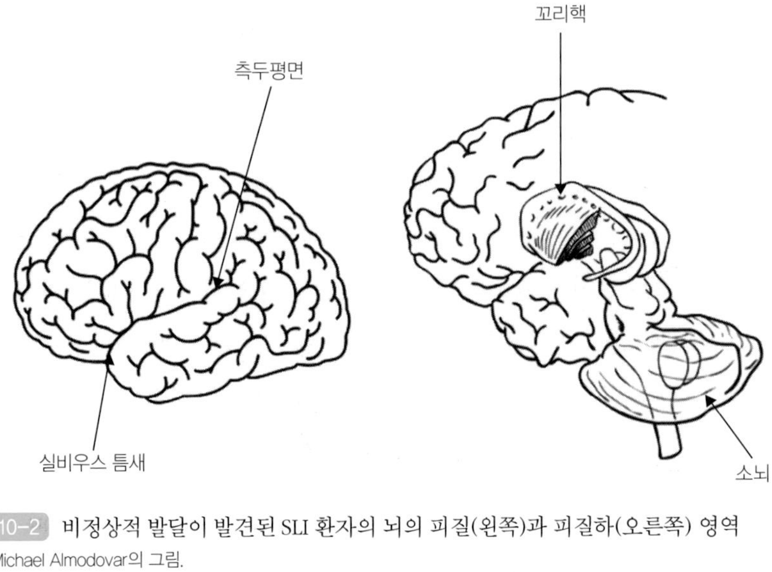

그림 10-2 비정상적 발달이 발견된 SLI 환자의 뇌의 피질(왼쪽)과 피질하(오른쪽) 영역
출처: Michael Almodovar의 그림.

& Geschwind, 1985; Humphreys, Kaufmann, & Galaburda, 1990). 또한 이들 연구는 양쪽 반구의 페리실비안 영역(실비우스 틈새의 양쪽 측면)에서 다양한 세포 이상을 발견하였다. 구조적 자기 공명 영상(MRI)은 비정상적인 피질 성장 패턴과 SLI를 연결하는 추가 증거를 제공하였다(De Fossé, Hodge, Makris, Kennedy, Caviness, McGrath, et al., 2004; Jernigan, Hesselink, Sowell, & Tallal, 1991; Plante, Swisher, & Vance, 1989; Plante, Swisher, Vance, & Rapesak, 1991). SLI 개인은 언어 기능과 관련된 영역, 즉 문법 처리와 관련된 전두엽 아래쪽 영역, 그리고 말소리 패턴의 통합과 관련 있는 페리실비안 영역(측두평면 포함)에서 좌반구 비대칭의 전형적인 패턴을 보이지 않았다. 또한 전두엽 하부에 여분의 고랑이나 홈이 존재하는 등 구조적 이상이 있다는 증거가 있다(Jackson & Plante, 1997).

페리실비안 영역(perisylvian region): 실비우스 틈새의 양쪽에 위치한 대뇌 피질의 영역. 전두엽, 두정엽(위)과 측두엽(아래)을 분리하는 깊은 홈.

자기 공명 영상(magnetic resonance imaging: MRI): 인간의 뇌와 같은 유조직의 상세한 이미지를 생성하기 위해 자기장을 사용하는 의료 화상 진료 기술.

SLI 개인은 이러한 대뇌 피질 영역 외에도 언어 처리와 관련된 여러 피질하 구조에서 비정상적인 발달을 보인다. 여기에는 소뇌와 꼬리핵이 포함되는데, 후자는 기저핵의 일부이다(Hodge, Makris, Kennedy, Caviness, Howard, McGrath, et al., 2010; Jernigan et al., 1991; Tallal, Jernigan, & Trauner, 1994; Vargha-Khadem et al., 1998). 소뇌는 언어 운동 프로그램을 포함하여 운동 조정에 중요한 역할을 담당한다. 기저핵은 하전두엽과 협력하여 기술 습득을 지원하는 기능적 네트워크를 형성한다. 보다 구체적으로, 이들 구조는 행위의 협응 순서 학습 및 이들의 실행 통제에 관여하는 절차 기억 체계를 포함한다. 절차 기억은 순차적인 패턴을 학습하는 데 중요한 역할을 한다. 즉, 일련의 요소가 정렬되는 방식에 따라 문법 습득 및 문법 조작의 자동 생성에 중요한 역할을 한다(Packard & Knowlton, 2002; Ullman, 2001).

소뇌(cerebellum): SLI를 가진 개인에서 비정상적인 발달을 나타내는 언어 처리와 관련된 여러 피질하 구조 중 하나. 뇌의 기저부에 위치하여 운동 협응에 중요한 역할을 함.

꼬리핵(caudate nucleus): SLI를 가진 개인에서 비정상적인 발달을 나타내는 언어 처리와 관련된 여러 피질하 구조 중 하나. 꼬리핵은 기저핵에 위치하며 자발적 운동을 통제하는 역할을 함.

기저핵(basal ganglia): 하전두엽과 협력하여 기술 습득을 지원하는 기능적 네트워크를 형성하고, 단순하고 높은 수준의 문법 구조가 처리될 때 활성화됨.

절차 기억(procedural memory): 두 가지 유형의 장기 기억 중 하나(다른 하나는 서술 기억). 순서 학습 및 행위 순서의 협응에 관여함.

여러 연구에서 언어장애 아동뿐만 아니라 언어장애가 없는 가족 구성원(부모 및 형제자매)에게도 구조적 및 기능적 이상이 관찰되었다(Jackson & Plante, 1997; Plante et al., 1989, 1991). 이러한 결과는 신경생물학적 발달과 함께 환경의 다른 요인들이 SLI에 기여할 수 있음을 시사한다. 신경해부학적 이상이 어떤 사람에게는 언어장애를 유발하지만, 다른 사람에게는 그렇지 않은 이유는 아직 밝혀지지 않았다.

10.2.3 언어장애 진단

생후 24개월 걸음마기 아동의 표현 어휘 단어 수가 50개 미만이고, 아직 단어를 조합(다단어 발화)하지 못한다면 말 늦은 아동으로 간주된다(Desmarais, Sylvestre, Meyer, Bairati, & Rouleau, 2008; Rescorla, 1989). 여아보다 남아가 말 늦은 아동일 가능성이 더 높은데, 말 늦은 아동은 생애 두 번째 해의 가장 일반적인 특징인 어휘 폭발을 보이지 않는다(어휘 폭발에 관한 4장 참조). 말 늦은 아동은 유아기 동안 정상 발달의 또래를 따라잡는다. 이 아동은 때때로 대기만성형 아동으로 불린다. 불행히도, 일부 말 늦은 아동은 언어 처리에 지속적으로 어려움을 겪고 이후 SLI로 진단된다.

대기만성형 아동(late bloomers): 유아기 동안 또래를 따라잡는 말이 늦은 아동.

걸음마기의 언어지체는 맥아더-베이츠 아동 발달 척도(〈방법론 상자 4-1〉 참조)와 같이 널리 사용되는 어휘 체크리스트 및 자발적 발화 샘플링을 통해 평가된다. 말 늦은 아동은 맥아더-베이츠 CDI 해당 연령의 표현 어휘에서 열 번째 백분위 수 미만 아동으로 확인되었다(Dale, Price, Bishop, & Plomin, 2003; Thal & Tobias, 1994; Weismer & Evans, 2002). 자발적 발화 샘플링은 아동이 산출한 발화의 어휘 다양성과 문법적 복잡성을 평가하기 위해 널리 사용된다. 어휘 다양성은 고정된 크기의 샘플에서 산출된 서로 다른 단어의 수를 계산하여 측정한다(Watkins et al., 1995). 일반적으로 사용되는 문법 발달의 두 가지 측정법은 아동의 평균 발화 길이(MLU, 발화의 형태소 수 측정; Brown, 1973) 및 산출 구문 색인(Scarborough, 1990a)이다. IPSyn은 자발적 발화 샘플 100개를 필요로 하며, 명사구, 동사구, 의문문과 부정문, 문장 구조와 같은 범주로 분류된 56개의 통사론 및 형태론 형식에 대한 체크리스트를 사용한다. IPSyn은 유아의 문법 발달을 MLU보다 민감하게 측정한다(Sagae, Lavie, & MacWhinney, 2005). MLU와 IPSyn의 계산은 CHILDES를 통해 제공되는 CLAN 프로그램을 사용하여 자동으로 실행된다. 〈방법론 상자 6-1〉 참조.

산출 구문 색인(Index of Productive Syntax: IPSyn): 100개의 자발적인 발화 샘플을 기반으로 한 56개의 통사론 및 형태론적 형식에 대한 체크리스트를 사용하는 문법 발달의 척도.

자발적 발화 샘플링은 분석을 위해 정확하게 전사하는 데 상당한 시간과 노력이 필요하다는 점에서 한계가 있다. 운 좋게도, 아동 언어 발달의 다양한 측면을 평가하기 위해 음운 처리에 중점을 둔 측정 도구, 어휘 발달(수용 어휘, 표현 어휘), 문법 발달(형태론 및 통사론) 및 읽기(단어 인식 및 비단어 해독)에 중점을 둔 측정 도구와 같이 다양한 진단 검사 도구가 개발되었다. 이러한 측정 도구의 대표적인 사례는 〈방법론 상자 10-1〉에 설명되어 있다.

10.2.4 말 늦은 아동에 대한 결과 예측

언어 능력의 개인차는 아동기 동안 상당히 안정적인 경향이 있다(그러나 일부 아동의 경우 언어 발달이 안정적이지 않다는 증거는 Ukoumunne, Wake, Carlin, Bavin, Lum, Skeat, et al., 2011 참조). 2;0~2;7세에 말 늦은 아동으로 진단된 걸음마기 아동은 3;0~4;0세의 MLU 및 IPSyn 검사에서도 또래보다 계속 뒤떨어졌다는 종단연구 결과가 있다(Rescorla, Dahlsgaard, & Roberts, 2000). 말 늦은 아동의 경우 통사론 및 형태론 발달보다 어휘 성장의 회복 속도가 더 빠르다(Rescorla, Roberts, & Dahlsgaard, 1997). 9세, 13세, 17세에 아동을 재평가할 때(Rescorla, 2002, 2005, 2009), 말 늦은 아동은 어휘, 문법, 읽기, 쓰기의 측정에서 정상 범위에 해당하는 경향이 있지만, 사회경제적 지위와 비언어성 지능이 일치하는 비교집단보다 여전히 훨씬 낮은 수준을 유지하였다. 중요한 사실은 2세의 표현 어휘 크기가 여전히 어휘/문법 분산의 17%를 예측하고, 17세의 언어 기억 점수를 예측하여 언어 발달의 연속성에 대한 강력한 증거를 제공하였다는 것이다. 또 다른 종단연구는 말 늦은 아동을 정상 또래와 비교할 때 언어 처리의 장기적인 약점이 나타났다고 보고하였다(Stothard, Snowling, Bishop, Chipchase, & Kaplan, 1998).

다른 아동과 마찬가지로, 말 늦은 아동의 어휘 및 문법 발달의 연속성은 높은 편이다. Moyle, Weismer, Evans와 Lindstrom은 어휘 및 문법 발달을 측정하여 2;0~5;6세의 말 늦은 아동 30명과 정상 아동 30명을 6개월 간격으로 추적 조사하였다. 각 시점에서 어휘 및 문법 점수는 강력한 동시적 상관관계를 보였다(2;0세 어휘 점수는 2;0세 문법 점수와 관련되고, 2;6세 어휘 점수는 2;6세 문법 점수와 관련됨). 그러나 교차지연 통계를 사용하는 경우(2;0세 어휘와 2;6세 문법의 상관관계, 2;0세 문법과 2;6세 어휘의 상관관계 등) 문법 능력은 정상 또래보다 말 늦은 아동의 이후 어휘 성장을 예측하는 정도가 더 낮았다. 이러한 결과는 새로운 단어의 의미를 제한하는 형태론 및 통사론 단서(예: 과거 시제 및 복수 표지, 영어 단어 순서)의 역할이 말 늦은 아동에게는 더 적게 작용했음을 보여 준다. 다시 말해서, 말 늦은 아동은 어휘력 증가를 위해 통사 자동 처리를 이용하는 능력이 또래보다 낮았다(Gleitman, 1990; 4장 참조). 대조적으로, 두 집단 모두에서 어휘 크기는 이후 문법 능력을 강력하게 예측했는데, 이는 개별 단어의 사용 방법에 대해 축적된 어휘 지식으로부터 문법이 도출되는 어휘 자동 처리 가설을 뒷받침한다(Bates & Goodman, 1997; 4장 참조). 흥미롭게도, 어휘와 후기 문법 능력의 관련성을 보여 주는 중요한 교차지연 통계 결과는 정상 아동의 경우 말 늦은 아동보다 더 어린 연령에서 관찰되었는데, 이는 문법에 영향을 미치기 이전에 중요한 다수의 어휘가 습득되어야 함을 시사한다. 따라서 어휘 성장이 느리면 문법 발달에 유리한 영향도 늦게 시작된다.

말 늦은 아동을 완전하게 회복되는 아동(대기만성형 아동)과 문제가 지속되는 아동으로 구분하는 데 관련된 두 가지 요인은 언어 이해와 제스처 사용 정도이다(Thal, Tobias, & Morrison, 1991; Thal & Tobias, 1992). 3장에서 살펴본 바와 같이, 아동의 폭넓은 제스처 사용은 그들의 구어 이해와 관련이 있다(예: O'Reilly, Painter, & Bornstein, 1997). Capone와 McGregor(2004)는 말 늦은 아동의 제스처 사용이 다른 사람과의 사회적 참여를 촉진하는 보상 기제로 작용하며, 보다 긍정적인 장기적 결과를 예측한다고 제안하였다. 특별히 말 늦은 아동에게만 초점을 둔 연구는 거의 이루어지지 않았지만, 발달지체 영아를 대상으로 한 연구에 따르면 가상 놀이에서의 제스처 사용과 사회적 상호작용을 시작하고 다른 사람의 의사소통 시도에 반응하는 데 사용되는 제스처의 양이 이후 언어 능력을 예측하는 것으로 나타났다(Calandrella & Wilcox, 2000; Kennedy, Sheridan, Radlinski, & Beeghly, 1991). 보다 일반적으로, 시선 응시 실패, 전언어기 발성(예: 끙끙거리기), 다른 사람의 주의를 끌고 공동 주의를 유도하기 위한 가리키기 제스처는 자폐스펙트럼장애(ASD) 아동을 다른 언어지체 아동과 구별하는 임상적 지표이다(Crais, Watson, & Baranek, 2009). 이러한 정보는 사회성 및 의사소통 장애(Layfer, Tager-Flusberg, Dowd, Tomblin, & Folstein, 2008; Tager-Flusberg, 2004), 그리고 SLI와 ASD 아동 관련 신경생물학적 이상(De Fossé et al., 2004; Hodge et al., 2010)과 상당히 중복되기 때문에 진단에 있어서 중요한 정보이다.

10.3 무엇이 단순언어장애를 설명하는가

중요한 질문은 SLI 아동에게 통사론과 형태론의 특정 측면이 부재하거나 손상되어 있는지, 또는 SLI가 단순히 정상적인 아동 언어 능력 분포의 끝에 해당하는지에 관한 것이다(Weismer, 2007). 이 절에서는 특정 통사론 모듈의 표상 결핍이 SLI의 원인인지(예: Rice & Wexler, 1996; van der Lely, 1994, 1998, 2005), 더 일반적인 처리 기제(예: Joanisse & Seidenberg, 2003; Leonard, Weismer, Miller, Francis, Tomblin, & Kail, 2007; Ullman & Pierpont, 2005)로 SLI를 설명할 수 있는지에 대한 견해를 살펴본다. SLI가 청각 처리의 약점, 과제 기억 용량 및 절차 학습의 약점을 포함하여 여러 가지 다른 인지적 결함과 연결되어 있다는 새로운 시각이 있다. SLI의 비언어적 및 언어 관련 결함이 일반적인 신경학적 결함에서 비롯된 것인지, 아니면 미묘한 인지적 약화가 언어 발달에 악영향을 미치는 연속적인 결과로 이어지는 것인지는 확실하지 않다(Kohnert, Windsor, & Danahy Ebert, 2009).

절차 학습(procedural learning): 절차 기억 체계를 통한 순서의 암시적 학습. 이러한 학습은 종종 인식하지 못한 채 발생한다고 가정함.

10.3.1 문법 표현의 결함

SLI의 대표 이론은 SLI 아동이 언어 지식에 특정한 결함이 있다고 주장한다. SLI에 대한 최초의 대표적인 설명 중 하나는 선택적 부정사 연장(Extended Optional Infinitive: EOI) 가설이다(Right & Wexler, 1996; Rice, Wexler, & Cleave, 1995). 이는 SLI의 핵심 결함이 시제 표시를 담당하는 일부 문법 요소와 관련이 있음을 제안하였다. SLI 아동은 영어의 경우 시제 표시가 필수임에도 불구하고 이를 선택 사항으로 취급한다. Rice와 Wexler는 정상 아동이 선택적 부정사 단계를 거친다고 제안했지만, SLI 아동의 경우 이러한 정상 발달 단계가 더 오랜 기간 연장된다. EOI 가설은 SLI 아동이 시제 표시 규칙을 알고 있지만, 특정한 언어 맥락에서 시제 표시가 필수 사항이라는 지식이 부족하다고 제안하였다. EOI 설명의 한계는 SLI 아동이 겪는 다양한 어려움을 설명하지 못한다는 것이다.

종속 관계 표상 결함(Representational Deficit for Dependent Relations: RDDR) 설

명에 따르면, 결함은 통사론 연산 체계에 있다(van der Lely, 1994; van der Lely & Stollwerck, 1997). RDDR 설명의 핵심은 문법적 SLI(G-SLI)를 가진 하위집단을 식별하는 것인데, 이는 핵심 문법 연산에 한정된 지속적인 수용 및 표현 언어장애가 특징이다(Bishop, Bright, James, Bishop, & van der Lely, 2000 참조). 이러한 아동의 문법 표상은 불완전한 통사론 분석으로 인해 '구체화되지 않은(underspecified)' 것으로 간주되었다(van der Lely, 1996; van der Lely & Stollwerck, 1997). G-SLI 아동은 형태론과 통사론 영역에서의 결함과 더불어, 복잡한 언어 자극의 음운 처리에 어려움을 겪는다(van der Lely, 2005). RDDR 설명보다 최근에 제기된 문법 연산 복잡성(Computational Grammatical Complexity: CGC) 가설은 SLI 아동이 하나 이상의 문법 구성 요소에 대해 위계적이고 구조적으로 복잡한 형식을 계산하는 데 손상을 입었다고 제안한다(van der Lely, 1998, 2005). RDDR 가설은 문법 규칙 적용에서의 어려움을 강조하지만, CGC 가설은 위계적 언어 표상 구문에서의 어려움을 강조한다(5장 참조).

10.3.2 처리의 결함

앞서 논의한 바와 같이, SLI 아동은 기본적인 청각 처리에 어려움을 겪고 있으므로(Tallal & Piercy, 1973a, 1973b, 1974, 1975), 이러한 결함이 SLI의 핵심이라는 주장이 제기되었다. Joanisse와 Seidenberg(2003)는 언어 처리 체계의 연산 모델을 사용하여 낮은 수준의 말소리 지각 결함이 높은 수준의 언어 처리에 연쇄적인 영향을 미친다는 사실을 보여 주었다. 이와 유사한 흐름의 초기 제안으로 표면 설명(Surface Account; Leonard, 1989)이 있다. Leonard는 SLI 아동이 시제 표시 굴절 어미(예: 과거 시제, 3인칭 단수)와 같이 짧은 기간 동안 문법 형태소 인식에 영향을 미치는 낮은 수준의 청각 처리에 결함이 있다고 제안하였다. SLI 아동은 지각적 특징이 낮은 굴절 어미를 학습하고 처리하기가 더 어렵다.

McMurray, Samelson, Lee와 Tomblin(2010)은 SLI 개인의 음운 단기 기억에서 정보의 소실률이 빠르게 진행된다고 제안하였다. 그들은 컴퓨터상에서 특정 사물을 마우스로 클릭하기 위해 음성 지시와 함께 참여자에게 사물 배열을 보여 주는 시각적 세계 패러다임을 사용하였다(예: "Click on the candle."; [그림 10-3] 참조). McMurray와 동료들은 참여자들이 음성 지시를 처리하는 동안 일련의 다양한 사물에 대한 안

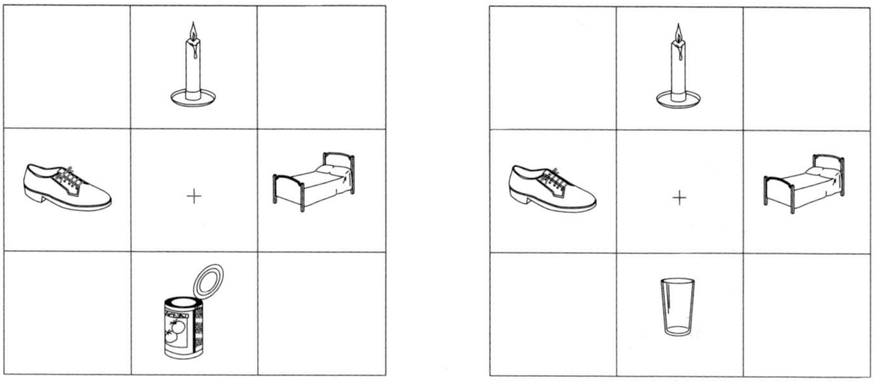

음운론적 경쟁 조건 통제 조건

그림 10-3 시각적 세계 패러다임에 사용된 시각 자극의 사례. 예를 들어, SLI 아동은 음운을 클릭하라는 요청을 받을 때 음운론적 경쟁 자극을 더 오래 응시한다(왼쪽 패널 참조).

구 운동을 모니터링하였다. 결정적으로 일부 시도에서 배열의 대체 그림 중 하나는 대상과 음운론적으로 관련이 있었지만(예: a can; [그림 10-3]의 왼쪽 패널 참조), 다른 실험에서는 모든 대안이 음운론적으로 관련이 없었다([그림 10-3]의 오른쪽 패널 참조). SLI 청소년은 음운이 유사한 경쟁 자극들로 인해 또래들보다 더 오랫동안 혼란을 경험하였다. 즉, 그들은 can을 더 자주 응시했고, 대상이 명확해지더라도(지시 사항에서 candle의 시작) can에 대한 안구 운동을 지속하였다. SLI 청소년의 경우 음운이 유사한 경쟁 자극의 간섭으로 인해 연장된 시간은 5~6세 정상 아동에게서 관찰되는 패턴과 유사하였다(Sekerina & Brooks, 2007). 앞서 설명한 Seiger-Gardner와 Brooks(2008)의 그림-단어 간섭 연구의 결과와 같이, 이 데이터는 SLI 아동이 정상 아동보다 음운 경쟁에서 어려움을 더 오래 겪는다는 사실을 시사한다. McMurray와 동료들(2010)은 이 데이터를 사용하여 처리 속도, 어휘 크기, 감각 및 음운 표상과 같이 다양한 매개변수가 포함된 연산 모델을 평가했으며, 청각 추적의 소실률을 높이면 데이터에 가장 적합한 모형이 도출된다는 사실을 발견하였다. 즉, 구어 단어의 표상은 단기 기억에서 더 빨리 소실되는 것처럼 보였고, SLI 개인은 소리 패턴이 비슷한 단어의 간섭에 더 영향을 받았다.

SLI 아동은 정상 발달 또래보다 음성언어 처리 속도가 훨씬 느리다(Miller, Kail, Leonard, & Tomblin, 2001). Montgomery(2005, 2006)는 SLI 아동이 여러 정보원에 효율적으로 주의를 분산시키지 못한다고 주장하였다. 그들은 문장을 해석하기 위해 입력 단어의 의미론적-통사론적 특징을 검색, 평가 및 통합하는 데 필요한 여러 가지 연산을 실행하지 못한다. Montgomery는 SLI 아동의 느린 처리 속도가 언어성 작업 기억의 제한된 용량 때문이며, 성인 문장 처리의 개인차와 언어 과제 기억 용량 차이의 관계를 살펴본 관련 연구와 일치하는 결과라고 제안하였다(Carpenter, Miyake, & Just, 1995). 언어성 작업 기억 용량은 정보 처리 부하를 증가시키기 위해 보조 과제를 수행하는 동안 아동이 단어 목록을 기억하도록 요청하여 평가한다. 예를 들어, Montgomery(2000)의 연구에서 아동에게 단어 목록(예: truck, cow, thumb, shirt, leaf)을 기억하도록 요청하지만, 단어를 말하기 전에 사물의 크기에 따라 목록을 다시 정렬해야 한다. 언어성 작업 기억 과제는 단어 목록을 기억하려는 시도와 동시에 언어 정보를 적극적으로 처리하고 조작하도록 요구함으로써 음운 단기 기억 과제(예: 비단어 반복)와 차이가 있다. 이러한 검사 도구는 SLI 아동이 정상 발달 또래보다 언어성 작업 기억 용량이 적다는 사실을 보여 준다(Montgomery, 2000; Weismer, Evans, & Hesketh, 1999).

언어성 작업 기억(verbal working memory): 다른 추가 정보를 처리하면서 언어 정보(단어, 문장)를 적극적으로 기억하는 능력.

구조적으로 복잡하고 더 긴 문장일수록 제한된 언어성 작업 기억 용량의 부정적인 영향은 증가한다. 이 가설을 뒷받침하기 위해 Grela와 Leonard(2000)는 문장의 길이와 복잡성이 증가함에 따라 보조동사(예: is, are)가 포함된 문장에서 SLI 아동이 더 많은 호응 오류를 범한다는 사실을 관찰하였다. 이와 유사하게, 의문문 처리에 있어 SLI 아동은 문장 처리 요구를 증가시키는 의문문 길이의 조작에 매우 민감하였다(Deevy & Leonard, 2004). 언어성 작업 기억 용량 설명에 대한 추가 지원은 인지 스트레스 요인을 문법 판단 과제에 도입함으로써 정상 아동을 대상으로 SLI를 시뮬레이션한 연구에서 출발한다(Haiou-Thomas, Bishop, & Plunkett, 2004). 어떤 조건에서는 구어 문장의 발화 속도가 원래 속도의 50%로 단축되었으며, 다른 조건에서는 문장의 발화 속도가 길어졌다. 두 조건 모두에서 정상 아동은 SLI 아동과 동일한 종류의 오류를 범하였다.

10.3.3 통계 학습 장애

Ullman과 Pierpont(2005)는 SLI에서 관찰된 언어 처리의 어려움이 패턴 및 순서의 운동 기술 학습과 통계 학습을 지원하는 절차 기억 체계의 비정상적 발달의 결과라고 제안하였다. 이 가설은 운동 및 인지 기술의 학습, 협응 및 타이밍에 기여하는 것으로 알려진 SLI 아동의 기저핵과 소뇌 이상에 대한 신경생물학적 증거에 의해 뒷받침된다. 이 가설에 따르면, 순서의 연결 학습은 아동의 언어 능력과 관련이 있다. SLI 개인이 문법 패턴과 순차적 의존성에 대한 통계 학습에 결함이 있는지를 조사한 여러 연구가 있다(Evans, Saffran, & Robe-Torres, 2009; Lum, Gelgic, & Conti-Ramsden, 2010; Plante, Gómez, & Gerken, 2002; Tomblin, Mainela-Arnold, & Zhang, 2007). 순서 학습 과제에 대한 자세한 설명은 〈방법론 상자 11-1〉 참조. Plante와 동료들(2002)은 유한-상태 문법을 사용하여 CVC 임의 단어로 구성된 인공 언어로 문장을 생성하였다(사례 문장은 "fim sag tup dak sag tup."이다). 학습장애 또는 난독증 성인이 인공 문법의 단어 순서 규칙에 대해 학습장애를 보이는지 검사하였다. 절차 학습에서의 결함과 일관되게, 대표 문장에 노출된 언어/학습장애 성인은 새로운 문장이 인공 문법 규칙을 준수하는지 판단할 때 학습장애가 없는 집단과 비교하여 수행상 지체를 보였다. Evans와 동료들(2009)은 학령기 아동을 대상으로 한 연구에서 SLI 집단이 인공 언어의 통계 패턴에 대한 학습이 부족하다는 사실을 발견하였다. 첫 번째 연구에서 21분의 청취시간이 지난 후 SLI 아동은 인공 언어에 포함된 패턴을 학습하지 못했지만, 정상 발달 또래는 학습에 성공하였다. 두 번째 연구에서 청취시간을 두 배로 늘린 후 SLI 아동은 비단어 순서에서는 수행에 성공했으나, 음조 순서에서는 수행에 실패하였다. 절차 학습 가설을 뒷받침하는 통계 학습 과제의 성과는 아동의 어휘 지식과 관련이 있다.

유한-상태 문법(finite-state grammar): 유한 요소 집합(예: 글자, 음절, 음조)과 요소 사이의 유한 연결 집합(허용 가능한 순서)을 특징으로 하는 인공 문법.

Tomblin과 동료들(2007)은 10대 SLI 청소년들을 대상으로 특정 시각 자극의 공간 위치에 해당하는 버튼을 누르라고 지시하는 연속 반응시간(Serial Reaction Time: SRT) 과제를 시행하였다. '무작위' 블록의 경우 자극의 공간적 위치는 실험마다 유사-무작위로 변화하는 반면, '패턴화된' 블록의 경우 다양한 공간적 위치의 순서는 10개 요소의 순서에 의해 생성되었으며, 100회 실험을 위해 10회 반복되었다. 10대 SLI 청소년이 다른 학생과 비교하여 패턴화된 블록에서는 느린 학습 속도를 보였지만, 무작위 블록에서는 차이가 없었다(유사한 결과가 7~8세에도 나타남; Lum et al., 2010 참조)는 결과는 절차 학습 가설을 뒷받침한다. 패턴화된 블록에 대한 학습률의 차이는 문법 능력으로 집단을 구분할 때는 관찰되었으나, 어휘 크기로 구분할 때는 관찰되지 않았다. 이는 SRT 과제의 수행 능력이 문법 학습과 더 밀접한 관련이 있음을 시사한다.

절차 학습 결함 가설은 SLI 아동의 운동 발달 및 협응 이상을 기록한 폭넓은 관련 선행연구에 의해 지지받았다(Hill, 2001). 일부 SLI 아동은 운동 계획의 손상과 관련된 운동학습장애인 통합운동장애 증상을 보인다(Dewey & Wall, 1997). 이 아동들은 걷기와 말하기에서 지체를 보인다(Trauner, Wulfeck, Tallal, & Hesselink, 2000). 운동장애는 대근육과 소근육 협응 모두에서 발견된다. 예를 들어, Bishop과 Edmundson(1987)은 손동작 과제(페그 이동)의 수행이 말 늦은 아동의 언어 결과를 예측한 것으로 보고하였다. 비단어 산출 중 말소리-운동 활동(예: 입술 움직임)에 관한 연구에 따르면, SLI 아동의 발음은 정상 발달 또래보다 더 다양하였고, 이는 SLI의 말소리-운동 통제 능력이 미숙함을 시사한다(Goffman, 2004). Marton(2009)은 SLI 아동이 손동작을 모방하는 데 어려움이 있다고 보고하였다. 이 연구에서 대근육 협응은 SLI 아동의 모방 기술을 예측했지만, 일반 통제집단에서는 그렇지 않았다. SLI 아동이 보이는 대근육 운동의 어려움은 언어장애 여부와는 관계없이 대근육 운동이 서투른 아동의 특징과 유사하다(Hill, 1998; Powell & Bishop, 1992). 이러한 결과는 운동 발달의 측면(예: 손가락 두드리기 순서의 반복 또는 공 튕기기를 통해 측정)과 언어 유창성과 같은 언어 발달 측면(예: 1분 동안 아동이 알고 있는 동물의 이름을 질문하여 측정) 사이의 일반적 연관성을 확인시켜 준다. 이는 SLI 아동이 일반적인 절차 및 운동 능력의 연속선상에서 하위 범위에 있음을 시사한다(Wastenberg, Feron, Kessels, Hendriksen, Kalff, Kroes, et al., 2006).

통합운동장애(dyspraxia): 운동 및 협응 계획 장애와 관련된 운동 학습에서의 어려움.

요약

- 일정 비율의 아동은 다른 영역의 인지적 결함이 없으면서 언어 발달에만 결함이 있는 것으로 나타났는데, 이 아동은 단순언어장애(SLI)라고 불리며, 유전적 요인이 있는 것으로 보인다.
- SLI 아동의 결함은 심각성과 장애 영역이 크게 다르며, SLI 아동은 청각 처리, 음운 처리, 어휘 발달 및 통사 발달 영역 중 하나 이상에서 결함을 보인다.

- 신경 영상 진단 연구들은 SLI 아동이 언어 처리에 관여하는 대뇌 피질 및 피질하 영역에서 반구 비대칭성 감소와 관련된 이상을 보인다고 제시하였다.
- 언어 발달 과정에서 2세경에 '말 늦은 아동'으로 진단된 일부 아동은 이후에 언어 발달을 따라잡을 수 있으나 SLI 아동은 이후에도 지속적인 장애를 보이는데, 이는 SLI 아동의 어린 시절 작은 어휘 크기에 의해 예측할 수 있다.
- SLI에 대한 많은 설명은 가정된 핵심 결함이 언어와 엄격하게 관련되어 있는지 또는 더 일반적인 인지 능력을 포함하는지에 따라 다르다.
  - 언어-특정적 설명에서는 SLI가 필수적인 형태소 표지의 표상 부족 또는 위계적 구문 표현의 표상 및 처리에 어려움이 있는 것과 같은 문법 표현의 결함 때문이라고 제안한다.
  - 일반적인 인지 설명에서는 일반적인 청각 처리 또는 작업 기억 용량과 같은 비언어적 능력의 부족이 언어 발달에 연쇄적 영향을 미칠 수 있음을 시사한다. 또한 SLI는 순서의 통계 학습뿐만 아니라 운동 기술 학습과 조음의 운동 협응에 있어서 기초가 되는 절차적 결함의 결과일 수 있다고 제안되었다.

더 읽을거리

주요 연구

SLI 아동의 통계 학습 결함에 관한 읽을거리

Evans, J. L., Saffran, J. R., & Robe-Torres, K. (2009). Statistical learning in children with specific language impairment. *Journal of Speech, Language, and Hearing Research, 52*, 321-335.

논문

SLI의 잠재적 원인에 관한 읽을거리

Ullman, M. T., & Pierpont, E. I. (2005). Specific Language Impairment is not specific to language: The ○procedural deficit hypothesis. *Cortex, 41*, 399-433.

Bishop, D. V. M. (2006). What causes specific language impairment in children? *Current Directions in Psychological Science, 15*, 217–221.

저서

SLI와 자폐스펙트럼장애에 관한 읽을거리

Schwartz, R. G. (ed.) (2009). *Handbook of child language disorders*. New York: Psychology Press.

11 청각장애 아동은 어떻게 언어를 습득하는가

핵심 용어

• 인공 문법 • 청각 신경 • 청각적 비계설정 가설 • 옹알이 • 수어소 • 달팽이관 • 인공 와우 • 구문 • 결정적 시기 • 파생 형태론 • 담화 • 실행 기능 • 유한-상태 문법 • 제스처 문장 • 홈 사인 • 어휘 목록 • 손 부호화 영어 • 형태소 • 형태론 • 숫자 인지 • 개방형 검사 • 음소 • 일차 청각 피질 • 운율 • 연속 반응 시간(SRT) 과제 • 수어 • 상징 제스처 • 통사론 • 측두엽 • 마음 이론 • 단어-특정적 공식

개요

영국에서는 1,000명의 영아 중 약 1명이 청각장애를 가지고 태어난다(Fortnum, Summerfield, Marshall, Davis, & Bamford, 2001). 청각장애 아동은 정상 청각 공동체의 구어를 입술 모양을 읽어서 습득하도록 요청받는다. 청각장애가 심한 아동에게 영어와 같은 구어를 학습하는 일은 쉬운 일이 아니며, 학습에 실패하는 경우가 많다. 어린 나이부터 영국 수어 또는 미국 수어와 같은 전 세계의 수어 중 하나에 노출되어 다른 청각장애인과 함께 양육 및 교육을 받는 것은 청각장애 아동에게 이상적인 환경이다. 수어는 의사소통 방식으로 손 제스처와 표정을 사용하는 복잡한 인간 언어이다. 이는 동일한 공동체에서 사용되는 구어와 같지는 않지만, 고유한 문법적 특징이 있다. 이 장의 첫 부분에서는 수어 습득이 일반적인 특징과 발달 과정의 측면에서 구어 습득과 어떻게 다른지 살펴본다.

청각장애 아동의 90~95% 이상이 정상 청각 부모의 자녀로 태어나므로(Mitchell & Karchmer, 2004), 이들 아동 중 상당수가 학교에 입학할 때까지 수어에 노출되지 않는다. 이 경우 공동체의 구어 처리가 불가능하므로 언어에 대한 노출이 지연된다. 그러나 최근에는 청각장애인의 인공 와우 이식이 점차 일반화되고 있다. 이는 음파를 신경 자극으로 변환

인공 와우(cochlear im-plants): 음파를 신경 자극으로 변환하여 청각장애인에게 부분적인 청각 감각을 제공하는 이식된 전기 장치.

하여 청각장애인이 부분적으로 청각을 느끼게 하는 장치이다. 이 장치의 이식 시기는 청각장애 아동이 언어에 노출되는 연령에 영향을 미친다. 따라서 청각장애는 언어 입력 지연이 언어 발달에 미치는 영향을 조사할 수 있는 자연스러운 실험 상황을 연구자에게 제공한다. 이 장에서는 관련 증거 중 일부를 검토하고, 12장에서는 결정적 시기의 문제를 더욱 확대하여 살펴본다. 또한 사회성 발달 및 인지 발달의 측면에서 청각 소실의 영향을 검토한다.

결정적 시기(critical period): 유기체가 특정 유형의 자극에 대한 증대된 민감성을 나타내는 초기 발달 시기(예: 시각 입력 또는 언어).

그러나 모든 청각장애 아동이 언어에 노출되는 것은 아니다. 일부 청각장애 아동은 가족 내에서 사용하는 홈 사인이라고 불리는 자체 제스처 의사소통 체계를 만든다. 이 장의 마지막 부분에서는 홈 사인 체계의 특징과 언어와의 유사성을 살펴본다. 또한 청각장애 공동체의 홈 사인이 완전한 형태의 언어로 진화할 수 있는 사회적 상황을 살펴본다.

11.1 수어는 구어와 다른 방식으로 습득되는가

11.1.1 수어의 구조와 처리

미국 수어(ASL)가 복잡한 문법을 가진 진정한 언어임이 여러 연구에서 입증될 때까지(Klima & Bellugi, 1979; Stokoe, Casterline, & Croneberg, 1965), 세계의 수어는 언어 구조를 제대로 갖추지 못한 제스처 의사소통 체계로 간주되었다. 현재 우리는 수어가 운율, 음운론, 형태론 및 통사론 구조를 가진 자연어임을 알고 있다(Emmorey, 2002; Liddell, 2003; Sandler & Lillo-Martin, 2006). 수어는 동일한 공동체에서 사용되는 구어와 구조상으로는 관련이 없다. 미국과 영국이 공통 언어로 영어를 공유하더라도 미국 수어(ASL)와 영국 수어(BSL)는 역사적으로 독립적이며, 서로 소통이 되지 않는다. 청각/음성 양식과 달리 시각/제스처 양식을 사용하는 수어에는 구어와 구별되는 문법이 있다. 개별 수어는 약어 HOLME로 기억되는 다섯 가지 요소—손 모양(Hand shape: H), (손바닥) 방향(Orientation: O), 위치(Location: L, 조음 위치), 동작(Movement: M) 및 (얼굴) 표정(Expression: E)—로 구성된다. [그림 11-1] 참조. 이들 요소 각각은 하나의 신호를 다른 신호와 구별하기 위해 다양한 방식으로 연결된다.

그림 11-1 모든 수어는 얼굴 표정과 함께 손 모양, 방향, 위치 및 동작의 조합을 사용하여 시각적/제스처 형식으로 표현된다.

출처: © Vladimir Mucibabic. Shutterstock의 라이센스 사용 허락.

수어소(cheremes): 수어의 기본 제스처 단위에 대한 용어로 지금은 사용하지 않는 용어. 개별 수어를 구성하는 뚜렷한 손 모양, 방향, 위치, 동작 및 얼굴 표정은 이제 언어와 유사하게 음소라고 불림.

Stokoe와 동료들은 『미국 수어 사전(Dictionary of American Sign Language)』(Stokoe, Casterline, & Croneberg, 1965)에서 각 요소의 서로 다른 가능한 값을 수어소라고 언급했지만, 이 용어는 더 이상 널리 사용되지 않는다. 대신, 일련의 요소는 구어의 음소와 기능적으로 동일하므로 음소라고 부른다(2장 참조). 수어의 손동작은 수어의 운율을 구성하는 다른 얼굴 표정 및 상체 위치와 결합하고, 입(혀의 움직임 포함), 머리 움직임, 시선 패턴 및 눈썹 높이 패턴은 모두 수어를 변화시키는 추가적 역할을 한다.

HOLME의 요소는 여러 가지 요소가 서로 다른 의미 요소와 연관된 복잡한 조합 체계를 구성한다. 이 조합 체계는 수어의 형태론을 구성한다. 구어와 수어의 비교는 정보가 포장되는 방식에 현저한 차이가 있다. 보다 구체적으로, 시각적 공간 양식은 다수의 의미 요소가 단일 신호 내에 포장되도록 한다. 구어는 단어의 선형 배열을 강요하는 반면, 수어는 다른 형태소를 동시에 표현하도록 한다. 예를 들어, 수어의 동작 요소는 동사를 표현하는 반면, 손 모양과 방향 요소는 동시에 하나의 명사를 표현한다. 또한 복수(dog → dogs) 또는 시제(walk → walked)와 같은 특징을 나타내는 구어의 접사(접두사 및 접미사)는 일반적으로 수어에서는 표현되지 않는다.

ASL에는 매우 다양한 파생 형태론이 있으나(예: 사건의 빈도, 강도, 지속시간 또는 반복과 같은 측면에 특정 형태소가 표시됨), 복수 또는 시제를 표시하는 굴절 형태소는 부족하다. ASL 및 BSL과 같은 수어의 통사론은 문장의 주절(comment) 이전에 배경 정보(topic)가 자주 언급되는 주제(topic)-해설(comment) 구조를 사용한다. 문장의 주절에서 명사는 자주 생략되지만, 동사와 관련된 명사의 순서는 문장의 의미를 결정한다. ASL의 단어 순서는 주어-동사-목적어 순이며(영어와 동일하게), BSL의 단어 순서는 목적어-주어-동사 순이다.

구어의 경우, 일반적으로 단어의 의미는 형식과 임의 관계를 나타내는 것으로 가정된다. 예를 들어, 단어 book은 스페인어의 libro, 웨일스어의 llyfr, 크로아티아어의 knjiga, 터키어의 kitap에 해당한다. 반면에 수어의 어휘 목록은 상징성 수준이 매우 높다. 구어는 의성어 표현(예: crash, boom)과 소리 상징성(예: slip, slide, slick, slobber의 [sl] 소리)을 포함하는 반면(4장 참조), 수어의 HOLME 요소는 실제 세계의 실체를 '무언극'을 통해 상징적으로 표현하는 제스처 요소로 인해 무언극의 제스처가 표상하는 바와 상당히 유사하다(Taub, 2001). [그림 11-2]는 camera와 chocolate에 대한 BSL 사인인데, 이들은 상징성 정도에 차이가 있다. BSL에 사전 노출되지 않은 개인은 camera 사인의 의미를 쉽게 추측할 수 있지만, chocolate의 의미를 추측하기는 어렵다. 상징적 사인의 의미는 비상징적 사인의 의미보다 더 빠르게 접근 가능하므로 상징성은 언어 처리에 도움이 된다(Thompson, Vinson, & Vigliocco, 2009, 2010). 이는 구어의 형식-의미 쌍의 임의성이 모든 언어의 보편적 특징이 아니라 오히려 청각/음성 양식에 의해 부과된 제약 사항을 반영함을 시사한다. 시각/제스처 양식에서 참조물과 유사한 형식을 산출하는 것이 더 쉽다.

구어와 수어 사이의 이러한 구조적 차이를 고려할 때 언어 처리에 기본이 되는 신경 기제가 언어 양식에 의해 어느 정도 영향을 받는지 의문이 생긴다. 10장과 12장에서 살펴본 바와 같이, 실비우스 틈새(뇌의 전두엽과 측두엽을 분리하는 홈)의 양쪽에 위치한 좌반구 영역은 구어 처리에 중요한 역할을 담당한다. 현재 수어 처리가 동일한 구조에 관여한다는 증거가 많이 제시되었다(개관은 MacSweeney, Capek, Campbell, & Woll, 2008 참조). 이는 이 영역이 청각 자극뿐만 아니라 추상적 언어 구조 처리에 특화되어 있다는 견해를 지지한다. ASL 화자는 영어 화자와 마찬가지로 사물의 명칭을 산출할 때 시간 영역에서 유사한 활성화 패턴을 보인다(Emmorey,

그림 11-2 camera(왼쪽)와 chocolate(오른쪽)의 BSL 사인은 상징성/임의성 정도가 서로 다르다.
출처: 추가 비디오에서 촬영한 사진 첨부: Vinson, D. P., Cormier, K., Denmark, T., Schembri, A., & Vigliocco, G. (2008). The British Sign Language (BSL) norms for age of acquisition, familiarity, and iconicity. *Behavior Research Methods, 40*, 1079–1087. 저자의 허락하에 재인쇄.

Grabowski, McCullough, Damasio, Ponto, Hichwa, et al., 2003). 더욱이 상징적 사인 vs. 비상징적 사인의 산출이 명명 과제에서 차등 처리를 유발한다는 증거는 없다(Emmorey, Grabowski, McCullough, Damasio, Ponto, Hichwa, et al., 2004). ASL 화자와 영어 화자는 추상적 징후와 단어에서도 비슷한 패턴의 좌반구 지배력을 보여 주지만, ASL 화자는 높은 이미지 단어를 인식할 때보다 높은 이미지 사인을 인식할 때 우반구 영역이 더 활성화된다(Emmorey & Corina, 1993). 또한 문장 이해에서 수어 처리는 구어 처리보다 양방향 활성화가 더 크게 나타난다(Akinson, Marshall, Woll, & Thacker, 2005; Bavelier, Corina, Jezzard, Clark, Karni, Lalwani, et al., 1998; Neville, Bavelier, Corina, Rauschecker, Karni, Lalwani, et al., 1998). 종합해 보면, 수어에서 시각/제스처 이미지를 사용하면 구어에는 필요하지 않은 신경망이 추가적으로 관여한다.

11.1.2 수어 습득

청각장애 부모의 자녀로 태어나 출생 시부터 수어에 노출된 영아(정상 청각 또는 청각장애)는 정상적인 언어 발달 과정을 보인다. 먼저 옹알이를 하고, 그러고 나서 첫 단어를 산출하고, 뒤이어 단어 조합과 함께 점차 복잡한 조합의 수어 발달이 진행된다. 언어 발달은 입력 양식과 관계없이 본질적으로 동일한 방식으로 진행된다(Bonvillian, 2000; Meier & Newport, 1990). 수어에 노출된 아기는 손 양식으로 옹알이를 한다(Petitto & Marentette, 1991). 이러한 옹알이는 속도(빈도)와 신체에 대한 위치에 의해 영아가 만드는 다른 손동작과 구별된다(Petitto et al., 2001, 2004). Petitto와 동료들(2001, 2004)은 영아의 손에 발광 다이오드를 부착하여 손 위치와 궤적을 정확하게 추적하였다. 이러한 움직임 추적 시스템을 사용하여 연구자들은 청각장애 부모를 둔 3명의 정상 청각 영아와 정상 청각 부모를 둔 3명의 정상 청각 영아가 보이는 손동작의 리듬 특징과 공간 분포를 6, 10, 12개월에 비교하였다. 여기서 청각장애 부모를 둔 영아는 미국 수어 또는 퀘벡 수어에, 정상 청각 부모를 둔 영아는 영어 또는 프랑스어에 노출되었다. 모든 영아가 해당 개월수의 영아에게 전형적으로 나타나는 신체에서 멀리 떨어진 위치에서의 고주파 손동작을 산출한 반면, 수어에 노출된 영아만이 신체의 앞 영역(수어에 사용되는 공간)에서 저주파 손동작을 추가로 산출하였다. 이러한 저주파 손동작의 리듬은 일반적인 수어 음절 리듬에 해당한다. 수어와 구어의 리듬 패턴은 매우 다르지만(Dolata, Davies, & McNeilage, 2008), 수어에 노출된 영아에게서 관찰된 손동작은 영아가 노출된 특정 의사소통 체계의 리듬 구조에 대한 일반적인 민감성을 보여 준다. 이러한 결과는 수어에 노출된 청각장애 영아가 주변 구어의 리듬 패턴을 발견하여 조용한 손 옹알이 형태로 재현한다는 Petitto와 Marentette(1991)의 초기 관찰 결과를 지지한다.

출생 시부터 수어에 노출된 정상 청각 영아와 청각장애 영아에 대한 종단연구에 따르면, 구어에 노출된 영아의 첫 단어가 나타나는 시기보다 조금 더 빨리 첫 수어가 나타났다(Bonvillian, Orlansky, & Novack, 1983; Folven & Bonvillian, 1991; Prinz & Prinz, 1979). 예를 들어, Bonvillian(2000)은 11~14개월에 구어의 첫 단어가 산출되는 반면, 첫 수어 산출의 평균 연령은 8.5개월이라고 보고하였다. 이러한 결과는 수어 산출을 위한 운동 전제 조건이 말소리 산출에 필요한 것보다 더 이른 시기에 성취된다는 사실을 시사한다. 아마도 수어를 위한 운동 요구 사항이 조음에 필요한 것보다 덜 복잡하기 때문일 것이다. 그럼에도 불구하고, 수어에 노출된 영아는 첫 구어 단어를 산출하는 정상 청각 영아처럼 '조음' 오류를 범한다. 손 모양, 위치 및 동작의 요소(HLM of HOLME)에 대한 사인을 조사했을 때 5~18개월 영아는 수어를 올바른 위치에서 가장 정확하게 산출하였고, 올바른 손 모양을 만드는 정확성은 가장 낮았다(Bonvillian & Siedlecki, 2000). 흥미롭게도, 영아의 ASL 사인 인식에 대해 비슷한 패턴이 관찰되었는데, 6개월 및 10개월 영아에게 정확한 손 위치와 수어 화자의 표정을 보여 준 결과 손 모양과 동작을 구별하지 못하였다(Wilbourn & Casasola, 2007). 따라서 사인을 일찍 산출함에도 불구하고, 영아는 하나의 사인을 다른 사인과 구별하는 다양한 요소를 숙달하고, 정확하지 않은 많은 형식을 산출하는 데 상당한 시간이 걸린다. 더욱이 Folven과 Bonvillian(1991)은 참조를 나타내는 사인(사물의 명칭)에 초점을 맞출 경우 수어에 노출된 아기에게 또래보다 유리한 점을 더 이상 발견하지 못하였다. 이는 명명하기를 위한 개념적 전제 조건이 언어 양식의 기능에 따라 달라지지 않음을 보여 준다(3장 참조). 또한 후기 이정표(수어 조합 및 복잡한 문법 구문의 산출)에 대한 연구는 수어와 구어의 발달 과정에서 실질적인 차이를 발견하지 못하였다(Meier & Newport, 1990).

11.1.3 수어 노출 연령과 언어 습득

청각장애 아동의 대다수가 수어에 대한 지식이 거의 또는 전혀 없는 부모에게서 태어났기 때문에 청각장애 아동이 처음으로 수어에 노출되는 연령은 차이가 크다. 이러한 노출 연령의 차이는 언어 학습 및 처리에 대한 노출 연령의 영향을 연구할 수 있는 유일한 기회를 제공한다. 연구자들은 수어 원어민(출생 시부터 수어에 노출)과 후기 수어 사용자(일반적으로 10세 이상 시기에 수어에 노출)를 비교하였다. 많은 연구에서 수어 이해와 산출의 유창성은 의사소통 수단으로 사용된 기간이 아니라 언어에 노출되는 연령에 의존한다는 결론에 도달하였다. 다시 말해, 후기 수어 사용자가 수십 년 동안 매일 수어를 사용해 왔고, 구어가 유창하지 않은 경우에도 수어 원어민과 후기 수어 사용자의 처리 차이는 지속된다(Mayberry, 2007; Newport, 1990). 노출 연령은 운율, 음운, 어휘, 형태소, 통사와 같은 모든 수준에서 수어 습득 및 처리에 영향을 미친다. 여기에서는 관련 결과를 요약하여 살펴본다.

운율의 경우, 수어 원어민이 산출한 발화는 후기 수어 사용자보다 더 리듬감이 있으며, 후기 수어 사용자는 담화 단위를 표시하는 일부 리듬 패턴을 생성하지 못한다(Braem, 1999). 음소 수준에서 초기 수어 사용자와 후기 수어 사용자는 사인을 구별하는 최소 대비(예: 손가락의 펼침 정도)에 대한 민감성이 다르다(Best, Mathur, Miranda, & Lillo-Martin, 2010). 그러나 수어 인식의 모든 측면이 노출 연령에 영향을 받는 것은 아니다. 예를 들어, 질문과 같은 발화 행위를 구별하는 얼굴 표정은 초기 수어 사용자와 후기 수어 사용자가 유사하게 인식한다(Campbell, Woll, Benson, & Wallace, 1999). 어휘의 경우, 후기 수어 사용자는 수어 원어민 또래보다 표지 식별이 느리다(Emmorey & Corina, 1990). 언어장애 아동(10장 참조)과 마찬가지로 후기 수어 사용자는 구체적인 의미의 단어가 필요한 상황에서 일반적인 의미의 단어로 대체할 가능성이 높다. 후기 수어 사용자는 의도한 목표와 시각적으로 유사한 표지를 잘못 산출하는 오류를 범할 가능성이 더 높다(Mayberry & Fischer, 1989; Mayberry & Eichen, 1991).

문법 처리에서는 노출 연령의 영향이 더 큰 것으로 관찰되었다. 여러 연구에서 문법 판단 패러다임을 사용하여 수어 노출 연령의 함수로 수어 사용자의 형태론 및 통사론 능력을 평가하였다(예: Boudreault & Mayberry, 2006; Emmorey, Bellugi, Friederici, & Horn, 1995; Newport, 1990). 이 연구들은 미국 수어의 후기 사용자에 대한 우연 수준의 수행을 입증하였다. 예를 들어, 일부 ASL 동사(예: GIVE, ASK)는 한 공간 위치에서 다른 공간 위치로 손을 움직여 사인을 만들어야 한다. 이 동작은 누가 누구에게 무엇을 했는지 표시하는 데 필요하다. 동사가 잘못된 형태(예: 누가 행동을 수행했는지를 나타내는 동작 대신 손 방향 사용)로 표시되었을 때, 원어민 수어 사용자는 오류를 감지하지만, 후기 수어 사용자는 그렇지 못하였다(Emmorey et al., 1995).

중요한 사실은 아동이 수어에 일찍 노출되면 구어를 배우는 데 유리하다는 점이다. 원어민 수어 사용자는 구어의 어휘와 문법 학습에서 후기 수어 또래를 능가하고, 문법 오류에 더 민감하다(Brasel & Quigley, 1977; Mayberry & Lock, 2003). 또한 읽기와 쓰기를 더 수월하게 배운다(Padden & Ramsey, 2000; Singleton, Morgan, DiGello, Wiles, & Rivers, 2004; Strong & Prinz, 1997, 2000). 실제로 ASL의 유창성은 인쇄물 노출, 비언어적 지능 및 손 부호화 영어의 영향이 제거된 후에도 영어 읽기 기술을 예측하였다(Chamberlain & Mayberry, 2008). (손 부호화 영어는 다양한 손 제스처, 영어 음소를 부호화하는 손가락 철자, 손 사인을 통해 영어를 변화시키는 방법을 가리킨다.) 이 연구에서 ASL 유창성이 높은 청각장애 성인은 중등 교육과정 이상의 영어 읽기 기술을 습득한 반면, ASL 수준이 낮은 청각장애 성인은 평균 9세 정도의 수준으로 읽는다.

손 부호화 영어(manually coded English): 손 제스처를 통해 영어를 변화시키는 체계. 손 부호화 영어는 영어 문법과 비슷하며, 특정 수어(예: 미국 수어, 영국 수어)와 구조적인 관련이 없음.

정상 청각 부모에게서 태어난 대부분의 청각장애 아동에게 구어 학습(예: 입술 읽기를 통한)을 강력하게 권장한다는 점을 고려한다면 이러한 결과는 매우 놀라운 일이다. 청각장애 부모에게서 태어난 원어민 청각장애 아동은 학교에 입학할 때 구어에 노출된다. 원어민 수어 사용자가 구어 습득을 통해 얻은 이점은 수어 노출이 청각장애 아동의 구어 습득을 방해한다는 일반적인 오해를 부정하는 강력한 증거이다. 원어민 수어 사용자인 청각장애 아동은 수어와 구어 모두에서 유창한 이중 언어를 사용하는 반면, 후기 수어 사용자인 청각장애 아동은 어느 한 언어에서도 높은 수준의 유창성을 달성하지 못하였다(Mayberry, 2007; Newport, 1990). 정상 청각 부모에게서 태어난 대부분의 청각장애 아동은 구어를 제1언어로 배우지 못하기 때문에 언어적 고립이 장기간 지속되면 부정적인 결과를 경험한다. 아동기에 모국어를 습득하지 못하면 언어 입력 양식에 관계없이 모든 후속 언어 학습에 중대한 영향을 미친다(Mayberry, Lock, & Kazmi, 2002). 실제로 생애 후반부에 청각을 상실한 성인(구어를 아동기에 습득한 이후)은 청각장애로 태어나서 아동기에 언어 입력에 노출되지 않은 후기 수어 사용자보다 수어를 더 성공적으로 습득한다(Mayberry, 1993). 이는 영유아기에 언어 자극이 입력되지 않으면 효과적인 언어 학습 및 처리에 필요한 신경 가소성이 감소함을 의미한다. 언어를 지원하는 신경 체계가 정상적으로 발달하기 위해서는 결정적 시기에 자연스럽게 언어 입력에 노출되어야 한다(자세한 내용은 12장 참조). 따라서 공중보건교육의 필수 목표는 청각장애 유아의 사회적 · 정서적 · 인지적 안녕을 위해 수어에 대한 초기 접근이 매우 중요하다는 사실을 그 부모에게 알리는 것이다.

11.1.4 수어 노출 연령과 인지 발달

청각장애 아동의 수어에 대한 초기 노출은 언어 습득뿐만 아니라 인지 발달에도 중요하다. 인지 발달에서 언어에 대한 초기 노출의 중요성을 보여 주는 가장 강력한 증거는 마음 이론 발달 연구에서 비롯된다. 걸음마기부터 시작하여 아동기 중기를 거치는 동안 아동은 인간 행동에서 마음 상태(예: 신념, 욕구, 태도, 감정 및 의도)의 역할을 이해하게 된다. 아동은 대화, 생각, 감정 및 관점의 대화 주고받기에 참여함으로써 인간의 정신생활을 이해하게 된다(Carpendale & Lewis, 2004; Nelson, 1996, 2007;

마음 이론 발달과 아동의 어휘 크기, 구문 복잡성, 대화 기술과 같은 다양한 언어 발달 척도 간 관계에 대한 설명은 8장 참조). 단순언어장애(SLI) 아동이 정상 발달 또래보다 마음 이론 과제에서 성취 결과가 좋지 않았다는 사실은 놀랍지 않다(Farrant, Fletcher, & Mayberry, 2006; Farrar, Johnson, Tompkins, Easters, Zelisis-Medus, & Benigno, 2009). 마음 이론 발달에서 관찰된 SLI 아동의 지체는 화용론 영역의 일반적 결함을 반영한다(10장 참조).

정상 청각 아동뿐만 아니라 원어민 수어 사용자인 청각장애 아동과 비교했을 때 후기 수어 사용자인 청각장애 아동은 마음 이론 발달에서 심각하게 지체되어 있었다(예: Jackson, 2001; Peterson & Siegal, 1995, 1998, 1999; Peterson & Slaughter, 2006; Russell, Hosie, Gray, Scott, Hunter, Banks, et al., 1998). 출생 시부터 수어에 노출된 청각장애 아동은 마음 이론 발달이 정상적으로 이루어지며, 일부 과제에서는 정상 청각 아동을 능가하기도 한다(Courtin, 2000; Courtin & Melot, 2005). 여러 마음 이론 과제에서 후기 수어 사용자의 낮은 수행 능력은 어휘나 통사의 결함 또는 일반적인 인지적 측면의 결함 때문이라기보다는 언어에 늦게 노출되었기 때문이다(Meristo, Falkman, Hjelmquist, Tedoldi, Surian, & Siegal, 2007; Meristo & Hjelmquist, 2009). 따라서 청각장애 아동의 BSL 이해 능력에 대해 후기 수어 사용자와 원어민 수어 사용자를 비교할 경우, 원어민 수어 사용자가 후기 수어 사용자보다 마음 이론 과제에서 더 우수한 결과를 보였다(Woolfe, Want, & Siegal, 2002). 그럼에도 불구하고, 이 연구에서 마음 이론 과제의 수행 능력은 후기 수어 사용 아동의 언어 능력과 상관관계를 유지하였다. 흥미롭게도, 니카라과 수어의 성인 사용자에 관한 최근 연구에 따르면, 2년 동안 다양한 마음 상태 사인을 습득한 결과 마음 이론 과제 수행이 유의하게 향상되었다(Pyers & Senghas, 2009). 인공 와우 이식 아동의 초기 언어 노출이 마음 이론 발달에 중요하다는 추가적인 증거가 제시되었다. 인공 와우 이식 아동의 언어 학습 결과에서 다양성이 관찰되면(11.3.1절 참조), 마음 이론 발달 또한 변화가 있을 것으로 예측된다. 실제로 인공 와우를 이식한 경우 마음 이론의 수행은 언어 발달 속도, 통사론 유창성 및 마음 상태 용어에 대한 지식과 같은 일반적인 언어 측정치와 강한 상관관계가 있었다(Macaulay & Ford, 2006; Peterson, 2004; Remmel & Peters, 2009). 언어 능력이 뛰어난 인공 와우 사용자의 경우, 마음 이론 과제의 수행 능력이 정상 청각 아동과 유사한 경향이 있다.

후기 수어 사용자인 청각장애 아동은 또래와 비교할 때 충동성 증가 및 집중력 감소(Harris, 1978; O'Brien, 1987; Parasnis, Samar, & Berent, 2003), 과제 기억 용량 감소(Krakow & Hanson, 1985; Logan, Maybery, & Fletcher, 1996), 그리고 낮은 학업 기술과 성취(Antia, Jones, Reed, & Kreimeyer, 2009; Marschark, 2003; Traxler, 2000; Vernon & Koh, 1971)와 같은 언어 결함의 다른 인지적 영향이 나타나는 것으로 보고되었다. 청각장애 아동은 문제 해결 활동 중 행동을 통제하고, 모니터링하며, 자기조절할 수 있는 역량인 실행 기능이 부족한 것으로 보고되었다(Figueras, Edwards, & Langdon, 2008; Remine, Care, & Brown, 2008). 이러한 결함은 언어장애 정도와 관련이 있다. 언어에 대한 초기 노출 부족은 숫자 인지의 발달에도 영향을 미친다. 청각장애 아동은 수 개념(예: 분수), 계산 및 측정 기술의 습득에 있어 또래보다 뒤떨어지는 경향이 있다(Bull, 2008). 청각장애 성인은 종종 숫자 추정과 수학 추론 과제(Bull, Marschark, Sapere, Davidson, Murphy, & Nordmann, 2011)에서 결함을 보이며, 정상 청각 성인보다 숫자 계산이 느리다(Bull, Marschark, & Blatto-Vallee, 2005). 이러한 결과는 8장에서 살펴본 교차 언어 연구를 보완하는데, 이는 언어가 많은 양을 정확하게 계산하기 위해 숫자 단어의 사용과 같은 특정한 수 개념 구성에 중요한 역할을 한다는 사실을 시사한다.

11.2 청각의 부분 복원은 언어 발달에 어떤 영향을 미치는가

정상 청각 부모에게서 태어난 많은 청각장애 영아에게 풍부한 언어 환경을 제공해 주는 대안적 해결 방안이 인공 와우 이식이다. 의료 기술의 발달로 인공 와우 이식은 현 시점에서 청각장애 치료에 대한 기대감을 불러일으켰고, 생애 첫해에 이식된 인공 와우로 인해 청각의 일부를 성공적으로 회복시킬 수 있다는 많은 증거가 있다. 여기서는 이러한 장치의 기능과 청각장애 치료의 성공을 예측하는 요인에 대해 간략하게 살펴본다.

11.2.1 인공 와우 이식 기술

지난 수십 년 동안 청각 신경 기능이 남아 있는 청각장애인에게 청각을 부분적으로 제공하는 인공 와우(CI) 장치의 제조 기술에 발전이 있었다. [그림 11-3]은 CI 장치와 주요 구성 요소를 보여 준다. 최근 몇 년 동안 소형화 기술의 발달로 인해 CI 장치의 여러 외부 부품이 훨씬 작아졌고, 최신 CI 장치의 경우 외부 부품은 귀 뒤에 착용하는 작은 보청기 크기이며, 외부 부품이 필요 없는 장치의 개발이 진행 중이다.

청각 신경(auditory nerve): 달팽이관과 뇌를 연결하는 신경.

그림에 제시된 바와 같이 CI 장치에는 마이크, 소리 처리기, 송신기로 구성된 외부 부품이 있다. 외부 부품은 음파를 수집하여 피부 아래 장치의 내부 부품으로 전송하는 일련의 무선 주파수 디지털 신호로 변환한다. 내부 수신기는 신호를 추가로 처리하고, 22~30mm 깊이의 달팽이관에 삽입된 다중-채널 전극 시스템을 통해 정보를 전달한다. 이 전극 배열은 청각 신경의 나선형 신경절 세포를 전기적으로 자극한다. 정상 청각에서와 동일하게, 이러한 신경 자극은 시상을 통해 뇌의 측두엽에 위치한 일차 청각 피질로 전달되어 소리로 인식된다(12장 참조). CI 장치의 소리 처리기는 음성을 이해하기 위해 가장 중요한 소리의 주파수(음높이)를 전달하도록 특별히 설계되었지만, CI 사용자에게 입력되는 말소리는 정상적

달팽이관(cochlea): 음파를 신경 자극으로 변환하여 뇌로 전달하는 모세포를 포함한 내이의 나선형 모양 구조.

일차 청각 피질(primary auditory cortex): 측두엽에서 상부 관자 피질의 후부를 구성하는 헤쉴 이랑을 포함함. 이 영역은 음높이, 볼륨 및 타이밍을 포함한 소리의 기본 기능을 처리하는 데 사용됨.

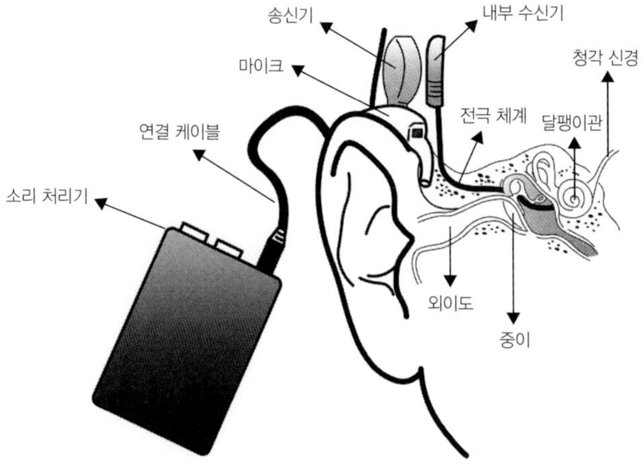

그림 11-3 인공 와우 장치의 외부 및 내부 부품
출처: Michael Almodovar의 원본 삽화.

인 말소리보다 음향 수준이 낮춰져 있다. 따라서 청각 체계가 일시적이고, 연속적으로 낮춰진 말소리에 잘 적응하더라도(Loi zou, Dorman, & Tu, 1999), CI는 조용한 청취 조건에서 기능을 가장 잘 수행한다(Friesen, Shannon, Baskent, & Wang, 2001). 운좋게도 나노 기술을 사용하는 작은 기기조차도 동시에 전송되는 여러 주파수의 소리를 증가시키는 엄청난 잠재력을 제공하기 때문에(Clark, 2009), 청력을 회복시키는 CI 기기의 기능은 앞으로 몇 년 이내에 훨씬 더 향상될 것이다.

1980년대부터 내과의사들은 성인의 청력 회복을 위해 CI를 사용하기 시작하였다. 이 초기 장치는 이미 언어를 습득한 후기 청각장애 성인에게는 성공적으로 사용되었지만, 선천성 청각장애 성인의 언어 인식 지원에는 별다른 성과를 거두지 못하였다(Eddington, 1980; Wilson, Finley, Lawson, Wolford, Eddington, & Rabinowitz, 1991; Teoh, Pisoni, & Miyamoto, 2004). 1990년대부터는 외과의사들이 선천성 청각장애 아동에게 CI를 이식하기 시작하였다. 아동 CI 사용자는 대부분 청각 입력에 기초한 구어를 성공적으로 배울 수 있었다(Svirsky, Robbins, Kirk, Pisoni, & Miyamoto, 2000). 따라서 CI가 나이 많은 이식자에게 제공하는 청력이 제한적인 이유는 청각 학습의 결정적 시기가 이미 지났기 때문으로 보인다. 결정적 시기 동안 중앙 청각 처리 경로가 정상적으로 발달하기 위해서는 청각 자극이 존재해야 한다(Sharma, Nash, & Dorman, 2009). 생애 첫해인 7~12개월 영아에게 CI를 이식하는 것이 점차 일반화되고 있다. 또한 더 나은 소리의 편재화를 제공하는 양측 CI가 인기를 얻고 있다.

개방형 검사(open-set test): 맥락적 단서 없이 구어 단어 인식을 평가하는 데 사용되는 검사.

많은 CI 사용자는 수어나 입술 읽기 없이 구어를 사용하여 의사소통할 수 있다. CI 사용자가 소리를 얼마나 잘 인식하는지를 확인하는 검사 도구는 **개방형 검사**이다. 이러한 유형의 검사에서 CI 사용자는 시각적 단서 없이 말소리를 인식해야 한다(전화나 라디오를 통해 말소리를 인식하는 것과 유사함). 개방형 단어 인식은 문장에 단어를 삽입하거나 관련 없는 단어 목록을 표시하여 검사한다. 관련 없는 단어를 시각적 단서 없이 식별해야 하는 까다로운 과제임에도 불구하고 유아기에 CI를 이식한 사용자는 높은 성공률을 보인다(Waltzman, Cohen, Gomolin, Green, Shapiro, Hoffman, et al., 1997). 많은 연구에서 이식 전 청각 능력의 기능, CI 사용시간, 수술 후 의사소통 양식 및 이식 연령에 따라 아동의 언어 인식 및 산출 결과의 개인차를 조사하였다(Peterson, Pisoni, & Miyamoto, 2010). 이식 시기에 청력이 남아 있던 아동은 청각 능력이 거의 없던 아동보다 성과가 양호했고, CI 사용 초기 몇 달 동안 말소리 처리 능력이 향상되는 경향을 보였다. 재활 기간 동안 구어만 사용한 아동은 구어와 수어를 모두 사용한 아동보다 결과가 더 좋았다.

그러나 언어 학습 결과와 관련된 가장 중요한 변인은 이식 연령이다. 이는 나이가 많은 경우 청각 자극에 대한 반응에서 청각 피질이 재구성될 가능성이 제한되어 있기 때문이다(뇌 가소성 변화에 대한 자세한 논의는 12장 참조). 따라서 초기 이식은 청각 처리 경로의 신경 발달이 정상적으로 이루어지도록 허용한다(Schuwers, Govaerts, & Gillis, 2005). 3세 이전에 이식받은 아동은 이후에 이식받은 아동보다 말소리를 훨씬 잘 인식하고, 12개월 이전에 이식받은 영아의 인식은 이보다 훨씬 더 낫다(Colletti, Carner, Miorelli, Guida, Colletti, & Fiorino, 2005; Miyamoto, Houston, & Bergeson, 2005; Van Deun, van Wieringen, Scherf, Deggouj, Desloovere, Offeciers, et al., 2010). 6~12개월 사이에 이식받은 영아는 구어 단어 인식 능력이 정상 청각 영아와 유사하였다(Miyamoto et al., 2005). 그러나 다른 연구에 따르면, 나이 어린 CI 사용자는 다른 또래보다 느린 속도로 구어 단어를 처리하였다(Grieco-Colub, Saffran, & Litowsky, 2009). 양측 인공 와우를 사용하면 아동 대부분이 말소리 편재화에서 높은 정확도를 달성할 수 있지만, 2세 이전에 첫 번째 이식을 받으면 이보다 훨씬 더 낫다(Van Deun et al., 2010). 성인과 마찬가지로 12세 이후의 이식은 성공 확률이 매우 낮다(Teoh et al., 2004).

말하기 학습의 경우, 나이 어린 CI 사용자는 옹알이 시작 전에 최소 한 달 이상의 청각 경험이 필요하다(Schauwers, Gillis, Daemers, De Beukelaer, De Ceulaer, Yperman, et al., 2004). 그들의 옹알이는 정상적인 특징을 보이지만, 정상 아동보다 음절 변화가 적다(Schauwers, Gillis, & Govaerts, 2008). 말소리 억양(말소리 멜로디)과 관련한 연구에서는 나이 어린 CI 사용자의 정상적인 발달 과정을 재확인하였으며, 어린 나이에 이식받은 경우 더 나은 결과를 보여 주었다(Snow & Ertmer, 2009). 다른 연구(Ertmer & Inniger, 2009)에서 2명의 나이 어린 CI 사용자(2세 이전에 이식받은)는 (더 나이 어린) 정상 청각 아동보다 옹알이에서 구어 단어 산출로, 그리고 단어 조합으로의 진행에 방해를 덜 받는 것으로 관찰되었다. 발화 산출의 빠른 습득에 관한 이러한 결과는 CI 아동이 일단 청각이 회복되면 또래를 완전히 따라잡을 가능성이 있음을 보여 준다.

종합해 보면, 지금까지 제시된 결과는 청각장애인이 완전히 기능하는 의사소통 체계를 습득하려면 생애 초기에 언어에 노출되어야 한다는 점을 시사한다. 청각장애 아동을 위한 인공 와우 이식에 가족 구성원이 찬성하든 반대하든, 아동이 최상의 언어 학습 결과를 얻기 위해서는 영아기부터 중재를 시작해야 한다는 것이 현장의 의견이다. 이는 수어 공동체를 통해 수어에 일찍 노출되거나 인공 와우를 초기에 이식해야 함을 의미한다. 모국어에 대한 노출 지연은 언어 발달뿐만 아니라 사회성 및 인지 발달의 다른 측면에도 영향을 미친다. 청각장애의 언어 노출 지연과 관련된 이러한 광범위한 부정적인 영향은 청각장애에 대한 조기 진단의 중요성(가능하다면 출생 시)과 영아기부터 수어에 대한 적절한 노출, 그리고 원한다면 인공 와우 초기 이식과 같은 즉각적인 치료의 필요성을 강조한다.

11.2.2 소리의 중요성

청각적 비계설정 가설(Auditory Scaffolding Hypothesis): 소리에 대한 노출(구어를 통한)이 순차적 정보 학습 능력을 지원한다는 가설.

구어에 대한 노출이 시간적 순서를 효율적으로 처리하는 능력에 중요하다는 사실이 최근 제기되었다. Conway, Pisoni와 Kronenberger(2009)는 청각적 비계설정 가설을 제안하였다. 이 가설은 두 가지 증거에 기반한다. 하나는 정상 청각 성인이 시간적 순서를 처리하는 청각 양식의 이점이고, 다른 하나는 청각 자극 노출에서 지체를 경험한 선천성 청각장애인을 위한 순서화 과제의 약점이다(〈방법론 상자 11-1〉 참조).

정상 청각 성인은 이미지 또는 촉각의 순서보다 소리 패턴 순서를 더 정확하게 학습한다. Conway와 Christiansen(2005)은 인공 문법을 사용하여 청각 양식(일련의 소리), 시각 양식(일련의 이미지), 촉각 양식(손가락 끝으로 제시된 일련의 진동) 중 하나로 제시되는 간단한 순서를 만들었다. 학습 단계 이후 성인 참여자에게 허용 가능한 순서와 그렇지 않은 순서를 결정하도록 요청하는 문법 판단 과제를 제공하였다. 일련의 소리를 사용하여 문법을 학습한 집단에서 문법 판단의 정확성이 가장 높게 나타났다. 더욱이 청각 순서의 학습은 자극이 빠른 속도로 제시될 때 영향을 덜 받았다(Conway & Christiansen, 2009). 따라서 청각 양식으로 제시될 때 순서가 가장 확실하게 학습되고 처리되는 것으로 보인다. 이는 구어에 대한 경험이 순차적 정보를 처리하는 능력을 향상시킨다는 사실을 시사한다.

방법론 상자 11-1 순서 학습 능력 평가

영아의 단어 분절 연구에서 SLI 아동의 문법 처리 연구에 이르기까지 연구자들은 순서의 암묵적 학습이 언어 발달에 중요한 역할을 한다는 사실을 발견하였다. 여기서는 구성 요소의 순서에 대한 통계 학습을 검사하기 위해 자주 사용되는 두 가지 패러다임인 인공 문법 학습(AGL) 과제와 연속 반응시간(SRT) 과제를 살펴본다. 여기서 구성 요소는 어떤 감각 양식으로든 표시될 수 있다. 예를 들어, 글자 또는 색 사각형(시각 양식), 음절 또는 소리(청각 양식), 손가락 끝 진동(촉각 양식)일 수 있다.

연속 반응시간 과제[serial reaction time(SRT) task]: 암묵·절차 학습의 반응시간 측정. 참여자들은 비-무작위적 순서로 제시되는 공간 자극에 버튼을 눌러 가능한 한 빠르게 응답하도록 요청받음. 실험 블록에 대한 반응시간 감소는 학습의 척도로 사용됨.

AGL 과제에서 참여자는 일련의 규칙에 의해 생성된 구성 요소에 노출된다. 과거 연구(예: Reber, 1967, 1989)에서 참여자에게 유한-상태 문법으로 생성된 여러 줄의 글자를 보여 주었다([그림 11-4] 참조). 노출 단계 이후 참여자에게 새로운 글자 순서를 제시하는 문법 판단 과제를 제공했으며, 그중 일부는 유한-상태 문법의 규칙을 따르고 일부는 그렇지 않았다. 여러 번 반복된 실험의 주요 결과는 대부분의 성인이 기본 규칙을 명시적으로 언급할 수는 없지만, 확률상 상당히 빠르게 문법적으로 올바른 순서와 잘못된 순서를 구별할 수 있었다. AGL 과제의 기본 구조(노출 단계 이후 올바른 문법과 잘못된 문법의 검사 순서 제시)는 영아를 포함한 아동이 사용 가능하도록 조정되었다. 이 패러다임은 다양한 문법 규칙을 활용한 많은 연구에서 음절 및 음조 자극과 함께 사용되었다. 예를 들면, 2장에서 논의된 Saffran과 동료들(1996), 5장에서 논의된 Gómez(2000), Gómez와 Gerken(1999), 10장에서 논의된 Evans, Saffran과 Robe-Torres(2009), Plante, Gómez와

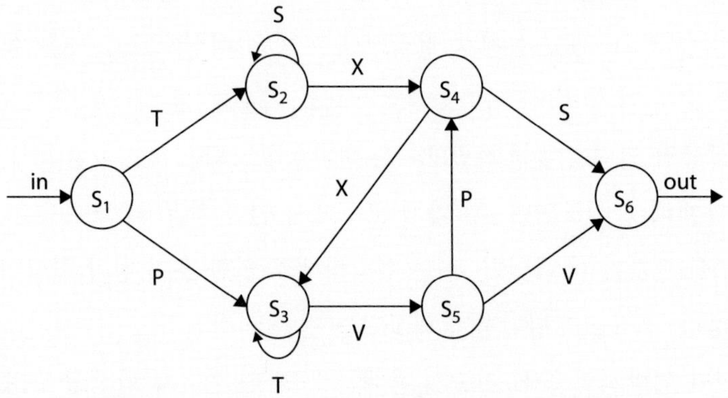

그림 11-4 초기 상태 S_1에서 최종 상태 S_6까지의 경로를 따라 글자 배열을 생성하는 데 사용되는 유한-상태 문법의 개략도. 예를 들어, 이 문법은 TSSXS 또는 PTTTVPXVV 등과 같은 글자 배열을 만들 수 있다.

출처: APA의 허락하에 Reber, A. S. (1989). *Journal of Experimental Psychology: General, 118*(3), 219–235를 다시 그림.

Gerken(2002) 등이다.

SRT 과제에서 참여자는 일련의 요소(일반적으로 컴퓨터 화면)에 노출되며, 각 요소가 표시될 때마다 해당 요소를 터치하라는 요청을 받는다. 예를 들어, 자극은 터치스크린의 다른 위치에 나타나는 사각형으로 표시된다. 참여자에게 알려지지 않은 일련의 요소는 기본 규칙 세트에 의해 생성된다. 학습 능력을 검사하기 위해 실험 블록에 대한 반응시간(RT)을 측정한다. 참여자가 규칙을 암묵적으로 학습하면 연속적으로 제시되는 각 요소에 응답하는 RT가 줄어든다. 훈련된 규칙에 따라 나타나는 실험 블록에 대한 RT와 임의 순서로 나타나는 실험 블록에 대한 RT를 비교하여 전체 학습 능력을 평가한다. SRT 과제는 SLI를 가진 개인의 순서 학습에서 일반적 결함에 해당하는 감각 양식을 입증하기 위해 시각 자극(예: 색 사각형)과 함께 사용된다(예: 10장에서 논의된 Lum, Gelgic, & Conti-Ramsden, 2010; Tomblin, Mainela-Arnold, & Zhang, 2007). 최근 들어 SRT 과제는 인공 문법에 의해 생성된 언어 자극(글자로 된 음절)을 제시하도록 조정되었지만(Misyak, Christiansen, & Tomblin, 2010), 이 버전의 과제는 아직 아동을 대상으로 테스트되지 않았다. 이 변형 과제에서에서 참여자는 인공 문법으로 생성된 음절 순서를 듣고 해당하는 단어를 터치스크린에서 가능한 한 빨리 터치해야 한다. 다른 SRT 과제와 마찬가지로 학습은 문법 규칙을 따르는 음절 배열의 RT 차이와 무작위로 생성된 음절 문자열의 RT 차이로 계산된다.

구어에 대한 노출이 순차적 처리를 촉진한다면, 초기 청각 결함이 순차적 정보의 학습 및 처리 장애로 이어진다. Conway와 동료들(Conway et al., 2009; Conway, Pisoni, Anaya, Karpicke, & Henning, 2010)은 청각을 회복하기 위해 10~39개월 사이에 CI를 이식한 5~10세의 선천성 청각장애 아동을 대상으로 연구를 실시하였다. 그들은 운동 순서 과제(엄지손가락 끝으로 인덱스, 가운데, 링, 새끼손가락을 연속적으로 터치함)와 시각적 입력(컴퓨터 화면의 다른 위치에 표시되는 색 사각형 순서)을 사용한 순서 학습 과제에 참여하였다. 두 과제 모두에서 인공 와우 이식 아동은 정상 청각 아동보다 수행 결과가 더 나빴다. 이는 청각장애로 인한 초기 청각 결함이 비언어적 시간 처리 및 순서 기술의 발달을 방해한다는 점을 시사한다.

소리 처리와 일반적인 순서 기술의 관계는 두 가지 이유로 발생할 수 있다. 첫째, 소리는 다른 양식보다 순차적인 패턴에 대한 고차 정보를 전달할 가능성이 높다. 시각 장면이나 촉각 자극에서보다 소리에서 상대적 시간 변화 패턴이 더 자주 발생한다. 소리에 대한 노출이 줄어들면 시간적 순서에 대한 학습 기회가 사라진다. 둘째,

구어를 듣고 산출하는 것은 시간적 순서를 음성으로 연습하는 기회를 제공한다. 음성 시연은 시간적 순서를 학습하고 처리하는 능력을 강화한다. 이 두 가지 요소는 언어의 소리 패턴에 대한 노출이 시간적 순서에 내재된 정보의 부호화, 학습 및 조작에 관련된 인지 과정을 어떻게 강화하는지에 있어서 중요한 역할을 한다. 그러나 언어 자체에 대한 초기 노출인지, 아니면 순서 학습의 자동 처리를 담당하는 구어에 대한 초기 노출인지는 확실하지 않다. 아직까지 순서 학습에서 언어 양식의 역할을 조사한 연구는 수행되지 않았다. 따라서 출생 시 수어 노출 아동이 후기 수어 사용 아동보다 시간 처리 과정에서 우월한지, 비언어적 시간 처리 및 순서 학습에서 원어민 수어 아동이 원어민 구어 아동과 다른지는 알 수 없다. 이러한 연구는 언어 습득의 어떤 측면이 시간적 순서를 처리하는 방법에 어떻게 영향을 미치는지 확인하는 데 중요하다.

11.3 청각장애 아동은 자신만의 의사소통 체계를 만들 수 있는가

정상 청각 부모에게서 태어난 청각장애 아동은 정상 청각 자녀만큼 양육자와 의사소통하고 가족생활에 참여하도록 요구받지 않는다. 이 절에서는 접근 가능한 언어가 부재한 상황에서 청각장애 아동이 다른 사람과 의사소통하는 문제에 어떻게 대처하는지 살펴본다. 3장에서는 영아가 첫 단어를 산출할 때 상징 제스처를 사용하는 방법과 걸음마기 아동이 다단어 발화로 전환할 때 그러한 제스처가 어떻게 지지적 역할을 담당하는지 설명하였다. 여기서는 의사소통 의도를 전달하기 위해 자신의 제스처에 의존하는 청각장애 아동이 더욱 정교하고 체계적으로 제스처를 사용하는 방법을 살펴본다.

11.3.1 고립된 청각장애 아동의 제스처 의사소통

고립된 청각장애 아동이 다른 사람과 의사소통하는 방법에 관한 연구는 언어 입력이 부재한 상태에서 의사소통 체계를 만드는 아동의 타고난 능력에 대한 중요한 통찰을 제공하였다. 나이 어린 아동이 산출한 언어 구조는 종종 다른 사람을 모방한 결과로 가정된다. 아동은 주변 언어의 패턴을 빠르게 받아들이고, 의사소통을 시도하면서 이를 재현한다. 고립된 청각장애 아동의 경우, 패턴을 추출하고 재현할 수 있는 주변 언어가 없다. 그러한 상황에서 아동은 복잡하고 체계적인 발화를 생성하는가?

이 질문에 대한 대답은 '그렇다'이다. 고립된 아동은 양육자 및 가족과 사회적으로 상호작용하고, 홈 사인이라는 손 제스처 체계를 통해 그들과 의사소통한다(Goldin-Meadow, 2003). 홈 사인에서 일상적인 활동과 관련된 동작은 의사소통 신호의 기초가 된다. 예를 들어, 특정 사물(예: a cup, a tooth brush)과 관련된 손 모양 제스처는 사물 또는 관련 행동을 나타낸다. 또한 전달된 메시지와 관련된 특정 사물을 선택하기 위해 가리키기와 같은 다른 제스처가 채택된다. 예를 들어, 음료를 요청하는 경우 아동은 음료를 나타내기 위해 입을 향해 기울이는 동작과 함께 손 모양으로 컵을 만들 수 있고, 요청을 나타내기 위해 자신을 가리키는 제스처를 만들 수 있다. 정상 청각 아동이 사용하는 것과 동일한 이 상징 제스처(3장 참조)는 세상의 사물을 언급하는 데 사용된다. 이러한 상징 제스처는 홈 사인의 근본적인 어휘 기초 요소에 포함된다. 홈 사인의 제스처 조합은 언어를 사용하지 않고 메시지를 전달해야 할 때 정상 청각 개인이 산출하는 제스처와 유사하다. 예를 들어, 관광객은 자신이 방문 중인 공동체의 언어를 사용하지 못할 때 유사한 제스처를 사용하여 간단한 요청을 한다(예: 커피와 페이스트리 주문하기). 중요하게도, 분리된 일련의 제스처는 일반적으로 말소리를 동반하지 않으며, 이는 특성상 보다 연속적인 명확한 동작을 동반하는 경향이 있다. 청각장애 아동의 정상 청각 부모는 대개 자녀에게 실제로 말을 하고, 자녀가 구두법을 배우기를 원하기 때문에 부모의 제스처는 자녀의 제스처와 질적으로 다른 경향이 있다. 고립된 청각장애 아동에 의해 생성된 제스처 입력과 홈 사인 사이의 불일치는 언어 입력이 완전히 언어 능력으로 이어지지 않더라도 아동의 언어 습득 기제 중 일부를 이용하기 위해 제스처 입력이 언어와 유사할 필요는 없음을 시사한다.

미국, 중국, 니카라과에서 고립된 청각장애 아동과 성인이 만든 홈 사인 체계에 관한 연구(예: Cuoppa & Newport, 2005; Goldin-Meadow & Mylander, 1998; Goldin-Meadow, Mylander, & Franklin, 2007)는 문화에 관계없이 아동의 홈 사인 체계의 눈에 띄는 유사점과 각 공동체 언어(영어, 중국어, 스페인어)의 눈에 띄지 않는 유사점을 발견하였다. 개별 홈 사인 체계에서 연구자들은 제스처 조합에 사용되는 제스처 순서의 일관성을 관찰하였다. 이러한 단어 순서 편향은 첫 단어 조합을 산출하는 나이 어린 정상 청각 아동의 단어-특정적 공식에서 관찰되는 일정한 단어 순서 패턴을 연상시킨다(5장 참조). 청각장애 아동이 문법 범주의 제스처를 구성하여 크게 서술어(속성, 행위, 관계)와 논항(속성, 행위, 관계를 갖는 실체)으로 구분한다는 증거가 있다. 이것은 홈 사인 체계에 동사 역할을 하는 제스처와 명사 역할을 하는 다른 제스처가 포함되어 있음을 보여 준다(Goldin-Meadow, Butcher, Mylander, & Dodge, 1994). 홈 사인 사용자는 문법적 역할에 따라 제스처 순서를 체계적으로 변화시킨다. 예를 들어, Goldin-Meadow와 Mylander(1998)는 8명의 고립된 청각장애 아동과 어머니(미국인 4명, 중국인 4명)의 제스처 조합을 관찰하고, 두 문화권에서 단일 제스처가 아닌 제스처 문장으로 메시지를 전달하는 어머니-아동 쌍을 발견하였다. 그들은 명사와 동사가 포함된 문장에서 모든 아동이 일관된 방식으로 제스처를 배열하는 편향을 보였다고 보고하였다. 자동사 문장의 경우(예: "The mouse goes in the hole."이라는 의미를 표현하기 위해) 아동은 일반적으로 동사(go) 앞에 명사(mouse)를 나타내는 제스처를 산출하였다. 타동사 문장의 경우("The mouse eats the cheese."라는 의미를 표현하기 위해), 아동은 보통 동사(eats) 앞에 직접적인 대상(cheese)을 나타내는 제스처를 산출하고 종종 주어(mouse)를 생략하였다. 따라서 영어의 S-V-O 단어 순서와 대조되는 O-V 단어 순서를 산출하였다. 자녀와 달리 어머니는 일관된 방식으로 제스처를 배열하지 않았는데, 이는 자녀가 단순히 어머니를 모방한 것이 아님을 보여 준다. 불행하게도, 어머니가 자신의 제스처 조합에 문법적인 차이를 표시하는 데 실패했는지 아닌지를 판단할 수 없다. 왜냐하면 어머니가 의사소통의 주요 수단으로 구어에 의존하기 때문인지, 아니면 자신의 자녀처럼 유연하게 제스처를 사용하는 것을 방해하는 성숙 요인 때문인지는 알 수 없다. 청각장애 아동의 나이 어린 형제가 산출한 홈 사인에서 성숙 요인 설명을 뒷받침하는 문법 패턴을 조사하는 것이 이상적인 방법이다.

제스처 문장(gesture sentences): 홈 사인에서 고립된 청각장애 아동이 산출한 일련의 제스처. 정상 청각 아동의 초기 단어 조합과 유사한 의미를 전달함.

또 다른 연구(Coppola & Newport, 2005)에서는 니카라과에서 고립된 청각장애 성인의 제스처 조합을 조사하였다. 이 성인은 수어에 노출된 적이 없었고, 공동체에서 사용되는 스페인어를 배울 수 없었기 때문에 평생 홈 사인을 사용하였다. Coppola

와 Newport는 청각장애 성인에게 여러 종류의 사건(예: running, kissing, seeing, being happy)을 포함한 많은 동영상 내용을 홈 사인으로 설명하도록 요청하였다. 성인이 완전한 발화를 산출하도록 장려하기 위해 연구자들은 홈 사인을 유창하게 사용하는 가족 구성원(대화 상대방)이 제스처의 설명에 해당하는 각 사건을 4장의 사진 중에서 선택하도록 요청하였다. 제스처 문장 전반에 걸쳐 개별 청각장애 성인은 문장 주어의 문법 표지에서 일관성을 보였다. 즉, "A man is happy." "A woman is running." "A rug is flapping."과 같은 동영상을 설명할 때, 청각장애 성인이 동사의 제스처를 산출하기 전에 man, woman, rug에 대한 제스처를 일관되게 산출하였다. 타동사 문장과 더 큰 담화 단위(다수의 문장 세트)의 경우에도 유사한 결과가 나타났는데, 이는 청각장애 성인의 문법 범주가 상당히 추상적임을 시사한다.

홈 사인 체계는 문법 패턴뿐만 아니라 형태론적 복잡성도 표시한다. Goldin-Meadow와 동료들(Goldin-Meadow, Mylander, & Butcher, 1995; Goldin-Meadow et al., 2007)은 형태론 구조의 증거로 미국과 중국 어머니-아동 쌍의 개별 제스처를 조사하였다. 개별 손동작은 특정 손 모양과 동작 유형에 따라 분류되었다. 코딩된 개별 특성(예: 손가락, 손바닥 모양, 손 너비 기준 엄지손가락의 위치)의 경우 아동과 어머니 모두 의미의 특정 구성 요소(예: 처리 대상의 길이, 지름 및 모양)와 관련된 홈 사인에서 매개변수의 변동성을 산출하는 것으로 관찰되었다. 다른 손 모양과 다른 동작 유형을 결합함으로써 아동은 필요에 따라 새로운 의미를 융통성 있게 생성할 수 있는 제스처 생성 체계를 만들었다. 개별 아동에게서 관찰된 형태소 간 차이는 어머니의 제스처로는 추적할 수 없었으며, 이는 고립된 청각장애 아동이 입력을 넘어 조합 체계를 생성함을 시사한다. 다른 연구에 따르면, 고립된 청각장애 아동은 물리적으로 존재하지 않는 사물을 가리키기 위해 홈 사인을 사용하고(Bucher, Mylander, & Goldin-Meadow, 1991), 예를 들어, 'birds fly'와 같은 의미를 표현하기 위해 일반 범주와 그 속성을 나타내는 제스처 문장을 생성한다(Goldin-Meadow, Gelman, & Mylander, 2005). 이러한 결과는 고립된 청각장애 아동이 지금-여기를 넘어서는 사건에 대해 의사소통할 수 있는 능력을 유지하고, 세상 사건에 대해 귀납적 일반화를 할 수 있음을 시사한다. 홈 사인 체계는 자연 언어의 구조적 복잡성이나 풍부한 어휘를 갖지 않지만, 분명히 언어와 유사하다. 아동이 스스로 만들 수 있는 충분한 시간이 있을 때, 체계적인 형식, 기본 문법 범주 및 개념적 차이에 대한 내부 표준이 자체적으로 생성된 의사소통 체계에서 자발적으로 나타난다(Singleton, Morford, & Goldin-Meadow, 1993).

11.3.2 수어의 생성

지난 반세기 동안 연구자들은 두 가지 새로운 수어의 출현을 연구할 기회가 있었다. 1970년대 후반 니카라과에서 만들어진 니카라과 수어(Senghas, 2003; Senghas, Senghas, & Pyers, 2005)와 1930년대 이스라엘 네게브 지역에서 만들어진 알-세이드 베두인 수어(Al-Sayyid Bedouin Sign Language; Sanderler, Meir, Padden, & Aronoff, 2005; Senghas, 2005)가 그것이다. 이 두 가지 새로운 언어는 어휘 목록의 성장과 발화에서 문법적 관계를 표시하는 체계적인 방법의 생성을 촉진하는 요인에 대해 중요한 정보를 제공한다. 사실상 어휘, 형태소, 통사적 복잡성은 몇 세대에 걸쳐 구성된다. 이러한 토착 수어에 관한 연구는 언어 구조가 화자의 공동체 내에서 의미를 스스로 조직하는 협상을 통해 자발적으로 생성된다는 사실을 시사한다. 가정에서 청각장애 아동이 사용하는 홈 사인이 자연어의 복잡성을 결코 습득하지 못한다는 사실은 홈 사인이 새로운 언어의 단어로 채택되고, 그들이 개방된 발화 세트를 구축하기 위해 체계적인 방법으로 사용되기 위해서는 광범위한 세대 간 정보 교환이 이루어져야 한다는 견해를 뒷받침한다. 따라서 수어가 등장하기 위해서는 제스처를 주요 의사소통 수단으로 사용하는 세대 내의 충분한 인구가 있어야 한다. 니카라과 정부는 청각장애 아동을 위한 초등학교와 청각장애 성인을 위한 직업학교를 만들었는데, 청각장애인의 상당수는 학교 밖에 모여 각자의 홈 사인을 사용하여 의사소통하였다. 니카라과의 학교에서는 수어로 수업을 진행하지 않았지만(입술 읽기와 스페인어로 읽고 쓰기를 아동에게 가르치기 위해 구두법을 사용하였음에도 불구하고), 개별적인 다양한 홈 사인이 널리 사용될 만큼 사회적 유대가 강력해서 홈 사인이 니카라과 수어 사용 공동체 내에서 세상의 사물을 언급하는 관례적 방식이 되었다. 중요한 것은 1990년대부터 청각장애 성인을 초등학교 교실에 조교와 번역가로 고용하기 시작했다는 점이다. 이들은 니카라과 수어를 모국어로 습득하는 아동에게 입력 자극으로 니카라과 수어를 제공하였다(자세한 내용은 Senghas et al., 2005 참조).

네게브 지역에서는 친족 공동체 내의 유전성 난청으로 인해 가족 구성원 중 청각장애인이 포함된 가족들이 많았고, 청각장애인이 공동체 생활에 완전히 참여하였으며, 공동체의 청각장애 구성원과 정상 청각 구성원이 결혼하는 경우도 있었다(Sandler et al., 2005). 이러한 요인들로 인해 개인이 만든 홈 사인이 대가족 내에서 접촉을 통해 확산될 수 있는 충분한 기회가 제공되었다. 흥미롭게도, 인간 의사소통 체계의 진화에 관한 최근의 실험 연구는 세대 내 수평적 교류가 형식과 의미의 수렴에 중요하다는 사실을 보여 주었다. 사실상 다양한 의사소통 상황에서 특정 형식이 특정 의미를 전달하는 데 사용된다는 동의를 사용자 집단이 구하는 데 효과적이었다(Fay, Garrod, Roberts, & Swoboda, 2010). 실험연구 결과에 따르면, 집단 내 다른 개인들과 연속적으로 교차 의사소통했던 개인들은 집단의 모든 구성원이 서로 의사소통하도록 돕는 공식적인 체계에 빠르게 적응하였다. 이와 대조적으로, 1명의 상대방과만 고립된 의사소통을 한 개인 쌍은 그들만의 고유한 방식으로 의사소통하였다. 즉, 그들은 홈 사인과 유사한 의사소통 체계를 만들었다. 이는 언어 관례가 다수의 화자가 다수의 상대방과 지속적으로 상호작용하는 사회적 협력 과정의 결과임을 시사한다.

언어 생성에 중요한 두 번째 요소는 새로운 세대(또는 코호트)가 아동을 의사소통 체계로 채택하고, 세대 계승을 통해 그 특징을 간소화하고 체계화하는 것이다(McWhorter, 1997). 언어 일반화를 구축하기 위해 시끄러운 입력을 체계화하는 아동의 능력은 자연 상황 연구와 실험 상황 연구 모두에서 입증되었다. 중요한 사례연구(Singleton & Newport, 2004)에서는 아동기 이후에 ASL을 습득한 청각장애 부모에게서 태어나 출생 시부터 ASL에 노출된 청각장애 아동(Simon)의 수어 발달을 조사하였다. 그의 부모가 형태소 형식을 일관되게 산출하지 못하고 문법 오류를 범하는 후기 수어 사용자임에도 불구하고 Simon의 ASL 산출은 부모보다 우월했으며, 수어 원어민의 입력에 노출된 아동의 산출과 동등하였다. 즉, Simon은 부모의 부정확하고 시끄러운 입력에도 불구하고, ASL 생성을 안내하는 추상 문법 규칙을 구축하였다. 언어 입력에서 일관되지 않은 패턴을 정규화하는(중심 경향을 최대화하는) 아동의 능력은 인공 언어 자극을 이용한 실험연구에서 확인되었으며(Hudson Kam & Newport, 2005; 1장 참조), 니카라과 수어를 배우는 아동 세대에 의해 산출된 수어 사용 관찰 연구에서도 확인되었다(Senghas & Coppola, 2001; Senghas, Kita, & Ozyurek, 2004). 니카라과에서는 니카라과 수어를 더 체계적으로 만들기 위해 공동체에서 각 계승 세대가 접하는 현재의 사용법과 언어적 관례를 수정하였다. 예를 들어, 총체적 제스처를 체계적인 방식으로 재조합하기 위해 구성 요소에 해당하는 형태소로 세분화하고, 공동 참조를 표시하기 위한 새로운 장치를 생성함으로써(Senghas & Coppola, 2001; Senghas et al., 2004) 중복 표현과 빈번한 의미 파악이 특징이었던 학생들의 초기 코호트 수어 사용은 시간이 지남에 따라 중복성이 급격히 감소하였다(Senghas et al., 2005). 따라서 세대가 계승되면서 니카라과 수어의 젊은 사용자들은 더 정확하고 효율적이며, 유연한 의사소통을 지원하는 방식으로 문법을 풍부하게 하고, 언어를 더 체계적으로 만들었다. 나이가 많은 학습자들은 사춘기 이후에도 어휘 목록에 단어를 계속 추가했지만, 그들의 문법 체계는 이미 확고해져서 어린 세대가 만든 수정 사항을 채택하지 못하였다. 이러한 관찰 결과는 젊은 학습자들이 시간이 지남에 따라 니카라과 수어의 구조적 재구성을 책임지는 반면, 나이 많은 세대는 아동에게 필요한 언어 입력을 제공하는 안정적인 사회 질서를 만드는 데 결정적인 역할을 하였음을 시사한다.

수어의 출현을 언어가 일반적으로 어떻게 진화되었는지를 엿볼 수 있는 실험 사례로 취급한다면, 이러한 결과는 아동 학습자의 인지적 제약과 요구가 언어의 출현에 중요한 역할을 담당함을 시사한다.

요약

- 많은 선천성 청각장애인은 청각장애인 공동체에서 사용하는 수어를 습득한다. 수어는 청각장애인 세대에서 자연스럽게 발달했으며, 자연어의 모든 특징을 지니고 있다. 수어는 구어와 동일한 뇌의 신경 기저를 보완하지만, 시각 및 공간 처리와 관련된 추가 신경 회로를 사용한다.
- 출생 시부터 수어에 노출된 아동은 구어를 습득하는 아동과 동일한 언어 습득 이정표를 보여 준다. 사인의 운동 복잡성이 다소 감소했기 때문에 정상 청각 아동의 말소리 시작보다 수어의 시작이 약간 더 빠를 수 있다. 그러나 유사한 인지적 전제 조건에 의존하기 때문에 수어의 참조적 사용은 구어 습득에서와 유사하게 시작된다.

- 선천성 청각장애 아동은 이러한 입력이 가능한 시기에 따라 수어를 습득하는 연령에 차이가 있다. 수어에 대한 노출이 지연되면 개인의 수어 유창성과 숙련도는 감소한다. 생애 초기에 수어를 습득하면 이후 구어의 문해 습득에 이점이 있으며, 마음 이론, 실행 기능 및 숫자 인지와 관련된 인지적 결함을 예방한다.
- 최근 인공 와우 개발의 기술적 진보로 인해 청각장애인의 청력이 부분적으로 회복 가능하게 되었다. 특히 12세 이후에 인공 와우를 이식받은 개인의 구어 습득은 여전히 어려우나, 2세 이전에 인공 와우를 이식받은 걸음마기 아동의 구어 습득은 매우 성공적이다.
- 청각장애 개인은 모든 양식에서 시간적 순서를 처리하는 데 미묘한 결함이 있다. 청각 비계설정 가설에 따르면, 청각장애인은 구어의 소리 패턴에 의해 전달되는 풍부한 시간 정보에 노출되지 않기 때문에 이러한 결함이 발생한다.
- 청각장애 아동이 언어에 노출되지 않으면 자발적으로 홈 사인이라는 자체 의사소통 체계를 만든다. 그들은 종종 제스처를 결합하는 보다 정교한 방법을 만들어서 제한된 제스처 입력을 넘어선다. 그럼에도 불구하고, 홈 사인은 자연어의 구조적 복잡성과 조합 가능성을 반영하지 못한다.
- 청각장애인 공동체가 전통적인 의사소통 사용을 의사소통의 기본 시스템으로 협상하기 시작할 때, 홈 사인은 '진정한' 수어로 발전할 수 있다. 결정적으로, 구조적 복잡성과 문법은 이러한 수어 체계가 초기 단계에서 모국어를 배우는 새로운 세대의 학습자들에게 전달될 때 나타난다.

더 읽을거리

주요 연구

수어 노출 아동의 침묵 옹알이에 관한 읽을거리

Petitto, L. A., Holowka, S., Sergio, L. E., & Ostry, D. (2001). Language rhythms in baby hand movements. *Nature, 413*, 35-36.

논문

생애 초기의 언어 투입이 중요한 이유에 관한 읽을거리

Mayberry, R. I. (2007). When timing is everything: Age of first-language acquisition effects on second-language learning. *Applied Psycholinguistics, 28*, 537-549.

저서

수어가 뇌에서 어떻게 처리되는지에 관한 읽을거리

Emmorey, K. (2002). *Language, cognition, and the brain: Insights from sign language research*. Mahwah, NJ: Lawrence Erlbaum Associates.

홈 사인에 관한 읽을거리

Goldin-Meadow, S. (2003). *The resilience of language: What gesture creation in deaf children can tell us about how all children learn language*. New York: Psychology Press.

12 언어 발달은 뇌에 어떤 영향을 주는가

핵심 용어

• 각 이랑 • 전방 • 실어증 • 기저핵 • 브로카 영역 • 브로드만 영역 • 구문 • 확산 텐서 영상(DTI) • 담화 • 뇌파도(EEG) • 사건 유발 전위(ERPs) • 틈새 • 국소 병변 • FOXP2 • 전두엽 • 기능적 자기 공명 영상(fMRI) • 방추형 이랑 • 이랑 • 혈류역학적 반응 • 각인 • 하부 • 하부 전두 이랑 • 하부 측두 이랑 • 굴절 형태론 • 중앙 측두 이랑 • 수초화 • 근적외선 광학 지형 • 근적외선 분광법(NIRS) • 후두엽 • 두정엽 • 측두평면 • 양전자 방출 단층 촬영(PET) • 후방 • 전중심 이랑 • 일차 청각 피질 • 의미적 • 고랑 • 상부 • 상부 측두 이랑 • 상부 측두 고랑 • 실비우스 틈새 • 측두엽 • 언어성 통합운동장애 • 베르니케 영역

개요

이 장의 목적은 언어의 신경 기반에 대한 포괄적인 개요를 제공하는 것이 아니다(이러한 개요에 대해서는 Denes, 2011; Stemmer & Whitaker, 2008 참조). 대신, 언어 처리를 전담하는 신경 경로가 어떻게 발달하는가와 관련된 특정 질문에 중점을 둔다. 언어 능력의 기능이 출생 시부터 특정 뇌 영역에 어느 정도 편재되어 있는지를 질문한다. 이를 위해 언어에 대한 뇌의 기능적 전문화가 존재하는지를 조사하는 최근의 신경 영상 연구를 살펴본다. 언어에 대한 신경 전문화의 유전적 토대를 조사하는 연구에 대해 간단히 살펴본다. 또한 읽기와 같이, 나중에 습득되는, 보편적이지 않은 언어 기술에 뇌가 어떻게 적응하는지를 살펴본다. 이 외에도 뇌의 기능적 가소성이 생애 발달에 따라 어느 정도 감소되는지 고려하고, 언어 발달에 결정적 시기가 존재하는지 살펴본다.

12.1 뇌의 어느 영역에서 언어를 처리하는가

뇌가 언어를 처리하는 방법을 살펴보기 위해, 성인 뇌에서 언어가 어떻게 처리되는지에 대해 전반적으로 요약하면서 이 장을 시작한다. 기능적 신경망 또는 모듈의 위치를 살펴보기 전에 다양한 뇌 영역에 해당하는 용어를 소개한다. 신피질은 크게 엽(lobe)으로 불리는 4개의 영역으로 구분된다(전두엽, 측두엽, 두정엽, 후두엽; [그림 12-1] 참조). 신피질 내에서 홈(깊이에 따라 고랑 또는 틈새라고 함) 또는 융기(이랑이라고 함)와 같은 특정 해부학적 구조를 구별한다. 뇌 구조의 위치를 설명하기 위해 전방, 후방, 상부 및 하부와 같은 방향 용어를 사용한다(예: '좌반구 하부 전두 이랑'은 좌반구 전두엽 아래 위치한 융기를 가리킨다). 1세기 전에 독일의 신경과학자인 Korbinian Brodmann은 대뇌 피질의 영역을 명명하는 구체적 체계를 개발하였다. Brodmann(1909)은 독특한 세포 유형과 신경 연결망 패턴에 따라 기능적으로 분화된 영역을 확인하고, 여기에 1부터 52까지 번호를 부여하였다. 이를 브로드만 영역이라고 부른다.

또한 좌반구의 브로카 영역과 베르니케 영역에는 부검을 통해 언어 처리와 기능적 관련이 있음을 발견한 학자들의 이름을 붙였다. 브로카 영역과 베르니케 영역은 역사적으로 중요한 의미를 가지는데, 실

두정엽(parietal lobe): 각 대뇌 반구의 전두엽 뒤쪽에 위치한 인간 뇌의 영역.

후두엽(occipital lobe): 각 대뇌 반구의 뒤쪽에 위치한 인간 뇌의 영역.

고랑(sulcus): 뇌의 홈 또는 주름.

틈새(fissure): 뇌의 홈 또는 깊은 주름.

이랑(gyrus): 대뇌 피질의 융기.

전방(anterior): 앞, 앞쪽으로(뇌의 위치를 나타냄).

후방(posterior): 뒤(뇌의 위치를 나타냄).

상부(superior): 위(뇌의 위치를 나타냄).

하부(inferior): 아래(뇌의 위치를 나타냄).

브로드만 영역(Brodmann areas): 1부터 52까지의 번호 매김. 특징적인 세포 유형과 신경 연결망 패턴에 의해 기능적으로 분화된 뇌 영역.

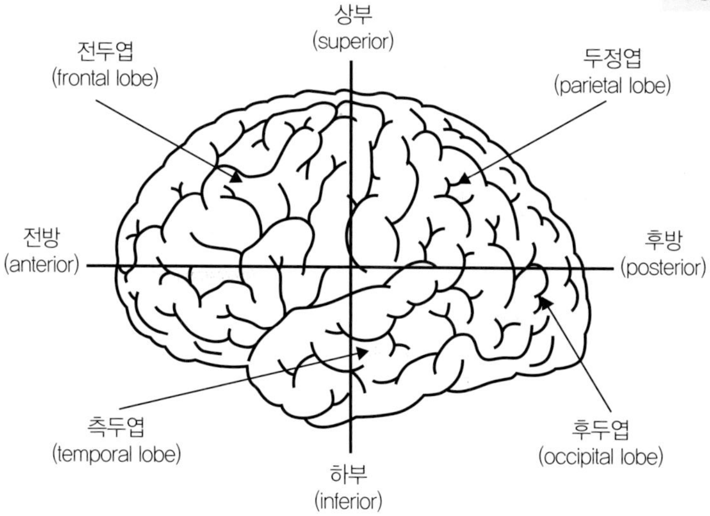

그림 12-1 신피질의 방향 용어와 엽

출처: Michael Almodovar의 그림.

브로카 영역(Broca's area): 좌반구 하부 전두 이랑 영역. 언어 처리의 기능적 관여를 발견한 의사 Pierre Paul Broca의 이름을 붙여 명명하였음.

베르니케 영역(Wernicke's area): 좌반구 상부 측두 이랑 영역. 언어 처리의 기능적 관여를 발견한 신경학자 Carl Wernicke의 이름을 붙여 명명하였음.

제 위치와 경계에 대해서는 상당한 의견 차이가 존재한다. 여기서는 브로카 영역과 베르니케 영역이라는 용어를 언어 처리와 관련된 뇌 구조의 기본 명칭으로 사용하지는 않는다. 대신 앞서 설명한 대안적 분류 체계를 [그림 12-2]에 표시된 좌반구 구조의 위치와 함께 사용한다.

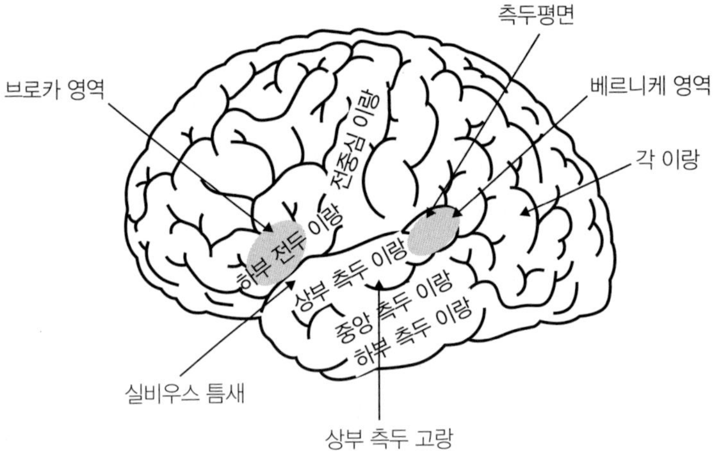

그림 12-2 신피질의 언어 처리와 관련된 해부학적 구조
출처: Michael Almodovar의 그림.

12.1.1 뇌의 말소리 처리

상부 측두 이랑(superior temporal gyrus): 일차 청각 피질을 포함하는 실비우스 틈새에 인접한 측두엽에 위치한 융기.

상부 측두 고랑(superior temporal sulcus): 중심 측두 이랑에서 상부 측두 이랑을 분리하는 홈.

실비우스 틈새(Sylvian fissure): 측두 고랑이라고도 불림. 전두엽과 두정엽을 측두엽과 분리하는 깊은 홈.

청각 정보는 우선 좌반구 및 우반구 측두엽에 위치한 일차 청각 피질에서 처리된다. 일차 청각 피질은 헤쉴 이랑(Heschl's gyrus)으로 구성되어 있으며, 이는 상부 측두 이랑의 후방에 해당한다. 이 영역의 활성화는 측두엽에서의 청각 순서 처리와 관련이 있다. 청지각의 언어-특정적 측면과 관련하여, 좌반구 상부 측두 고랑은 말소리의 음성 특징을 처리하는 데 관여하고, 우반구 상부 측두 이랑은 말소리의 운율을 처리하는 데 관여한다. 말소리의 순서가 의미 있게 해석될 때 좌반구 상부 측두 고랑의 전방이 활성화된다. 좌반구 측두평면은 말소리의 소리 패턴에 대한 고차 통합을 담당한다. 이 구조는 실비우스 틈새에 가까운 상부 측두 이랑의 후방에 위치해 있으며, 전두엽에 위치한 말소리 지각 영역과 인접한 말소리 운동 영역 사이에 경계면을 제공한다. 흥미롭게도, 출생 시 좌반구 측두평면의 크기는 이미 우반구의 해당 영역보다 크다(Wada, Clark, & Hamm, 1975; Witelson, 1977). 따라서 영아기부터 말소리 지각은 주로 좌반구 측두엽에 위치한 전담 네트워크에서 담당한다.

12.1.2 뇌의 문법 처리

문법 정보는 주로 브로카 영역에 해당하는 좌반구 전전두엽 피질에서 처리된다. 특히 기저핵으로 불리는 피질하 구조뿐만 아니라 좌반구 하부 전두 이랑(실비우스 틈새 앞쪽에 위치)의 일부분과 전중심 이랑(전운동 피질의 일부)의 하부는 단순하고 고차적인 문법 구조가 처리될 때 활성화된다. 예를 들어, "The lion in the roars." 같은 문장의 문법 오류에 대한 반응으로 사건 유발 전위(ERPs)의 근원을 연구함으로써 이러한 활성화를 확인할 수 있다(Oberecker, Friedrich, & Friederici, 2005 참조). 그뿐만 아니라 좌반구의 상부 측두 이랑은 문법 정보 처리에 관여한다. 따라서 문법 구조를 처리하기 위한 전담 네트워크는 좌반구 전두엽과 좌반구 측두엽의 전방에 존재한다.

하부 전두 이랑(inferior frontal gyrus): 뇌 전두엽의 아래를 향해 위치한 융기. 좌반구 하부 전두 이랑은 언어 처리, 특히 문법 처리 및 말소리 산출과 관련된 브로카 영역과 대략적으로 일치함.

전중심 이랑(pre-central gyrus): 전두엽의 전운동 피질의 일부. 단순하고 고차적인 문법 구조가 처리될 때 활성화됨.

12.1.3 뇌의 의미 처리

의미 처리는 전방 및 후방 피질 영역 모두에 위치한 상호 연결된 광범위한 네트워크에 분산되어 있다. 역사적으로, 단어 이해와 같은 의미적 처리는 베르니케 영역으로 불리는 상부 측두 이랑의 후방에서 이루어지는 것으로 간주되었다. 그러나 ERP 및 fMRI 연구의 최신 데이터(〈방법론 상자 12-1〉 참조)는 단어 의미 처리(의미 처리)와 텍스트 내용 처리(담화 처리)가 서로 인접한 영역에 분산되어 있음을 시사한다. 예를 들어, 후두엽의 시각 처리 영역에 인접한 하부 측두 이랑 영역은 시각화가 가능한 단어(예: dragon, castle)를 처리할 때 활성화된다. 반면, 잡을 수 있는 사물(예: doorknob, pencil)을 나타내는 단어

하부 측두 이랑(inferior temporal gyrus): 중앙 측두 고랑 아래에 위치한 융기. 높은 이미지의 단어가 처리될 때 일부가 활성화됨.

는 전중심 이랑의 하부에 위치한 전운동 및 운동 피질의 전방 부분을 활성화한다. 더욱이 단어들 사이의 의미 관계는 좌반구의 일부 하부 전두 이랑을 활성화한다. 앞서 언급했듯이, 좌반구의 일부 상부 측두 고랑은 말소리를 의미로 매핑하는 데 관여한다. 우반구의 동일한 영역은 담화 처리, 은유 이해, 말소리 또는 텍스트 덩어리의 정보 통합 및 목소리의 정서적 음조 해석에 관여한다. 이는 의미 처리에 관여하는 좌반구 영역이 주로 작은 의미 단위(예: 개별 단어)의 처리에 전문화된 반면, 우반구 영역은 더 큰 담화 단위의 처리를 통제함을 시사한다. 마지막으로, 이해 과제를 수행하는 동안 하부 전두 이랑 일부에서의 지속적인 활동은 이러한 영역이 언어 처리에 대한 실행 통제와 관련이 있음을 시사한다(Shafer & Garrido-Nag, 2008).

방법론 상자 12-1 뇌의 언어 처리 연구

A. 기능적 뇌 영상 방법

기능적 영상 방법은 다양한 언어 처리 과제 중 뇌의 어떤 영역이 활성화되는지에 대한 정보를 제공하므로 연구자는 언어의 다양한 측면을 처리하는 뇌 영역을 정확하게 찾아낸다. 가장 일반적으로 사용되는 방법은 양전자 방출 단층 촬영(PET), 기능적 자기 공명 영상(fMRI) 및 근적외선 분광법(NIRS)이다. 후자는 때때로 근적외선 광학 지형이라고도 불린다. 이 방법은 신경 활동이 증가한 다음 1~5초 후에 발생하는 혈류 및 혈액 산소화(혈류역학적 반응)의 변화를 감지한다.

양전자 방출 단층 촬영(PET): PET를 하는 동안 방사성 화합물이 주입된다. 일단 화합물이 대상 조직에 침착되면, 방사성 붕괴 동안 방출된 양전자는 전자와의 상호작용으로 인해 소멸된다. 이 과정에서 참여자가 스캐너 안에 있을 때 한 쌍의 감마선 광자가 생성되어 감지된다. 뇌의 신경 활동을 매핑하기 위해 PET는 혈류가 증가한 영역이 방사능 수치가 더 높다는

양전자 방출 단층 촬영(positron emission tomography: PET): 뇌의 신경 활동을 매핑하기 위해 방사성 화합물(포도당의 유사물)의 주입을 사용하는 기능적 뇌 영상 기술. 과제 처리 중 증가한 혈류 영역이 더 높은 방사능을 가질 것이라는 사실을 이용함.

기능적 자기 공명 영상(functional magnetic resonance imaging: fMRI): 특정 자극의 처리와 관련된 다양한 뇌 영역에서 신경 활동 수준(혈액 산소 수준 변화)을 연구할 수 있는 뇌 영상 기법. 혈류역학적 반응 참조.

근적외선 분광법(near-infrared spectroscopy: NIRS): 근적외선 광학 지형이라고도 불림. 물질에 의해 방출되거나 흡수되는 광스펙트럼을 통해 물질을 식별하는 데 사용되는 기능적 뇌 영상 기술.

혈류역학적 반응(hemodynamic responses): 신경 활동과 관련된 혈류 및 혈액 산소화의 변화. 특정 자극에 반응하여 혈류의 동적 변화를 측정하는 것은 기능적 자기 공명 영상(fMRI) 기술의 기초가 됨.

사실을 이용한다.

PET는 성인의 언어 처리와 관련된 뇌 영역을 조사하는 데 사용되었다. 공간 해상도는 뛰어나지만 시간 해상도는 제한적이다. 다시 말해, 뇌 영역이 처리에 관여하는 것을 상당히 정확하게 보여 준다. 그러나 다른 영역이 얼마나 오래 활성화되는지 또는 다른 영역 간 활성화 진행에 대한 정보는 제공하지 않는다. 또한 화합물 주사는 PET를 침습적 절차로 만들기 때문에 비임상 아동집단에 사용하기에는 부적합하다.

기능적 자기 공명 영상(fMRI):

혈액 산소 수준은 혈액의 자기 공명 신호를 변화시켜 강력한 자기장 내에서 감지되도록 한다. fMRI의 경우 큰 자석으로 둘러싸인 길고 좁은 튜브 안에 들어간 개인에게 시각 및 청각 투영을 통해 다양한 자극과 작업이 제공된다. 이를 통해 연구자들은 제시된 자극 처리와 관련된 다양한 뇌 영역에서 신경 활동 수준을 연구할 수 있다. 불행하게도, fMRI를 실시할 때 참여자는 움직일 수 없으며, 스캐너의 제한된 범위 내에서 움직이지 않고 있어야 하고, 스캔 중에 발생하는 소음 때문에 위협적으로 느낄 수 있다. 이러한 이유로 fMRI는 깨어 있는 상태의 아동에게 사용하기는 어렵다. 그러나 최근 일부 실험실에서는 스캐너 내부에 흥미롭고 매력적인 이미지를 투사하여 영아의 주의를 집중시켜 깨어 있는 영아에게 fMRI를 사용하는 데 성공하였다. 이 방법을 아동에게 사용하는 것은 여전히 어려워 이 방법의 효율성은 제한적이다.

PET와 마찬가지로 fMRI는 시간 해상도가 제한적이다. 신경 활동이 증가한 다음 약 5초 후에 혈류역학적 반응이 정점에 도달하기 때문에 특정 사건과 신경 반응을 연관시키는 것이 어렵다. 언어 처리의 다른 측면에 다른 뇌 영역이 관

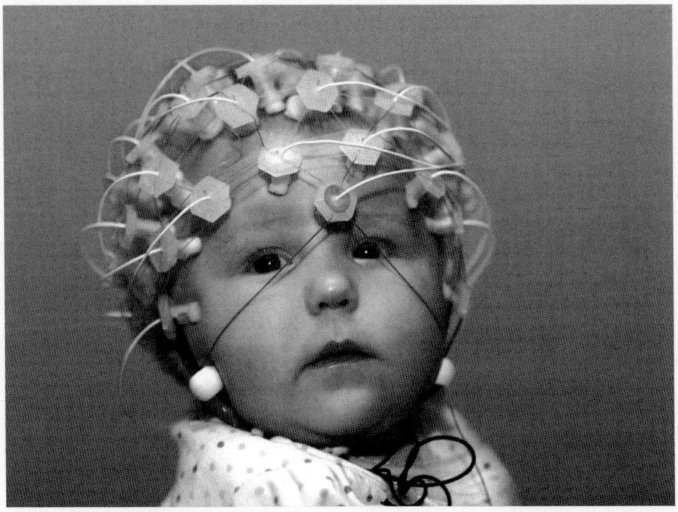

그림 12-3 특정 청각 자극이 제시되는 시간 동안 두피를 전기생리학적으로 측정하여 언어 처리에 대한 자세한 정보를 제공한다.

출처: © Jon Wilson, Science Photo Library의 제공.

여하는 시간적 특성에 대한 정보를 얻기 위해 연구자들은 전기생리학적 방법을 사용한다.

근적외선 분광법(NIRS):
분광법은 물질이 방출하거나 흡수하는 광스펙트럼을 통해 물질을 식별하는 데 사용된다. 이 방법을 기능적 뇌 영상에 사용하는 경우, 혈액 산소화 및 혈액량의 변화와 관련된 화학 물질의 농도가 근적외선 범위에서 서로 다른 특정 스펙트럼에 의해 감지된다는 사실을 이용한다. 센서는 휴대 가능하고, 참여자의 머리에 부착될 수 있기 때문에 비교적 비침습적인 기술이다. NIRS는 시간 해상도는 양호하지만, 피질 영상은 제한적이며, PET 및 fMRI에 비해 공간 해상도가 떨어진다. NIRS의 비침습적 특성으로 인해 최근 영아의 언어 처리 과정에서 뇌 활성화를 연구하는 방법으로 인기를 얻고 있다.

B. 전기생리학적 방법

전기생리학적 방법은 두피로 전파되는 뉴런의 포스트 시냅스 전위 변화를 감지하기 위해 전압계를 사용하여 측정한다([그림 12-3] 참조). 회로의 뉴런이 특정 자극에 반응하여 동시에 작동할 때, 뉴런은 전기 자극이 전파되는 양극과 음극이 있는 쌍극자처럼 작용한다. 특정 신경 사건에 반응하여 발생하는 이러한 충격은 너무 작아서 전체 뇌파도(EEG)에서 감지되기 어렵다. 그러나 특정 사건에 시간이 고정된 여러 전기적 반응의 평균을 구하면 평균화 과정이 전위에서 임의 변동의 기여를 감소시키기 때문에 전류 변화의 특성 패턴을 관찰할 수 있다. 이러한 평균 시간 고정 패턴을 사건 유발 전위(ERPs)라고 한다. 특유의 ERP 전류 변화 패턴(ERP 구성 요소라고도 함)은 극성을 나타내는 문자(P는 양극, N은 음극), 대기시간을 나타내는 숫자, 즉 자극이 시작된 후 전류 편향이 발생한 다음 소요되는 ms(1/1000초)로 표시된다. 2장에서 살펴본 것처럼, 일련의 자극에서 오드볼의 검출에 반응하여 발생하는 불일치 부정성인 N200 반응은 새로운 것에 대한 자동 인식을 나타낸다. 그 외에도 일반적으로 주의 과정의 지표인 P300, 단어를 찾고 의미를 통합하는 데 어려움을 겪는 N400(예: The pizza was too hot to drink와 같이 의미상 맞지 않는 문장) 또는 문법적으로 틀린 문장에 민감한 P600이 있다.

뇌파도(electroence-phalogram: EEG): 다중 전극 캡을 사용한 두피에 대한 전기적 활동의 기록. 이 전기생리학적 방법을 뇌파검사라고 함.

ERP는 시간 해상도가 뛰어나고, 움직임을 상대적으로 허용하여 영아의 뇌 반응을 연구하는 데 적합한 방법이다. 또한 두피를 가로지르는 다중 채널 측정이 이루어질 때, ERP는 전기 활동 근원의 편재화에 관한 정보를 제공한다. 그런 다음 이 정보를 fMRI 데이터와 비교하여 과제에 따라 다른 영역의 특정 뇌 활동에 대한 자세한 그림을 얻을 수 있다.

12.1.4 다른 회로 연결

언어 처리를 위해서는 앞서 설명한 대뇌 피질 영역이 단독으로 활성화되는 것만으로는 충분하지 않다. 오히려 정보를 교환해야 한다. 이 정보 교환은 언어 처리를 담당하는 전두엽 회로와 측두엽-두정엽 회로를 연결하는 백색 섬유 다발을 통해 이루어진다. 과거 모델에 따르면, 상부 측두엽(베르니케 영역)과 하부 전두엽(브로카 영역)을 연결하는 아치형 신경 섬유 다발에 의해 정보 교환이 이루어진다. 확산 텐서 영상(DTI)을 사용한 최근의 연구는 주요 대뇌 피질의 언어 영역 간 연결이 최소한 2개 이상의 복잡한 경로로 구성되어 있음을 시사한다. 2개의 하위 통로로 구성되는 하나의 경로는 하부 전두엽에서 상부 측두엽으로 확장되며, 음운론 및 어휘-의미론 처리에 관여한다. 또한 2개의 하위 부분으로 구성되는 다른 경로는 하부 전두엽에서 상부 측두 이랑의 전방 부분과 헤쉴 이랑까지 확장된다. 이러한 경로는 통사론 처리와 이해에 관여한다(Friederici, 2009).

확산 텐서 영상(diffusion tensor imaging: DTI): 연구자들이 축색돌기 다발로 구성된 신경 섬유관의 이미지를 생성할 수 있는 자기 공명 영상(MRI) 기술.

12.2 언어 발달을 위한 신경 전문화는 언제 이루어지는가

신경학적으로 문제가 없는 개인의 95~98%는 언어의 전문화가 좌반구에서 발견된다. 이는 출생 시 대뇌 반구가 언어에 대해 동등한 잠재력을 가지고 있지 않음을 시사한다. 그러나 아동이 좌반구에 외상을 입은 이후 언어를 회복할 수 있다는 사실은 언어 능력의 좌반구 편재화가 불가역적이지는 않음을 보여 준다(이 주제는 12.3.1절에서 더 자세하게 살펴본다). 이 절에서는 발달 과정 중 좌반구 전문화가 언제 어떻게 발생하는지 살펴본다.

12.2.1 말소리 처리를 위한 피질 영역의 초기 전문화

말소리 처리를 위한 초기 전문화가 존재하지 않는다면, 영아의 피질 영역 전반에 걸쳐 말소리 반응이 활성화되어야 한다. 인간의 말소리에 특정적인 특질에 대한 영아의 민감성을 연구하는 한 가지 방법은 순행 말소리와 역행 말소리로 유발된 대뇌 피질의 활성화를 비교하는 것이다. 빠르게 변화하는 음향 자극과 함께 제공되는 역행 말소리는 부자연스럽게 들리고, 언어의 운율 및 음소 배열 제약을 위반한다. 순행 말소리와 역행 말소리에 노출된 3개월 영아를 대상으로 fMRI 스캔을 시행한 결과, 성인의 언어 처리에 관여하는 좌반구 영역과 동일한 위치에서 집중적으로 활성화가 진행되었다(Dehaene-Lambertz, Dehaene, & Hertz-Pannier, 2002). 더욱이 생애 초기에 이 네트워크 내에서 기능 분화가 이미 존재하여 각 이랑과 같은 일부 언어 영역은 순행 말소리와 역행 말소리를 구별하는 언어-특정적 특질에 민감하지만, 측두엽 내 다른 영역은 이에 민감하지 않아 청각 처리의 일반적인 측면에 관여하는 것으로 보인다. 이 증거는 3개월이 되면 뇌 발달에서 언어의 기능적 전문화가 이루어짐을 시사한다.

각 이랑(angular gyrus): 측두엽의 가장자리 근처의 두정엽에 위치한 융기. 언어 처리에 관여함.

후속 연구에 따르면, 순행 말소리에 대한 좌반구 민감성(역행 말소리와 비교하여)의 증가가 신생아에게서도 관찰되었다(Peña et al., 2003). 그러나 이 연구에서는 뇌 반구와 말소리 유형 사이의 상호작용이 유의하지 않았기 때문에, 언어 정보 처리에 대한 좌반구 특정적 편향의 결과인지 아니면 소리의 빠른 전환을 처리하기 위한 일반적 편향의 결과인지는 여전히 불확실하다. 이 차이는 느린 소리 전환이 특징인 음악 자극 vs. 말소리 자극을 듣는 동안 영아의 뇌 활성화를 비교함으로써 확인할 수 있다. Dehaene-Lambertz와 동료들(2009)은 어머니가 읽은 문장, 낯선 여성이 읽은 동일한 문장, 그리고 모차르트의 피아노 소나타 악절을 듣고 있는 2개월 영아를 스캔하였다. 성인의 경우 음악 악절에 대한 반응은 제외하고, 두 문장 모두에 대한 반응에서 우반구 측두평면에 비해 좌반구 측두평면에서 더 뚜렷하게 활성화가 일어났는데, 이 영역은 말소리-특정적 특징을 처리하는 영역이다. 이러한 결과는 일부 좌반구 영역이 이미 생후 2개월에 언어의 특정 측면에 전문화되어 있음을 보여 준다. 이처럼 초기에 좌반구에서 우선적으로 처리되는 언어의 양상이 말소리와 음악을 구별하는 급격한 음향 전이를 포함한다는 사실은 그럴듯해 보인다.

아주 어린 영아가 운율 정보를 바탕으로 친숙한 언어와 친숙하지 않은 언어를 구별할 수 있다는 2장의 연구 결과에 대한 한 가지 질문은 언어의 초기 좌반구 전문화가 어떻게 조정되는가이다(Mehler et al., 1988). 성인의 경우, 말소리 운율은 우반구에서 처리된다(Allen, 1983). 따라서 시간적으로 세분화된 언어의 측면을 좌반구 전문화의 출현으로 설명하는 것과 함께, 말소리 운율을 처리하기 위한 우반구 전문화의 출현을 추적할 필요가 있다. 이 문제를 해결하기 위해 Homae와 동료들(Homae, Watanabe, Nakano, Asakawa, & Taga, 2006)은 자고 있는 3개월 영아에게 정상적인 운율의 말소리와 단조로운 운율의 말소리를 들려주었다. 근적외선 광학 지형을 사용하여 확보한 혈류역학적 반응(〈방법론 상자 12-1〉 참조)은 휴대가 가능하고 MRI보다 저렴하지만 공간 해상도는 낮았다. 이 방법은 활성화 위치를 대략적으로 제공하므로 특정 인지 과정과 관련된 해부학적 구조를 정확히 찾아내기는 어렵다. 그럼에도 불구하고 단조로운 운율의 말소리와 비교하여 정상적인 운율의 말소리는 상부 측두 이랑의 후방을 둘러싸고 있는 영역인 우반구 측두엽-두정엽 영역의 활성화를 더 크게 유도하였다. 따라서 말소리 운율의 우반구 전문화는 출생 직후에 이미 존재하는 것으로 보인다.

요약하면, 어린 영아들의 신경 영상 데이터는 언어의 기능적 반구 전문화가 출생 시 또는 출생 직후에 감지된다는 사실을 보여 준다. 물론 이러한 사실이 언어 처리와 관련된 다양한 영역이 출생 시 특정 언어 기능에 전적으로 관여한다는 사실을 의미하지는 않는다. 2장에서 살펴본 바와 같이, 주변 언어의 특징에 대한 신경 몰입은 생애 첫해와 그 이후에 점진적으로 발달한다. 그렇다면 무엇이 말소리에 대한 초기 반구 전문화를 유발하는가? 빠른 음향 전이를 처리하는 좌반구의 초기 성향은 아마도 유전적 소인 때문이다. 이러한 초기 성향은 우반구에서 처리되는 운율 등고선과 같은 더 긴 단위와는 반대로 음소, 단어 및 문법 형태소와 같이 짧은 시간 동안의 말소리 분절 처리를 용이하게 한다. 따라서 기능 전문화는 영아의 언어에 대한 노출 증가와 능숙함에 반응하여 발달하는 것으로 간주된다. 언어의 특정 측면에 대한 반응으로 나타나는 뇌의 활성화가 아동의 언어 유창성과 직접적으로 관련되어 있다는 명백한 증거가 있다. 예를 들어, 비단어(예: moop)와 그림을 짝지어 제시하면 의미 위반을 감지하는 데 관련된 특정 ERP 구성 요소인 N400이 유도된다(〈방법론 상자 12-1〉 참조). 1세 영아가 그림과 단어 또는 비단어 조합에 노출되었을 때, N400은 단어 생성 기술이 높은 아동에게서만 관찰되었다(Friedrich & Friederici, 2010). 이는 뇌의 추가적 기능 전문화가 새로운 언어 기술과 밀접한 관련이 있음을 보여 준다.

또한 하부 전두엽과 상부 측두엽 영역을 연결하는 해부학적 구조는 발달이 상당히 수초화(myelinisation): 뉴런의 축색돌기 주변에 절연층을 형성하고 뉴런 전도도와 적절한 뉴런 기능에 필수적인 백색 지방 물질인 미엘린의 생산.

늦게 진행된다는 사실에 주목할 필요가 있다. 완전한 수초화는 7세가 될 때까지 완성되지 않는다. 대뇌 피질에서 언어 영역 간 정보 교환이 이루어지는 경로가 늦게 성숙되는 것은 아동이 유아기에는 복잡한 문법 구문을 처리하지 못한다는 연구 결과와 일치한다(5장 참조). 따라서 언어 형식의 여러 측면에 대한 대뇌 피질 영역의 초기 기능 전문화는 영아기 언어 처리의 기초를 형성하지만, 대뇌 피질에서 언어 영역 간 연결이 완전히 이루어지기까지는 상당히 오랜 시간이 걸린다.

12.2.2 신경 전문화의 유전적 토대

이전 절에서 다양한 뇌 영역의 언어 관련 기능 전문화가 발달 초기에 출현한다는 증거를 살펴보았다. 여기서는 언어의 기능 전문화에 대한 유전적 토대를 살펴본다.

1990년대 초반, 유전적 언어 결함이 있는 영국의 KE 가족 사례가 관련 문헌(Hhurst, Baraitser, Auger, Graham, & Norrell, 1990)에 처음 기술되었다. 4대에 걸쳐 이 가족원의 절반 정도가 심각한 말소리 및 언어 장애를 보였다. 매우 놀랍게도, 유전적 영향을 받은 KE 가족 구성원은 굴절 형태론 활용, 즉 과거 시제 -ed와 같은 어미 활용을 산출하는 데 특히 어려움이 있었는데, 이에 대해 일부 연구자는 KE 가족이 유전적인 문법-특정적 장애로 고통받고 있다고 주장하였다(Gopnik, 1991; Gopnik & Crago, 1991). 그러나 후속 연구에 따르면, 유전적 영향을 받은 개인은 언어성 통합 운동장애로 불리는 입, 혀, 입술 및 입천장의 소근육 협응 순서를 통제하는 데 어려움이 있었다. 또한 유전적 영향을 받은 개인은 얼굴의 아랫부분과 관련된 움직임에서 더 일반적인 결함을 보였다(Vargha-Khadem, Watkins, Alcock, Fletcher, & Passingham, 1995). 게다가 그들의 언어 결함은 앞서 설명한 바와 같이 굴절 형태론에만 국한된 것은 아니었고, 비단어 식별, 음소 조작 및 복잡한 문장 구조의 이해와도 관련이 있었다(Marcus & Fisher, 2003). 유전적 영향을 부분적으로 받은 개인도 가벼운 또는 중간 정도의 지적 결함을 보였다(Vargha-Khadem et al., 1995).

중앙 측두 이랑(middle temporal gyrus): 언어 처리와 관련된 측두엽에 있는 융기.

유전적 영향을 받았거나 받지 않은 KE 가족 구성원을 비교한 기능적 영상 연구에 따르면, 좌반구 중앙 측두 이랑 및 브로카 영역과 같은 여러 언어 영역에서 비정상적인 활성화 패턴을 보였다(Liégeois,

Connelly, Baldeweg, Connelly, Gadian, Mishkin, et al., 2003; Vargha-Khadem et al., 1998). KE 가족의 유전 패턴은 단일 유전자 장애를 지목하는데, 단 하나의 유전자 손상으로 발생한 문제임을 시사한다. 이 유전자를 발견하면 언어에 대한 뇌의 기능 전문화의 유전적 결정 요인을 밝혀낼 수 있다. 후속 유전자 분석 결과, 7번 염색체의 유전자 위치, 특히 포크헤드 전사 인자 계열에 속하는 FOXP2라는 유전자의 돌연변이를 확인하였다. 이 유전자의 조절 단백질은 세포 분화 및 증식에 영향을 미치는 다양한 통제 기능에 관여한다.

FOXP2(Forkhead bOX P2): 7번 염색체에 위치한 포크헤드 bOX 단백질 P2 유전자. 포크헤드 전사 인자 계열에 속하는 FOXP2 단백질을 부호화함.

FOXP2는 언어에 대한 뇌의 기능 전문화 발달을 통제하는 유전자인가? 1990년대에 FOXP2를 '언어를 위한 유전자' 또는 '문법을 위한 유전자'로 홍보한 언론 매체의 과장에도 불구하고, FOXP2가 특히 언어 발달을 책임진다는 증거는 없다. 다음의 세 가지 주장은 FOXP2의 역할이 상당히 복잡하다는 사실을 시사한다. 첫째, FOXP2는 피질, 기저핵, 시상 및 소뇌를 포함한 뇌의 여러 부위에서 발현되지만, 폐, 소화기관 및 심장과 같은 다른 조직에서도 발현된다. 이는 FOXP2가 다양한 기능에 관여하며 언어에 고유하지 않음을 시사한다. KE 가족이 안면 운동과 언어 결함의 조합을 보였으나, 다른 결함은 보이지 않았다는 사실은 FOXP2 분열이 이형 접합체라는 사실과 관련 있을 수 있다. 아마도 하나의 온전한 FOXP2 사본이 있다면 일부 조직 유형에 대한 통제 기능을 수행하기에 충분하지만, 그것만으로는 뇌와 관련된 모든 기능을 통제하기에 충분하지 않을 수 있다(Marcus & Fisher, 2003). 둘째, FOXP2와 관련된 복잡한 운동 및 언어 결함에도 불구하고, FOXP2 돌연변이가 대부분의 단순언어장애(SLI) 사례와 관련이 있다는 유전적 증거는 없다(10장 참조). 이는 언어의 신경 조직을 통제하는 데 다수의 유전자가 관여할 가능성이 있음을 분명히 보여 준다.

마지막으로, FOXP2는 많은 척추동물에 존재하며, 거의 유사한 기능을 수행한다. 예를 들어, 쥐는 원숭이, 노래새, 악어, 얼룩말 물고기와 유사한 유전자형을 가지고 있다. 실험용 쥐의 FOXP2 유전자 연구는 FOXP2가 시냅스 가소성의 조절에 관여함을 확인하였고, 특히 소근육 학습을 담당하는 신경 회로에 관여함을 보여 주었다(Groszer, Keays, Deacon, de Bono, Prasad-Mulcare, Gaub, et al., 2008). 이러한 결과는 인간 언어에 대한 FOXP2의 기여가 언어와 의사소통 그 자체에 관련된 회로가 아니라 운동 기술 습득과 관련된 신경 회로의 가소성에 근거할 가능성을 열어 놓았다(fisher & Scharff, 2009). 어쨌든 말소리는 매우 복잡한 미세근육 협응을 필요로 한다. 아마도 언어가 인간의 다른 행동보다 훨씬 더 복잡한 소근육 기술에 의존하기 때문에 FOXP2 분열은 말소리와 언어 관련 장애에서 불균형적으로 나타날 것이다. 언어 자체가 진화적으로 오래된 운동 기술 학습 회로에 기초하고 있다고 생각할 수 있는데, 시간이 지나면서 언어 처리를 위해 채택되었을 것이다(Lieberman, 2000). 이는 지난 20만 년 동안 유인원 조상이 진화하면서 FOXP2가 선택되었다는 사실과 잘 맞는다(Enard, Przeworski, Fisher, Lai, Wiebe, Kitano, et al., 2002).

노래새에서 FOXP2의 역할은 인간 언어에서 FOXP2의 역할을 이해하는 데 도움이 된다. 얼룩말 핀치새의 노래 학습을 담당하는 뇌 영역에서 FOXP2 발현의 억제(축소 또는 침묵)로 인해 튜터의 노래를 제대로 모방하지 못했고, 다양한 방식으로 노래를 산출할 가능성이 증가되었다(Haesler, Rochefort, Georgi, Licznerski, Oster, & Scharff, 2007). 이러한 결과는 단어의 불완전하고 부정확한 산출과 KE 가족 구성원의 매우 다양한 발음을 비교했을 때 흥미롭다. 추가 분석에 따르면, 새 노래의 결함은 순수한 운동장애보다는 감각운동 통합과 관련 있을 가능성이 높은데, 이는 FOXP2가 감각운동 학습 시기 동안 신경 가소성에 관여함을 시사한다. 따라서 FOXP2는 확실히 언어만을 유일하게 통제하는 유전자는 아니지만, 언어를 기반으로 하는 일부 기능의 통제에 관여할 가능성이 높다. 현재 FOXP2는 언어 발달과 관련된 신경 회로의 가소성 조절에 관여하는 것으로 보인다. 인간의 언어장애, 새의 감각운동 노래 학습장애, 쥐의 비정상적인 운동 기술 학습과 같은 FOXP2 분열의 관찰 결과가 동일한 분자 메커니즘에 의존하는 정도는 후속 연구를 통해 확인되어야 한다.

12.2.3 뇌와 문해 발달

현재까지 제시된 증거에 따르면, 언어는 인간 뇌에서 다양한 신경 회로의 특정 성향을 활용하고, 그 결과 언어에 대한 일부 전문화가 발달 초기에 출현한다. 그렇다면 뇌는 읽기와 같은 상대적으로 늦게 습득되는 언어 관련 기술을 어떻게 처리하는가?(9장 참조) 수천 년 전으로 거슬러 올라가 보면, 쓰기 체계의 출현은 진화론 관점에서 볼 때 특별히 고안된 신경 경로가 진화하기에는 너무 최근 사건이다. 따라서 구어나 수어와는 달리 읽기는 기능적으로 미리 지정된 뇌 영역에 의존할 수 없다. 그러나 인간 뇌는 절묘한 속도와 능숙함으로 이 작업을 처리할 수 있을 뿐만 아니라 좌반구 방추형 이랑의 중앙 부분([그림 12-2]에는 보이지 않는, 측두엽 안쪽의 하부 측두 이랑에 인접해 있음)에 위치한 동일한 피질 영역은 다양한 언어의 쓰기 체계에서 단어 인식에 관여하는 것으로 보인다(Cohen, Dehaene, Naccache, Lehéricy, Dehaene-Lambertz, Hénaff, et al., 2000). 이러한 일이 어떻게 가능한가? Dehaene(2010)은 읽기 학습이 '신경세포 재활용'을 포함한다고 제안하였다. 문해 습득에서 읽기와 관련된 다양한 과정은 이미 존재하는 정신 능력, 특히 시각 정보 처리와 관련된 능력의 '등에 업혀 가게(piggyback)' 된다.

방추형 이랑(fusiform gyrus): 측두엽의 내부에 있는 융기. 단어 인식(읽기)에 관여하는 것으로 보임.

인간의 시각 체계는 위계적 방식으로 작동한다. 후두엽에 위치한 일차 시각 영역은 선과 사물의 윤곽선뿐만 아니라 빛의 서로 다른 파장의 존재와 강도를 감지하는 역할을 한다. 이차 시각 영역의 신경세포는 특정 곡선과 단순한 선 조합에 반응한다. 시각 처리의 위계적 구조를 넘어서면 신경세포는 선과 곡선이 더 복잡한 별자리뿐만 아니라 색조의 전체 스펙트럼에 반응한다. 시각적 처리의 이러한 위계적 특징은 궁극적으로 다음 단계의 신경세포가 시야각 또는 조명에 관계없이 모양 불변성 및 색상 불변성을 유지하면서 사물 및 얼굴과 같은 복잡한 시각적 구성에 반응할 수 있도록 한다.

언어의 다양한 쓰기 체계를 주의 깊게 비교해 보면, 이러한 다양한 겉보기 체계가 인간 시각 체계의 성향에 잘 맞는 공통점을 가진다는 사실을 알 수 있다. 첫째, 쓰기 체계는 시각의 위계적 구조를 반영한다. 대부분의 글자는 2개, 3개, 4개의 기본 선분을 포함하는 2개, 3개, 4개의 획으로 구성된다. 다음 단계에서 2개, 3개, 4개의 글자는 알파벳 언어에서 어근 또는 접사를 형성하거나 표어문자 스크립트에서 복잡한 글자를 형성한다(Changizi & Shimojo, 2005). 둘째, 개별 획의 조합은 자연스러운 시각 장면에서 흔히 볼 수 있는 기본 구성을 반영한다. 예를 들어, 사물이 표면 가장자리를 부분적으로 가리는 직육면체처럼 다른 사물을 부분적으로 가리는 경우([그림 12-4] 참조), 이러한 사물의 윤곽선은 접합점에서 비임의적 방식으로 특정 형상을 만든다. 인간의 쓰기 체계에서 T, L, X와 같은 특정 획 조합의 발생 빈도는 환경에서 해당 기본 형상의 발생 빈도와 일치하므로(Changizi & Simojo, 2005), 인간의 시

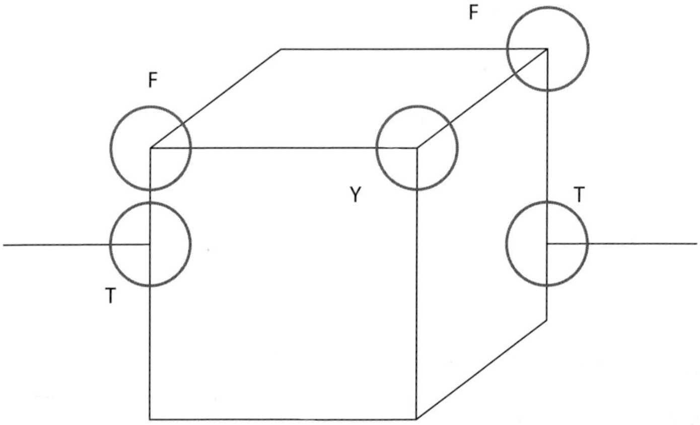

그림 12-4 자연스러운 시각 장면에서 일반적으로 발생하는 윤곽선의 접합점
출처: Dehaene, S. (2010). *Reading in the brain*. New York: Viking에서 인용.

각 체계는 처리에 잘 적응된 입력을 사용한다.

따라서 쓰기 체계는 시각 체계의 진화된 기능을 활용하여 자연 장면에서 발견되는 특정 선 및 곡선 구성에 반응한다. 읽기 학습 과정에서 사물 인식을 위해 진화한 신경망은 문자소 인식에 적응한다. 결과적으로 복잡한 특징의 별자리를 탐지하는 데 전문화된 뇌 영역의 일부가 시각적 단어 처리에 몰입하게 된다. 이는 대뇌 신피질의 거의 동일한 좌반구 후두엽-측두엽 영역이 언어와 쓰기 체계에 관계없이 문자소 처리를 담당하는 이유를 설명한다. 또한 인간이 창조한 문화의 성공은 무엇보다도 이들이 기존의 뇌 기능에 얼마나 잘 적응되어 있는지에 달려 있다고 강조한다.

12.3 언어 발달은 결정적 시기가 있는가

12.2.1절에서 살펴본 바와 같이, 발달 과정에서 언어의 다양한 측면에 대한 뇌 영역의 기능적 관여는 유전적으로 미리 결정된 처리 경향 및 이후 신경 경로의 입력 기반 전문화의 결과로 나타난다. 이러한 신경 전문화 과정은 언어 입력이 결정적 시기 내에 활용되도록 요구하는가, 아니면 뇌는 기능 전문화가 평생 일어나도록 충분히 유연한가? 다시 말해서, 인간은 생애 초기의 결정적 시기에 언어를 접했을 때만 언어를 습득할 수 있는가? 이 질문에 대해 두 가지 측면의 증거가 있다. 첫째, 손상

이 발생한 연령의 함수로 뇌 손상(질병 또는 외상으로 인한 병변)에 따른 회복 정도를 조사할 수 있다. 둘째, 언어 입력이 처음 발생한 연령의 함수로 언어 성취를 조사할 수 있다. 후자의 증거에서는 연령에 따라 다양한 제1언어 또는 제2언어 노출 여부를구분해야 한다.

결정적 시기에 대한 견해는 각인 현상에 관한 Konrad Lorenz의 설명으로 거슬러 올라간다. 각인 기간은 짧고 예리하게 정의되며, 학습은 이후에 되돌릴 수 없다. 후속 연구에서는 이러한 견해를 여러 영역에서 입증하였는데, 기본 저수준 감각 능력(Hubel & Wiesel, 1963)의 발달과 노래새와 같은 보다 복잡한 감각운동 기술(Doupe & Kuhl, 2008)의 발달이 대표적이다. Lenneberg(1967)는 언어 발달에 이러한 견해를 적용하여 성숙의 변화가 언어를 성공적으로 학습하는 기간을 결정한다고 가정하였다. 성숙으로 인해 결정적 시기가 종료되는 기제는 시냅스 가지치기 속도의 증가와 관련되는데, 이는 특정한 신경 연결 패턴의 화석화(fossilisation)를 초래한다(Thomas & Johnson, 2008). 다음에서 이 제안을 면밀하게 살펴본다.

각인(imprinting): 생애 초기 결정적 시기 동안 특정 자극(예: 어미와 새끼 거위)을 만나면 많은 동물이 특정 자극에 대해 평생 애착을 형성하는 현상.

12.3.1 뇌 손상의 회복 연령

국소 병변은 종종 뇌졸중, 종양, 간질 발작 또는 외상의 결과로 나타난다. 좌반구에 국소 병변이 있는 아동은 정상 또는 거의 정상에 가까운 언어 능력을 보인다는 많은 증거가 있다(Bates, 1999). 더욱이 좌반구 전체를 제거한 후에도(예: 질병으로 인해), 그 수술이 아동기에 수행되었다면, 언어 능력은 회복된다(Vargha-Khadem, Carr, Isaacs, Brett, Adams, & Mishkin, 1997). 반면, 좌반구의 언어 처리 영역이 손상된 성인은 실어증에 걸린다.

국소 병변(focal lesions): 제한한 조직 영역의 뇌 손상. 종종 뇌졸중, 종양, 간질 발작 또는 외상의 결과.

좌반구 병변이 생애 초기, 즉 5세 이전부터 지속되면, 우반구 언어 편재화가 나타나고, 속도는 다소 느리지만(Dick, Wulfeck, Krupa-Kwiatkowski, & Bates, 2004) 언어 능력은 정상적인 궤적에 따라 발달한다(Booth, MacWhinney, Thulborn, Sacco, Voyvodic, & Feldman, 1999; Helmstaedter, Kurthen, Linke, & Elger, 1997). 그러나 생애 후반에 병변이 발생하면 우반구가 언어 처리를 대신할 확률은 낮고, 언어는 손상된 좌반구에 편재화되는 경향을 보인다(Benson,

실어증(aphasia): 대뇌 좌반구의 언어 처리 영역 손상으로 야기된 상태. 손상의 정도와 관련된 신경 회로에 따라 다양한 언어 장애 패턴으로 특징지어짐.

FitzGerald, Lesueur, Kennedy, Kwong, Buchbinder, et al., 1999). 좌반구 병변에서 이처럼 연령에 의존한 회복 패턴은 뇌 가소성의 상실에 대한 증거로 간주되어 왔는데, 이는 대뇌 피질 네트워크가 언어 처리 요구 사항을 수행하기 위해 기능적으로 재조직화될 필요가 있기 때문이다.

그러나 신경 영상 데이터를 면밀하게 살펴보면, 상황이 그렇게 단순하지 않다는 사실을 알 수 있다. 외상 연령은 집단 차원에서는 반구 재조직화 가능성을 잘 예측하지만, 개인 차원에서는 예측 정도가 낮다(Liégeois, Connelly, Cross, Boyd, Gadian, & Vargha-Khadem, 2004). 따라서 초기에 좌반구 손상을 입은 일부 개인은 좌반구 전문화를 유지한다. 언어 기능의 우반구 이동이 초기 뇌 손상 후 뇌를 재조직화하는 유일한 방법은 아니기 때문에 이러한 현상이 나타난다. 일부 환자의 경우, 브로카 영역과 같이 언어 전담 영역에 가까운 초기 뇌 병변은 반구 내 재조직화를 유발하여 우반구 언어 전문화로 이어지지 않는다. 언어 능력의 회복이 양호한 반구 내 손상이 있는 일부 성인에게서 반구 내 재조직화가 관찰되었다(Liégeois et al., 2004). 이러한 패턴의 발견은 기능적 재조직화에 필요한 뇌의 가소성이 연령의 증가에 따라 감소하지만, 외상 후 뇌 스스로 재조직화가 가능한 방법에 상당한 다양성이 있음을 시사한다. 따라서 가소성의 상실이 언어를 지원하는 신경 회로의 재조직화를 방해한다는 결정적 시기에 대한 강력한 주장은 성인기 피질 재조직화의 증거뿐만 아니라 개인차의 복잡성을 고려하기 위해서도 수정되어야 한다.

12.3.2 제2언어의 노출 연령

언어 노출 연령이 언어 성취에 미치는 영향을 조사하기 위해 발달 과정에 있는 아동이 언어 입력을 처음 접하는 연령을 이상적으로 변화시킬 수 있지만, 이는 실제로 실현 가능성도 없고 윤리적으로도 정당화될 수 없는 접근이다. 영아기에 심각한 언어 박탈을 자연적으로 경험한 사례는 단지 일부만 보고되었다(Curtiss, 1977). 이러한 사례들에서 언어 노출 이후의 학습 결과는 이들 아동의 잠재적인 신경 발달 이상과 학대에 대한 장기간 노출로 인해 해석하기가 어렵다. 생애 초기에 수어 입력이 불가능하여 생애 후기에 처음 수어에 노출된 선천성 청각장애 아동으로부터 더 많은 정보를 얻을 수 있다(정상 청각 부모의 청각장애 아동에 대해서는 11장 참조). 11장에서 논의된 증거는 언어 노출의 지연이 수어 학습 능력을 방해하지는 않지만, 후속 언어를 매우 유창하고 문법적으로 정확하게 사용하기 위해서는 초기 노출이 필수적임을 제안한다.

이러한 맥락에서 첫 노출 연령이 언어보다 훨씬 더 다양한 음악 전문 지식의 습득과 같이 다른 복잡한 감각운동 기술의 습득에 관한 연구 결과를 참고할 수 있다(Trainer, 2005). 예를 들어, 키보드 연주자의 경우 음악 레슨을 시작한 연령은 손가락을 표상하는 운동 피질 영역의 확장과 정적 관련이 있다는 증거가 있다(Amunts, Schlaug, Jaencke, Steinmetz, Schleicher, Dabringhaus, et al., 1997). 이와 유사하게, 소리에 대한 전기생리학적 반응의 크기는 음악 레슨의 시작 연령과 관련이 있다(Pantev, Roberts, Schulz, Engelien, & Ross, 2001; Trainer, Desjardins, & Rockel, 1999). 이러한 상관관계가 운동 능력이나 음높이 인식에서 유전적 이점이 있는 개인이 조기 음악 레슨을 선택할 가능성이 더 높다는 자기-선택 편향의 결과일 가능성은 낮다. 대신, 트럼펫 연주자가 트럼펫 소리에 대한 민감성을 증가시키고, 바이올린 연주자가 바이올린 소리에 대한 민감성을 증가시킨다는 관찰 결과(Pantev et al., 2001)는 생애 초기에 특정한 음악 입력에 지속적으로 노출되는 것이 그러한 입력을 처리하기 위한 신경 몰입으로 연결된다는 사실을 뒷받침한다. 이는 복잡한 능력의 습득에 명시적인 결정적 시기가 있지 않다는 사실을 시사한다. 오히려 신경 몰입과 궁극적인 기술 습득의 정도는 결정적 시기 이후 적절한 입력에 노출되면서 지속적으로 감소한다.

또 다른 중요한 증거는 제2언어 습득 연구에서 찾을 수 있다. 외국어에 처음 노출된 연령이 각 언어의 유창성과 신경 조직화에 어떻게 영향을 미치는가? 널리 인용된 Johnson과 Newport(1989)의 연구에서는 3~39세 사이에 미국에 이민 온 한국인과 중국인의 영어 실력을 검사하기 위해 문법 판단 과제를 사용하였다. 이민 연령은 영어 집중훈련 맥락에서 개인이 제2언어에 처음 노출된 시기의 지표로 사용되었다. 모든 참여자의 집중훈련 시간은 거의 동일하였다. 즉, 일찍 이민 온 참여자는 더 어렸고, 늦게 이민 온 참여자와 거의 동일한 시간을 미국에서 보냈다. 초기 수어 사용자와 후기 수어 사용자의 결과와 유사하게, 초기 이민자는 문장의 문법을 판단할 때 후기 이민자보다 성취 수준이 높았으며, 7세 이전에 이민 온 경우에는 원어민과 유사한 성취 수준을 보였다. 그러나 언어 유창성 척도로는 단일 언어 원어민 화자와 초기 이민자인 제2언어 학습자 사이의 차이를 구분하지 못할 수 있지만, 전기생리학적인 방법은 미묘한 차이를 보여 준다는 점에 주목할 필요가 있다. 예를 들어, Shafer과 Garrido-Nag(2008)는 영어 단일 언어 원어민 화자보다 5세 이전에 영어를 배운 스페인어-영어 이중 언어 화자에게서 영어 음운 대비에 대한 약한 ERPs가 나타났음을 보고하였다.

Johnson과 Newport(1989) 연구의 추가 결과는 이민 연령이 7세에서 사춘기로 높아질수록 문법 판단 과제의 점수가 지속적으로 하락했음을 보여 주었다. 사춘기 이후 이민 온 경우에는 성취 수준의 개인차가 크게 나타났다. Johnson과 Newport (1989)는 관찰된 연령 효과가 성숙 과정에 기인한 것으로 결론 내렸다. 일단 성숙이 완료되면 동기 부여 및 일반적인 인지 능력과 같은 다른 요인들이 학습 결과의 변동성을 설명한다. 따라서 이 해석에 따르면, 언어 학습의 결정적 시기는 사춘기에 끝난다. Birdsong과 Molis(2001)는 미국에 이민 온 연령이 다른 스페인어 원어민 화자를 대상으로 Johnson과 Newport(1989)의 연구를 반복하려고 시도했고, 그들은 사춘기 후에도 문법 판단 과제의 점수가 지속적으로 감소한다는 사실을 발견하였다. 미국 도착 연령과 제2언어 유창성 간 관계의 불연속성 부재는 그들의 영어 유창성과 미국 도착 연령에 관한 자료를 제공한 200만 명 이상의 스페인어 원어민과 30만 명 이상의 중국어 원어민에 대한 미국 인구 조사 데이터의 분석에서 입증되었다(Hakuta, Bialystok, & Whiley, 2003). Birdsong과 Molis(2001)의 연구에서처럼, 이 대규모 조사는 도착 연령의 함수로 언어 능력이 전 생애 동안 지속적으로 감소한다는 사실을 보여 주었다. 이는 사춘기가 언어 발달을 위한 결정적 시기의 끝을 의미한다는 견해와 상반되는 결과이다.

흥미롭게도, Birdsong과 Molis(2001)는 늦게 이민 온 사람(도착 연령 > 17세)의 10% 이상이 문법 판단 과제에서 95점 이상의 점수를 받았다는 사실을 발견하였다. 후기 학습자의 원어민과 같은 유창성은 문법 영역(Juffs & Harrington, 1995; White & Genesee, 1996)뿐만 아니라 음운론(Bongaerts, 1999)에서도 입증되었다. 이는 새로운 언어를 배우는 성인이 문법과 어휘가 능숙한 수준에 도달하더라도 최소한의 억양은 유지할 것이라는 통념에 비추어 볼 때 주목할 만한 결과이다. 그러나 Flege, Munro와 MacKay(1995)는 외국어 억양의 정도는 개인이 제2언어를 배우기 시작한 시기에 의해 결정되고, 개인이 일상생활에서 얼마나 자주 제2언어를 사용했는지에 의해 영향을 받는다는 사실을 발견하였다. 따라서 새로운 국가에 도착하여 생애 후반에 새로운 언어를 배운 사람들은 그들의 모국어를 더 많이 사용하였으나, 일찍 도착한 사람들은 그들의 모국어를 더 적게 사용하는 경향이 있었다. 언어 지배력은 두 언어 모두에서 억양에 상당한 영향을 미친다. 어려서 미국에 도착한 한국어 원어민은 영어에서는 외국어 억양이 거의 또는 전혀 나타나지 않았지만, 한국어 발음에서는 눈에 띄는 억양을 보였다. 생애 후반에 미국에 도착한 한국어 원어민에게는 그 반대의 경우가 나타났다(Yeni-Komshian, Flege, & Liu, 2000). 이 연구들은 제2언어 학습의 결정적 시기에 대한 견해를 지지하지 않지만, 오히려 노출 연령과 제2언어의 최종 성취 수준 사이의 관계가 개인이 자신의 언어를 얼마나 자주 사용하는지와 언어 사이의 간섭 정도에 의해 설명될 수 있다고 제안한다.

12.3.3 제2언어의 신경 표상

개인이 제2언어를 습득하면 이 새로운 언어를 처리하기 위해 어떤 피질 영역이 필요한가? fMRI를 사용한 연구에 따르면, 두 언어를 모두 초기에 습득하면 동일한 좌반구 영역이 관여한다(Perani & Abutalebi, 2005). 그러나 나중에 한 언어를 습득하면 어떻게 되는가? 나중에 배운 언어는 첫 번째 언어와 다른 피질 네트워크를 필요로 하는가? 최근의 fMRI 증거는 이를 확증하지 못한다. 일부 연구는 제1언어와 제2언어 처리를 위해 동일한 대뇌 피질 영역이 활성화된다는 사실을 보여 주었지만(Perani, Paulesu, Sebastián-Gallés, Dupoux, Dehaene, Bettinardi, et al., 1998; Pu, Liu, Spinks, Mahankali, Xiong, Feng, et al., 2001), 다른 연구에서는 제1언어와 제2언어가 서로 다른 영역의 활성화를 필요로 한다고 제안한다(Dehaene, Dupoux, Mehler, Cohen, Paulesu, Perani, et al., 1997; Kim, Relkin, Lee, & Hirsch, 1997). 최근 연구에 따르면, 제2언어를 처리하는 데 추가적인 자원이 필요하다. 그러나 추가적인 뉴런 활동은 브로카 영역(Wartenburger, Heekeren, Abutalebi, Cappa, Villringer, & Perani, 2003)과 같은 언어에 이미 전문화된 영역에서 주로 발견된다. 따라서 나중에 습득한 언어는 제1언어에서 사용되는 많은 신경 회로를 공유하는 경향이 있다.

제2언어는 생애 후기에 습득되기 때문이 아니라 개인이 그 언어에 능숙하지 않기 때문에 추가적인 신경 자원을 필요로 하는가? 이 문제를 해결하기 위해 Briellmann,

Saling, Connell, Waites, Abbott와 Jackson(2004)은 동사(예: swim)를 말하지 않고 일련의 명사(예: fish)에 대한 응답을 생성하도록 요청받은 4개 국어 사용 화자를 스캔하였다. 제2언어의 습득 시기와 관계없이 언어 유창성이 떨어질수록 단어를 생성하는 동안 뇌의 언어 회로가 더 활성화되었다. 이는 활성화의 양이 제2언어로 단어를 생성하는 데 필요한 노력의 정도와 관련이 있음을 시사한다. 그러나 다른 연구(Perani, Abutalebi, Paulesu, Brambati, Scifo, Cappa, et al., 2003)에서는 제1언어와 제2언어의 유창성이 동일할 때, 그리고 두 언어의 습득 연령에 다소 차이가 있을 때조차(예: 3세에 제2언어를 습득한 경우) 단어 생성 과제에서 제2언어에 대한 활성화가 더 크게 나타났다. 이러한 결과는 제2언어로 단어를 생성하기 위해서는 추가적인 대뇌 피질 자원이 필요하다는 사실을 암시한다. 반대로, 언어 이해의 경우 제2언어가 유창하지 않을수록 신경 기질의 활성화도 더 적게 나타났다(Perani et al., 1998). 이러한 결과에 대한 한 가지 해석은 유창하지 않은 언어를 이해할 때 연결망을 더 적게 활성화한다는 것이다. 습득 연령과 유창성 외에도 언어 회로의 활성화 양에 영향을 미치는 또 다른 요소는 사용 빈도이다. 실제로 사용량이 적은 제2언어를 처리할 때, 개인의 제2언어 수준이 제1언어만큼 높더라도 피질 활성화가 더 크게 나타났다(Perani et al., 2003).

최근 해외 입양은 제1언어와 제2언어 습득의 신경 기질을 연구하기 위한 흥미로운 맥락을 제공하였다([그림 12-5] 참조). 많은 경우 해외 입양 아동은 모국어 사용을 중단하고, 제2언어의 유창성은 원어민 수준으로 발달한다. 이 경우 제2언어는 이전에 제1언어 처리에 전념한 대뇌 피질 영역을 이어받는 것으로 보인다. 모국어를 전혀 기억하지 못하는, 프랑스로 입양된 한국인에 관한 연구에서 관련 증거를 찾을 수 있다(Pallier, Dehaene, Poline, LeBihan, Argenti, Dupoux, et al., 2003). 이들은 3세에서 8세 사이에 프랑스 가정에 입양되었고, 입양 당시부터 한국어에 더 이상 노출되지 않았다. 중요한 사실은 프랑스어 원어민 비교집단과 마찬가지로 한국인 입양아는 알지 못하는 여러 외국어와 한국어를 구별할 수 없었다. 결정적으로 입양아가 다른 언어로 문장을 듣는 동안 수집한 fMRI 데이터도 한국어와 다른 낯선 언어 사이에 차이가 없었다. 더욱이 프랑스어에 대한 노출은 프랑스어 원어민과 마찬가지로 한국인 입양아의 뇌 영역을 활성화시켰다. 이는 유아기 동안 관여하는 뇌 회로가 다른 언어에 대한 대뇌 피질의 표현을 수용할 만큼 충분한 가소성이 있음을 시사한다. 주

그림 12-5 해외 입양을 통해 연구자들은 입양 후 새로운 언어에 의한 모국어 대체에 뇌가 어떻게 적응하는지 확인할 수 있다.
출처: © Thomas M. Perkins. Shutterstock의 라이센스 사용 허락.

변 언어에 대한 신경 몰입은 생애 첫해에 시작되지만, 언어가 뇌에 안정적으로 표상되기 위해서는 수년의 추가적인 통합이 필요하며, 언어 환경의 변화가 초기 신경 몰입을 역전시킬 수 있다. 그러나 fMRI 데이터는 프랑스어 자극에 반응하는 대뇌 피질 활성화의 범위가 한국인 입양아의 경우 다소 더 작음을 보여 주었다. 이는 앞서 언급한 결과와 일치한다(Perani et al., 1998). 또한 프랑스어가 한국어를 완전히 대체하지 못했음을 의미한다.

비록 Pallier와 동료들(2003)의 연구에서는 입양인이 한국어를 인식하지 못하는 것처럼 보였지만, 사람들은 제1언어를 정말로 잊어버릴 수 있는지 궁금해한다. 최근 Bowers, Mattys와 Gage(2009)는 유아기에 줄루어 또는 힌디어에 노출되었으나, 성인기에는 이러한 언어에 더 이상 노출되지 않은 성인을 대상으로 이 문제를 조사하였다. Bowers와 동료들은 성인들에게 줄루어와 힌디어 음운 대비를 구별하도록 30회기 동안 훈련시켰다. 훈련 회기의 초기에는 학습이 전혀 이루어지지 않았지만, 15회기 정도부터 아동기에 줄루어를 접한 참여자는 줄루어의 성취 수준이 향상되었으나, 힌디어는 그렇지 않았다. 마찬가지로, 아동기에 힌디어에 노출된 참여자는 힌디어의 성취 수준이 향상되기 시작했지만, 줄루어는 그렇지 않았다. '잊어버린' 언어에 대한 이러한 변별 능력의 향상은 참여자가 40세 미만인 경우에만 분명하게 나타났다. 이는 아동기에 언어에 노출된 이후 너무 많은 시간이 지나면, 언어에 대한 어떠한 암묵적 잔류 지식도 완전히 붕괴되어 학습 가능성이 낮아진다는 사실을 시사한다. 이러한 연구 결과는 Pallier와 동료들(2003)이 32세 미만의 한국인 입양아들에게 한국어 음운론을 다시 배우는 과제를 주었더라면 그들이 실제로 한국어에 대한 약간의 암묵적 지식을 보여 주었을지도 모른다는 추측을 불러일으킨다.

요약하면, 발달 과정에서 특정 뇌 영역은 언어 처리에 최적화되며, 개인의 제2언어가 유창해지면서 언어 처리에 관여하게 된다. 여러 증거는 언어 발달을 위해 엄격하게 정의된 결정적 시기에 반대한다. 오히려 기능적으로 지정된 신경망에 접근하기 위해 경쟁하는 새로운 능력과 더불어 신경 가소성은 학습의 결과로서 점진적으로 감소한다. 이러한 경쟁은 초기에 학습한 표상의 강화로 인해 증폭되며, 이미 관여하고 있는 체계를 재조직화할 필요성을 제기하는데, 이는 시간이 걸리고 새로운 능력의 학습을 느리게 만드는 과정이다(Thomas & Johnson, 2008). 또한 동일한 논리로 초기 언어 박탈의 영향을 설명한다. 언어에 대한 초기 신경 몰입이 이루어지지 않으면 관련 영역이 다른 유형의 정보 처리에 전념할 수 있으며, 이는 발달 과정의 후반에 해당 영역이 언어 처리에 전념하는 능력을 감소시킨다. 따라서 결정적 시기 내에 끝나는 생물학적으로 미리 결정된 성숙 과정의 결과라기보다는, 연령의 증가로 언어 학습 능력이 감소하는 과정에서 일어나는 신경 몰입으로 인해 신경 자원이 감소한 결과로 보는 것이 더 정확하다.

요약

- 사람들은 대부분 언어 처리를 전담하는 신경 회로가 좌반구에 위치해 있고, 두 반구가 청각 환경의 다른 측면을 처리하는 유전적 소인이 있다고 제안한다.
- 기능적 신경 영상 기술을 사용하여 생후 2개월의 어린 시기부터 언어에 대한 기능적 전문화가 탐지될 수 있다. 이러한 초기의 뇌 활성화는 언어에 따라 다르며, 음악과 같은 다른 청각적 순서와 구별된다.
- 이와 동시에 우반구는 언어 운율을 처리하기 위한 초기 전문화를 보여 준다. 따라서 영아기부터 아동은 언어 처리 과정 동안 두 반구 모두에서 성인과 유사한 뇌 활성화 패턴을 보인다.
- 감각운동 협응 및 운동 기술 학습과 같이 언어와 관련된 일부 기제가 다른 유전자의 발현을 통제하기 위해 전사 인자로 작용하는 유전자인 FOXP2에 의해 조절된다는 증거가 있다. 인간의 경우 FOXP2의 분열은 언어장애로 이어진다.
- 뇌는 생애 후반에 읽기와 같은 복잡한 언어 관련 과제에 적응하는 능력이 있다. 쓰기 체계는 시각 체계가 처리하기에 적합한 특징 세트를 사용하는 경향이 있는데, 이는 올바른 철자 단어 형식이 쓰기 체계와 관계없이 동일한 뇌 영역에서 처리되는 이유를 설명한다.
- 언어에 대한 뇌의 기능적 전문화는 영아기에 출현하지만, 가소성은 나중에 손상된 뇌의 재조직화를 허용한다. 이 가소성은 일반적으로 아동기 이후 감소하지만, 재조직화 패턴에는 상당한 다양성이 있다.
- 언어나 음악과 같은 특정 자극에 일찍 노출될수록 신경 몰입이 더 커진다. 언어 입력이 생애 초기에 존재한다면, 전담 신경 회로는 출생 직후 발견된 편향을 넘어서 더욱 강화된다.
- 제2언어를 학습하는 능력은 처음 노출되는 연령에 따라 감소하지만, 이는 부분적으로는 제2언어 입력 및 연습이 불충분하기 때문이다.
- 해외 입양 아동은 모국어를 잊어버릴 수 있다. 그러한 경우에 제2언어는 이전에 제1언어 처리를 전담한 신경 회로를 이어받는 것으로 보인다. 여전히 '잊어버린' 언어에 대한 암묵적 지식은 재학습에 의해 회복될 수 있다.

더 읽을거리

주요 연구

언어에 대한 뇌의 초기 기능적 전문화에 관한 읽을거리

Dehaene-Lambertz, G., Montavont, A., Jobert, A., Allirol, L., Dubois, J., Hertz-Pannier, L. et al. (2009). Language or music, mother or Mozart? Structural and environmental influences on infants' language networks. *Brain and Language, 114,* 53-65.

제2언어 습득 연령의 영향에 관한 읽을거리

Pallier, C., Dehaene, S., Poline. J. B., LeBihan, D., Argenti, A. M., Dupoux, E., & Mehler, J. (2003). Brain imaging of language plasticity in adopted adults: Can a second language replace the first? *Cerebral Cortex, 13*, 155-161.

논문

인간 언어에서 FOXP2의 역할에 관한 읽을거리

Marcus, G. F., & Fisher, S. E. (2003). FOXP2 in focus: What can genes tell us about speech and language? *Trends in Cognitive Sciences, 7*, 257-262.

모국어와 외국어의 신경학적 근거에 관한 읽을거리

Perani, D., & Abutalebi, J. (2005). The neural basis of first and second language processing. *Current Opinion in Neurobiology, 15*, 202-206.

저서

뇌에서 언어가 처리되는 방법에 관한 읽을거리

Denes, G. (2011). *Talking heads: The neuroscience of language.* New York: Psychology Press.

Stemmer, B., & Whitaker, H. A. (2008). *Handbook of the neuroscience of language.* London: Academic Press.

용어 사전

자음문자(아브자드, abjads): 상징(문자소)이 모음을 제외한 자음만을 부호화하는 쓰기 체계.

친화적 발화(affiliative speech): 타인의 발언을 뒷받침하거나 정교화시키거나 확인하는 협력적 또는 의무적 발화 행위를 통해 타인과의 관계를 확립하고 유지하기 위한 수단으로서의 언어 사용.

호응(agreement): 한 단어의 문법적 특징이 다른 단어의 문법적 특징과 일치하는 문법 현상(예: 명사는 동사, 형용사, 대명사, 수 또는 성별과 호응해야 함).

대리부모(alloparents): 부모 이외에 자녀의 돌봄과 양육에 참여하는 개인.

이음(allophones): 의미에 차이가 없는 개별 말소리의 발음 변형.

알파벳(alphabets): 자음과 모음을 모두 부호화하는 쓰기 체계.

분석적 발음 중심 교수법(analytic phonics): 학습자가 글자를 해당 소리와 연결하도록 하는 문해 교수법.

분석적 전략(analytic strategy): 아동이 의미를 전달하기 위해 높은 비율의 사물 명칭과 개별 단어를 사용하는 초기 언어 산출 양식. 총체적 전략과 비교.

이전 단어 공동 참조(anaphoric co-reference): 대명사 공동 참조(pronominal co-reference)라고도 불림. 이전에 담화에서 언급된 실체를 다시 언급하기 위해 앞에 나온 어구를 가리키는 장치(일반적으로 대명사)의 사용.

각 이랑(angular gyrus): 측두엽의 가장자리 근처의 두정엽에 위치한 융기. 언어 처리에 관여함.

전방(anterior): 앞, 앞쪽으로(뇌의 위치를 나타냄).

실어증(aphasia): 대뇌 좌반구의 언어 처리 영역 손상으로 야기된 상태. 손상의 정도와 관련된 신경 회로에 따라 다양한 언어장애 패턴으로 특징지어짐.

논항(arguments): 서술어가 무엇인지 나타내는 언어 표현. 일반적으로 명사구이지만 다른 문법적 구성 요소도 논항으로 가능함(예: "John taught me how to drive his tractor"에서 'how to drive his tractor').

논항 구조(argument structure): 결합가(valence)라고도 불림. 명사구 및 기타 필수 문법 구성 요소의 수와 배치에 관한 동사-특정적 기댓값.

인공 문법(artificial grammar): 문법적 패턴의 암묵적 학습을 검사하는 실험 방법론. 참여자들은 규칙을 따르는 순서와 그렇지 않은 순서를 구별하는 능력에 대해 검사를 받음.

인공 언어(artificial language): 참여자의 사전 지식을 통제하고 자연 언어와 관련된 복잡성을 감소시키기 위해 인공적으로 만든 축소형 언어의 일부를 참여자에게 가르치는 실험 방법.

독단적 발화(assertive speech): 자신의 독립성을 주장하고, 타인에게 영향을 미치기 위한 언어 사용.

청각 신경(auditory nerve): 달팽이관과 뇌를 연결하는 신경.

청각적 비계설정 가설(Auditory Scaffolding Hypothesis): 소리에 대한 노출(구어를 통한)이 순차적 정보 학습 능력을 지원한다는 가설.

자폐스펙트럼장애(autism spectrum disorder: ASD): 사회성 및 의사소통 능력 결핍, 관심 결여, 반복 행동으로 특징지어지는 발달장애.

자서전적 기억(autobiographical memory): 개인적으로 경험한 사건에 대한 기억의 조합.

AXB 설계(AXB design): 청각 변별 과제 참여자가 세 가지 음조 순서의 중간 음조가 그 음조의 앞 또는 뒤에 오는 음조와 같은지를 결정해야 하는 청각 변별 과제.

옹알이(babbling): 전언어기 영아의 필수적인 발성. 표준 및 다채로운 옹알이 단계 포함.

옹알이 변화(babbling drift): 기억 속에 있는 음소에 대한 언어-특정적 정보가 점진적으로 통합됨에 따라 영아의 주변 말소리에 정확한 근사치를 산출함.

베이비 사인 프로그램(baby sign programmes): 언어 이전 시기 영아에게 상징 제스처를 가르치는 것을 옹호하는 육아 운동.

기저핵(basal ganglia): 하전두엽과 협력하여 기술 습득을 지원하는 기능적 네트워크를 형성하고, 단순하고 높은 수준의 문법 구조가 처리될 때 활성화됨.

이중 언어(bilingualism): 두 언어의 습득 및 사용.

브로카 영역(Broca's area): 좌반구 하부 전두 이랑 영역. 언어 처리의 기능적 관여를 발견한 의사 Pierre Paul Broca의 이름을 붙여 명명하였음.

브로드만 영역(Brodmann areas): 1부터 52까지의 번호 매김. 특징적인 세포 유형과 신경 연결망 패턴에 의해 기능적으로 분화된 뇌 영역.

표준 옹알이(canonical babbling): dadada 또는 bababa 같이 반복된 음절로 구성된 언어

이전 시기의 구두 발성.

기수 단어 원리(cardinal word principle): 항목을 계산할 때 마지막으로 도달한 수를 의미하는 기본 계산 원리는 전체 집합의 항목 수를 나타냄.

격조사(case markers): 명사의 주제적 역할을 나타내는 격 변화(누가 누구에게 무엇을 했는지).

꼬리핵(caudate nucleus): SLI를 가진 개인에서 비정상적인 발달을 나타내는 언어 처리와 관련된 여러 피질하 구조 중 하나. 꼬리핵은 기저핵에 위치하며 자발적 운동을 통제하는 역할을 함.

소뇌(cerebellum): SLI를 가진 개인에서 비정상적인 발달을 나타내는 언어 처리와 관련된 여러 피질하 구조 중 하나. 뇌의 기저부에 위치하여 운동 협응에 중요한 역할을 함.

수어소(cheremes): 수어의 기본 제스처 단위에 대한 용어로 지금은 사용하지 않는 용어. 개별 수어를 구성하는 뚜렷한 손 모양, 방향, 위치, 동작 및 얼굴 표정은 이제 언어와 유사하게 음소라고 불림.

아동 언어 데이터 교환 시스템(Child Language Data Exchange System: CHILDES): 모국어를 습득한 아동의 전사, 오디오 및 비디오가 포함된 공개적으로 이용 가능한 아동 언어 데이터의 온라인 아카이브.

주요언어장애, 아동언어장애(primary language impairment, child language impairment): 단순언어장애(SLI)의 대안적 명칭. 정상 언어발달의 장애 또는 지체.

아동-대상 발화(child-directed speech): 영아-대상 발화(infant-directed speech)라고도 불림. 영아 및 아동과 대화할 때 사용되는 전형적인 말소리 사용역.

아동기 기억 상실(childhood amnesia): 성인이 영아기 및 유아기에 개인적으로 경험한 사건을 회상할 수 없음.

폐쇄 음절(closed syllables): mop 또는 pad와 같이 자음으로 끝나는 음절 유형.

공동 조음(co-articulation): 선행 및 후행 말소리의 조음이 영향을 주는 말소리의 조음 방식.

달팽이관(cochlea): 음파를 신경 자극으로 변환하여 뇌로 전달하는 모세포를 포함한 내이의 나선형 모양 구조.

인공 와우(cochlear implants): 음파를 신경 자극으로 변환하여 청각장애인에게 부분적인 청각 감각을 제공하는 이식된 전기 장치.

인간 언어 전사 분석용 코드(Codes for the Human Analysis of Transcripts: CHAT): 말소리 표

본을 전사 및 코딩하기 위한 시스템. 이 공통 형식을 통해 사용자는 CLAN 소프트웨어를 사용하여 검색을 수행하고 대화 내용을 분석할 수 있음(CHILDES 아카이브의 모든 대화 내용은 CHAT 형식임).

집단 양육자(collective breeders): 특정 종의 동물(사람 포함)이 그들의 자녀를 돌보기 위해 집단 구성원의 자원을 공동으로 부담하는 것.

의사소통 의도(communicative intentions): 특정 상황에서 의사소통 행위를 유발하는 화자의 목표.

복합어(compound words): 어근이 하나보다 많은 단어. 다른 단어들을 결합하여 새로운 단어를 만드는 단어 형성 과정의 결과.

컴퓨터 활용 언어 분석(Computerised Language Analysis: CLAN): 사용자가 검색을 수행하고 CHAT 형식의 대화 내용을 분석할 수 있게 하는 일련의 컴퓨터 활용 분석 도구(소프트웨어).

일치율(concordance rates): 동일한 형질을 가진 쌍생아의 비율. 일란성 쌍생아와 이란성 쌍생아의 일치율 비교는 유전학자가 형질의 유전적 토대 여부를 결정하는 데 도움이 됨.

자음(consonants): 구강의 다른 부분에서 다른 방식으로 공기 흐름을 제한하여 생성되는 /p/, /t/, /s/와 같은 음소.

동종(conspecifics): 자신과 동일한 종의 구성원.

구문(constructions): 통사 구조라고도 불리며, 문장에서 단어의 구조적 구성.

구문문법(Construction Grammar): 언어 구조를 문법의 기본 구성 요소로 보는 통사론 연구를 위한 이론적 틀. 생성문법과 대조됨.

내용어(content words): 명사, 동사, 형용사 및 부사(내용이나 의미를 전달하는 단어). 내용어는 문법적 기능을 가진 기능어와 대조되는 단어임.

관습적 제스처(conventional gestures): 특정 의미를 전달하는 데 이용되는 문화 특정적 손과 몸의 움직임(예: 서유럽에서는 머리를 끄덕이면 '예', 머리를 흔들면 '아니요'인데, 그리스, 터키, 불가리아에서는 그런 의미가 아님).

대화의 함의(conversational implicatures): 화자가 의도적으로 그리스의 격언 중 하나를 위반하여 특정 의사소통 문제를 만드는 발화(문자 그대로가 아닌 의미를 표현하기 위해).

목 울리기(cooing): 생후 2개월 시점에 혀의 위치를 입 뒤쪽에 두고 목을 울리는 소리.

대인관계 협응 시기(coordinated interpersonal timing): 한 사람의 행동이 다른 사람의 행동에 따라 반응하는 일시적인 패턴화.

결정적 시기(critical period): 유기체가 특정 유형의 자극에 대한 증대된 민감성을 나타내는 초기 발달 시기(예: 시각 입력 또는 언어).

서술 기억(declarative memory): 두 가지 유형의 장기 기억(하나는 절차 기억) 중 하나. 의식적으로 회상할 수 있는 사실과 지식에 대한 기억으로 구성됨.

심층 표기법(deep orthography): 알파벳의 글자와 언어의 음소 사이에 단순한 일대일 대응이 성립하지 않는 쓰기 체계(예: 영어).

지연 모방(deferred imitation): 단서 없이 다른 사람의 행동 모방을 모방하는 것. 아동이 모방할 행동의 관찰과 아동이 그 행동을 모방하는 것 사이에는 시간의 흐름이 필요함.

지시적 제스처(deictic gestures): 사용 환경에 따라 의미가 다양하므로 맥락 내에서만 해석될 수 있는 가리키기와 같은 손과 몸의 움직임.

파생 접사(derivational affixes): 새로운 의미론적 맥락에 맞게 또는 말소리의 일부를 변경하기 위해 단어의 의미를 바꾸는 단어 형식의 수정.

파생 형태론(derivational morphology): 단어 형식의 변형이 뚜렷한 의미를 가진 새로운 단어를 만드는 과정과 관련된 언어학의 하위 영역. 파생 접두사의 변화에 의존함.

발달적 실어증(developmental aphasia): 1970년대에 사용된 단순언어장애(SLI)를 나타내는 용어. 명백한 뇌 손상, 지적장애가 없거나 정신 증후군이 발병하지 않은 경우 제1언어 습득의 지연을 의미함.

발달적 난독증(developmental dyslexia): 정상 범주 내의 적절한 교육과 지능 점수에도 불구하고 읽기와 쓰기를 배우는 데 지속적인 문제가 있는 상태.

확산 텐서 영상(diffusion tensor imaging: DTI): 연구자들이 축색돌기 다발로 구성된 신경 섬유관의 이미지를 생성할 수 있는 자기 공명 영상(MRI) 기술.

숫자 폭(digit span): 개인이 마지막 숫자를 제시한 직후에 올바른 순서를 다시 반복할 수 있는 가장 긴 숫자 목록의 길이.

이중자(digraphs): thing, chair, shingle에서 ng, th, sh 또는 ch와 같이 음소를 표상하기 위해 사용되는 글자 조합.

차원 변경 카드 분류 과제[dimensional change card sorting(DCCS) task]: 취학 이전 아동의 주의력 실행 통제를 측정하는 데 널리 사용되는 측정 도구. 카드를 먼저 하나의 차원(예: 모양)으로 분류한 다음 다른 차원(예: 색상)으로 분류해야 함.

지소사(diminutives): 작음, 친밀감 및 애정을 표현하기 위해 단어 형식을 수정하는 데 사용되는 파생 접미사. 많은 아동-대상 발화(child-directed speech) 목록에 빈번하게 포함됨.

담화(discourse): 특정 사회적 맥락에 적용 가능한 언어 사용의 대화적 측면.

담화 참신성(discourse novelty): 진행 중인 대화의 맥락에서 새로운 정보에 해당하는 사건(예: 새로운 사물 또는 행위)의 측면.

담화 압력(discourse pressure): 선행 발화가 대화 내 후속 발화의 형식을 제한하는 경향성.

수여동사(ditransitive verbs): 예를 들어, "John gave Mary a book."이라는 문장에서 동사 'give'와 같이 세 가지 논항(주어, 직접목적어, 간접목적어)이 필요한 동사.

이중어(doublets): 중복된 글자(예: dress에서 ss).

다운증후군(Down syndrome): 21번 염색체의 전부 또는 일부의 문제로 발생하는 발달장애. 다운증후군은 신체 성장 및 얼굴 특징의 이상, 지적장애와 관련이 있음.

듀켄 미소(Duchenne smiles): 진정한 즐거움을 표현하는 미소. 뺨을 올려 눈 주위에 까마귀발이 생김과 동시에 입꼬리를 들어 올려 나타나는 미소.

이원적 상호작용(dyadic interaction): 2명의 개인 간 의사소통적 상호작용. 주로 영아와 양육자가 얼굴을 바라보고 하는 의사소통적 상호작용을 설명하는 데 사용.

통합운동장애(dyspraxia): 운동 및 협응 계획 장애와 관련된 운동 학습에서의 어려움.

뇌파도(electroencephalogram: EEG): 다중 전극 캡을 사용한 두피에 대한 전기적 활동의 기록. 이 전기생리학적 방법을 뇌파 검사라고 함.

정서 표현 제스처(emotive gestures): 위아래로 점프하거나 발을 동동 구르는 것과 같이 정서를 표현하는 손과 몸의 움직임.

강조 제스처(emphatic gestures): 화자의 메시지를 방해하는 손짓과 몸의 움직임(즉, 요점을 강조하기 위해 사용).

대뇌화(encephalisation): 신체 크기에 비례하여 증가한 두개골 부피(동물의 체질량이 예상된 양을 초과하는 뇌 질량).

지식의 삼각형(epistemic triangle): 참조적 의사소통의 사회적 맥락(단어 학습)을 나타냄. 공유된 의미가 확실해지려면, 아동과 다른 사람이 함께 외부 세계의 일부 측면에 상호주의를 기울여야 함.

어원(etymology): 단어의 역사적 기원.

사건 유발 전위(event-related potentials: ERPs): 외부 자극에 대한 전기생리학적 반응.

ERPs는 특정 사건에 시간이 고정된 여러 전기적 반응을 평균화함으로써 뇌파(EEG)를 사용하여 측정.

실행 기능(executive functioning): 다른 인지 기능을 관리하는 신피질의 전두엽에 주로 위치한 제어 시스템. 다른 기능 중 주의력 통제에 관여함.

신속한 매핑(fast mapping): 걸음마기 아동의 신속한 단어 학습을 지원하는 과정. 정보가 제공된 맥락에서 단어에 몇 번 노출된 후 새로운 단어를 개념에 연결하는 능력.

유한-상태 문법(finite-state grammar): 유한 요소 집합(예: 글자, 음절, 음조)과 요소 사이의 정형 링크 집합(허용 가능한 순서)을 특징으로 하는 인공 문법.

틈새(fissure): 뇌의 홈 또는 깊은 주름.

국소 병변(focal lesions): 제한한 조직 영역의 뇌 손상. 종종 뇌졸중, 종양, 간질 발작 또는 외상의 결과.

포먼트(formants): 목소리의 소리 스펙트럼에서 진폭과 관련하여 가장 두드러진 주파수.

FOXP2(Forkhead bOX P2): 7번 염색체에 위치한 포크헤드 bOX 단백질 P2 유전자. 포크헤드 전사 인자 계열에 속하는 FOXP2 단백질을 부호화함.

빈도(frequency): 언어에서 형태소가 얼마나 자주 발생하는지를 나타냄. 접사의 경우, 형태소가 형식을 갖춘 발화의 생성에 얼마나 필수적인지에 의해 결정되는 빈도.

전두엽(frontal lobe): 인간의 뇌 영역 중 각 뇌 반구 앞에 위치한 부분.

기능어(function words): 한정사, 대명사, 조동사, 접속사, 전치사 및 접두사(문장에서 단어 사이의 문법적 관계를 나타내는 단어). 내용어와 대조되는 단어임.

기능적 자기 공명 영상(functional magnetic resonance imaging: fMRI): 특정 자극의 처리와 관련된 다양한 뇌 영역에서 신경 활동 수준(혈액 산소 수준 변화)을 연구할 수 있는 뇌 영상 기법. 혈류역학적 반응 참조.

기본 주파수(fundamental frequency): 특정 주파수대의 가장 낮은 주파수로 기본 약어는 F0. 다른 화자의 음높이로 인식되는 것.

방추형 이랑(fusiform gyrus): 측두엽의 내부에 있는 융기. 단어 인식(읽기)에 관여하는 것으로 보임.

시선 추적하기(gaze following): 다른 사람이 보고 있는 곳을 시각적으로 추적하는 능력.

일반화된 모방(generalised imitation): 일련의 새로운 사물을 사용하여 모델링한 행동을 모방하는 능력.

생성문법(Generative Grammar): Noam Chomsky에 의해 처음 제안된 통사론 연구를 위한 이론적 틀은 언어의 가능한 모든 문장을 생성하는 일련의 추상적 규칙을 포함하며, 구문문법과 대비됨.

생성능력(generativity): 인간 언어의 무제한적 생산성(무한한 수의 문장을 생성하는 독립형 체계의 속성).

유전자 연관(genetic linkage): 동일한 염색체에서 서로 가까이 위치한 유전자가 함께 유전되는 경향. 연결된 유전자 세트의 확인은 종종 특정 발달장애 및 질병과 관련된 개별 유전자를 찾는 데 중요한 단계임.

제스처 문장(gesture sentences): 홈 사인에서 고립된 청각장애 아동이 산출한 일련의 제스처. 정상 청각 아동의 초기 단어 조합과 유사한 의미를 전달함.

성문(glottis): 성대주름을 포함하는 성도의 일부.

문자소(graphemes): 소리 또는 의미의 측면을 부호화하는 쓰기 체계에 사용되는 시각적 상징(예: 글자).

문자소-음소 변환 규칙(grapheme-to-phoneme conversion rules): 인쇄된 기호(예: 개별 글자 및 글자 조합)를 음성 소리와 연결하는 확률 규칙으로, 새로 접하는 단어를 그 의미와 상관없이 발음할 수 있음.

그리스의 격언(Gricean maxims): 언어적 정보 교환을 지배하는 일련의 원칙.

이랑(gyrus): 대뇌 피질의 융기.

혈류역학적 반응(hemodynamic responses): 신경 활동과 관련된 혈류 및 혈액 산소화의 변화. 특정 자극에 반응하여 혈류의 동적 변화를 측정하는 것은 기능적 자기 공명 영상(fMRI) 기술의 기초가 됨.

위계적 베이지안 추론(hierarchical Bayesian inference): 합리적인 학습자가 특정 데이터(예: 특정 언어 입력)가 어떻게 생성되었는지에 대한 가설(예: 일련의 문법 규칙)을 평가할 수 있는 추론 과정. 여러 수준에서 작동할 수 있음.

위계적 베이지안 모델링(hierarchical Bayesian modelling): 위계적 베이지안 추론을 모델링하는 데 사용되는 수학적 프레임워크.

고진폭 빨기 절차(high-amplitude sucking procedure): 연구자가 신생아와 아주 어린 영아(생후 5~6개월)를 대상으로 이들의 젖꼭지 빨기 속도를 측정하여 어떻게 자극을 구별하는지 연구하는 습관화 절차.

힌트(hints): 발화가 하나의 진술이 아닌 간접적 요청이라고 추론하도록 청자에게 요구하는 발화 행위.

총체적 전략(holistic strategy): 영아가 단일어 발화처럼 분석되지 않은 총체적 구를 높은 비율로 사용하는 초기 발화 산출 양식(예: here-you-are, what's-dat?). 분석적 전략과 비교.

가정 문해 환경(home literacy environment): 가정환경이 아동의 문해 발달을 지원하는 정도. 여기에는 가정에서 보유하고 있는 책과 기타 인쇄물의 수, 아동이 양육자와 함께 읽는 빈도와 시간 같은 요소가 포함됨.

홈 사인(home sign): 수어에 노출되지 않은 고립된 청각장애 아동에 의해 만들어진 제스처 의사소통 체계.

유인원(hominin): 인간과 그 조상을 말하며, 모든 호모종, 모든 오스트랄로피테신, 그리고 아르디피테쿠스와 같은 다른 종들을 포함함. 이 용어는 더 구체적이고, 이전 용어 hominid를 대체함.

동음이자(homophones): 다른 단어와 발음은 동일하지만, 의미는 다른 단어[예: bank(of a river)와 bank(financial institution)].

과잉 조음(hyper-articulation): 음소 사이의 음향적 차이(예: 다른 모음 사이)를 극대화하는 과장된 조음.

과장(hyperbole): 과장된 진술 또는 주장으로 구성된 비문자적 언어 사용.

약강격(iambic): guitar 또는 surprise 같은 약강격 강세 패턴.

아이콘 제스처(iconic gestures): 지시물과 신체적으로 유사한 손과 몸의 움직임.

관용구(idioms): 단어나 구가 글자 그대로의 의미와는 다른 관습적 의미를 갖는 표현 유형.

각인(imprinting): 생애 초기 결정적 시기 동안 특정 자극(예: 어미와 새끼 거위)을 만나면 많은 동물이 특정 자극에 대해 평생 애착을 형성하는 현상.

무주의 맹시(inattentional blindness): 보통 시력으로 무언가를 인식하지 못하는 것.

산출 구문 색인(Index of Productive Syntax: IPSyn): 100개의 자발적인 발화 샘플을 기반으로 한 56개의 통사론 및 형태론적 형식에 대한 체크리스트를 사용하는 문법 발달의 척도.

간접적 부정성 증거(indirect negative evidence): 아동이 산출한 형식이 문법에 맞지 않음을 잠재적으로 나타내는, 입력에서 이용 가능한 정보. 예를 들어, 양육자가 자녀의 말을 반복하지만 정확한 문법 구조를 사용하여 발화를 재구성할 때.

귀납적 일반화(inductive generalisation): 아동이 해당 범주의 다른 구성 요소에 사례의 속성을 일반화시키는 과정.

영아-대상 발화(infant-directed speech): 아동-대상 발화(child-directed speech)라고도 불림. 영아 및 아동과 대화할 때 사용되는 전형적인 말소리 사용역.

하부(inferior): 아래(뇌의 위치를 나타냄).

하부 전두 이랑(inferior frontal gyrus): 뇌 전두엽의 아래를 향해 위치한 융기. 좌반구 하부 전두 이랑은 언어 처리, 특히 문법 처리 및 말소리 산출과 관련된 브로카 영역과 대략적으로 일치함.

하부 측두 이랑(inferior temporal gyrus): 중앙 측두 고랑 아래에 위치한 융기. 높은 이미지의 단어가 처리될 때 일부가 활성화됨.

굴절 접사(inflectional affixes): 문법적 문맥에 맞게 단어의 의미를 바꾸는 단어 형식의 수정. 예를 들어, bottle을 bottles로 바꾸는 것과 같이 복수를 나타내기 위해 접미사 -s를 추가하는 것.

굴절 형태론(inflectional morphology): 단어 형식의 수정이 수, 성별, 시제와 같은 문법적 특징의 변화를 표시하는 과정과 관련된 언어학의 하위 분야. 굴절 접사에 의존함.

국제 음성 알파벳(International Phonetic Alphabet: IPA): 기호 목록(글자 및 발음 부호)을 사용 하여 구어 소리를 나타내는 표준화된 음성 전사 체계.

상호 주관성(intersubjectivity): 2명 이상의 사람이 함께 무언가를 경험하고 그 상황에 대한 이해를 공유한다는 상호 인식.

억양(intonation): 화자가 말하는 동안 음높이의 변화. 질문을 하거나, 사실을 진술하거나, 풍자를 전달하는 것과 같은 다른 의사소통 목적뿐만 아니라 강조를 위해서도 사용하고, 감정을 전달할 수도 있음.

자동사(intransitive verbs): 예를 들어, "The baby is sleeping."이라는 문장에서 'sleep'이라는 동사와 같이 단지 하나의 논항(주어)만을 필요로 하는 동사.

아이러니(irony): 화자가 말한 것과 정확히 반대되는 것을 의미하는 의도된 비문자적 표현.

항목-기반(item-based): 아동이 만나는 각 단어의 조합 속성을 항목별로 학습한다는 견해.

공동 주의(joint attention): 세상의 일부 측면에 대한 다른 사람의 주의에 영아의 주의를 협응시키는 행동.

대기만성형 아동(late bloomers): 유아기 동안 또래를 따라잡는 말이 늦은 아동.

말 늦은 아동(late talkers): 표현 어휘 수가 50단어 미만이고, 아직 여러 단어를 발화하지 못하는 24개월 영아.

잠재 의미론 분석(latent semantic analysis: LSA): 많은 양의 텍스트에서 작동하는 통계 학습 기제가 어휘를 배우는 방법을 설명하는 데 사용되는 수학적 모델. 근본적인 가정은 밀접한 관련이 있는 단어가 텍스트에서 서로 가깝게 발생한다는 것.

최소 노력-최대 효과(Less-Is-More): 영아의 제한된 작업 기억 능력이 영아가 처리할 수 있는 단위의 크기를 제한함으로써 언어 학습에 도움을 준다는 제안.

어휘 자동 처리(lexical bootstrapping): 문법 지식이 개별 단어가 어떻게 사용되는지에 대한 축적된 항목별 지식의 산물이라는 가설.

어휘 항목(lexical entry): 개인의 정신 어휘에 있는 개별 단어의 목록. 단어의 의미, 발음, 품사, 문법 특징, 철자 정보를 포함함.

어휘 경로(lexical route): 읽기와 관련된 두 가지 처리 과정 중 하나. 독자는 음운 해독과는 반대로 총체적 단어 인식을 사용하여 철자에서 직접 단어의 의미와 발음에 접근함.

어휘 목록(lexicon): 단어의 의미, 발음, 철자 및 문법 정보를 포함하는 개인의 어휘 지식.

언어 상대주의(linguistic relativism): 세상 언어의 다양한 특징이 세상에 대해 다양한 방식으로 지각하고 사고하게 만든다는 견해.

언어 습득의 논리적 문제(logical problem of language acquisition): 입력으로 언어를 학습하기에는 언어가 너무 복잡하다는 견해. 입력이 주변 언어의 구조에 관한 충분한 정보를 제공하기에는 불충분하므로 아동은 타고난 언어 지식을 가지고 있어야 함.

표의문자 스크립트(logographic scripts): 기호(문자소)가 전체 형태소를 부호화하는 쓰기 체계.

종단연구(longitudinal studies): 개별 발달이 일정 기간 동안 추적되는 연구 설계.

저주파 통과 필터링(low-pass filtered): 특정 차단 지점 이상의 음파 주파수를 차단하기 위해 필터를 통과시킨 자연 음성.

맥아더-베이츠 의사소통 발달 척도(MacArthur-Bates Communicative Development Inventory: CDI): 영아 및 걸음마기 아동의 어휘 발달을 측정하는 부모용 체크리스트.

자기 공명 영상(magnetic resonance imaging: MRI): 인간의 뇌와 같은 유조직의 상세한 이미지를 생성하기 위해 자기장을 사용하는 의료 화상 진료 기술.

자기 뇌파 검사(magnetoencephalography: MEG): 뇌의 전기 활동으로 생성된 자기장을 기록하는 뇌 영상 기술.

조음 방식(manner of articulation): 말소리를 산출하는 동안 혀, 입술, 턱과 같은 조음 기관의 움직임에 의해 공기 흐름이 조작되는 방법.

손 부호화 영어(manually coded English): 손 제스처를 통해 영어를 변화시키는 체계. 손 부호화 영어는 영어 문법과 비슷하며, 특정 수어(예: 미국 수어, 영국 수어)와 구조적인 관련이 없음.

평균 발화 길이(mean length of utterances: MLU): 일반적으로 사용되는 문법 발달 척도. 발화당 평균 형태소 수 측정.

병합(merge): 단어를 통사 단위로 조합하는 단일 조합 연산으로 병합된 단위는 그 구성 요소 중 하나의 문법적 특징을 유지함.

메타분석(meta-analysis): 연구의 전반적인 경향을 조사하고, 연구 전반에 걸쳐 효과 크기의 가능한 중재변인을 확인하기 위해 사용되는 통계 기법.

상위언어 인식(metalinguistic awareness): 언어의 구조와 속성에 대한 명확한 인식이나 지식.

은유(metaphor): 하나 이상의 중요한 특성을 공유하는 것과 다른 두 가지를 암시적으로 비교하는 비문자적 언어 사용.

음절 강세(metrical stress): 여러 음절을 조합하여 단어를 구성할 때 하나의 음절이 다른 음절보다 두드러지는 경향을 보이는 현상.

중앙 측두 이랑(middle temporal gyrus): 언어 처리와 관련된 측두엽에 있는 융기.

불일치 부정성(mismatch negativity): 일련의 청각 자극에서 뇌가 오드볼을 감지함으로써 도출되는 특정 전기적 특성(사건 유발 전위).

단음절(mora): 음절의 음가 단위. 단모음이 포함된 자음-모음 음절(예: the)에는 1개의 단음절이 있고, 장모음이 포함된 자음-모음 음절(예: pie)에는 2개의 단음절이 있음.

주기적 단음절 언어(mora-timed languages): 단음절이라고 불리는 음절보다 작은 단위를 기반으로 하는 운율 구조를 가지는 강세 유형.

형태소(morpheme): 단어 의미의 기본 구성 요소. 의미가 구분되는 가장 작은 언어 단위.

형태소 인식(morphological awareness): 언어의 형태론에 대한 명백한 인식 또는 지식(접두사와 접미사가 새로운 단어 형식을 수정하고 만드는 데 사용되는 방법에 대한 인식).

형태론적 패러다임(morphological paradigm): 어근은 같으나 어미 활용이 다른 단어 모음(예: high, higher, highest 또는 strong, stronger, strongest).

형태론(morphology): 새로운 단어를 만들기 위해 파생 및 굴절 접사를 사용하여 단어 형식을 수정하는 과정과 관련된 언어학의 하위 분야.

동작어(motionese): 아동에게 새로운 사물의 속성을 설명할 때 어머니가 보여 주는 행동 방식. 열성적이고 반복적이며 상대적으로 규모가 크고 아동과 가까이에서 보이는 제스처와 움직임이 특징임.

상호 배타성 편향(mutual exclusivity bias): 아동이 서로 다른 단어의 의미가 참조 범위에서 중복되지 않고 서로 구별된다고 가정하는 단어 학습 원리.

수초화(myelinisation): 뉴런의 축색돌기 주변에 절연층을 형성하고 뉴런 전도도와 적절한 뉴런 기능에 필수적인 백색 지방 물질인 미엘린의 생산.

자연 교육학(natural pedagogy): 문화적 지식이 의사소통적 상호작용 내에서 전달되고 있음을 나타내기 위한 표면적 신호의 사용.

근적외선 분광법(near-infrared spectroscopy: NIRS): 근적외선 광학 지형이라고도 불림. 물질에 의해 방출되거나 흡수되는 광스펙트럼을 통해 물질을 식별하는 데 사용되는 기능적 뇌 영상 기술.

부정성 증거(negative evidence): 아동에게 제공된 입력 자료에 어떤 형식이 부적합한지를 잠재적으로 알려 주는 증거. 예를 들어, 양육자는 아동이 부정확한 형식을 산출할 때마다 발음, 어휘 또는 문법을 교정함.

비단어 반복 과제(non-word repetition task): 음운 단기 기억의 척도. 개인은 길이가 다양한 amberillock 또는 frovilankus와 같은 의미 없는 음절 순서를 반복하도록 요청받음(음절 수).

명사 편향(noun bias): 걸음마기 아동의 초기 어휘에서 가산명사의 불균형적인 비율로 표시되는 단어 학습 편향.

명사구(noun phrase): 명사 또는 대명사에 기반한 문법적 구.

새로운 명칭 · 비명칭 범주(N3C) 원리[novel name, nameless category (N3C) principle]: 아동이 새로운 단어를 들을 때마다 아직 명명되지 않은 범주를 검색하는 단어 학습 원리.

숫자 인지(numerical cognition): 숫자 개념과 수학의 인지적 토대.

목적어[object, 직접목적어(direct object), 간접목적어(indirect object)]: 타동사, 수여동사와 더불어 발생하는 문법 역할. 예를 들어, "Mary baked John a cake."라는 문장에서 직접목적어는 a cake이고, 간접목적어는 John임.

후두엽(occipital lobe): 각 대뇌 반구의 뒤쪽에 위치한 인간 뇌의 영역.

오드볼 감지 패러다임(oddball detection paradigm): 새로운 청각 자극에 대한 특정 전기 물리적 반응(불일치 부정성)을 측정하는 데 사용되는 사건 유발 전위(event-related potential: ERP) 패러다임.

개방 음절(open syllables): eye, pay, spy 등 종결 자음이 없는 음절 유형.

개방형 검사(open-set test): 맥락적 단서 없이 구어 단어 인식을 평가하는 데 사용되는 검사.

맞춤법(orthography): 언어의 쓰기 체계.

과잉 확장(over-extension): 아동이 단어의 범주 밖 항목을 지시할 때 그 단어를 사용하는 단어 학습 오류.

과잉 일반화 오류(over-generalisation errors): 아동이 접사 또는 문법 구문이 일반적으로 적용되지 않는 단어에 접사 또는 문법 구문을 사용할 때 발생하는 말소리 산출 오류. 이로 인해 went 대신 goed와 같은 비관례적인 형식이 산출됨.

과잉 모방(over-imitation): 목표 행동과 관련이 없는 소모적이거나 불필요한 세부 사항을 포함한 모범적인 행동의 충실한 재생산.

매개변수(parameters): 생성문법의 틀 내에서 모든 언어는 동일한 기본적인 이론적 규칙을 가지며, 특정 특징(매개변수)의 경우에만 다양한 것으로 고려됨.

두정엽(parietal lobe): 각 대뇌 반구의 전두엽 뒤쪽에 위치한 인간 뇌의 영역.

어구 해부(parsing): 문장의 통사 구조를 분석하고 해석하는 능력.

품사(parts of speech): 품사(word classes)라고 불림. 단어가 나타나는 통사론적 맥락의 범위와 그 형태론적 형식에 따라 결정되는 단어의 문법적 범주(예: 명사, 동사, 형용사 등).

페리실비안 영역(perisylvian region): 실비우스 틈새의 양쪽에 위치한 대뇌 피질의 영역. 전두엽, 두정엽(위)과 측두엽(아래)을 분리하는 깊은 홈.

음소(phonemes): 의미 차이가 있는 음운.

음소 인식(phonemic awareness): 의미를 전달하는 가장 작은 소리 단위에 대한 명시적인식 또는 지식.

음운(phones): 인간이 산출할 수 있는 다양한 말소리.

음성학(phonetics): 목소리의 조음 및 음향 특성과 관련된 언어학의 하위 분야.

발음 중심 접근법(phonics approach): 아동에게 말소리와 글자 및 문자 조합을 연결하도록 가르치는 읽기 교수법.

음운 인식(phonological awareness): 단어가 더 작은 소리 단위로 구성되어 있다는 명시적

인식 또는 지식.

음운 자동 처리(phonological bootstrapping): 아동이 문법 구조를 식별하기 위해 음운론과 운율 단서를 사용한다는 제안.

음운 해독(phonological decoding): 음운 재부호화로도 불림. 인쇄된 기호를 단어의 소리 패턴으로 변환하기 위해 읽을 때 문자소-음소 변환 규칙 사용.

음운 이웃(phonological neighbours): 하나의 음소만 발음이 다른 단어(예: bet은 set, bat, beg와 이웃임).

음운 재부호화(phonological recoding): 음운 해독(phonological decoding)이라고도 불림. 인쇄된 기호를 단어의 소리 패턴으로 전환하기 위한 읽기에서의 문자소-음소 전환 규칙 사용.

음운 경로(phonological route): 읽기와 관련된 두 가지 처리 경로 중 하나. 독자는 글자와 글자 조합을 음성으로 변환하여 단어의 의미에 접근함.

음운 단기 기억(phonological short-term memory): 일련의 말소리를 짧은 시간 동안 기억할 수 있는 능력.

음운론(phonology): 언어의 소리 패턴과 관련된 언어학의 세부 학문 분야(말소리가 의미를 부호화하는 방법).

음소 배열 제약(phonotactic constraints): 어떤 음소 배열이 허용되는지에 대한 언어-특정적 제한.

음소 배열 확률(phonotactic probability): 주어진 언어에서 다른 음소 순서가 발생할 확률을 의미함.

조음 위치(place of articulation): 말소리를 산출하는 동안 구강 내 공기 흐름이 수축하는 위치를 지정함.

측두평면(planum temporale): 청각 피질에 인접한 측두엽에서 실비우스 틈새 근처에 위치한 피질의 영역. 왼쪽 측두엽은 말소리 패턴의 고차 배열 통합에 관여함.

다원적 상호작용(polyadic interactions): 2명 이상의 개인이 참여하는 의사소통적 상호작용.

양전자 방출 단층 촬영(positron emission tomography: PET): 뇌의 신경 활동을 매핑하기 위해 방사성 화합물(포도당의 유사물)의 주입을 사용하는 기능적 뇌 영상 기술. 과제 처리 중 증가한 혈류 영역이 더 높은 방사능을 가질 것이라는 사실을 이용함.

후방(posterior): 뒤(뇌의 위치를 나타냄).

자극의 빈곤(poverty of the stimulus): 아동에게 제공되는 언어의 양이 제한되어 있으므로 인간 언어의 문법은 배우기가 너무 복잡하다는 Noam Chomsky의 주장. 언어 습득은 타고난 문법 지식에 의해 지원받아야 함.

화용론(pragmatics): 사회적 맥락에서 언어를 사용하는 것과 관련된 언어학의 하위 분야.

전중심 이랑(pre-central gyrus): 전두엽의 전운동 피질의 일부. 단순하고 고차적인 문법 구조가 처리될 때 활성화됨.

서술어-논항 구조(predicate-argument structure): 일련의 실체(논항)와 관계 또는 특성(서술어)을 포함하는 발화의 부분적 내용.

서술어(predicates): 논항의 속성 또는 관계를 설명하는 언어적 표현. 서술어는 일반적으로 동사구.

선점(pre-emption): 언어 표현이 다른 형식의 산출을 차단할 때, 예를 들어 불규칙 과거 시제 형식인 went는 goed의 산출을 차단함.

가상 놀이(pretend play): 가상 행위에서 아동은 사물 또는 사람(또는 가상의 사물 또는 사람)이 다른 사물 또는 사람의 특성, 역할을 취하는 가상의 시나리오를 생성함.

일차 청각 피질(primary auditory cortex): 측두엽에서 상부 관자 피질의 후부를 구성하는 헤쉴 이랑을 포함함. 이 영역은 음높이, 볼륨 및 타이밍을 포함한 소리의 기본 기능을 처리하는 데 사용됨.

대비 원리(principle of contrast): 아동이 알고 있는 모든 단어는 다른 의미와 사용 맥락을 가진다는 생각으로 동의어에 저항하는 단어 학습 원리.

원리(principles): 생성문법의 틀 내에서 모든 언어는 동일한 기본적인 이론적 규칙(원리)을 가지며, 특정 매개변수의 경우에만 다양한 것으로 고려됨.

절차 학습(procedural learning): 절차 기억 체계를 통한 순서의 암시적 학습. 이러한 학습은 종종 인식하지 못한 채 발생한다고 가정함.

절차 기억(procedural memory): 두 가지 유형의 장기 기억 중 하나(다른 하나는 서술 기억). 순서 학습 및 행위 순서의 협응에 관여함.

생산성(productivity): 접두사 또는 접미사가 다양한 다른 단어 유형에 적용되는 정도.

운율 경계(prosodic boundaries): 운율 단위의 끝부분(뚜렷한 운율 윤곽을 갖는 소리). 경계는 종종 음높이를 낮추고 선행한 말소리를 늘려서 표시함.

운율(prosody): 전체 발화 수준에서 말소리의 소리 구조. 목소리 특징, 리듬, 발화 속도 및 억양의 변화를 포함함.

수량사 확산 오류(quantifier spreading errors): every 또는 each와 같은 보편적 수량사를 포함한 문장과 관련된 이해 오류. 아동은 "Every car is in a garage."와 같은 문장을 "Every garage has a car in it."이라고 잘못 추론함.

유사 모음(quasi-vowel): 영아가 2개월경에 산출하기 시작하는 소리. 짧게 지속되는 모음과 유사한 소리가 포함됨.

인식 제스처(recognitory gestures): 명칭 제스처, 제스처 명명 또는 제스처 이름이라고도 불림. 빈 컵을 입술에 가져다 대거나 숟가락을 사용하여 먹는 시늉을 하는 것과 같이 사물에 대한 사실적인 놀이 행동.

재귀(recursion): 통사 규칙(예: 병합)을 자체 인출에 적용하여 점점 더 복잡한 통사 단위를 만들 수 있는 생성문법의 특징.

중복 옹알이(reduplicative babbling): dadada 또는 bababa 같이 자음-모음 음절의 반복으로 구성된 옹알이의 첫 번째 단계.

참조적 의사소통 과제(referential communication task): 복잡한 사물 배치에 관해 서로 소통해야 하는 2명의 참여자를 포함한 조망 수용 과제. 이 과제의 중요한 특징은 참여자가 배치된 사물의 반대쪽에 앉고 배치된 사물의 일부가 한쪽에서는 가려지는 것임.

운(rime): 음절 핵 및 선택적 종결 자음(예: cat, mat, hat, bat 등의 단어)으로 구성된 음절의 일부.

관례화(ritualisation): 행동 순서의 축약으로 특정 반응을 유발하는 학습 기제. 예를 들어, 영아는 팔을 뻗는 제스처를 이용하여 손이 닿지 않는 사물을 요청함.

역할 역전 모방(role-reversal imitation): 영아가 양육자의 역할을 흉내 내는 모방 행위. 예를 들어, 엄마가 아들에게 보이는 행동(예: 자신의 코를 만지고 난 다음 아이가 어머니에게 동일한 행동을 다시 수행함).

사피어-워프 가설(Sapir-Whorf hypothesis): 언어 상대주의라고도 함. 세상 언어의 다양한 특징이 세상에 대한 다양한 방식으로 지각하고 사고하게 만든다는 견해.

풍자(sarcasm): 화자가 말하는 것과 반대되는 것을 의미하는 표현. 다른 사람을 조롱하거나 조롱할 의도로 산출된 자발적인 말.

비계설정(scaffolding): 아동의 발달 상태를 고려하여 아동의 공동 활동을 지원하는 양육자의 행동.

수량의 함의(scalar implicature): 수량사(예: all, some, many)를 포함하는 대화형 함의의 형태. 약한 용어가 사용될 때, 청자는 화자가 더 강한 용어를 사용하지 않는 이유를 가졌다고 가정함(예: *some* leads to the inference not *all*).

도식(schemas): 학습된 사례에 대한 추상화이며 일반화를 지원하는 패턴 또는 표상.

의미적(semantic): 언어 단위의 의미에 관한 것.

의미 연결(semantic associations): 소금, 후추와 같이 의미 분야 내에서 동시에 사용되고, 의미에 기반한 단어들 사이의 연결.

의미 특징(semantic features): 언어학적 단위와 관련된 의미의 특정 구성 요소.

의미 분야(semantic fields): 경험의 특정 영역을 참조하기 위해 사용되는 의미와 관련된 단어 세트.

의미 표상(semantic representations): 언어 단위의 의미에 대한 정신적 표현.

의미 역할(semantic role): 사건의 논항(an argument)과 서술어(a predicate)의 관계. 주제별 역할이라고도 함.

의미론(semantics): 의미와 관련된 언어학의 하위 분야. 언어학적 단위와 그것이 표상하는 바의 관계에 초점을 둠.

연속 반응시간 과제[serial reaction time(SRT) task]: 암묵 · 절차 학습의 반응시간 측정. 참여자들은 비-무작위적 순서로 제시되는 공간 자극에 버튼을 눌러 가능한 한 빠르게 응답하도록 요청받음. 실험 블록에 대한 반응시간 감소는 학습의 척도로 사용됨.

표층 표기법(shallow orthography): 각 글자가 하나의 음소에 대응하고, 각 음소가 일반적으로 하나의 글자로 표현되는 투명한 쓰기 체계(예: 핀란드어).

모양 편향(shape bias): 사물의 명칭을 구별하는 주요 특징(예: cup과 plate를 구별하는 중요한 특징은 색상이나 재료가 아닌 모양)으로 걸음마기 아동의 사물 모양에 대한 선택적 주의가 표시되는 단어 학습 원리.

수어(sign languages): 청각장애인 공동체에서 사용하는 손짓과 표정에 의존하는 언어 유형.

느린 매핑(slow mapping): 아동이 다양한 사용 맥락에 노출됨에 따라 단어의 어휘 항목이 더 상세해지는 점진적 학습 과정.

사회적 참조(social referencing): 모호한 상황이나 자극에 직면했을 때 그 상황이나 자극에 대한 양육자의 반응에서 정보를 얻기 위해 의미 있는 타자(예: 양육자)를 쳐다보는 경향성.

사회적 조성(social shaping): 양육자가 영아의 의사소통 시도에 우연히, 그리고 긍정적으로 반응함으로써 영아의 말소리 및 몸짓의 양과 질을 증가시키는 과정.

단순언어장애(Specific Language Impairment: SLI): 지적장애, 뇌 손상 또는 뇌질환이 없는 경우에도 언어 발달이 임상적으로 유의하게 지체되는 것을 특징으로 하는 발달장애.

발화 행위(speech act): 발화의 기능적 측면, 예를 들어 발화가 질문을 하는 것인지, 약속하거나 다른 사람의 견해를 확인하는지 여부.

말소리 사용역(speech register): 특정 사람과 함께 또는 특정 사회적 상황에서 사용되는 말소리 양식. 언어의 운율 · 음운 · 문법 · 어휘 특성의 변화를 포함함.

통계 학습(statistical learning): 확률적 동시 발생 패턴에 대한 암묵적 · 절차적 학습(예: 인접 및 비인접 형태소, 말소리, 글자 조합).

정지 얼굴 효과(still-face effect): 영아는 이원적 상호작용에서 성인의 얼굴 표정이 갑자기 굳어질 때 고통을 나타냄. 대면 상호작용에서 사람들이 반응적으로 참여하고 관련된 피드백을 제공할 것이라는 어린 영아의 사회적 기대를 보여 주는 증거.

주기적 강세 언어(stress-timed languages): 음절 강세가 규칙적인 간격으로 발생하는 강세 패턴 유형.

구조적 정렬(structural alignment): 상이한 어휘 항목에 대한 변형적 관계 패턴의 감지. 일반화 또는 은유 이해를 지원하기 위해 유추를 사용하는 기제.

주어(subject): 문장에서 가장 두드러진 문법적 역할. 서술어가 무엇에 관한 것인지를 나타냄.

고랑(sulcus): 뇌의 홈 또는 주름.

상부(superior): 위(뇌의 위치를 나타냄).

상부 측두 이랑(superior temporal gyrus): 일차 청각 피질을 포함하는 실비우스 틈새에 인접한 측두엽에 위치한 융기.

상부 측두 고랑(superior temporal sulcus): 중심 측두 이랑에서 상부 측두 이랑을 분리하는 홈.

음절문자 스크립트(syllabic script): 기호(문자소)가 음절을 부호화하는 쓰기 체계의 한 유형.

음절(syllables): 단어 내 음소 배열 구성의 단위. 음절 핵 및 선택적 개시 음절 또는 종결 음절을 포함.

종결 자음(syllable coda): 음절 끝에 있는 하나 이상의 자음.

음절 핵(syllable nucleus): 버튼(button)이나 버터(butter)의 마지막 음절에서와 같은 절정 음절로 보통 모음이지만 때로는 자음.

개시 음절(syllable onset): 음절의 시작 부분에 나타난 하나 또는 여러 자음.

주기적 음절 언어(syllable-timed languages): 운율 강세가 단어의 특정 음절에 주어지는 경향이 있으며(예: 마지막 음절 이전의 음절), 음절의 길이는 거의 같음.

실비우스 틈새(Sylvian fissure): 측두 고랑이라고도 불림. 전두엽과 두정엽을 측두엽과 분리하는 깊은 홈.

상징 제스처(symbolic gestures): 특정 의미와 관련된 의사소통적 손짓과 몸의 움직임. 상징적 · 관습적, 그리고 지시적 제스처를 포함함.

상징적 참조(symbolic reference): 단어와 제스처가 사물을 지시하는 데 사용되는 개념(세상의 무언가를 가리키는 것).

통사 자동 처리(syntactic bootstrapping): 품사와 같은 새로운 단어의 속성을 유추하기 위해 아동이 품사 정보를 사용할 수 있다는 제안.

통사적 점화(syntactic priming): 연속적인 발화에 대해 동일한 문법적 구문을 사용하는 경향.

통사론(syntax): 단어가 문장을 형성하기 위해 어떻게 배열되는지에 관한 언어학의 하위 분야.

종합적 발음 중심 교수법(synthetic phonics): 소리와 소리의 혼합을 강조하는 문해 교수법.

수다스러움(talkativeness): 종종 단위 시간당 산출되는 언어의 양으로 측정되는 언어 능력의 일반적인 지표.

분류학적 편향(taxonomic bias): 아동이 확장성 원리를 따르는 단어 학습 원리.

측두엽(temporal lobe): 인간의 뇌 영역 중 각 뇌 반구의 실비우스 틈새 아래에 위치한 부분.

직립 보행(terrestrial bipedalism): 두 발로 땅 위를 걷는 것.

마음 이론(Theory of Mind): 사람들이 자신과 다른 마음 상태(지식, 신념, 욕구 및 의도와 같은)를 가지고 있다는 인식.

말하기를 위한 사고(thinking for speaking): 언어마다 고유한 언어별 사고방식이 필요하다는 생각. 언어를 사용하는 사람은 반드시 언어의 문법으로 부호화된 세계의 여러 측면에 주의를 기울여야 함.

설단 현상(tip-of-the-tongue): 단어 인출에 실패하는 현상. 즉각적 인출의 강한 느낌을 동반하고, 해당 단어를 알고 있지만, 그 단어를 기억할 수는 없음.

토큰 빈도(token frequency): 서로 다른 단어가 얼마나 많이 사용되는지와는 관계없이 주어진 구성이나 도식이 일반적으로 사용되는 빈도.

성조 언어(tonal languages): 단어의 의미를 구별하기 위해 음조를 사용하는 언어(예: 만다린 중국어).

타동사(transitive verbs): 예를 들어, "Jill is carrying the baby."라는 문장에서 'carry'라는 동사와 같이 두 가지 논항(주어, 직접목적어)이 필요한 동사.

투명도(transparency): 접사의 맥락에서 발생할 때 단어 어근이 인식되는 정도.

삼원적 상호작용(triadic interactions): 세상의 실체(사물, 사건)에 공동 관심이 있는 두 개인 간의 의사소통 상호작용.

강약격(trochaic): daddy 또는 candle 같은 강약격 강세 패턴.

쌍생아 연구(twin studies): 형질과 행동에 대한 유전자와 환경의 영향을 결정하는 데 사용되는 연구 방법론. 주어진 형질에 대한 일란성 쌍생아와 이란성 쌍생아의 일치율 비교를 포함함.

유형 빈도(type frequency): 주어진 구성 또는 도식이 다른 단어와 함께 사용되는 빈도.

과잉 축소(under-extension): 아동이 하나의 맥락에서는 그 단어를 사용하지만 다른 맥락에서는 동일한 단어를 사용하지 않는 경우 발생하는 단어 학습 오류.

과소평가(understatement): 예를 들어, 상황을 실제보다 덜 중요하거나 심각하게 전달함으로써 상황을 설명할 때 금지를 사용하는 비문자적 언어.

보편문법(Universal Grammar): Noam Chomsky가 제안한 이론적 틀의 구성 요소. 언어 문법에 대한 아동의 가설을 제한하는 타고난 언어 능력.

결합가(valence): 논항 구조(argument structure)라고도 불림. 명사구와 다른 필수 문법 구성 요소의 수와 배치에 관한 동사 특정적 기댓값.

다채로운 옹알이(variegated babbling): badabu 같이 종류가 다른 음절 조합을 포함하는 옹알이의 두 번째 단계.

동사구(verb phrase): 동사에 기반한 문법적 구.

언어성 통합운동장애(verbal dyspraxia): 언어성 운동신경장애(verbal apraxia) 또는 말소리 운동신경장애(apraxia of speech)로도 불림. 말소리를 계획하고 발음하는 데 어려움이 있는 말소리 운동장애.

언어성 작업 기억(verbal working memory): 다른 추가 정보를 처리하면서 언어 정보(단어, 문장)를 적극적으로 기억하는 능력.

시각적 세계 패러다임(visual world paradigm): 시선 추적 장치와 함께 사용되는 실험 과제. 특정 사물을 조작하기 위해 일련의 언어적 지시를 처리할 때 시각적으로 배열된 사물에 대한 참여자의 주의를 모니터링함.

어휘 폭발(vocabulary spurt): 출생 후 두 번째 해에 발생하는 단어 학습 속도의 증가.

음성 개시 시간(voice onset time: VOT): 자음 산출에서 공기의 방출과 성도의 진동 발생 사이의 경과 시간.

유성음화(voicing): 조음의 측면을 말함(말소리를 산출하는 동안 공기 흐름이 조작되는지, 아니면 성대가 진동하는지 여부).

모음(vowels): 성도를 개방하여 발음한 /a/, /i/, /u/와 같은 음소(성문 위의 공기 흐름은 방해받지 않음). 모음 발성은 혀 위치와 입술 모양이 다름. 음향학적으로 모음은 제1 및 제2 포먼트에서 차이가 있음.

베르니케 영역(Wernicke's area): 좌반구 상부 측두 이랑 영역. 언어 처리의 기능적 관여를 발견한 신경학자 Carl Wernicke의 이름을 붙여 명명하였음.

총체적 언어 접근법(whole-language approach): 아동이 텍스트에 직접 참여하고 상황에 따라 단어의 의미를 추측하도록 격려하는 읽기 교수법.

온전한 대상 편향(whole-object bias): 단어가 대상의 두드러진 부분이 아니라 전체 대상을 가리키는 것으로, 걸음마기 아동이 가정하는 경향을 나타내는 단어 학습 편향.

총체적 단어 접근법(whole-word approach): 아동에게 전반적인 모양(시력)을 기반으로 단어를 인식하도록 가르치는 읽기 교수법.

품사(word classes): 품사(parts of speech)로 불림. 단어의 문법 범주(예: 명사, 동사, 형용사 등)로 단어가 나타나는 통사론적 맥락의 범위와 형태론적 형식에 의해 결정됨.

단어 조합(word combinations): 단어의 순서. 일부 단어 조합은 관용구(예: give up 'quit').

단어-특정적 공식(word-specific formulae): 단어 조합을 생성하는 데 사용되는 아동의 첫 번째 통사 템플릿 또는 도식. 이 공식은 관용어와 슬롯으로 구성됨(예: all gone은 all gone milk 또는 all gone cookies와 같은 발화를 만드는 데 사용됨).

단어와 세상 매핑(word-to-world mapping): 단어를 세상의 참조 대상과 연결하는 과정.

wug 테스트(wug test): Jean Berko가 복수 및 과거 시제 어미 활용과 같은 문법적 형태소의 산출적 사용을 검증하기 위해 설계한 실험 과제.

찾아보기

저자 소개

Patricia J. Brooks는 미국 스태튼 아일랜드 대학교의 교수이다. 1993년 뉴욕 대학교에서 실험심리학 박사학위를 취득하였고, 1998년 뉴욕 시립대학교 대학원 박사과정 교원으로 임용되었다. 정상 발달 및 발달 이상 아동의 모국어 발달과 성인의 외국어 학습에 관한 연구를 수행하고 있다.

Vera Kempe는 영국 던디 소재 애버테이 대학교의 언어 학습 심리학 전공 교수이다. 1992년 베를린 훔볼트 대학교에서 심리학 박사학위를 취득하였다. 오스웨고 소재 뉴욕 주립대학교와 스코틀랜드 스털링 대학교에 교원으로 임용된 후 외국어 학습 연구에 참여했으며, 아동과 성인이 영어 이외의 언어를 습득하는 방법에 관심이 있다.

역자 소개

성미영(Miyoung Sung)

역자는 동덕여자대학교 아동학과 교수이다. 2002년 서울대학교에서 아동학 전공 박사학위를 취득하였다. 영유아의 어휘 발달 및 의사소통 능력에 관한 연구를 수행하였고, 다문화가정 유아를 위한 한국어 교육 프로그램 개발과 모바일 학습시스템 개발 등의 연구과제에 참여하였다. 역서로는 『발달심리, 유아교육을 만나다』, 저서로는 『영유아 언어지도』 등이 있다.

언어 발달
Language Development

2021년 11월 5일 1판 1쇄 인쇄
2021년 11월 10일 1판 1쇄 발행

지은이 • Patricia J. Brooks · Vera Kempe
옮긴이 • 성미영
펴낸이 • 김진환
펴낸곳 • ㈜학지사
04031 서울특별시 마포구 양화로 15길 20 마인드월드빌딩
대표전화 • 02-330-5114 팩스 • 02-324-2345
등록번호 • 제313-2006-000265호

홈페이지 • http://www.hakjisa.co.kr
페이스북 • https://www.facebook.com/hakjisabook

ISBN 978-89-997-2500-5 93370

정가 23,000원

역자와의 협약으로 인지는 생략합니다.
파본은 구입처에서 교환해 드립니다.